민석 쌤의

교권
상담실

민석 쌤의
교권
상담실

2020년 10월 23일 처음 펴냄
2023년 4월 19일 3쇄 펴냄

지은이 김민석
펴낸곳 (주)우리교육
펴낸이 신명철
편집 윤정현
영업 박철환
경영지원 이춘보
디자인 최희윤
등록 제 313-2001-52호
주소 03993 서울특별시 마포구 월드컵북로 6길 46
전화 02-3142-6770
팩스 02-6488-9615
홈페이지 www.urikyoyuk.modoo.at

ISBN 978-89-8040-978-5 03370

학생 인권과 교권이 상호 존중되는 교육공동체 구현

민석 쌤의
교권
상담실

김민석 지음

우리교육

들어가며

학생·보호자·교사에 의한
학교자치, 교육자치를 소망하며

학생

학생의 인권은 존중하고 보호한다. 교육기본법 제12조의 내용이다. 학생 자치활동은 권장·보호한다. 초·중등교육법 제17조의 내용이다. 교육기본법, 초·중등교육법에서 학생은 '존중'과 '보호'의 대상일 뿐이다. 학생에게 자치적으로 참여할 권리를 보장하고 있지 않다. 교육과정, 교육정책, 입시경쟁, 무엇을 어떻게 배울 것인지, 학생의 의사는 반영하지 않는다.

독일 헤센주 학생은 학교법에 따라 주 학생회, 시군 학생회, 학교 학생회를 구성한다. 주 학생회는 교육목적, 수업, 핵심 교육과정, 시험규정, 진학, 전학, 학습교구, 교재선택, 학교생활 규정 등에 대해 청문권을 갖는다. 전교학생회는 학교학부모회와 동등한 동의권을 행사한다. 8학년 이상의 학생은 학교자치 기구인 학교협의회 학생 위원으로 참여한다. 학생 위원은 교사 위원, 학부모 위원과 동등한 권한을 갖는다.

독일 학생에게 보장하는 교육활동 참여 권리, 대한민국 학생에게 허용하지 못할 합리적 이유가 있을까?

대한민국은 1991년 유엔(UN) 아동권리협약에 가입했다. 협약의 핵심은 아동에게 생존, 보호, 발달, 참여 권리를 보장하는 것이다. 2003년 유엔 아동권리위원회는 대한민국정부에 시도 교육위원회와 학교운영위원회에 학생참여를 보장하라고 권고했다. 유엔 아동권리협약에 가입한 지 30년, 현실은 달라진 것이 없다.

보호자(학부모)

보호자는 학생 교육에 관하여 의견을 제시할 수 있으며, 학교는 의견을 존중해야 한다. 교육기본법 제13조의 내용이다. '의견 제시'와 '존중'이 대한민국 학부모에게 부여한 법적 권리다. 교육자치, 학교자치가 없는 대한민국 학부모(보호자)에겐 이러한 추상적 권리만 존재한다. 초·중등교육법에 따라 구성한 학교운영위원회는 학교자치 기구와는 너무나 거리가 멀다.

교사

교사는 '학교장의 명'을 받아 학생을 교육한다. 1949년에 제정하여 1998년에 폐지하기까지 50년 동안 적용한 교육법 제75조의 규정이다. 교사는 '법령에서 정하는 바'에 따라 학생을 교육한다. 1998년 제정 후 지금 적용 중인 초·중등교육법 제20조의 규정이다.

교사의 법적 임무가 학교장의 '명' 아닌 '법령'에 따라 학생을 교육하는 것으로 바뀌었지만, 관련 법령은 학교장의 '명'에 따라 교육하는 시절과 달라진 것이 없다.

수업, 평가, 생활지도 영역에서 교사에게 보장한 법적 권한은 없다. 전체를 거느리고 다스리는 통할권이라는 막강한 권한을 부여받은 학교장의 권한이다.

교장

일본 제국주의에서 해방 후 대한민국 학교장은 통할권이라는 막강한 권한을 부여받았다. 전체를 거느리고 다스리는 통할권은 대한민국 헌법과 법률에 따라 대통령과 국무총리에게만 부여한 권한이다. 대통령과 국무총리에게 부여한 통할권은 국민에 대한 봉사를 위해 내각을 통할하는 권한이다.

학생, 학부모, 교직원으로 이루어진 학교에 통할권이 존재할 이유는 무엇일까?

학생 교육을 비롯해 학교의 모든 업무는 통할권과 지도·감독권을 부여받은 학교장의 권한이다. 그런데도 교육부, 교육감의 지나친 감독권 행사로 학교장의 자율성이 부족하다는 아우성이 넘친다. 학교장도 행복하지 않다는 외침이다. 2021년 3월 국회는 법률용어 정비라는 명분으로 학교장의 '통할권'을 '총괄권'으로 슬그머니 개정했다. 용어만 변경되었을 뿐 달라진 것은 없다.

교육감

교육감은 공·사립학교에 대한 지도·감독권, 교육과정 운영과 교수·학습 방법 등에 관한 장학지도권, 학교 평가권, 교육과정 편성권, 자율학교 지정 운영권을 갖는다. 학교 교육과정, 수업, 생활지도, 평가 등에 관한 세부내용까지 교육감이 지침으로 지배한다. 장관의 교사에 대한 임용권을 위임받아 승진, 전보, 휴·복직, 징계 등 교사 신분에 관한 사항을 결정한다.

주민 직선으로 선출된 교육감이지만, 교육정책·교육재정·교육과정·교과서·교원인사 등 핵심사항을 중앙정부가 독점하고 있는 현실에서 교육감의 재량권이 없다는 아우성이 넘친다. 실질적인 교육자치를 요구하는 외침이다.

학생, 보호자, 교사.

그리고 교장, 교육감.

모두가 행복하지 않은 학교 현장.

어떻게 할 것인가?

언제까지 지속할 것인가?

교육혁신, 교육혁명 더는 미룰 수 없는 과제이다.

학교자치, 교육자치 실현

학생이 행복한 학교, 모두가 행복한 학교의 필수 조건

초·중등학교의 핵심 교육목표는 '민주시민으로서의 자질 함양'이다. '민주시민으로서의 자질 함양'은 학교가 민주적 삶의 공간일 때 가능하다.

장관의 행정명령에 불과한 고시·훈령·예규로 교육과정, 교과서, 평가기준을 결정하는 나라. 교육정책, 교육재정, 교원 신분에 관한 모든 사항은 국가사무라며 중앙정부가 독점하는 나라. 핵심 교육당사자인 학생, 학부모, 교사의 참여권은 보장하지 않는 나라. 민주시민 교육이 가능할 수 없는 나라이다.

교육당사자의 권리와 권한을 보장하지 않을 때, 충돌과 갈등만 증폭한다. 충돌과 갈등을 자치적으로 해결할 수 없다. 학교자치·교육자치 실현. 민주시민 교육의 기본 조건, 학생이 행복한 학교, 모두가 행복한 학교의 필수 조건이다.

교권이란 교사의 법적 권리와 권한

권리란 사회구성원으로 인간답게 살아갈 수 있도록 개인에게 법률로 보장하는 힘이다. 교사의 복무, 휴가, 봉급, 수당, 휴직, 복직, 전보, 승진, 시민권, 노동권 등은 법률에서 보장하는 법적 권리이다.

권한이란 일정한 직위, 직책에 따라 주어지는 직무상의 힘, 공적으로 행사할 수 있는 직권의 범위다. 교사의 법적 임무인 학생 교육 관련 직무상의 권한을 교육권이라 정의한다. 교사의 교육권에는 교육과정 편성권, 교육내용 결정권, 교육방법 결정권, 교재 선정권, 평가권, 학생 지도권을 포함한다.

이 책은 교사의 법적 권리와 권한에 관한 사항을 다루었다.

교사의 권리와 권한은 교사로서의 삶, 나아가 학생의 삶을 결정하는 중요한 요소이다.

학생·보호자·교사의 권리와 권한이 상호 존중되는 학교자치, 교육자치 실현을 소망하며.

2020년 10월

김민석

4. 징계

5. 소청과 고충

6. 휴가

12. 교육활동 침해와 교권

1

대한민국 교사의 지위와 교권

교권의 사전적 의미는 '교사로서 지니는 권위와 권력이다.'
그런데 권위 또는 권력으로 교권을 정의할 수 있을까?
교권이란? 교육권이란? 교육 활동 관련 교사에게 부여된 법
적 권한은? 국제기준에 비춰 본 우리나라 교사의 법적 지위
는? 법률에서 보장하는 학생, 학부모의 권리는?
핵심 교육당사자인 학생·학부모·교사의 법적 권리와 권한의
실제를 살펴보았다. 독일 헤센주 학교법에서는 학생, 학부모,
교사, 학교장, 교육청, 교육부의 권리·권한·책임·역할·관계
를 어떻게 규정하고 있는지 살펴보았다.

존중할 교권이란?

_구체적 정의 없이 선언으로만 존재하는 교권

"교권이 추락하고 있다." "교권이 무너지고 있다." 스승의 날이 다가오면 어김없이 등장하는 말이다. 이젠 일상적으로 들을 수 있는 말이기도 하다.

무엇이 추락하고 있는 것일까? 무엇이 무너지고 있는 것일까? 학교 또는 교사의 권위 실추를 말하는 것으로 보인다. 그렇다면 교권이란 교사의 권위를 말하는 것일까?

권위란 사회적, 제도적 존중에서 나오는 외적권위와 개인적 전문성·인격에서 나오는 내적권위로 구분할 수 있다. 권위의 의미가 권력, 권위주의가 아닌 외적권위와 내적권위를 말한다면 권위도 교권의 요소가 될 수 있다. 그러나 권위만으로 교권을 설명할 수 없다.

"교권敎權은 존중되어야 하며, 교원은 그 전문적 지위나 신분에 영향을 미치는 부당한 간섭을 받지 아니한다."

1982년 개정한 교육공무원법 제43조 제1항의 내용이다. 대한민국 법률에 '교권' 개념이 처음 등장한 것으로, 교권을 '존중되어야 할 것'으로 규정하였다.

그렇다면 존중되어야 할 교권이란 무엇일까? 안타깝지만 그 해답을 알 수 없다 법 개정 이후 40년이 지났지만 여전히 '존중되어야 할' 교권이 무엇인지 법률적 정의가 내려지지 않았기 때문이다.

교권에 대한 법률적 정의는 없지만, 하위 법령에서는 '교권'이라는 용어가 버젓이 등장해 사용된다. 학교운영위원회 회의록은 학생 교육 또는 교권보호를 위해 공개하기 적당하지 않은 경우 공개하지 않을 수 있다(초중등교육법 시행령 제59조의 3), 교원의 교육활동 보호를 위해 학교와 시도교육청에 교권보호위원회를 설치해야 한다(교원지위법 제19조)는 것이 그것이다.

존중 또는 보호해야 할 교권이 무엇인지 정의하지 않는 채 교권 보호를 위한 위원회를 꾸리고, 학교운영위원회 회의록을 공개하지 않을 수 있도록 한 것이다. 교육부와 입법부의 심각한 직무 태만이다.

교권의 정의, 조례로 세우다
_등장과 함께 사라지다

> '교권'이란 대한민국 헌법과 법률에서 보장하거나 대한민국이 가
> 입·비준한 국제조약 및 일반적으로 승인된 국제법규에서 보장하
> 는 기본적 권리로서 교원에게 적용될 수 있는 모든 권리와 교원의
> 직무수행에 수반되는 제반 권한을 말한다.

서울시교육청(곽노현 전 교육감)은 2012.6.25. 서울특별시 교권보호와
교육활동 지원에 관한 조례(서울교권조례)를 공포한다. 이 조례 제2조에
는 교권의 정의가 명시되어 있다. 드디어 교권의 법규적 정의가 내려진
역사적 순간이다.

1948년 제헌의회에서 교육법을 제정한 지 64년, 1982년 교육공무원
법에 '교권은 존중되어야 한다'고 선언한 지 30년 만의 일이었다. 아쉬
운 점이 있다면 이 내용이 입법부 제정 법률, 행정부 의결 시행령, 교육
부의 부령(시행규칙)도 아닌 지방자치단체 의회의 조례 차원에서 진행되
었다는 점이다.

기쁨도 잠시, 교권의 법규적 정의를 내린 서울교권조례의 운명은 험
난했다. 한국교총[1]은 조례에서 보장하는 교사의 권리가 상위법에 명시
된 학교장의 권한을 침해할 수 있다는 이유를 내세워 교권 조례 제정

---

1. 보도자료. 한국교원단체총연합회. 2012.4.30

중단을 요구하였다.

한국교총이 문제 삼은 조항은 두 가지였다. '교원은 법령에 따라 교육과정 재구성, 교재 선택 및 활용, 교수·학습 및 학생평가에 대해 자율권을 갖는다'는 조례 4조(교원의 교육활동 보호)와 '학교 교육계획, 교육과정, 예·결산 그 밖의 교육활동 전반에 관하여 학교장은 구성원의 의견을 충분히 수렴하고 그 결과를 학교 운영에 적극적으로 반영하여야 한다'는 조례 7조(학교장의 책무)가 그것이다.

한국교총은 교원의 교육활동 보호를 명시한 조례 4조가 교사의 자율권을 폭넓게 반영하는 과정에서 학교장의 권한을 침해할 수 있다고 우려했다. 구성원의 의견을 학교 운영에 적극 반영하여야 한다는 학교장의 책무를 명시한 7조에 대해서도 학교장의 권한을 약화해 학교 운영에 어려움을 가져올 것이라는 주장을 폈다.

교육부(당시 교육과학기술부, 장관 이주호)의 반응은 더욱 거셌다. 교권 조례가 상위법에 위배된다는 것이다. 조례에서 교사의 권리로 규정한 교육과정 재구성, 교재 선정 등은 상위법령인 초·중등교육법 시행령에 학교운영위원회의 심의사항으로 명시된 만큼 교사에게 이와 같은 권한을 부여할 수 없다는 논리이다.

하지만 저들이 간과하는 것은 수업과 생활지도를 직접 수행하고 있는 교사에게 평가와 지도 권한을 부여하는 것은 교육학의 기본이라는 점이다.

학교장의 권한을 침해할 수 있다거나 상위 법령과 충돌할 수 있다는 교총과 교육부의 주장은 지나친 걱정이다. 서울교권조례에서는 교육과정, 학생평가 등에 대한 교사의 자율권을 상위 '법령'에 따라 보장한다고 전제하고 있기 때문이다.

그런데도 격렬한 반응을 보이는 속내는 무엇일까?

초·중등교육법에 따라 교육과정, 교과서, 평가, 생활지도 등 학생 교육에 관한 모든 권한을 장관과 교장이 독점하고 있는데, 조례에서 교사의 자율권을 언급하는 것이 싫었기 때문이다. 교사의 자율권을 언급하는 순간 실효성 있는 권한을 부여하라는 요구에 직면할 수 있다. 수업과 생활지도를 직접 수행하고 있는 교사에게 평가와 지도 권한을 부여하는 것은 교육학의 기본이다.

2012.5.2. 서울시의회가 교권조례를 의결하자 교육부장관은 서울시교육감에게 재의를 요구하도록 명령했다. 지방자치법에 따라 교육감이 시도의회에 재의를 요구한 안건은 재적의원 과반수의 출석, 출석의원 3분의 2 이상으로 확정할 수 있다. 2012.5.26. 서울시의회는 재의에 부쳐진 교권조례를 3분의 2 이상의 찬성으로 가결했다.

서울교권조례가 확정되자 교육부는 2012.7.27. 대법원에 서울시의회를 상대로 조례안 재의결 무효 확인 청구 소송과 집행정지신청을 제기했다. 통상 국가기관 간의 소송은 대법원 1심으로 진행된다. 2012.11.15. 대법원이 교육부의 집행정지 신청을 인용하면서 서울교권조례는 5개월 만에 효력을 상실했고, 2014.2.27. 서울교권조례 무효를 알리는 대법원의 최종판결이 나왔다.

무효 판결의 근거를 살펴보자. 첫째, 국가사무와 지방사무에 대한 판단이다.

지방자치단체(지자체) 의회는 지자체의 고유 사무에 대해서만 조례로 정할 수 있다. 국가 사무 관련 내용은 상위 법령에서 조례로 정할 수 있도록 위임한 경우에만 조례 제정이 가능하다. 서울교권조례 내용 중 교원의 차별 및 불이익 금지(제5조), 교권보호위원회 설치(제6조, 9조), 교권보호지원센터 설치(제10조)에 관한 조항은 교원의 지위에 관한 사항이다. 대법원은 교원의 지위에 관한 사무는 전국적으로 통일된 규율

이 필요하고, 경비의 상당 부분을 국가가 부담하기에 국가 사무라 판단했다.[2]

둘째, 상위 법령의 위임 여부이다. 우리 헌법(제31조 제6항)에서는 교원의 지위에 관한 기본적인 사항은 반드시 법률로 정하도록 규정하고 있다. 교원 지위 법률주의라 한다. 교육기본법, 초·중등교육법, 사립학교법, 교원지위법, 교육공무원법 등 교육 관련 어떤 법령에도 교원의 지위에 관한 사항을 조례로 정할 수 있도록 위임하고 있지 않다.

대법원은 국가사무에 해당하는 교원의 지위에 관한 사항을 상위 법령의 위임 없이 조례로 정했으므로 조례 제정권의 한계를 벗어나 위법이라 판시했다.

교육부는 서울교권조례 무효 확인 청구 소송 이후 광주 학교자치조례(2012), 전북 교권조례(2013), 전북 학교자치조례(2016)에 대해서도 소송을 제기했고, 대법원은 같은 논리로 무효를 결정했다. 교권 보호를 위해 가장 앞장서야 할 교육부가 지자체와 시도교육청의 교권보호 움직임을 무산시킨 순간이었다.

---

2. 조례안 재의결 무효 확인 청구의 소 [대법원, 2014.2.27., 2012추145]

교사는 권리와 권한의 주체가 아닌 보호 대상
_교권 보장이 아닌 교육활동 보호

2012년 서울시교육청의 교권조례제정 움직임을 시작으로 광주, 경기, 충남에서도 교권조례 제정 활동이 이어졌다. 아래로부터 터져 나오는 교권보호 요구에 교육부는 그해 8월 "입법 공백 상태에서 법령의 위임 범위를 초과하는 교권보호조례 제정으로 또 다른 현장의 혼란을 야기한다."며 「교권보호 종합대책」을 발표했다.

2012년 교육부의 교권보호 종합대책에서 '교권'이라는 용어가 등장했다. 이후 교육부의 공식 정책에서 교권이라는 용어를 찾기 힘들다. 교권보호 종합대책에 따라 2013년 교육부는 교원예우에 관한 규정을 개정하여 학교분쟁조정위원회를 학교 교권보호위원회로 전환했다. 서울교권조례에서 첫선을 보였던 교권보호위원회는 교육부에 의해 새롭게 탄생했다.

하지만 교육부는 교원예우에 관한 규정 개정에서 학교분쟁조정위원회를 학교 교권보호위원회로 이름만 전환했을 뿐 핵심은 외면했다. 교권보호위원회를 통해 보호하고자 하는 교권이 무엇인지 정의조차 하지 않았다. 교육부의 본심이 드러나는 대목은 교원의 교육활동보호 시책 수립과 시행에 관한 업무를 시도교육감에게 위임한 것이다. 교사의 지위에 관한 사안을 '국가 사무'로 규정하고, 교육감이 관여하지 말라며 교권조례 무효소송까지 제기한 교육부 아니던가. 그런 교육부가 다시 교사의 교육활동 관장 업무를 시도교육감에게 떠넘기는 방식으로 규정을 개정하였다.

교권 보장이 아닌 교육활동 보호라는 개념을 사용한 것에 주목할 필요가 있다. 이후 교육부는 법령 개정, 매뉴얼 제작에서 교권이 아닌 교육활동 보호라는 개념을 도입했다. 2016년 「교원지위 향상을 위한 특별법」을 「교원의 지위 향상 및 교육활동 보호를 위한 특별법」으로, 「교원예우에 관한 규정」은 「교원의 지위 향상 및 교육활동 보호를 위한 특별법 시행령」으로 개정했다. 2017년 이후 「교권보호 매뉴얼」이 아닌 「교육활동보호 매뉴얼」을 발간하고 있다.

교육부는 교권이라는 개념은 애써 피하고 싶어한다. 교권은 교사의 법적 권리와 권한의 문제인데도 교사를 권리와 권한의 주체가 아닌 '보호' 대상으로만 가두어 두고 싶은 것이다.

교원예우에 관한 규정 개정으로 설치한 교권보호위원회는 유명무실했다. 교권보호위원회가 생긴 2013년부터 2016년 상반기까지 시도교육청에서 교육부로 보고한 교권 침해 사건은 14,000여 건이지만, 이 기간 전국 17개 시도교육청 교권보호위원회가 심의한 교권 침해 사건은 44건에 불과했다.

대구광역시교육청의 경우 교육부에 보고한 교권 침해 사건은 994건이었으나 교권보호위원회에서 심의한 사건은 단 한 건도 없었다. 경남, 경북, 대전, 울산, 전북, 제주 지역 교권보호위원회에서 심의한 안건 역시 0이었다. 3년 남짓한 시간 동안 전국 17개 교육청 가운데 7개 교육청이 사실상 '교권보호' 업무를 손 놓고 있었지만 이를 관리·감독해야 할 교육부는 아무런 역할도 하지 않았다.

교육부의 '교권보호 종합대책'은 속 빈 강정이었다. 교육부는 교권조례 무효소송에서 교원지위에 관한 사항은 국가사무이고, 교원지위 법률주의에 따라 법률로 규정할 사항이라 주장했다. 그렇다면 시행령인 교원예우에 관한 규정 개정이 아니라 교육활동 관련 교사의 법적 권리와 권한을 실질적으로 보장하는 법률 제정 또는 법률 개정안을 마련했어야 했다. 교육활동 보호의 수준을 넘어 교권, 교사의 교육권을 보장했어야 했다.

시도교육청 매뉴얼 내 '교권'

_실효성 없이 문서로만 남아

    교육부가 2013년 교원예우에 관한 규정을 개정해 교육감이 교원의 교육활동 보호 시책 관련 업무를 수립·시행하게 되었다. 경기도교육청 (당시 김상곤 교육감)은 그해 11월 『2013 교권보호 길라잡이』를 발간하는 등 발 빠른 움직임을 보였다.

    경기도교육청의 『2013 교권보호 길라잡이』에서 정의한 교권 개념은 다음과 같다.

> **교권의 개념**
>
> 교권은 협의로는 교사의 권리라는 측면에서 교육권을 의미하며, 광의로는 여기에 교사의 권위와 생활보장권 및 자율적인 단체활동권 등을 포함한다.
>
> **1. '교원'의 교육할 권리(교육권)**
> - 학생의 학습권을 보장하기 위하여 행사되는 교사의 교육할 권리를 말한다.
> - 교육과정 편성권, 교재 채택 및 선정권, 교육내용 결정권, 교육방법 결정권, 평가권, 학생 지도 및 징계권 등을 포함한다.
>
> **2. '전문직 종사자'로서 교사의 권리**
> - 교사는 전문직 종사자로서 법률을 통하여 일정한 권리를 보장받는다.

- 신분 보장, 쟁송 제기권, 불체포 특권, 교원단체 및 노동조합 활동권 등을 포함한다. 교사는 일반 공무원보다 강력한 신분상 권리를 보장받는다.

3. '인간'으로서 교사의 권리
- 교사이기 이전에 한 사람으로서 가질 권리를 의미한다.
- 인간으로서 존엄과 행복 추구권, 신체의 자유, 양심의 자유, 의사 표현의 자유, 프라이버시권, 재판청구권, 노동권 등을 포함한다.

협의의 교권은 학생의 학습권을 보장하기 위한 교사의 교육권이라 정의했다. 교사의 교육권에는 교육과정 편성권, 교재 선정권, 교육내용 결정권, 교육방법 결정권, 평가권, 학생 지도 및 징계권 등을 포함한다. 광의의 교권에는 전문직 종사자로서의 권리, 인간으로서의 권리를 포함한다.

경기도교육청의 교권 정의에 대해 특별히 지적할 대목이 없다. 아쉬운 점은 정의로 끝날 수밖에 없는 현실적 한계이다. 교원의 교육할 권리(교육권), 전문직 종사자로서의 권리, 인간으로서의 권리는 교육감의 권한으로는 보장할 수 없는 높은 장벽이다. 법률로 보장해야 할 권리와 권한이다. 믿을 수 없는 현실이지만 우리나라 교육 관련 법률에서 교사의 교육권은 물론 전문직으로서 권한 역시 보장하지 않는다.

더욱 아쉬운 점은 교육감의 권한으로 가능한 교사의 교육활동에 대해서도 구체적 실행을 담지 못하고 문헌 속 정의로 끝낸 점이다. 교육감은 공·사립 학교에 대한 지도·감독권, 교육과정 운영과 교수·학습 방법 등에 관한 장학지도권, 학교 평가권, 교육과정 편성권, 자율학교 지정 운영권, 교육규칙 제정권, 교사에 대한 임용권 등 막강한 권한을 부여받고 있다. 법령에서 부여한 교육감의 직무권한으로 가능한 교권 보장에 대해서도 구체적 실천은 매우 부족했다. 교권은 교육청의 문헌 속에만 존재했다.

2018.3.22. 경기도의회는 교권보호 조례안을 의결했다. 조례안이 의결되자 경기도교육청 관계자는 "교원의 지위와 관련된 사항은 국가사무로 법령의 위임이 있어야 한다. 대법원이 서울과 전북교육청의 교권보호 조례에 대해 무효판결을 내린 바 있다"라며 "교육부와 협의해 재의再議 요구를 검토하겠다"고 말했다. 경기도의회의 교권보호 조례안은 교육청의 재의 요구로 무산되고 말았다. 교권은 단지 매뉴얼, 교육청의 문헌 속에서만 존재함을 상징적으로 보여주는 장면이다.

매뉴얼로만 존재하는 교권이지만 경기도교육청의 『2013 교권보호 길라잡이』는 다른 시도교육청의 기본 지침서가 됐다. 경기도교육청의 『2013 교권보호 길라잡이』 발간 후 다른 시도교육청도 교권보호 매뉴얼을 발간했다. 교권에 대한 정의는 경기도교육청의 정의와 큰 차이가 없다.

교원지위법과 교권
_노동조합을 불허하기 위한 수단으로 제정된 교원지위법

1991.5.31. 국회는 교원지위법을 제정했다. 정식 명칭은 교원지위 향상을 위한 특별법이다.

"교원의 사회적·경제적 지위가 우대되도록 예우하고, 교육회가 교육감 또는 교육부장관과 교원의 처우개선 및 복지후생 등에 관하여 교섭·협의할 수 있도록 함으로써 교원의 지위향상을 도모하는 것"이 교원지위법의 제정 이유이다. 교육회에 교섭·협의권을 부여하는 것이 핵심이다. 교육회란 당시 유일한 교원단체였던, 현 교원단체총연합회를 말한다. 교원단체총연합회는 교원지위법을 교권보호법이라 부르고 있다. 교원지위법을 교권보호법이라 부를 수 있는지 살펴보자.

교육민주화운동을 주도했던 전국교사협의회 교사들은 1989.5.28. 전국교직원노동조합(전교조)을 결성했다. 교사의 노동조합법에 따른 노동권(단결권, 단체교섭권, 단체행동권)을 인정하라는 투쟁이기도 했다. 결성 선언문에서 "더는 군사독재 정권의 하수인"이 될 수 없다고 선언했다.

군부 독재정권은 전국교직원노동조합을 인정하지 않았다. 독재정권의 유지·존립에 필요한 지배 이데올로기를 충실히 전파할 수 있는 제도 교육이 필요했을 정권에게 노동조합으로 조직된 교원은 독재정권의 위협적이었을 것이다. 당시 노태우 정부는 수단, 방법을 가리지 않고 교사들의 전교조 탈퇴를 강요하였고, 이를 거부하는 교사 1,500여 명을 해고했다.

교원노조에 대한 독재정권의 혹독한 탄압은 국내외의 거센 비난에 직면했다. 국제노동기구(ILO)는 대한민국 정부에 전교조 인정과 해고자 복직을 권고했다. 대량 해고에 따른 학교 현장의 여론도 흉흉했다.

이와 같은 분위기 속 13대 총선 이후 여소야대 정국이 조성되었다. 총선 이후 여당은 중재안으로 교사의 노동 2권 보장(단결권, 단체교섭권)을 제안하였고, 군사정부는 교원노조 허용을 검토하게 되었다. 그러나 당시 야당인 통일민주당, 신민주공화당이 여당인 민주정의당과 합당하면서 분위기는 교원노조 불허로 급선회했다.

교원노조 불허에 따른 반발 여론 무마용으로 탄생한 법률이 교원지위법이다. 여기에는 노동조합법에서 보장하는 단체교섭권이 아닌 교섭·협의권이라는 새로운 개념이 도입되었다. 헌법에 보장된 기본권, 노조할 권리를 대한민국 교사에게는 보장할 수 없다는 독재정권의 고육지책이 교원지위향상을 위한 특별법, 약칭 교원지위법 제정으로 이어졌다.

단체교섭권이 없는 교원단체에 교섭·협의권이라는 권리를 부여하는 것을 반대할 이유가 없다. 교사의 노동권(단결권, 단체교섭권, 단체행동권)을 불허하는 수단으로 교섭·협의권을 도입한 것이 문제이다.

태생적 한계를 지닌 교원지위법이 교사의 교육권을 실질적으로 보장하는 교권보호법으로 탈바꿈하기에는 그 한계가 너무도 명확하였다.

1991년 제정된 교원지위법에는 교원에 대한 예우(제2조), 교원 보수의 우대(제3조), 교원의 불체포특권(제4조), 학교안전사고로부터의 보호(제5조), 교원의 신분 보장(제6조), 교원징계 재심 위원회의 설치(제7조), 교원의 지위 향상을 위한 교섭·협의에 관한 사항(제11조~13조)을 규정하고 있지만 수업, 생활지도 등 교육활동 관련 교사의 교육권을 보장하는 내용은 없다.

단체교섭권과 교섭·협의권은 비교 대상이 될 수 없다. 노동조합법에서 보장하는 단체교섭권은 노동조합이 사용자와 대등한 위치에서 교섭할 수 있는 권리이다. 교섭 내용을 성실히 이행할 법률상의 의무가 사용자에게 부과되고, 이행하지 않을 때 부당노동행위로 처벌받는다.

교원단체에 부여된 교섭·협의권으로는 교섭·협의를 강제할 법적 수단이 없다. 교원지위법(제11조)은 "교육감 또는 교육부장관은 교섭·협의에 성실히 응하여야 하며, 합의된 사항의 시행에 노력하여야 한다"라고 규정하고 있다. 노력할 의무와 같은 추상적 권리는 실효성 있는 권리가 될 수 없다.

교원지위법은 교권보호법이 될 수 없다.

교원지위법이라 쓰고, 교권보호법이라 읽다

_ 교육주체의 권리와 권한이 실질적으로 보장되는 학교자치법 제정 필요

19대 국회(2012.5.30.~2016.5.29.)에서 교원지위법 개정이 아닌 교권보호법 제정 법률안이 발의되었다. 당시 새누리당 의원들이 발의한 세 개의 교권보호법 제정 법률안의 내용을 살펴보면 교육활동 중인 교원을 폭행·협박하는 경우 엄격한 처벌, 교권보호위원회의 법정 기구화, 사립교원의 고충심사청구권 보장, 사립학교 법인의 교원소청심사위원회 결정 불복 금지, 교원의 손해배상책임 면제 등의 내용을 담고 있다. 특별할 것 없는, 최소한의 권리 보장 요구였다. 여기에는 학생 교육 관련 교사의 교육권 보장 내용은 아예 없었다.

세 개의 법안에서는 교권을 "학생의 교육을 위하여 교원 등에게 법령상 인정되는 권리와 사회적·윤리적으로 교원 등의 지위와 능력에 따라 부여되는 권위(박인숙·박성호 의원 안)"라거나 "학생의 교육을 위하여 법령상 인정되는 교사의 교육권 및 교육에 관한 직무권한(이학재 의원 안)"이라 정의했다.

세 개 법안 모두 교권에 대한 법률적 정의를 시도한 것이다. "학생 교육을 위하여 법령상 인정되는 교사의 권리와 권한"을 교권이라 정의한 법률안은 교육활동에 관한 법적 권한을 교사에게 보장할 생각이 없는 교육부로서는 상상도 하기 싫은 충격과 공포였을 것이다.

이러한 교권보호법이 제정되면 교육과정, 교육내용, 교수학습, 평가, 생활지도 등 교육활동 전반에서 교사의 교육권을 보장하라는 요구까지

확장될 수 있다. 이를 모를 리 없는 교육부는 기존 교원지위법 개정으로 새로운 교권보호법 제정을 막고자 했다. 교원지위법을 교권보호법이라 불러왔던 한국교총 역시 새로운 교권보호법 탄생은 피하고 싶었을 것이다. 게다가 이 단체는 학교장의 권한 침해를 이유로 교권조례제정까지 반대하지 않았던가.

교육부는 기존 교원 지위향상을 위한 특별법에 교육활동 보호에 관한 5개 조항을 추가하고, 법명을 교원 지위향상 및 교육활동 보호를 위한 특별법으로 변경한 개정안을 국회에 제출했다. '교육활동 보호'를 추가했지만, 개정안에는 교사의 교육권 보장에 관한 내용은 없었다.

교육부가 제출한 개정안이 2016년 2월 임시국회에서 의결되자, 교총은 "교총의 줄기찬 입법 추진 및 교섭 활동의 성과로 교권보호법이 통과되었다"는 보도자료를 발표했다. '교원지위법'이라 쓰고, '교권보호법'이라 읽고 있다.

2016년 「교원 지위향상을 위한 특별법」이 「교원의 지위 향상 및 교육활동 보호를 위한 특별법」으로 개정된 후, 교육부는 「교원예우에 관한 규정」을 「교원의 지위 향상 및 교육활동 보호를 위한 특별법 시행령」으로 개정했다. 2017년 4월 「교육활동 침해 행위 및 조치 기준에 관한 고시」를 공포했고, 이후 『교육활동 보호 매뉴얼』을 몇 차례 발간하고 있다.

이제 교원단체를 위한 교원지위법이 아닌 교육 주체의 교육권을 실질적으로 보장하는 학교법 제정이 필요하다. 교육기본법, 초·중등교육법을 폐지하고 학생, 학부모, 교사의 권리와 권한을 실질적으로 보장하는 학교법, 학교자치법 제정을 제안한다.

교육활동 침해, 학교장이 판단하라!

_교육당사자의 권리와 권한이 상호 존중되는 학교 규칙 제정 필요

1991년 제정된 교원지원법이 교사의 노동조합을 불허하기 위한 수단이었다면 2016년 개정된 교원지위법(교원의 지위 향상 및 교육활동 보호를 위한 특별법)은 새로운 교권보호법 제정을 막아내는 역할을 했다.

2016년 교원 지위향상을 위한 특별법이 교원의 지위 향상 및 교육활동 보호를 위한 특별법으로 개정된 후, 교육부는 교원예우에 관한 규정을 교원의 지위 향상 및 교육활동 보호를 위한 특별법 시행령으로 개정했다. 2017년 4월 교육활동 침해 행위 고시를 공포했고, 이후 『교육활동 보호 매뉴얼』을 몇 차례 발간하고 있다.

교원지위법 개정, 교육활동 침해행위 고시, 교육활동 보호 매뉴얼이 발표되었지만, 수업과 학생 지도 관련 교사의 법적 권한(교육권)은 달라진 것이 전혀 없다. 교원지위법에서는 교사의 교육권을 규정하고 있지 않다.

교원지위법 제15조는 학생 또는 보호자 등이 교육활동 중인 교원에게 다음과 같은 행위를 했을 때 '교육활동침해'로 본다. 눈여겨보아야 할 점은 '교권 침해'가 아닌 '교육활동 침해'라는 점이다.

> 1. 형법상의 범죄 행위 : 상해, 폭행, 협박, 명예훼손, 손괴
> 2. 성폭력범죄의 처벌 등에 관한 특례법에 따른 성폭력범죄 행위
> 3. 정보통신망 이용촉진 및 정보보호 등에 관한 법률에 따른 불법 정보 유통 행위

> 4. 그 밖에 교육부장관이 정하여 고시하는 행위로서 교육활동을
>   부당하게 간섭하거나 제한하는 행위

그 밖에 교육부장관이 고시한 '교육활동을 부당하게 간섭하거나 제한하는 행위'는 다음과 같다.

> 1. 형법 제8장(공무방해에 관한 죄) 또는 제34장 제314조(업무방해)에 해당하는 범죄 행위로 교원의 정당한 교육활동을 방해하는 행위
> 2. 교육활동 중인 교원에게 성적 언동 등으로 성적 굴욕감 또는 혐오감을 느끼게 하는 행위
> 3. 교원의 정당한 교육활동에 대해 반복적으로 부당하게 간섭하는 행위
> 4. 교원의 정당한 생활지도에 불응하여 의도적으로 교육활동을 방해하는 행위
> 5. 교육활동 중인 교원의 영상·화상·음성 등을 촬영·녹화·녹음·합성하여 무단으로 배포하는 행위
> 6. 그 밖에 학교장이 교육공무원법 제43조 제1항에 위반한다고 판단하는 행위

교원지위법은 교육활동 중인 교원에 대한 형법(폭행, 상해, 협박, 명예훼손, 손괴 등), 성폭력처벌법(추행 등), 정보통신망법에서 정한 범죄 행위, 그 밖에 교육부장관이 정하여 고시하는 행위를 교육활동 침해행위라 정의했다. 장관의 고시에서는 공무·업무방해, 성희롱, 반복적인 부당한 간섭 행위, 생활지도 불응 행위, 초상권 침해, 그 밖에 학교장이 '교육공무원법 제43조 제1항에 위반한다고 판단하는 행위'를 추가했다.

폭행, 상해, 성추행, 공무방해 등은 새삼스레 특별법에서 교육활동 침

해행위라 정의하지 않더라도 현행 법률에서 이미 불법으로 규정하고 있는 범죄 행위이다. 결국 교육활동 침해행위의 핵심은 '학교장이 판단하는 행위'이다.

학교장의 교육활동 침해 여부 판단 기준은?

"교권은 존중되어야 하며, 교원은 그 전문적 지위나 신분에 영향을 미치는 부당한 간섭을 받지 아니한다"라는 교육공무원법 제43조 제1항을 기준으로 판단해야 한다.

그렇다면 '존중되어야 할 교권'은 무엇인가?

안타깝지만 그 해답을 알 수 없다. 1982년 교육공무원법에서 "교권은 존중되어야 한다"라고 규정했지만, 정작 존중되어야 할 교권이 무엇인지, 대한민국 입법부와 교육부는 아직도 교권의 법률적 정의를 내리지 않고 있기 때문이다.

부당한 간섭을 받지 말아야 할 '전문직 지위'가 교사에게 존재하는가?

교사에게 전문직으로서 자율적 권한을 실질적으로 보장하는 내용은 어떤 법령에도 없다. 교육과정, 교수·학습, 성취도 평가, 생활지도 등 교육활동과 관련해 교사에게 보장된 전문적 지위와 권한은 존재하지 않는다. 교사가 전문직이라는 주장은 교육학 책갈피 속에서만 유효하다. 교육공무원법에서는 장학사, 장학관, 연구사, 연구관을 교육전문직원으로 규정할 뿐, 교사는 교육전문직이 아니다.

학교장이 판단하라는 의미는?

교원지위법과 고시에 따라 학교장은 어떤 행위가 '교권을 존중하지 않는 행위'인지 판단해야 한다. 학교장이 판단해야 한다는 의미는 학교장 개인이 아닌 학교의 규칙으로 판단하라는 의미이다. 학생, 학부모, 교사가 함께 참여하여 상호 권리와 권한을 존중하는 학교 교칙, 생활규정, 공동체 헌장 등을 마련하는 것이 필요한 이유다.

교권, 학생·학부모·교사의 자치권 보장으로

2019년 교원지위법 개정으로 학교교권보호위원회는 교육활동을 방해하는 학생에 대한 강력한 징계 권한을 갖게 되었다. 학생에 대한 징계 권한을 선도위원회(학생생활교육위원회)가 아닌 교권보호위원회에 부여하는 것으로 교권이 존중될 수 없다. 교육활동 관련 모든 권한을 장관, 교육감, 학교장이 독점하고 있는 현실에서 교사에게 존중되어야 할 교권은 존재하지 않는다.

수업과 생활지도를 담당하지만 교육활동 권한이 없는 교사, 학교에 의견을 제시할 권리가 전부인 학부모, 존중과 보호의 대상일 뿐인 학생, 대한민국 학교의 자화상이다.

핵심 교육당사자인 학생, 학부모, 교사에게 합당한 권리와 권한이 보장되지 않을 때, 충돌과 갈등은 심화된다. 이는 아무런 노력 없이 자율적으로 해결할 수 없다. 구성원의 권리와 권한이 상호 존중되는 학교자치를 통해 가능하다. 이는 타인의 권리를 존중하는 성숙한 민주시민의 태도를 기르는 일이기도 하다.

해방 후 70년 초·중등 교육에 관한 주요 사항을 국가사무라는 논리로 중앙정부가 독점해온 결과, 학교 현장은 교육이 불가능한 지경에 이르렀다. 이를 타개하기 위해서라도 학교자치, 교육자치 더는 미룰 수 없는 과제이다.

권리, 권한, 권위 그리고 교권!

_교육활동 관련 권리와 권한 없는 학생·학부모·교사

시도교육청의 교권보호 매뉴얼과 일부 시도의회에서 제정한 조례에서 교권이란 교원의 '권리'와 '권한'이라 정의했다.

권리란?

권리의 개념을 설명하는 일반적 견해는 '일정한 이익을 누릴 수 있도록 개인에게 법이 인정하는 힘, 권리법력설權利法力說'이다. 다시 말해 개인이 사회구성원으로서 인간답게 살아갈 수 있도록 법률로 보장하는 것을 의미한다. 헌법은 국민이 누릴 수 있는 기본적 권리(기본권)를, 기타 법률에서는 국민이 사회적 활동을 전개할 수 있는 다양한 권리를 보장한다. 교사의 복무, 휴가, 봉급, 수당, 휴직, 복직, 전보, 승진 등은 모두 법률이 보장하는 법적 권리이다. 교사에게도 보편적 권리인 시민권, 국가 또는 사학 자본에 고용된 노동자로서의 노동권을 보장해야 한다는 것이 국제적 기준이다.

권한이란?

권한이란 일정한 직위, 직책에 따라 주어지는 직무상의 힘, 공적으로 행사할 수 있는 직권의 범위를 말한다. 개인이 일정한 이익을 누릴 수 있도록 법률로 보장한 것이 권리라면 권한은 타인에게 일정한 영향력을 행사할 수 있는 직무상의 힘이다. 교육청 교권보호 매뉴얼에서는 학생

교육 관련 교사의 직무상의 권한을 교육권이라 정의했다. 교사의 교육권에는 교육과정 편성권, 교재 채택권, 교육내용 결정권, 교육방법 결정권, 평가권, 학생 지도와 징계권을 포함한다고 정의했다.

권위란?

권위와 권위주의는 다르다. 권위는 가치의 존중, 인정, 신뢰를 기반으로 한다. 교사의 권위는 전문적 지식을 전수하는 교수·학습활동과 생활지도에 중요한 요소가 된다. 학생이 교사의 설명, 지시 등을 자발적으로 수용하는 것은 교사에 대한 신뢰를 기반으로 한다. 교사의 전문적 지식이 정당하다는 믿음 속에서 자발적 수용이 가능하다.

권위는 형식적, 제도적 직위에서 나오는 외적권위, 인격과 전문성에 따른 내적권위로 나눌 수 있다. 외적권위는 외적 영향력이 있고, 내적권위는 내적 영향력을 갖는다. 외적권위는 법률적, 제도적 뒷받침이 필요하다.

교원지위법(제2조)에서는 "국가, 지방자치단체, 공공단체는 교원이 학생에 대한 교육과 지도를 할 때, 그 권위를 존중받을 수 있도록 특별히 배려해야 한다"고, 교육기본법(제14조)에서는 "학교 교육에서 교원의 전문성은 존중되어야 하고, 교원은 교육자로서 갖추어야 할 품성과 자질을 향상시키기 위하여 노력해야 한다"고 정하고 있다.

하지만 교원지위법, 교육기본법에서 교원의 권위는 존중되어야 한다는 선언에 그칠 뿐, 이를 실현하기 위한 구체적 방안은 제시하고 있지 않다. 내적권위인 전문성 향상을 위해 교사 개인의 노력할 의무를 규정할 뿐, 교사의 전문성 향상을 위한 제도적, 행정적 지원 방안은 없다.

초·중등교육법에서 부여하고 있는 법적 권한을 살펴보자.

장관의 권한

- 학생에 대한 학업성취도 평가권(9조)
- 교육청과 학교평가권(9조)
- 국립학교에 대한 지도 감독권(6조)
- 교육과정 운영 계획 수립(23조)
- 교과용 도서의 검정·인정(29조)
- 학교생활기록부 작성 및 관리 기준(25조)
- 각종 행정규칙 제정권(고시, 훈령, 예규 등)

교육감의 권한

- 공·사립 학교 지도·감독권(6조)
- 교육과정 운영과 교수·학습 방법 등에 관한 장학 지도권(7조)
- 학교 평가권(9조)
- 교육과정 편성권(23조)
- 자율학교 지정 운영권(초·중등교육법 시행령 105조)

교장의 권한

- 교무 통할권校務 統轄權(20조) (2021.3 총괄권으로 개정)
- 교직원에 대한 지도 감독권(20조)
- 학교 규칙 제정권(8조)
- 학생 징계권(18조)
- 학생 지도권(18조)
- 수업운영 방법 등(48조)
- 학업성취도 및 인성의 관찰·평가권, 학교생활기록 관리(25조)

교사의 권한(교육권)

?

초·중등교육법에 따라 장관은 교육과정 편성권, 교과용 도서의 검·인정권, 학생의 학업성취도 평가권, 시도교육청 및 학교에 대한 평가권을 갖는다. 장관의 행정명령에 불과한 고시로 초·중등학교의 교육과정을 결정하는 나라가 대한민국이다. 교육과정과 교과서 결정권을 지닌 장관은 시도교육청은 물론 학생의 성취도까지 평가할 수 있다. 학교 교육에 관한 모든 것을 국가사무라는 논리로 중앙정부가 관장한다. 장관의 행정명령인 고시, 훈령, 예규, 지침 등으로 주민 직선으로 선출된 교육감을 강제하는 상황에서 교육자치법은 허울에 불과하다.

교육감은 학교에 대한 지도·감독권, 교수·학습에 대한 장학 지도권을 지닌다. 수업을 어떻게 전개하고 학생의 성취도를 어떻게 평가할 것인지, 단위 학교의 교수·학습에 관한 모든 활동은 사실상 교육감의 지도·감독 사항이다. 교육감, 교육청의 직무 권한이 단위 학교 교육활동 지원이 아닌 지도·감독이라는 점, 해방 후 70년 동안 변함없는 상황이다.

학교장은 학교의 모든 업무를 통할하고 교직원을 지도·감독한다. 학생지도·평가에 관한 권한을 학생을 직접 지도하고 수업하는 교사가 아닌 학교장에게 부여하고 있다. 장관, 교육감, 학교장을 잇는 수직적 지도·감독 체제, 해방 후 70년 동안 변함 없는 대한민국 학교의 자화상이다.

교사의 교육권은?

교사의 법적 임무는 수업과 생활교육이다. 하지만 법률에서는 수업 및 생활교육에 필요한 교사의 권한 즉 교사의 교육권을 보장하고 있지 않다. 학업성취도와 인성을 관찰하고 평가할 권한, 학생을 지도하고 징계할 수 있는 권한은 학교장에게 부여한 권한이다. 법령에 따라 학생을 교육하는 교사의 법적 임무는 사실상 학교장 명령에 따라 학생을 교육하는 것과 다를 바 없다.

학부모의 권리는?

보호자는 학생의 교육에 관하여 의견을 제시할 수 있으며, 학교는 그 의견을 존중해야 한다. 교육기본법 제13조 내용이다. 의견 제시와 존중, 대한민국 학부모의 권리다. 교육자치, 학교자치 없는 대한민국 학부모에겐 이러한 추상적 권리만 존재한다. 초·중등교육법에 따라 구성한 학교운영위원회는 학교자치 기구와는 너무나 거리가 멀다.

학생의 권리는?

학생의 인권은 존중되고 보호된다. 교육기본법 제12조의 내용이다. 학생의 자치활동은 권장 보호된다. 초·중등교육법 제17조의 내용이다. 교육기본법, 초·중등교육법에서 학생은 존중과 보호의 대상일 뿐이다. 자치적으로 참여할 권리를 보장하지 않는다. 학습권은 헌법에서 보장하고 있는 기본권 중의 기본권이다. 그러나 대한민국 학생은 학습할 의무만 있을 뿐, 학교운영에 참여할 권리가 없다.

독일 헤센주 학교법[3]을 살펴보면 학생은 교육목적 실현을 위해 학생회를 구성하고 학교 일에 자치적으로 참여한다. 학생회는 학생의 권익을 대변하고 학생 동의권을 행사한다. 학생회 대표들로 시·군 학생회, 주 학생회를 구성한다. 주 학생회는 교육목적, 핵심 교육과정, 시험 규정, 진학, 전학, 교재 선택, 학교 생활규정 등에 관해 청문권을 갖는다. 학생은 의사 표현의 시기, 대상, 범위가 학교 교육목적을 훼손하지 않는

---

3. 『독일의 교육제도(헤센주를 중심으로)』 2011.07. 발행인 노유경. 번역 김경자. 주독한국교육원

한 자신의 생각을 말, 글, 그림으로 자유롭게 표현하고 제시할 권리를 갖는다.

독일 학생에게 보장하는 위와 같은 권리를 대한민국 학생에게 보장할 수 없는 합리적 이유가 있는가?

초·중등학교의 핵심 목표는 민주시민의 자질을 기르는 일이다. 민주시민의 자질은 교육활동과 학교운영에 주체적으로 참여해 기를 수 있다. 학습할 의무만 강조할 뿐 참여할 권리가 없다면 진정한 학습권일 수 없다.

학교장의 통할권[4]
_통할권과 학교자치는 공존할 수 없다

교육 민주주의 회복 및 교육자치 강화! 문재인 정부의 100대 국정과제 중 76번째 과제이다. 교육부와 시도교육감협의회는 제1회 교육자치 정책협의회에서 '교육자치 및 학교 자율화 추진계획'을 발표했다. 시도교육감협의회는 법률 정비의 기본 방향을 국가 중심에서 지방 중심, 행정 중심에서 교육 중심, 교육의 자주성과 민주성 강화로 정했다.

해방 후 제헌의회에서 교육법을 제정한 후 70년이 지났다. 짧지 않은 세월이다. 일본 제국주의 지배에서 벗어난 대한민국은 많은 부문에서 민주적인 성취를 이뤄냈다. 그런데도 학교 현장은 여전히 '민주주의', '자치', '자율화'가 핵심 화두이다.

무엇이 문제인가? 무엇부터 고쳐야 하는가? 원인과 처방은 다양하지만 현행 법령에서 찾는다면 교육기본법과 초·중등교육법이다.

통할권

통할권은 모두를 거느리고 다스리는 권한이다. 식민지 시대의 학교는 일본 제국주의 지배 이데올로기를 확대, 재생산하는 역할을 담당했다. 이를 위해 통할권이라는 막강한 권한이 필요했다. 식민지배 사상을

---

4. 학교장 통할권은 일본 제국주의 잔재라는 비판이 거세게 일자 2021년 3월 국회는 법률 용어 정비라는 명분으로 '통할'을 '총괄'로 개정했다. 하지만 법률에서 부여한 학교장의 권한에는 아무런 변화가 없다.

최일선에서 전파하는 사령관이 학교장의 핵심 역할이다. 교사와 학생은 사령관의 명령에 충실히 복종해야 하는 존재였다.

교육법 50년

안타깝게도 독립 후에도 학교는 식민 잔재에서 벗어나지 못했다. 모두를 거느리고 다스리는 통할권을 지닌 학교장과 학교장의 '명'에 따라 학생을 교육하는 교사가 1949년 제정하여 1998년 폐지한 교육법 75조의 내용이다. 해방 후 50년, 교육법 시대의 학교는 이러했다.

초·중등교육법 25년

1998년 교육법을 폐기하고 교육기본법과 초·중등교육법을 제정했다. 김영삼 정부의 교육개혁안에 따른 변화였다. 문민정부는 법률 제정을 통해 '학교운영의 자율성 존중, 교직원·학생·학부모·지역주민의 학교운영 참여'를 이루겠다고 했다.

학교 현장은 얼마나 달라졌는가? 교육 민주주의, 교육자치, 학교 자율화는 진전이 있었는가? 현실은 달라진 것이 별로 없다. 문민정부 교육개혁안은 신자유주의 교육의 전면 도입이었다. 교육공급자, 교육소비자, 경제 논리가 도입됐다. 교육 주체의 참여와 협력을 통한 민주적 학교운영이 아닌 경쟁 논리가 우선한 결과로 학교 현장은 아우성이다.

학교운영의 자율성을 강조했지만, 학교는 교육법 시대와 달라진 것이 없다. 모두를 거느리고 다스리는 학교장의 통할권은 강고히 지속했고, 학교 구성원의 자치적 권리는 없었다. 달라진 것이 있다면 교사의 법적 임무가 학교장의 '명'이 아닌 '법령'에 따라 학생을 교육하는 것으로 변경되었다. 하지만 관련 법령은 학교장의 '명'에 따라 교육하는 시절과 다르지 않다.

학교장이 모두를 거느리고 다스리는 학교에서 교육 민주주의, 교육자치, 학교자치는 불가능하다. 학생, 학부모, 교사의 권리와 권한이 상호 존중되는 학교자치, 교육자치를 통해 가능하다.

국제기준에 비춰본 교사의 지위
_학생 교육을 책임질 수 있는 권리, 권한, 전문적 자율권 보장

헌법(제31조 6항)은 교육제도와 교육재정과 함께 교원의 지위에 관한 사항을 법률로 정하도록 규정하고 있다. 교원지위 법정주의라 한다. 행정부나 사학법인이 교원의 지위에 관한 사항을 임의로 결정할 수 없도록 하여 교육의 자주성·전문성·정치적 중립성을 보장하기 위함이다.

'교원의 지위'에 관한 사항에는 무엇이 포함되어야 할까?

대법원[5]은 교원의 지위에 관한 사항이란 "교원의 자격·임용·보수·복무·신분 보장·권익보장·징계 등과 같이 신분의 취득·유지·상실 등과 관련된 사항을 의미한다"라고 판시했다. 교원의 지위에 관한 사항에 신분과 보수에 관한 내용을 포함한다는 것에는 이견이 없다.

교육기본법 제14조에서 "교원의 전문성은 존중되며, 교원의 경제적·사회적 지위는 우대되고 그 신분은 보장된다"라고 규정하고 있다. 교육공무원법(제34조)에서도 "교육공무원의 보수는 우대"되어야 한다고 규정하고 있다. 교육공무원법(제43조), 사립학교법(제56조)에서는 "형의 선고, 징계 처분, 법률에서 정하는 사유에 의하지 아니하고는 본인의 의사에 반하여 휴직, 면직 등 불리한 처분"을 받지 않는다고 규정하고 있다.

법률은 추상적, 선언적 수준일지라도 교원의 신분 보장, 보수 우대를

---

5. 대법원 2017.1.25. 선고 2016추5018 판결 [조례안 의결 무효 확인]

규정하고 있다. 그렇다면 현실에서 교원의 경제적, 사회적 지위가 우대되고 있는가? 교원의 신분과 보수를 특별히 우대하고 있다고 가정하더라도, 그것만으로 교육의 자주성, 전문성, 정치적 중립성을 보장할 수 있는가?

교사는 학생 교육을 위해 존재한다. 법에서 정하고 있는 교사의 임무 또한 학생 교육이다. 따라서 교육과정 편성, 교수·학습 운영, 평가, 생활지도 등에 관한 교사의 자율권, 교육권 보장은 필수적 조건이다. 당연히 법률로 보장되어야 할 교원의 지위에 관한 사항이다. 그러나 대한민국 법률은 교육활동 관련 교사의 교육권을 보장하지 않는다. 교사 지위에 관한 국제기준에 비추어 보면 상상할 수 없는 현실이다.

52년 전의 일이다. 1966.10.5. 프랑스 파리에서 유네스코(UNESCO)와 ILO의 특별회의가 열렸다. 이날 특별회의는 교사 지위에 관한 권고[6](이하 '권고')를 채택했다. 전체 146조로 구성된 '권고'는 교육목표와 정책, 교사양성, 신분 보장, 휴가, 휴직, 봉급, 사회보장 등 교사의 권리와 권한에 관한 방대한 내용을 담고 있다.

특별회의 참가 주체는 교사단체가 아니다. UNESCO는 국제연합의 교육과학문화기구, ILO는 국제노동기구로 국가를 대표하는 인사가 참여하는 정부 간 국제회의이다. 역사, 문화, 경제, 사회, 정치적 배경은 국가별로 다양한 차이가 있다. 그런데도 정부 간 특별회의는 모든 회원국에서 교사의 지위와 권리에 대한 동일한 기준을 적용해야 한다고 선언했다. 교육의 형태와 조직을 결정하는 법규, 관습, 인사제도의 국가별 차이에도 불구하고, 교사의 지위에 대해서는 모든 나라에서 유사한 문제가 발생하고 있으므로 이를 해결하기 위한 공통적 기준과 척도를 제

6. Recommendation concerning the Status of Teachers. (1966.10. 공교육에 관한 국제회의)

시하는 것이 '권고'의 목적이라 밝혔다.

교사의 지위란 '사회적 대우 또는 존경', '근무조건 및 물질적 급여', 두 가지 모두를 포함한다고 정의했다. 교사는 '학교에서 학생 교육을 책임지는 사람'이라 정의했다. 학생 교육을 책임진 교사에게 책임을 완수할 수 있는 권리와 권한, 특별히 전문직으로서 자율권 보장을 강조했다.

'권고'는 교사의 시민권, 정치적 기본권, 노동권 보장을 강조했다. 교사의 사회 참여, 공직 참여는 개인의 발전, 나아가 교육과 사회 전체의 이익을 위해 장려해야 한다고 강조했다. 하지만 지금 대한민국 교사의 현실을 어떠한가? 교육정책에 반대하는 시국선언에 참여했다는 이유만으로 징계와 형사처분을 받았다. 교사 신분을 유지하고 공직에 출마할 수 없다. 조합활동으로 해고당한 교사를 조합원으로 인정한다는 사실만으로 행정부에 의해 6만 교사의 단결권이 부정당하기도 했다. 정치 기본권, 노동 기본권, 시민으로서 기본 권리를 억압받는 현 상황이 대한민국 교사의 지위를 극명히 드러낸다.

'권고'에서는 교사의 직무상의 고유 권한인 교육권은 방해할 수 없다고 선언했다. 국가의 모든 감독 제도는 교사의 전문적 직무수행을 장려하고 지원하는 데 그쳐야 하며 교사의 자유, 창의, 책임을 훼손할 수 없다고 선언했다.

'권고'는 교육을 국가와 민족, 사회적 현상을 넘어 인류 공통의 지향점과 가치를 추구하는 영역으로 보고, 이를 수행하는 교사의 지위를 위협하는 다양한 형태의 모든 억압을 인정하지 않았다. 이와 같은 '권고'의 내용이 대한민국 교사가 처한 현실에 주는 시사점은 크다.

'권고'는 강제력을 띤 협약은 아니지만 모든 회원국이 이행을 전제로 한 약속이다. UNESCO와 ILO의 회원국인 대한민국 정부는 권고의 내용을 성실히 이행할 의무가 있다.

독일 헤센주의 학교법에서 살펴본 교사의 지위와 학교자치[7]
_학생·학부모·교사의 참여를 통한 학교자치, 교육자치

독일 교사의 교육자율권

헤센주 학교법 제86조(교사의 법적 지위)에서 정하고 있는 교사의 법적 지위는 '학교에서 자치적으로 수업하는 사람'이다. 교사의 자치권은 법, 행정 규정, 교육위원회의 결정에 의해서만 제한할 수 있다.

헤센주는 교사의 교육자율권을 최대한 보장한다. 학생을 위한 수업, 훈육, 평가, 감독은 교사의 고유 책임인 동시에 자율권으로 보장하고 있다. 교육자율권은 수업주제, 재료 선정 등의 교육내용과 교수 방법에 대한 결정권, 학생평가권, 학생 지도권, 징계권을 의미한다. 주 교육부는 교과별 수업목표와 교육방침만을 제시할 뿐, 수업 운영·평가에 관한 세부사항은 교사의 자율에 맡기고 있다.

강력한 성적 평가 재량권은 교권 확립의 핵심적 토대이다. 성적 평가는 지필 평가와 구두 평가로 진행한다. 구두 평가는 교사의 재량이며 수업 전반을 통한 교사의 질문에 대한 학생의 답변, 발표, 태도, 과제 준비, 협력 등을 전반적으로 평가한다. 주요 과목과 어학 과목에만 지필 평가가 있다. 지필 평가를 진행하는 과목도 구두 평가를 동시에 진행한다.

---

7. 참고자료
① 『독일의 교육제도(헤센주를 중심으로)』 2011.7. 주독한국교육원. 김경자
② 『독일의 교권보호 정책과 시사점』 정수정. 교육정책네트워크 해외통신원

독일 교육은 지식 그 자체보다 지식을 적용하고, 타인과 공유하며 자신의 논거를 확실히 제시하는 과정을 중히 여긴다. 서술형 시험과 수업 전반을 고려한 교사의 구두 평가는 교사의 권위, 신뢰가 전제되지 않으면 불가능하다. 교육자율권과 평가권 보장은 교권 확립의 결정적 요소이다.

교육과정

국가는 핵심 교육과정을 제공한다. 단위학교는 핵심 교육과정의 내용을 구체화하여 학교 교육과정을 개발하고 교수·학습계획을 수립한다. 핵심 교육과정은 진급 기준, 진학 기준, 교과목 성취 기준을 서술한 문장이 전부이다.

학교가 학생에게 교육할 핵심 내용은 "자신과 남을 위해 배우고 성취하려는 의지뿐만 아니라 협동과 사회적 행동을 할 수 있는 능력을 발달"시키는 일이다. 이를 위해 개별 학교의 자율성을 보장한다. 학교는 수업, 학교생활, 교육활동을 자율적으로 계획하고 수행할 권한이 있으며 법, 행정 규정, 감독 규정에 의해 불필요한 제한을 받지 않는다. 주 교육청은 학교의 자율적 활동을 지원하고 상담한다.

학교의 자치행정

학교법 제127조a(학교의 자치행정)에 따라 학교운영자(설립자인 지방자치단체)는 학교의 자치행정을 보장한다. 학교 구성원들은 학교 관리, 유지, 학습 조건 향상을 위해 예산을 자유롭게 운용할 수 있도록 자율권을 보장한다. 예산 사용 계획은 전체협의회(교사협의회)의 제안으로 학교협의회(최고 의사결정 기구)가 결정한다. 학교의 모든 의사결정은 학교법에 따라 구성한 자치 기구를 중심으로 이뤄진다.

교장의 책임과 권한

교장은 학교 교육 과제를 달성할 책임이 있다. 교장은 법, 행정 규정에 따라 학교자치 기구인 학교협의회와 교사협의회를 이끈다. 교장의 업무는 자치적 영역일 경우 학교 자체 근무 규정과 복무 규칙에 따른다. 교장은 교사, 학생, 학부모, 학교 감독기관과 협력하여 수업, 학교생활, 교육의 질 향상을 위한 연구에 힘쓴다. 교장은 학교 최고 의사결정 기구인 학교협의회, 모든 교사로 구성된 전체협의회의 의장이며 행정 업무에 대한 책임을 진다.

교장 선발은 학교자치 기구인 학교협의회와 학교운영자에게 위임하는데 사실상 학교협의회에서 선발한다고 볼 수 있다. 학교협의회가 위임받은 날로부터 3개월 내 교장을 선발하지 못할 때는 교육청이 학교장을 선발한다.

학교운영진

학교운영진은 교장과 보직 교사로 구성한다. 학교운영진은 교장, 교사, 사회교육사 등의 업무와 역할에 관한 규정을 수립한다. 교사의 근무시간에 관한 규정도 학교운영진이 정한다. 규정 근무시간을 넘는 경우 초과근무시간으로 적립한 후, 의무 수업 시간을 줄이거나 수당으로 보상한다. 학생 지도에 관한 규정도 학교운영진이 수립한다.

학교운영진은 교사, 사회교육사, 학부모 대표, 학생 대표, 행정직원과 정기적인 회의를 진행하고 업무수행을 협력한다. 학교운영진은 자치 기구인 학교협의회, 전체협의회 등에서 결정한 사항을 실행한다.

감독기관

감독기관은 주 정부의 교육문화부와 주 교육청이다. 감독기관의 역할은 학교가 자치적으로 과제를 실현하도록 조언, 지원하는 것이다. 독일 학교법 99조는 교육문화부의 역할을 학교발전 담당자로 규정한다. 주 교육문화부는 계획과 과제를 통해 단위 학교의 지속적 발전을 꾀한다. 이를 위해 주 교육청, 교육발전연구원, 교사연수기관, 기타 협의회와 긴밀하게 협력하여 학교 발전을 촉진한다.

주 교육청은 학교에 대해 전문 감독권을 갖는다. 전문 감독이란(제93조) 학교가 자치적으로 결정한 내용이 법, 행정 규정, 학교 프로그램에 어긋날 때 결정 내용을 폐지할 수 있는 권한이다. 감독기관은 자치 기구의 결정이 절차와 법규를 위반했을 때, 교육기본법과 양성평등기본법에 어긋날 때 결정을 폐지할 수 있다.

주 교육청은 교장 인력공급에 대한 책임이 있고, 교사연수와 재교육을 담당한다. 모든 감독은 교사의 교육적 자유(제86조 제2항, 제3항)와 학교의 교육자치 책임(제127조)을 보장하는 범위 안에서 진행한다.

학교운영자

공립학교의 운영자는 지방자치단체이다. 학교운영자인 지방자치단체는 학교 설치, 폐교, 학교운영비에 대한 권한과 책임을 진다. 교사, 심리상담사, 학교 복지사, 관리인, 비서, 청소부 등의 인건비와 장학금은 지방자치단체가 부담한다.

읍면동은 초등학교, 하우프트슐레, 레알슐레, 김나지움을 설치 운영하며 시·군은 직업학교, 직업전문학교, 직업고등학교, 전문학교, 그 밖의 특수 직업학교 등을 운영한다. 학교의 90% 이상을 기초자치단체가 운영하며 주 정부는 기숙사가 딸린 김나지움, 레알슐레, 교육적 특수학교, 헤센콜렉, 농업 전문학교 등을 설치 운영한다.

학교협의회

학교협의회는 단위학교 최고 자치기구이다. 학교의 중요 사항을 결정하고, 전달, 조언, 조정하는 역할을 담당한다. 위원구성은 교사, 학부모, 학생으로 이루어지는데 최소 11명에서 최대 25명까지로 할 수 있다. 교사 위원과 학부모·학생 위원은 동수로 꾸려지므로 교사 위원이 10명이라면 학부모·학생 위원의 합도 10명이다. 상급학교로 진학할수록 학생 위원의 비율이 학부모 위원보다 높아진다.

교사 위원은 전체협의회, 학부모 위원은 학교학부모회, 학생 위원은 전교학생회 또는 전체 학생 중에서 선출한다. 임기는 2년이다.

학교협의회는 학교법 제129조에서 정하는 학교의 중요 사항을 결정한다. 학생 위원도 교사 위원, 학부모 위원과 동등한 권한을 갖는다. 단, 학생 위원은 성적과 유급 결정에 관한 안건에는 참여하지 못한다.

교사협의회(전체협의회, 교과별협의회, 학급협의회)

전체협의회는 학교의 모든 교사와 사회교육사로 구성한다. 교장이 의장직을 수행한다. 교사의 핵심 업무인 학교 교육과정, 교육프로그램, 성적 평가, 교과서 선택, 교수·학습 자료 등을 결정한다. 그 밖에도 앞서 언급한 최고 자치기구인 학교협의회의 결정사항이 아닌 내용, 결정권자가 명확하지 않은 교육 관련 행사 등에 관한 사항을 결정한다.

전체협의회는 청문권과 제안권을 갖는다. 학교법 제129조 사항에 대해 학교협의회가 결정하기 전 청문을 진행할 수 있고, 의견을 제안할 수 있다. 전체협의회의 제안 사항은 학교협의회의 차기 회의에서 논의해야 한다. 교과협의회, 교과영역별 협의회는 과목별 교수·학습에 관한 사항을 결정한다.

학급협의회는 정규적으로 학급을 담당하고 있는 모든 교사와 사회교육사가 참여한다. 의장은 학급 담임교사이다. 진급과 유급에 관한 사안을 다룰 때만 교장이 회의를 진행한다. 진급, 진학, 가정학습의 범위, 학생 징계 및 징계 요청은 학급협의회의 권한이다.

학부모회(학급학부모회, 학교학부모회, 시·군 학부모회, 주 학부모회)

학부모는 학급학부모회와 학교학부모회를 구성한다. 학급학부모회는 학급과 학교생활의 중요 사항에 대해 논의한다. 학교학부모회는 학급학부모 대표들로 구성한다. 의장과 부의장 각 1명을 선출하고, 필요에 따라 임원을 추가 선출할 수 있다. 임기는 2년이다. 학교학부모회는 학교 의사결정에 참여하며 동의권, 청문권, 제안권을 갖는다.

학교 최고 의사결정 기구인 학교협의회와 전체 교사로 구성된 전체협의회의 주요 결정사항은 학교학부모회의 동의를 받아야 한다. 학교학부모회가 동의를 거부하면 학교협의회와 전체협의회는 주 교육청에 조정을 요청할 수 있다. 학교학부모회는 동의권과 청문권을 갖는 사안에 대해 제안권을 갖는다. 학교학부모회의 제안을 학교협의회, 전체협의회에서 거부하면 학교학부모회는 주 교육청에 조정을 요청할 수 있다.

감독기관은 학교의 모든 사항에 대해 구성원들이 자치적으로 결정할 수 있는 권한을 보장한다. 교육청의 역할은 자치 기구에서 합의하지 못할 때 조정하는 역할이다.

시·군 학부모회는 학교학부모회 구성원 중 학교 유형별로 선출한다. 임기는 2년이다. 시·군 학부모회에는 주 교육청, 지역 의회, 군 전문위원회, 학교운영자가 참석한다. 학교학부모회 활동을 장려, 지원, 조언하는 역할을 한다. 학교운영자인 지방자치단체의 학교발전계획에 대해 청문권을 행사한다.

주 학부모회는 학교 유형별 대의원에 의해 간접적으로 선출한다. 임기는 3년이다. 주 학부모회는 동의권, 정보 요구권, 제안권을 갖는다. 다음 사항에 대해 주 학부모회는 동의권을 행사한다.

> 1. 교육목적, 교육경로, 수업 등 일반적인 사항과 핵심 교육과정, 시험 규정 등에 관한 사항
> 2. 진학과 전학에 대한 일반적인 규정
> 3. 학습 교구 및 교재 선택을 위한 일반적인 규정
> 4. 수업에 관한 일반적인 학교 규칙

동의권은 논쟁이 있을 수 있는 사안에 대해 주 교육문화부와 주 학부모회의 상호 이해를 위한 장치이다. 주 학부모회는 주 교육문화부가 제안한 안건에 대해 10주 내 결정해야 한다. 10주 안에 결정하지 못한 사안은 동의한 것으로 간주한다. 주 학부모회는 동의하지 않는 사안에 대해 서면으로 사유를 밝혀야 한다. 주 교육문화부가 재검토를 요청하면 10주 내 결정해야 한다.

동일 안건에 대해 주 학부모회가 동의를 계속 거부하면 최종 결정은 주 교육문화부가 한다. 단, 주 학부모회 구성원의 3분의 2 이상이 거부권을 행사했을 경우에는 주 정부의 동의를 얻어야 한다.

학생회(전교학생회, 시·군 학생회, 주 학생회)

초등학교부터 학급 대표를 선출한다. 중급단계부터 학급 대표는 성적, 유급, 교육적 조치와 질서규정을 제외하고 학급협의회에 참석하여 발언할 수 있다.

전교학생회는 학급 대표로 구성하고, 회장 1명, 부회장 2명을 선출한다. 그 외 다른 임원을 전교학생회 구성원 중에서 선출하거나 전교생 중에서 직접 선출할 수 있다.

전교학생회는 학교학부모회와 동등한 동의권을 갖는다. 학교법에서 정한 학교협의회와 전체협의회의 주요 사항에 대해 동의권을 행사할 수 있다. 전교학생회 회장, 부회장 그리고 최대 3명의 추가 위원이 전체 교사들이 참석하는 전체협의회의 회의에 자문위원으로 참석할 수 있다. 성적, 유급, 질서 위반 조치, 교사 개인 사항에 관한 회의에만 참석할 수 없다. 회의 비밀 유지 규정을 어긴 학생 대표는 회의 참석을 제한할 수 있다.

시·군 학생회는 각 학교 대표 2인으로 구성한다. 각 학교 대표 2인은 남·여 각 1명으로 전교학생회 위원, 또는 전체 학생 중에서 선출한다. 시·군 학생회는 의장 1명, 부의장 2명을 선출한다. 조언과 상담을 위한 교사를 3명 이내 선택할 수 있다. 시·군 학생회는 시·군 학부모회와 동등한 권리를 갖는다.

주 학생회는 각 시·군 학생회 위원 중에서 선출된 1명의 대표들로 구성한다. 임기는 1년이다. 의장, 부의장, 8명 이내의 임원진을 구성할 수 있다. 주 교육문화부를 대상으로 학생의 이해관계를 다룬다. 주 학생회는 교육목적, 수업, 핵심 교육과정, 시험 규정, 진학, 전학, 학습교구, 교재 선택, 학교생활 규정 등에 대해 청문권을 갖는다.

독일 헤센주의 학교법은 학생에게도 교사, 학부모와 같이 학교 운영에 참여할 수 있는 권리를 동등하게 보장한다. 나아가 학교 운영자인 지방자치단체나 학교 감독기구인 주 교육부를 상대로 학생의 요구를 전하고 이를 관련 정책이나 규정에 반영할 수 있는 권리를 보장한다.

권리에 따른 책임과 의무도 엄격하다. 학생은 수업, 학교 행사, 교육적 과제를 수행할 의무가 있다. 교육목표 달성, 학교 질서 유지를 위해 교사의 지시를 따를 의무가 있다. 18세 미만인 학생에 대해 학부모도 자녀와 동등한 의무를 진다.

학생에 대한 교육적 조치와 질서 규정은 다음과 같다(학교법 제82조).

1. 해당 수업 제외
2. 학급·학교 행사 제외, 선택 과목 수업 제외
3. 4주 이내 잠정 학급 교체
4. 학급 교체
5. 정학(2주 이내)
6. 전학
7. 퇴학(의무교육 기간 제외)

2에서 4의 조치는 학교운영이나 수업 진행을 방해했을 때, 개인의 안전을 위협하거나 기물을 파손했을 때 가능하다.

5에서 7의 조치는 학교운영, 수업 진행, 개인 안전, 기물 파손 행위가 심각한 수준일 때 가능하다.

1은 교사의 제안으로, 2에서 5는 학급협의회의 제안으로 교장이 결정한다. 6과 7은 학급협의회의 결정에 따라 교장의 제안으로 감독청이 결정한다.

교육적 조치는 아량, 정당성, 연대성을 기본 원칙으로 학습 의욕, 성취욕 발달에 기여해야 한다. 학생 처벌 규정 수립에는 학부모회와 학생회가 참여한다. 학생에 대한 신체적 체벌, 모멸적 조치를 금지한다. 처벌 기록은 다른 문제를 유발하지 않을 경우, 2개 학년 후에 말소한다.

질서를 유지하기 위한 처벌은 다음의 경우에만 허용된다.

1. 학교 규범, 행정 질서, 학교 질서를 어겼을 경우, 교장·교사의 지시를 따르지 않은 경우, 교육적 조치와 수단들이 효과를 발휘하지 못한 경우, 수업이나 교육적 과제를 수행하는데 필요한 경우

2. 사람과 기물의 보호를 위해 필요한 경우

Q&A
묻고 답하기

Q. 교권이란?

A. 교권이란 법률이 보장하는 교사의 권리와 직무상의 권한이다. 봉급, 수당, 호봉, 휴가, 휴직, 복직, 승진 등은 법률이 보장하는 권리이다. 수업, 생활지도 등 학생 교육활동 관련 직무상의 권한을 교육권이라 한다. 교육권은 교육과정 편성권, 교재 채택권, 교육내용 결정권, 교육방법 결정권, 평가권, 학생생활교육권 등을 포함한다.

Q. 교권 관련 법률은?

A. 1) 교육기본법 : 교육이념, 학습권, 교육의 자주성, 교육당사자(학생, 학부모, 교사, 설립자, 국가 등)의 권리와 권한 등

2) 초·중등교육법 : 학교의 종류, 교직원의 임무, 교육과정, 학생의 자치활동, 학교운영위원회 등

3) 교육공무원법 : 교원의 자격, 임용, 휴직, 징계 등

4) 사립학교법 : 사립학교 설립 및 운영, 사립학교 교원 임용·복무·신분 보장 등

5) 국가공무원법 : 공무원의 복무, 신분 보장, 징계 등

6) 교원의 지위 향상 및 교육활동 보호를 위한 특별법 : 교원소청심사위원회, 교육활동침해 등

7) 학교안전사고 예방 및 보상에 관한 법률 : 학교안전공제회 등

8) 공무원연금법, 공무원재해보상법, 사립학교교직원연금법: 교원연금, 재해보상 등

Q. 학교장에게 장학지도권이 있는가?

A. 학교장이 수업 시간 예고 없이 교실을 방문하여 학생과 교사의 수업 활동을 참견한다. 문제를 제기하면 법률에서 학교장에게 부여한 장학지도권을 행사한 것이라 설명한다. 장학지도권은 학교장에게 부여한 법적 권한인가?

장학지도권은 교육감에게 부여한 권한이다. 초·중등교육법 제7조(장학지도)에 따라 교육감은 "관할 구역의 학교를 대상으로 교육과정 운영과 교수敎授·학습 방법 등에 대한 장학지도"를 할 수 있다.

초·중등교육법 제20조(교직원의 임무)에서 교장에게 교무 총괄권, 교직원 지도·감독권을 부여하고 있다. 교무 총괄권은 학교의 모든 업무를 총괄하고 책임지는 권한, 지도·감독권은 교직원의 복무에 대한 지도·감독권이다. 장학지도권은 학교장에게 부여한 권한이 아니다. 교육감이 학교장에게 장학지도권을 위임할 수 있는 법령도 없다.

설령 법률에서 교장에게 장학지도권을 부여하고 있다고 가정하더라도 예고 없이 교실을 방문하여 수업을 참견하는 활동이 정당한 장학지도가 될 수 없다. 교육감의 권한인 장학지도권을 학교장이 행사한다면 위법이다. 예고 없이 수업 중 교실을 방문하여 참견하는 것은 교원지위법에서 금지하는 교육활동 침해행위이다.

2

학교안전사고와
교사의 보호·감독책임

중학교 체육 교사가 10명씩 축구 수행평가를 진행하면서 수행평가를 마친 학생은 플라잉디스크 연습을 진행하게 했다. C 학생이 플라잉디스크를 장난으로 던져 A 학생의 왼쪽 눈꺼풀에 찰과상을 입혔다. A 학생의 부모는 C 학생의 부모와 체육 교사, 교육청을 상대로 손해배상 소송을 제기했다.

1심 법원은 가해 학생의 부모에게 500만 원을 배상하라고 판결했다. 체육 교사와 교육청의 보호·감독 위반 책임은 묻기 어렵다고 판단했다.

2심 법원은 체육 교사, 교육청, 가해 학생의 부모가 공동으로 500만 원을 배상하라고 판결했다. 체육 교사가 안전사고가 발생하지 않도록 보호·감독 의무를 다하지 못했다고 판단했다.

대법원의 최종 판결은 무엇일까?

학교안전법에 근거한 학교안전사고의 법적 개념은 무엇일까?

교사의 보호·감독책임은 어떤 사고에 대해서 발생할까?

일상 교육활동에서 반드시 숙지해야 할 학교안전사고, 교사의 보호·감독책임에 대해서 알아보자.

(1) 학교안전공제회와 학교배상책임공제

등교 중 복도에 쓰러져 사망한 사고
_감독자의 과실이 없는 사고, 공제급여 지급이 가능할까?

0교시 수업이 있는 사립 ○○고교의 등교 시각은 7시 40분이다. A 학생은 2008년 12월 19일 7시 5분경 집을 나섰다. 마을버스가 제때 오지 않아 전전긍긍하던 A 학생은 정류장에 내린 뒤 교실로 전력 질주했다. 7시 43분경 2층 복도에 도착한 A 학생은 가슴 통증, 호흡곤란으로 의식을 잃고 쓰러졌다. 119 구급대의 도움으로 7시 54분경 응급실로 후송되었지만 24일 뒤 중환자실에서 사망했다. 직접 사인은 악성 부정맥. A 학생은 평소 특별한 병력은 없었다.

위 사고는 학교안전사고 보상법에서 정한 학교안전사고에 해당할까? 교사에게 보호·감독 소홀에 따른 손해배상의 책임이 발생할까?

유족은 학교안전공제회에 요양급여(치료비), 유족급여, 장의비를 청구했다. 학교안전공제회는 학교안전사고에 해당하지 않는다며 청구를 기각했다. 유족은 두 가지 소송을 제기했다. 학교안전공제회를 상대로 공제급여지급 소송, 학교법인을 상대로 손해배상 소송을 제기했다.

먼저 학교안전공제회를 상대로 한 공제급여청구 소송을 살펴보자.

학교안전공제회는 등교 중 복도에서 발생하여 교육활동 관련성을 인정할 수 없고 학교장, 교사, 감독자 등의 과실책임이 없으므로 공제급여를 지급할 수 없다고 주장했다.

등굣길에 복도에서 갑자기 쓰러져 사망한 사고이므로 학교 또는 교사의 특별한 과실이 있어 보이지 않는다. 감독자의 과실이 없는 사고에 대해선 공제급여를 지급할 수 없다는 판단이 불합리한 주장은 아니다. 근대법은 '고의'나 '과실'이 있는 위법행위로 타인에게 발생한 손해에 대해서만 배상책임을 지는 과실책임주의를 원칙으로 하고 있다. 우리나라 민법도 과실책임주의가 원칙이다.

과실책임주의에 따라 감독자의 과실책임이 없는 사고에 대해서 공제급여를 지급할 수 없다는 학교안전공제회의 주장을 법원에서 어떻게 받아들였을까?

이 건은 사고가 발생한 시점에 주목할 필요가 있다. 학교안전사고 예방 및 보상에 관한 법률은 2007년 1월 제정되어 2007년 9월 1일부터 시행됐다. 2007년 9월 1일 이전의 학교안전공제회는 감독자의 과실이 없는 사고에 대해서 공제급여를 지급하지 않았다. 하지만 위 사고는 학교안전사고 보상법을 적용하는 2008년 12월에 발생한 사고이다.

학교안전사고 보상법 시행으로 학교안전사고에 대한 공제급여의 지급기준이 획기적으로 달라졌다. 배상은 고의 또는 과실로 인한 위법행위를 전제로 하고 위법행위에 대한 금전적 배상이 이뤄진다. 이와 달리 보상은 공권력의 합법적 행위로 인한 피해에 대해서도 손실을 보전한다.

2007년 9월 1일 시행된 학교안전사고 보상법에 따라 국가 또는 국가를 대리하는 감독자의 위법행위에 따른 배상뿐만 아니라 감독자의 과실이 없는 학생의 생명, 신체 피해에 대해서도 보상이 가능해졌다.

법원[8]은 학교안전사고 보상법은 불법행위로 인한 손해를 배상하는 일반적 민사상의 손해배상 사건과는 취지나 목적이 다른 사회보장적 차원의 공적 제도라 판단했다. 학교안전사고가 발생한 경우 교육감, 학교

---

8. 대법원 2011다111961 공제급여지급(2012.12.13). 서울고등법원 2011나16297. 서울중앙지방법원 2010가합99441

장 등이 안전사고 발생에 책임이 있는지 묻지 않고 피공제자의 피해를 신속하고 적정하게 보상하여 실질적인 학교안전망을 구축하는 것이 입법 취지라 판시했다. 과실책임의 원칙, 과실상계의 이론이 적용될 수 없음을 분명히 했다.

법원은 학교안전사고 보상법에서 학교안전사고란 교육활동 중 학생·교직원·교육활동 참여자의 생명 또는 신체에 피해를 주는 모든 사고라 정의했을 뿐, 사고 발생 원인에 대해서는 별도의 규정이 없으므로 0교시 수업을 위해 등교 중 복도에서 사망한 사고는 학교안전사고에 해당한다며 학교안전공제회는 유족에게 1억3천7백만 원 상당의 공제급여를 지급하라 결정했다.

유족이 학교법인을 상대로 제기한 소송 결과는 교사의 보호·감독책임에서 다루겠다.

자율학습 참여 중
화장실에서 쓰러져 사망한 사고
_기존 질병을 사유로 공제급여를 제한할 수 있는가?

    2014년 2월 21일 14시경 겨울방학 자율학습에 참여한 H고등학교 3학년 학생이 학교 화장실에서 용변을 보던 중 앞으로 쓰러졌다. 16시 50분경 같은 반 학생이 발견하여 119 구급차로 후송했지만 응급실에서 숨지고 말았다. 직접 사인은 '자세에 의한 질식'(추정), 그 원인은 '간질 발작'(추정)이다. 학생은 6년 전부터 뇌전증(간질) 치료를 받아왔고, 호전되어 치료의 종결을 앞두고 있었다. 2011년 6월 이후 경련의 재발은 없었다.

    학교안전사고 보상법에서 정한 학교안전사고에 해당할까? 학교안전사고에 해당한다면 지병에 대한 과실상계 없이 공제급여를 온전하게 받을 수 있을까? 위 사고에 대한 법원의 판례는 학교안전사고에 대한 획기적인 전환점이 된다.

    학교안전공제회는 질병에 의한 사고이므로 학교안전사고에 해당하지 않는다며 유족의 공제급여 신청을 기각했다. 유족은 공제급여청구 소송을 제기했다.

    학교안전공제회의 핵심 주장은 두 가지이다.

    첫째, 학교안전공제회는 지병(뇌전증)에 의한 사망으로 학교안전사고와 사망 사이에 '상당한 인과관계'가 없으므로 학교안전사고에 해당하지 않는다고 주장했다.

법원의 판단[9]은 달랐다. 사망의 주된 발생 원인이 학교안전사고와 직접적인 관계가 없더라도 적어도 학교안전사고가 사망의 주된 발생 원인에 겹쳐서 사망을 유발했다면 인과관계를 인정할 수 있다고 판단했다. 고등학교 2학년 학생으로서 수업, 시험 등을 통한 상당한 스트레스가 뇌전증에 영향을 미쳤거나, 뇌전증과 겹쳐 사고를 일으킨 것으로 판단했다.

인과관계는 반드시 의학적·자연과학적으로 명백한 증명이 필요한 것이 아니며 제반 사정을 고려하여 학교안전사고와 사망 사이에 상당한 인과관계가 있다고 판단할 수 있는 경우에도 인과관계를 인정할 수 있다고 판단했다.

이 판례에 따라 기존 질병을 지닌 학생도 교육활동 중 사망했다면 학교안전사고로 인정받을 수 있게 되었다.

둘째, 학교안전공제회는 설령 학교안전사고에 해당하더라도 학생에게 존재했던 기존 질병에 대한 부분을 제외하고 공제급여를 지급해야 한다고 주장했다. 이른바 '과실상계 원칙'이다.

학교안전사고 보상법 시행령(제19조의2)에서는 이미 존재하던 질병, 부상 등이 학교안전사고로 악화한 경우에는 이미 존재하던 질병, 부상 치료에 필요한 비용을 제외하고 공제급여를 지급할 수 있다고 규정하고 있다. 과실상계 원칙을 적용하는 규정이다.

과실상계 법리를 적용한 시행령 조항의 적법성에 대해 대법원에서는 다수의견과 소수의견으로 나뉘었다.

소수의견은 피해자의 체질적 소인이나 과거 질병으로 인한 손해는 학교안전사고로 입은 피해라 볼 수 없으므로 이를 제외하더라도 학교

---

9. 대법원 2016다208389 유족급여 등(2016.10.19.). 부산고등법원 2015나50842. 부산지방법원 2014가합46573

안전사고 보상법의 입법 목적에 벗어나지 않는다고 판단했다. 학교안전사고 보상법에 따른 공제급여 지급 책임이 무과실책임이라고 해서 과실상계가 부정되는 것은 아니라는 판단이다. 따라서 과실상계 법리를 규정한 시행령은 적법한 규정이라 판단했다.

다수의견은 달랐다. 학교안전사고 보상법은 공제급여 제한 사유를 세 가지만 규정하고 있다. 피공제자가 자해·자살한 경우(학교안전사고가 원인이 되어 자해·자살한 경우는 제외), 정당한 사유 없이 요양기관의 지시를 따르지 않아 악화한 경우, 자동차손해배상 보장법에 따른 손해배상을 받은 경우이다. 다수의견은 공제급여 지급을 제한·정지할 수 있는 사유를 법률에서 시행령으로 위임하고 있지 않으므로 시행령 조항은 법률의 위임이 없는 무효라 판단했다. 국민의 권리를 제한하거나 의무를 부과하는 행정 처분은 반드시 법률에 근거해야 해야 한다는 법률유보원칙에 어긋난다고 판단했다.

또한, 학교 안전공제제도는 학교안전사고라는 사회적 위험에 대처하기 위한 사회보험제도로서 이에 따른 공제급여 수급권은 사회보장수급권이라 판단했다. 법률에서 명시적으로 정하지 아니한 과거 질병 또는 과실을 사유로 공제급여 수급권을 제한하는 것은 법령에 근거가 있더라도 최소한의 범위에서만 제한할 수 있도록 규정한 사회보장기본법 제13조의 취지에도 맞지 않는다고 판단했다.

민사상 손해배상 사건에서 과거 질병이 손해의 확대 등에 기여한 경우, 공평의 견지에서 과실상계의 법리를 유추 적용하여 손해배상책임의 범위를 제한하는 법리도 법률에서 특별한 규정이 없는 이상 학교안전사고 보상법에 따른 공제급여에는 적용할 수 없다고 판단했다.

대법원의 확정판결로 학교안전공제회는 유족에게 3억 6천만 원의 유족급여를 지급했다. 이 판례를 통해 학교안전사고 보상법에 따른 공제급여 수급권은 사법私法상의 권리가 아닌 공법상의 권리로 과실책임의 원칙, 과실상계의 이론을 적용할 수 없음이 명백해졌다.

2016년 12월 19일 과실상계를 규정한 시행령이 위법이라는 대법원의 판결 후 학교안전공제회는 시행령 과실상계 규정을 적용하지 않고 있다.

그런데 국회는 2021년 9월 학교안전법 제43조(공제급여의 제한)를 개정하여 공제급여액을 결정할 때 "피공제자에게 이미 존재하던 질병, 부상 또는 신체장애 등이 학교안전사고로 인하여 악화된 경우에는 이미 존재하던 질병, 부상 또는 신체장애 등의 치료에 필요한 비용을 제외하고 공제급여를 지급"할 수 있도록 했다. 시행령에서 규정했던 기왕증 및 과실상계 규정을 법률에서 규정한 것이다. 2016년 대법원의 결정 취지를 고려하면 매우 아쉬운 법률 개정이다.

학교안전사고 보상, 무과실책임주의
_학생의 과실을 사유로 공제급여를 제한할 수 있을까?

학생들이 생활하는 학교는 다양한 사고의 발생 위험이 늘 존재한다. 학교안전공제회의 공제급여는 교육활동 중 발생한 사고로 인해 학교장에게 발생하는 배상책임을 보상해 주는 제도이다. 관리·감독 소홀 등으로 설립자나 학교장의 과실이 명백하여 당연히 배상책임이 발생하는 사고만이 아니라 설립자, 학교장의 과실이 없는 사고에도 피공제자의 피해를 보상한다. 무과실책임을 적용하기 때문이다.

대법원[10]은 "학교안전사고 보상법은 교육감, 학교장 등에게 학교안전사고의 예방에 관한 책무를 부과하고, 학교안전사고가 발생한 경우 교육감, 학교장 등이 사고 발생에 책임이 있는지를 묻지 않고, 학생·교직원 등 피공제자에게 공제급여를 지급함으로써 학교안전사고로부터 학생·교직원 등의 생명과 신체를 보호하며, 부득이 피해를 본 경우, 그 피해를 신속하고 적정하게 보상하여 실질적인 학교 안전망을 구축하는 것"이 입법 취지라 판단했다.

대법원은 학교안전사고 보상법에 따른 공제제도는 상호부조 및 사회보장적 차원에서 학교안전사고로 인하여 피공제자가 입은 피해를 직접 보전하기 위하여 특별법으로 창설한 것이다. 일반 불법행위로 인한 손해배상 제도와는 그 취지나 목적이 다르다고 판단했다. 법률에서 특별

---

10. 대법원(2012.12.13.) 2100다111961 공제급여 등

한 규정이 없는 한 학교안전사고 보상법에 따른 공제급여는 과실책임의 원칙, 과실상계의 원칙을 적용할 수 없다고 판단했다.

과거 학교안전공제회는 피공제자인 학생의 과실이 있으면 과실의 정도에 따라 보상 비율을 차등 적용했다. 교칙 위반, 교직원의 명시적 지도·감독을 따르지 아니한 사고에 대해 30~50%, 상당한 주의가 필요한데 그러지 않은 사고에 대해 20~30%, 통상의 주의 의무를 다하지 않은 사고에 대해 10~20% 범위에서 과실 비율을 적용했다. 과실책임주의, 과실상계의 원칙을 적용한 것이다.

대법원은 시행령을 근거로 공제급여를 제한하는 것은 위법이라 결정했다. 국회는 2021년 9월 학교안전법 제43조(공제급여의 제한)를 개정하여 요양급여(치료비) 뿐만 아니라 장해급여, 간병급여, 유족급여를 산정할 때 학생에게 과실이 있으면 이를 상계할 수 있도록 했다. 단, 유치원 및 초등학교 학생의 장해급여, 간병급여, 유족급여에 대해서는 학생에게 과실이 있더라도 공제급여를 제한하지 못하도록 했다. 중학교 이상의 학생에 대한 장해급여, 간병급여, 유족급여의 과실상계는 50%를 넘지 못하도록 했다. 중학생 이상의 학생의 경우에도 심신상실 또는 심신미약 등의 이유로 학교안전사고가 발생했다면 과실상계를 적용하지 않도록 했다.

학교안전공제회의 보상공제 사업

학교안전공제회란?

학교안전공제회는 1987년 사단법인으로 출발했다. 2007년 학교안전사고 예방 및 보상에 관한 법률 제정으로 특수법인으로 전환했다. 설립·운영 주체는 교육감, 가입자는 학교장, 피공제자는 학생, 교직원, 교육활동 참여자이다. 학교안전사고로 인한 학생·교직원·교육활동 참여자의 생명·신체 피해에 대한 보상 업무를 핵심으로 한다.

2007년 학교안전사고 보상법 제정으로 학교안전공제회의 공제급여 제도는 획기적인 변화를 이루었다. 사실상 국가의 재정으로 국가(교육감)가 운영하는 사회보장적 제도의 성격을 갖추었다. 일반 민사상의 손해배상 사건에서 적용하는 과실책임주의, 과실상계의 원칙을 적용하지 않는다. 가입자인 학교장의 과실이 없는 사고에도 피공제자의 생명과 신체 피해에 대한 보상이 가능하다. 학생의 지병 또는 과실을 사유로 공제급여를 제한할 수 없다.

2007년 학교안전사고 보상법 제정으로 학교안전공제회의 공제급여 제도는 획기적인 변화를 이루었다. 사실상 국가의 재정으로 국가(교육감)가 운영하는 사회보장적 제도의 성격을 갖추었다. 일반 민사상의 손해배상 사건에서 적용하는 과실책임주의, 과실상계의 원칙을 그대로 적용하지 않는다. 학생에게 과실이 있더라도 유치원 및 초등학교 학생에 대해서는 공제급여를 제한하지 않는다.

학교안전사고 보상법 개정(2014년 4월)으로 학교폭력 피해자의 치료비를 우선 지급하고, 가해자에게 구상권을 청구할 수 있다. 학교안전사고 피해 가족에 대한 상담 치료 지원이 가능하게 되었다.

학교안전사고란?

학교안전사고 보상법에서 정한 학교안전사고란 교육활동 중 발생한 사고로, 학생·교직원·교육활동 참여자의 생명 또는 신체 피해 사고이다.

학교급식 등 학교장의 관리·감독에 속하는 업무가 직접 원인이 되어 학생·교직원 또는 교육활동 참여자에게 발생한 질병도 학교안전사고에 포함한다. 학교급식이나 가스 등에 의한 중독, 일사병, 이물질 섭취 등에 의한 질병, 이물질과의 접촉에 의한 피부염, 외부 충격 및 부상이 원인이 되어 발생한 질병도 학교안전사고에 포함한다.

학교안전공제회의 공제급여는 치명적인 단점이 있다. 교육활동 참여자의 '생명과 신체 피해'로만 제한되는 점이다. 교사, 학생 등 교육활동 참여자의 물적 피해, 제삼자의 물적·인적 피해는 공제급여의 대상이 아니다.

교육활동이란?

학교안전사고는 '교육활동' 중 발생한 사고를 전제로 한다. 학교안전사고 보상법에서 정하고 있는 교육활동이란 학교의 교육과정 또는 학교장이 정하는 교육계획 및 교육방침에 따라 학교장의 관리·감독하에 이루어지는 활동이다.

시행령에서 정한 교육활동은 다음과 같다.

1. 학교 교육과정 또는 학교장이 정하는 교육계획 및 교육방침에 의

한 활동(학교 내·외부 포함)

☞ 특별활동, 재량활동, 과외활동, 수련활동, 수학여행, 현장체험활동, 체육대회 등

2. 학교장이 인정하는 각종 행사 또는 대회 등에 참가하여 행하는 활동

3. 통상적인 경로 및 방법에 따른 등·하교 시간

4. 휴식 시간 및 교육활동 전후의 통상적인 학교 체류시간

5. 학교장 지시에 의하여 학교에 있는 시간

6. 학교장 인정 직업체험, 직장견학 및 현장실습 등 시간

7. 기숙사에서 생활하는 시간

8. 집합 및 해산 장소와 거주지 간의 합리적 경로와 방법에 의한 왕복시간

요약하면 공제가입자인 학교장이 승인한 활동은 교육활동으로 인정한다. 그 외 교육활동에 필수적인 등·하교 시간, 휴식 시간, 통상적 체류 시간도 교육활동으로 인정한다.

교육활동 참여자란?

학교안전사고 보상법에 따라 학교안전공제회 피공제자는 학생, 교직원, 교육활동 참여자이다. 학교안전사고 보상법(제2조)에서 정의한 교육활동 참여자는 다음과 같다.

1. 학교장의 승인 또는 학교장의 요청에 따라 교직원의 교육활동을 보조하거나 학생 또는 교직원과 함께 교육활동을 하는 사람

2. 비영리민간단체 지원법(제4조 제1항)에 따라 등록된 비영리민간단

체에서 학생의 등교·하교 시 교통지도 활동 참여에 관하여 미리 서면으로 학교장에게 통지하여 학교장의 승인을 받거나 학교장의 요청에 따라 그 단체의 회원으로서 교통지도 활동에 참여하는 사람

공제급여의 종류는?

학교안전공제회에서 지급하는 공제급여는 요양급여, 장해급여, 간병급여, 유족급여, 장의비이다.

요양급여는 피공제자의 부상 또는 질병 치료에 필요한 비용이다. 국민건강보험법에 따라 피공제자 또는 보호자가 부담한 금액이다. 진찰, 검사, 수술, 재활 치료, 입원, 간호, 호송 비용이다. 요양 중인 피공제자의 부상·질병 상태가 의학적으로 다른 사람의 간병이 필요하다고 인정되는 경우에는 간병료도 지급된다. 요양급여와 간병료의 지급기준은 학교안전사고 보상법 시행령과 시행규칙에서 정하고 있다.

간병급여는 요양급여를 받은 사람이 '치료를 받은 후'에도 의학적으로 상시 또는 수시로 간병이 필요한 경우에 실제로 간병을 받는 피공제자 또는 그 보호자 등에게 지급한다. 간병급여의 지급기준에 관한 사항은 시행령에서 정하고 있다.

유족급여는 피공제자가 학교안전사고로 인하여 사망한 경우에 국가배상법에 따라 사망 당시의 월급액 또는 평균임금에 장래의 취업가능기간을 곱한 금액을 유족에게 지급한다. 또한 피해자의 사회적 지위, 과실의 정도, 생계 상태, 손해배상액 등을 고려하여 정신적 고통에 대한 위자료를 지급한다.

장례비는 피공제자가 학교안전사고로 사망한 경우, 국가배상법에서 정한 평균임금의 100일분을 지급한다. 지급 기준은 시행령에서 정하고

있다.

　학교안전공제회는 학교안전사고에 해당하면 피공제자에게 요양급여, 장해급여, 간병급여, 유족급여, 장의비를 지급하지만, 피공제자인 학생이 교육활동 중 학교안전사고 이외의 원인을 알 수 없는 사유로 사망한 경우 4천만 원의 위로금을 상속인에게 지급한다.

학교폭력 피해 학생의 치료비

민법 제750조에 따라 고의 또는 과실로 인한 위법행위로 타인에게 손해를 입힌 사람은 그 손해를 배상할 책임이 있다. 손해를 입힌 사람이 미성년자라면 그를 감독할 법정 의무자에게 배상책임이 발생한다.

학교폭력 가해 학생의 보호자는 민법에 따라 피해 학생의 치료비 등을 부담할 책임이 있다. 가해학생의 보호자가 피해 금액을 지불하지 않는 경우, 피해 학생의 신속한 치료를 위해 학교안전공제회 또는 시도교육청이 우선 부담하고 가해자에게 상환청구권을 행사할 수 있다. 청구권자는 학교장 또는 피해 학생의 보호자이다.

지원범위는 심리상담 및 조언(1호), 일시 보호(2호), 치료 및 치료를 위한 요양(3호) 비용이다.

청구 절차와 지원절차는 다음과 같다.

(1단계) 학교폭력 발생

(2단계) 학교폭력 여부 판단 및 가피해자 선별 상담결과 보고

(3단계) 학교폭력에 해당하는 경우 피해학생 우선 배상(가해자 부담 원칙)

(4단계) 가피해자간 분쟁 발생시 학교폭력대책심의위원회의 결정

(5단계) 가해학생의 보호자가 피해금액을 지불하지 않는 경우

☞ 심의위원회에서 피해학생에 내린 조치결과에 따라 발생한

치료금액에 대해서 학교안전공제회 피해금액 신청

(6단계) 심사 후 피해금액 지급 및 가해학생 보호자에게 구상 청구

학교폭력피해 치료비 청구절차는 다음과 같다.

(1단계) 학교폭력사고발생 확인서 작성 및 공제회 통보[학교]
(2단계) 학교폭력 피해 치료비 청구서 작성[학교 또는 학부모]
(3단계) 구비서류 공제회 우편 발송[학교 또는 학부모]

공제회가 지급하는 비용은 심리상담 비용, 일시 보호 비용, 치료비로 한정한다. 심리상담, 일시 보호는 교육감이 지정한 기관에서 받을 수 있다. 공제회에서 지원하는 학교폭력 피해 학생의 상담 및 치료기간은 2년, 일시 보호 기간은 30일이다. 학교안전공제보상 심사위원회의 심의를 거쳐 1년 범위에서 상담 및 치료기간을 연장할 수 있다.

학교폭력 예방 및 대책에 관한 법률

제16조 ⑥ 피해 학생이 전문단체나 전문가로부터 제1항 제1호부터 제3호까지의 규정에 따른 상담 등을 받는 데에 사용되는 비용은 가해 학생의 보호자가 부담하여야 한다. 다만, 피해 학생의 신속한 치료를 위하여 학교의 장 또는 피해 학생의 보호자가 원하는 경우에는 학교안전사고 예방 및 보상에 관한 법률 제15조에 따른 학교안전공제회 또는 시·도교육청이 부담하고 이에 대한 상환청구권을 행사할 수 있다. 〈개정 2021. 3. 23.〉

학교배상책임공제

학교안전공제회의 공제급여 제도는 감독자의 과실이 없는 사고에 대해서도 보상이 가능하다. 학생의 과실이 있는 경우에도 유치원 및 초등학교 학생에 대해서는 공제급여를 제한하지 않는다. 학교안전사고 보상법에 근거하여 교육감, 사실상 국가가 운영하는 사회보장적 제도로 교육활동 중인 학생을 보호하는 사회안전망의 역할을 담당한다. 그런데 피공제자의 '생명'과 '신체' 사고에 대해서만 공제급여를 지급하는 한계가 있다.

자전거 체험학습 중인 학생이 행인을 다치게 하거나 행인의 물품을 파손한 사고는 제삼자의 인적·물적 피해이므로 학교안전사고에 해당하지 않는다. 학생, 교직원의 물적 피해 또한 공제급여 대상이 아니다. 학교배상책임공제는 학교안전공제회의 이러한 한계를 일부 보완하는 역할을 한다.

사업주체는 교육부장관이 설립·운영하는 학교안전공제중앙회이다. 가입대상은 유치원, 초·중·고등학교, 특수학교, 학력인정 평생교육 시설이다. 가입자는 학교장, 피공제자는 학생, 교직원, 교육활동 참여자이다. 2022년 현재 공제료는 학생 1인당 연간 300원이며 2012년 이후 시도교육청에서 일괄 납부하고 있다.

학교배상책임공제란 교육활동 중 발생하는 배상책임사고로 학교 구성원이 부담하게 되는 법률적 손해배상책임 부담을 해소하는 것이 목적이다. 교육활동 중인 학생이 제삼자에게 피해를 주어 손해를 배상할 책임이 발생한다면 학교안전공제중앙회가 이를 배상해 주는 제도이다. 중앙회는 피해자에게 보상한 후 피공제자에게 구상권을 행사하지 않는다.

아쉬운 점은 피공제자에게 배상책임이 발생하는 모든 사고에 대해서 공제급여를 지급하지 않는다. 학교배상책임공제에서 보상하는 범위는 다음과 같다.

1. 교육활동 및 학교 직원 노무 업무 관련 사고로 인한 제3자의 인적·물적 피해

    ※직원 노무 업무 범위:예초작업, 쓰레기 분리수거, 학교급식 조리, 그 밖에 학교장의 지시에 따라 실시하는 노무업무(시설물 관리 제외)

2. 교육활동 관련 사고로 인한 교직원 및 교육활동 참여자의 차량 파손 피해

3. 학교 관리하의 학생 휴대품의 분실·파손 피해

4. 학교급식 운영과 관련하여 학교장에게 부과된 과태료

사고가 발생하면 학교는 학교안전공제중앙회에 사고 발생을 통지하고 공제급여를 청구한다. 학교안전공제중앙회는 14일 이내에 지급 여부를 결정해야 한다. 학교안전공제중앙회가 청구를 기각하면 90일 이내에 학교안전공제보상재심사위원회에 재심을 청구할 수 있다.

학교배상책임공제의 보상 한도는 다음과 같다.

1. 인적 손해:1인당 최고 1억 5천만 원(1 사고당 보상한도:20억 원)

2. 물적 손해:1 사고당 1억 원

3. 학생 휴대품 분실·파손 손해 : 1 학교당 연간 2천만 원

4. 급식과태료 : 1 사고당 500만 원(단, 자기부담금 10% 공제)

학생 휴대폰 분실·파손 사고

_학교안전공제회가 아닌
학교안전공제중앙회의 학교배상책임공제 대상이다

학교안전공제회는 피공제자의 물적 피해를 보상하지 않는다. 학교안전공제중앙회의 학교배상책임공제는 피공제자가 아닌 제삼자의 피해를 보상하는 제도이므로 학생 개인의 물품 파손은 보상하지 않는다. 다만, 학교 관리하의 학생 휴대품 분실·파손 사고에 대해서는 2014년 1월부터 학교배상책임공제 특별약관으로 보상하고 있다.

학교에서 정한 규칙에 따라 학생의 핸드폰을 일괄 수거·반환하는 과정에서 분실·파손하였다면 배상책임은 학교에 있다. 이러한 학교의 배상책임을 학교안전공제중앙회가 보상해주는 제도가 학교배상책임공제이다.

학교의 규칙이 아닌 교사 개인의 방침에 따라 이루어진 분실·파손 사고는 보상 대상이 아님을 유의할 필요가 있다. 학교가 정한 규칙에 따른 경우에도 관리자로서의 주의의무를 다하여 성실히 보관·관리한 경우에만 보상이 가능하다.

조회 시간 담임교사가 학생의 휴대폰을 일괄 수거해서 정해진 장소에 보관하였다가 종례 시간 반환 과정에서 분실한 사고, 이동 과정에서 수거 가방에서 떨어져 파손한 사고에 대해 보상이 가능하다.

다음의 사고는 보상하지 않는다.

• 학교 규칙에 따르지 않고, 교사 개인이 임의로 판단하여 보관한

경우

- 휴대폰 보관 장소의 잠금장치가 불량한 경우
- 휴대폰 수거 및 반환 과정에서 담당 교사가 임장하지 않은 경우
- 기타 선량한 관리자의 주의의무를 위반한 것이 명백한 경우
- 분실된 휴대폰을 찾기 위한 활동에 최선을 다하지 않은 경우

휴대폰 파손 사고는 실제 수리 비용, 분실사고는 개통 당시의 출고가격을 기준으로 감가상각 후 보상한다. 다만 피해 학생이 휴대품의 분실 및 파손에 대비한 보험에 가입한 경우 보험으로 우선 처리하고, 보상한도 초과액 및 자기부담금에 대해서만 보상한다.

(2) 학교안전사고와 교사의 보호·감독책임

수업 중 학생 부상에 대한
교사의 보호·감독책임

중학교 체육 교사가 10명씩 축구 수행평가를 진행하면서 평가를 마친 학생은 플라잉디스크 연습을 진행하도록 했다. C 학생이 플라잉디스크를 장난으로 던져 A 학생의 왼쪽 눈꺼풀에 상처를 입혔다. A 학생의 부모는 C 학생의 부모와 체육 교사, 국가를 상대로 손해배상 소송을 제기했다. 체육 교사에게 보호·감독 소홀에 따른 배상책임이 발생할까?

위 사고는 교육활동 중 발생한 학생의 신체 피해이므로 학교안전법에서 정한 학교안전사고에 해당한다. 학교안전공제회에서 치료비 전액을 지원한다. 그런데 피해 학생의 학부모는 가해 학생 학부모, 체육 교사, 국가(지방자치단체)를 상대로 치료비와 위자료(1,500만 원) 지급을 요구하는 손해배상 소송을 청구했다.

왜 소송을 청구했을까?

학교안전공제회는 치료비만을 지급한다. 위자료는 지급하지 않는다. 위자료란 불법행위에 따른 정신적 고통, 피해에 대한 배상금이다.

가해 학생의 학부모에게는 자녀의 불법행위에 대한 배상의 책임이 있다. 체육 교사의 과실 또는 중과실의 책임이 있다면 국가배상법에 따라 배상책임은 국가에 있다. 국가는 체육 교사에게 과실을 넘어 '고의' 또는 '중과실'의 책임이 있다면 구상권을 행사할 수 있다.

법원의 판단은 어떠했을까?

● 1심 법원

C 학생의 부모에게 치료비(983,920원)와 위자료(5백만 원)를 부담하라 판결했다. 체육 교사와 국가의 배상책임은 인정하지 않았다.

법원은 "플라잉 디스크 활동은 교육과정에 따라 계획적으로 실시된 교육활동이다. 수업 중 교사가 충분한 주의사항을 반복적으로 전달했다. 안전사고 위험이 큰 가까운 거리에서 던지는 행위, 세로로 던지는 행위를 금지했다. 평소 두 학생의 관계가 나쁘지 않았다"라며 예측되거나, 예측 가능성이 있는 사고로 보기 어려우므로 교사의 보호·감독의무 위반의 책임을 묻기 어렵다고 판단했다. 이를 전제로 하는 국가의 책임도 인정하기 어렵다고 판단했다.

● 2심 법원

체육 교사, 국가, C 학생 부모는 공동불법행위자로서 공동으로 치료비와 위자료를 배상하라 결정했다.

법원은 "지도교사로서 학생들을 가까이에서 관찰하며 안전사고가 발생하지 아니하도록 감독할 의무가 있음에도 불구하고, 축구 수행평가와 플라잉디스크 연습을 동시에 편성한 것은 관리, 감독을 소홀히 한 과실에 해당"한다고 판단했다. 배상 총액은 1심 법원과 다르지 않았지만, 교사, 국가, C 학생 부모의 공동 부담을 결정했다.

● 대법원

대법원의 최종 판단은 교사의 보호·감독책임을 인정하지 않았다. 교사의 사전지시에 따르지 않고 갑작스럽게 장난을 치다가 발생한 이 사건 사고를 "예측하였거나 예측할 수 있었다고 보기 어렵다"고 판단했다. 축구 수행평가와 플라잉디스크 연습을 동시에 편성하였다는 사정만으로 사고 발생의 구체적 위험성이 있다고 할 수 없으며 돌발적이거나 우연한 사고이므로 교사의 보호·감독의무 위반의 책임을 물을 수 없다고 판단했다. 교사의 보호·감독의무 위반을 전제로 하는 국가의 배상책임도 인정할 수 없으므로 체육 교사와 국가의 법정 소송비용은 소송을 제기한 원고가 부담하도록 결정했다.

교사의 보호·감독책임은 예측할 수 없는 돌발적 사고에 대해 발생하지 않는다는 것이 대법원의 판례이다. 수업 중 안전사고 대비 사전 지도의 중요함을 알 수 있다. 같은 사고라도 중2가 아닌 초2 학생이었다면 법원의 판단이 달라질 수 있다. 학생의 발달 수준, 판단 능력에 따라 예측 가능성의 판단은 달라질 수 있다.

교사의 보호·감독책임의 발생 기준

고의 또는 과실로 인한 위법행위로 타인에게 손해를 입힌 때는 민법 제750조에 따라 손해를 배상할 책임이 발생한다. 손해를 입힌 사람이 미성년자인 경우, 민법 제755조(감독자의 책임)에 따라 미성년자를 감독할 법정의무가 있는 사람에게 손해배상의 책임이 발생한다.

교사에게는 자신의 행위뿐만 아니라 학생의 고의 또는 과실로 인한 위법행위에 대해서도 보호·감독의 책임이 발생한다. 그런데 민법 제755조(감독자의 책임)에 따르면 감독자의 책임은 '감독의무를 게을리하지 아니한 경우'에는 발생하지 않는다.

'게을리하지 아니한 경우'의 기준은 무엇일까? 학교에서 발생하는 모든 사고에 대해 교사의 보호·감독책임이 발생하는 것이 아니라면, 어떤 사고에 대해 교사의 보호·감독책임이 발생하는 것일까?

보호·감독의 책임에 대한 대법원의 판례[11]를 살펴보자.

"지방자치단체가 설치·경영하는 학교의 장이나 교사는 학생을 보호·감독할 의무를 지는 것이지만, 이러한 보호·감독의무는 교육법에 따라 학생들을 친권자 등 법정 감독 의무자에 대신하여 감독을 하여야 하는 의무로서 학교 내에서의 학생의 전 생활관계에 미치는 것은 아니고, 학교에서의 교육활동 및 이와 밀접 불가분의 관계에 있는 생활 관계에 한

---

11. 1997.6.13. 선고 96다44433

하며, 그 의무범위 내의 생활 관계라고 하더라도 교육활동의 때와 장소, 가해자의 분별능력, 가해자의 성행, 가해자와 피해자의 관계, 기타 여러 사정을 고려하여 사고가 학교생활에서 통상 발생할 수 있다고 하는 것이 예측되거나 또는 예측가능성(사고 발생의 구체적 위험성)이 있는 경우에 한하여 교장이나 교사는 보호·감독의무 위반에 대한 책임을 진다."

판례를 요약하면 보호·감독의무는 '교육활동 관련 예측 가능성이 있는 사고'에 대해서만 발생하고, 예측 불가능한 '우발적, 돌발적 사고'에 대해서는 교사의 보호·감독책임이 발생하지 않는다.

앞 사례의 중학교 체육 수업 시간 플라잉 디스크에 의한 사고에서 2심 법원과 달리 대법원은 예측할 수 없는 돌발적 사고이므로 교사의 보호·감독책임을 물을 수 없다고 판단했다. 예측 가능성이 있는 사고인지, 돌발적 사고인지에 대한 판단은 상황에 따라 달라질 수 있다. 교사가 사전 안전 주의 교육을 게을리했다거나 평소 또는 당일 두 학생이 심하게 다투고 있다는 사실을 인지하고 있었는데 같은 조에 편성했다면 판단이 달라질 수 있다. 중 2학년이 아니라 초 2학년이라면 결론이 달라질 수도 있다.

'과실'에 대한 교사의 배상책임

공무원인 교원이 직무를 수행하면서 고의 또는 과실로 인한 불법행위로 타인에게 손해를 입혔다면 배상책임은 누구에게 있을까? 해당 공무원에게 배상책임이 있을까? 공무원을 임용한 국가에 배상책임이 있을까?

국가배상법(제2조)에서는 공무원이 직무를 집행하면서 "고의 또는 과실로 법령을 위반하여 타인에게 손해"를 입힌 경우, 국가 또는 지방자치단체가 손해를 배상하도록 정하고 있다. 단, 국가 또는 지방자치단체는 해당 공무원의 고의 또는 중대한 과실인 경우에만 피해자에게 손해를 배상한 후 그 비용을 해당 공무원에게 부담하게 하는 구상권을 행사할 수 있다.

법령을 위반한 행위지만 고의 또는 중과실이 아닌 과실이라면 해당 공무원에게 구상권을 행사할 수 없다. 과실인 경우에도 공무를 수행한 공무원에게 배상책임을 지운다면 국민을 위한 적극적인 직무수행이 어렵기 때문이다. 결론적으로 공무원이 직무를 집행하면서 발생한 사고는 고의 또는 중과실이 아니라면 공무원에게 배상책임이 발생하지 않는다.

중과실과 과실의 판단 기준은 무엇일까? 판례를 통해 중과실의 기준을 살펴보자.

대법원[13]은 "공무원이 직무수행 중 불법행위로 타인에게 손해를 입힌 경우, 국가나 지방자치단체가 국가배상책임을 부담하는 외에 공무원 개인도 고의 또는 중과실이 있는 때는 불법행위로 인한 손해배상책임을 지고, 공무원에게 경과실이 있을 뿐인 경우에는 공무원 개인은 불법행위로 인한 손해배상책임을 부담하지 아니하는데, 여기서 공무원의 중과실이라 함은 공무원에게 통상 요구되는 정도의 상당한 주의를 하지 않더라도 약간의 주의를 한다면 손쉽게 위법·유해한 결과를 예견할 수 있는 경우임에도 만연히 이를 간과함과 같은 거의 고의에 가까운 현저한 주의를 결여한 상태를 의미"한다.

판례에 따르면 중과실이란 "거의 고의에 가까운 현저한 주의를 결여한 상태"이다. 국가 또는 지방자치단체는 직무 내용, 불법행위의 상황, 손해 발생에 대한 기여 정도 등 제반 사정을 참작하여 손해의 공평한 분담이라는 견지에서 신의칙상 상당하다고 인정되는 한도 내에서만 공무원에 대하여 구상권을 행사할 수 있다.

공무원이 아닌 사립학교 교원에게는 국가배상법을 적용하지 않으므로 사립교사는 중과실이 아닌 과실의 경우에도 배상책임이 발생할 수 있다. 사립교사의 과실로 인한 학생 치료비는 학교안전공제회가 부담하지만, 치료비 외 정신적 위자료는 교사가 책임을 질 수 있다. 사립교사에 대한 부당한 차별이다. 19대 국회에서 박인숙 의원이 사립 교원에게도 국가배상법 제2조를 준용하는 교원 등의 교권보호법안을 대표 발의했으나 의결되지 못했다. 관련 법률의 개정이 필요하다.

교사의 체벌로 인해 학생이 상해를 입었다면 중과실에 해당하므로 교사에게 배상할 책임이 발생한다. 수업 시간 A, B 두 학생의 장난으로

---

12. 대법원 2003.12.26. 선고 2003다13307 판결 / 대법원 2011.9.8. 선고 2011다34521 판결 / 대법원 1995.10.13. 선고 94다36506 판결 / 1990.2.27. 선고 89다카16178 판결 / 대법원 1991.5.10. 선고 91다6764 판결 등

B 학생이 상해를 입었다면 학교안전사고에 해당하므로 학교안전공제회에 요양급여를 청구할 수 있다. 요양급여는 B 학생의 부모가 부담하는 치료비로 한정한다. B 학생의 부모가 치료비로 만족하지 않는다면 위자료를 요구하는 소송을 제기할 수 있다. 이때 B 학생의 보호자는 A 학생의 보호자, 지도교사, 설립자(공립의 경우 교육감, 사립의 경우 사학법인)를 상대로 손해배상을 청구할 수 있다. 예측 가능한 사고를 방지하지 못한 것이라면 교사와 설립자에게 보호·감독의무 위반에 따른 손해배상책임이 발생한다. 교사의 과실에 의한 사고라면 국가가 부담하지만, 교사의 중과실에 의한 사고라면 국가는 교사에게 구상권을 청구할 수 있다. 국가배상법을 적용하지 않는 사립학교는 중과실이 아닌 과실에 의한 사고에서도 교사에게 배상책임이 발생할 수 있다.

교사는 예측 가능한 사고가 발생하지 않도록 일상적인 지도뿐만 아니라, 현장학습, 체육활동, 위험한 활동 전에는 안전사고에 대한 예방 교육을 철저히 할 필요가 있다. 같은 사고의 경우에도 학생의 인지 능력에 따라 교사의 보호·감독책임이 달라지므로 저학년의 경우 특히 유의할 필요가 있다.

> **민법**
>
> 제750조(불법행위의 내용) 고의 또는 과실로 인한 위법행위로 타인에게 손해를 가한 자는 그 손해를 배상할 책임이 있다.
>
> 제753조(미성년자의 책임 능력) 미성년자가 타인에게 손해를 가한 경우에 그 행위의 책임을 변식할 지능이 없는 때에는 배상의 책임이 없다.

제755조(감독자의 책임)

① 다른 자에게 손해를 가한 사람이 제753조 또는 제754조에 따라 책임이 없는 경우에는 그를 감독할 법정의무가 있는 자가 그 손해를 배상할 책임이 있다. 다만, 감독의무를 게을리하지 아니한 경우에는 그러하지 아니하다.

② 감독의무자를 갈음하여 제753조 또는 제754조에 따라 책임이 없는 사람을 감독하는 자도 제1항의 책임이 있다.

제756조(사용자의 배상책임)

① 타인을 사용하여 어느 사무에 종사하게 한 자는 피용자가 그 사무집행에 관하여 제삼자에게 가한 손해를 배상할 책임이 있다. 그러나 사용자가 피용자의 선임 및 그 사무감독에 상당한 주의를 한 때 또는 상당한 주의를 하여도 손해가 있을 경우에는 그러하지 아니하다.

② 사용자에 갈음하여 그 사무를 감독하는 자도 전항의 책임이 있다.

③ 전 2항의 경우에 사용자 또는 감독자는 피용자에 대하여 구상권을 행사할 수 있다.

제766조(손해배상 청구권의 소멸 시효)

① 불법행위로 인한 손해배상의 청구권은 피해자나 그 법정대리인이 그 손해 및 가해자를 안 날로부터 3년간 이를 행사하지 아니하면 시효로 인하여 소멸한다.

② 불법행위를 한 날로부터 10년을 경과한 때에도 전항과 같다.

학교안전사고, 건강보험공단 부담금을
담임교사가 부담해야 하나?

　초등학교 1학년 야외활동 수업 시간 중 시소를 타던 학생이 시소 손잡이에 얼굴을 부딪혀 상처를 입었다. 학생의 보호자는 본인 부담금 80만 원을 학교안전공제회로부터 보상을 받았다. 국민건강보험공단은 공단부담금 90만 원을 학교장과 담임교사가 부담하라는 구상권 납부고지서를 청구했다.

　"초등학교 저학년의 경우 지도교사의 보호 감독 범위와 사고에 대한 예견 가능성이 넓게 인정된다. 이 사고는 수업 시간 지도교사의 관리·감독 주의의무가 소홀하여 발생된 것이다. 보호·감독의무를 소홀히 한 경우 민법 제755조에 따라 감독자의 손해배상책임이 발생하므로 공단은 국민건강보험법 제58조(구상권)에 따라 지도교사와 학교장에게 손해배상을 청구할 권리가 있다."

　청구서를 통한 국민건강보험공단의 핵심 주장이다.

　국민건강보험공단이 학교안전사고로 국민건강보험공단이 부담한 치료비를 학교장과 교사에게 구상권을 청구하는 사례가 늘고 있다. 진료비는 본인 부담금과 공단 부담금으로 구분한다. 학교안전공제회는 학교안전사고 예방 및 보상에 관한 법률(제36조)에 따라 치료비 중 환자의 본인 부담금을 지원한다. 국민건강보험공단은 교사의 보호·감독 소홀로 발생한 사고이므로 건강보험공단에서 부담한 학생 치료비를 학교장과 담임교사가 부담하라는 요구이다.

학생 본인 부담금은 학교공제회가 부담했다. 그 외 치료비는 누가 부담하는 것이 타당할까? 학교안전사고보상법을 살펴보자.

위 사고는 교육활동 중 발생한 학생의 신체 사고이므로 학교안전사고에 해당한다. 학교장, 교사의 과실이 있는 사고는 물론 과실이 없는 사고도 보상이 이루어진다. 학생의 과실이 있는 경우에도 유치원, 초등학교 학생에게는 과실상계를 적용하지 않는다. 따라서 교사의 과실 여부, 학생의 과실 여부를 떠나 치료비는 학교안전공제회가 부담하는 것이 타당하다.

학교안전사고 예방 및 보상에 관한 법률(제36조)에 따르면 요양급여는 국민건강보험법 제44조에 따라 피공제자 또는 그 보호자 등이 부담한 금액으로 한다. 다만, 국민건강보험공단의 구상권 행사에 따른 손해배상액이 법원에서 확정된 경우 학교장이 부담할 부분은 공제회가 부담한다.

담임교사는 사전 안전교육을 충실히 했고 현장에서 지도했다. 시소를 타던 학생이 순간적으로 균형을 잃어 손잡이에 얼굴을 부딪힌 사고이므로 교사의 보호·감독 소홀의 책임을 묻기 어려워 보인다.

설령 교사의 보호·감독책임이 인정되는 경우에도 배상의 주체는 국가(교육감)이다. 건강보험공단의 구상권 청구가 정당하여 공제가입자인 학교장이 공단 부담금을 책임지게 된다면 학교안전사고 보상법에 따라 학교안전공제회의 부담이다. 건강보험공단의 구상권 청구가 도착하면 학교는 학교안전공제회에 청구서를 송부하면 된다.

학교안전사고 보상법

제36조(요양급여)

① 요양급여는 학교안전사고로 인하여 피공제자가 부상을 당하거나 질병에 걸린 경우에 피공제자 또는 그 보호자 등에게 지급한다.

② 요양급여는 학교안전사고로 인하여 피공제자가 입은 부상 또는 질병의 치료에 소요된 비용 중 국민건강보험법 제44조에 따라 피공제자 또는 그 보호자 등이 부담한 금액으로 한다. 다만, 법원의 판결 등으로 국민건강보험법 제58조에 따라 공단의 구상권 행사에 따른 손해배상액이 확정된 경우 학교의 장이 부담할 부분은 공제회가 부담한다.

물품을 파손한 경우, 교사의 배상책임은?

업무용으로 사용하는 노트북 액정을 파손했다. 학교장은 사용자인 교사에게 수리비 100%를 변상하라고 한다. 학교 물품을 분실 또는 파손한 경우 교사의 배상책임은?

행정기관에서 사용하는 물품은 그 성질에 따라 소모품과 내구성 물품으로 분류한다. 소모품은 사용에 따라 다시 사용할 수 없거나 소모하여 1년 이상 계속 사용할 수 없는 물품과 일반수용비로 취득한 물품 중 취득단가 50만 원 미만인 물품이다. 내구성 물품은 사무용 집기나 비품 등과 같이 1년 이상 계속 사용할 수 있는 물품이다. 물품취득원장에 등재하고 처분할 때까지 관리해야 한다.

내구성 물품이나 소모성 물품을 망실 또는 파손한 경우 담당 교사에게 변상을 요구하는 경우가 종종 발생한다. 어떤 경우에 변상의 책임이 발생하는지 관련 법령을 살펴보자.

물품관리법 제46조(망실·훼손된 물품의 처리)에 따르면 중앙관서의 장은 재물조사 결과 물품이 없어지거나 물품을 훼손한 것을 발견하면 회계관계 직원 등의 책임에 관한 법률(회계직원책임법)에 따라 변상을 명령할 수 있다. 그런데 물품을 사용한 공무원에게 배상책임이 발생하는 경우는 매우 제한적이다.

회계직원책임법 제4조(회계관계직원의 변상책임)에 따르면 회계관계

직원이 고의 또는 중대한 과실로 법령이나 그 밖의 관계 규정을 위반하여 국가, 지방자치단체, 그 밖에 감사원의 감사를 받는 단체 등의 재산에 손해를 끼친 경우 변상할 책임이 있다. 배상책임을 고의 또는 중대한 과실로 엄격하게 제한하고 있다.

회계관계 직원에는 물품관리관, 물품운용관, 물품출납 공무원뿐만 아니라 물품 사용 공무원도 포함한다. 물품의 출납 및 보관을 담당하는 물품출납 공무원에게는 고의 또는 중대한 과실뿐만 아니라 선량한 관리자로서의 주의를 게을리한 경우에도 변상할 책임이 발생한다. 물품을 사용하는 공무원의 배상책임은 고의 또는 중과실의 경우에만 발생한다. 손해배상의 책임에서 벗어나 적극적인 공무수행을 지원하기 위함이다.

업무수행 과정에서 노트북 액정을 파손하였다면 학교운영비로 수리비를 지출하는 것이 합당하다. 고의 또는 사실상 고의에 준하는 중과실의 경우가 아니라면 해당 교사에게 변상의 책임을 물을 수 없다.

교사의 보호·감독책임에 대한 판례

●사례 1 중학교 2학년 체육 시간, 피해자의 잘못으로 단체 벌을 받았다
며 휴식 시간 피해자를 폭행하여 상해를 가한 사건

대법원은 가해자의 성행, 피해자와의 관계, 단체 기합의 정도 등에 비
추어 예측 가능성이 없는 돌발적이거나 우연한 사고이므로 체육 교사와
담임교사에게 보호·감독의무 위반의 책임을 물을 수 없다고 판단했다.

[대법원 2000.4.11. 선고 99다44205 판결]

●사례 2 고등학교 2학년 학생이 점심시간 장난으로 상해를 입은 사고

법원은 고등학교 2학년 학생이 점심시간에 장난으로 급우가 앉아 있
던 의자를 걷어차 상해를 입게 한 사고에 대해 교장, 담임교사의 보호·
감독의무 위반 책임을 물을 수 없다고 판결했다.

점심시간은 오후수업을 하기 위하여 점심을 먹고 쉬거나, 수업의
정리, 준비 등을 하는 시간이므로 교육활동과 질적, 시간적으로 밀
접불가분의 관계에 있어 그 시간 중의 교실 내에서의 학생의 행위
에 대하여는 교장이나 교사의 일반적 보호·감독의무가 미친다고
할 수 있다. 그러나 기록에 의하면 가해자인 피고 ○○○은 고등학
교 2학년생이어서 충분한 분별능력이 있고, 평소 성격이 온순 착실
한 편이었으며, 피해자인 원고 ○○○과도 친한 사이였다. 이러한 가

해자의 분별능력과 성행, 피해자와의 관계 등을 고려할 때 담임교사 등이 사고 발생을 예측하였거나 예측 가능하였다고 보이지 아니한다. 평소 교실에서 학생들끼리 의자를 뒤로 빼놓는 장난을 더러 하고 있었다고 하더라도 그러한 사정만으로는 이 사건 사고의 발생에 대한 구체적 위험성이 있다고 할 수 없다. 그렇다면 이 사건 사고는 돌발적이거나 우연한 사고로서 교장이나 담임교사 등에게 보호·감독의무 위반의 책임을 물을 수 없다고 할 것이다.

[대법원 1993.2.12. 선고 92다13646 판결]

● 사례 3 교제 중이던 학생으로부터 헤어지자는 말을 듣고 4교시 실습수업을 불참하고, 4층 빈 교실에서 뛰어내린다는 문자를 보낸 후 추락한 사고

학교안전공제회는 자해로 인한 사고이므로 학교안전사고에 해당하지 않는다고 결정했다. 보호자는 학교안전공제회와 사립학교 법인을 상대로 소송을 제기했다.

법원은 자살·자해는 학교안전사고 보상법상 공제급여 지급대상이 아니므로 학교안전공제회는 공제급여를 지급할 의무가 없다고 판결했다. 사학법인에 대해서는 손해배상책임을 인정했다. 사고를 방지할 주의의무, 보호·감독의무를 다하지 못했다는 것이다. 문자를 보낼 당시 창틀에 앉아 있었을 것으로 보이고, 학생들이 창틀에 빈번하게 걸터앉을 것으로 예측 가능한데, 안전시설이 설치되어 있지 않아 시설기준에 부적합했다는 것이다. 다만, 사리 분별이 가능한 나이, 충동적 행동으로 발생한 사고인 점을 고려하여 손해배상책임의 일부만을 인정했다. 시설물에 대한 안전조치 미흡, 안전교육 소홀에 대한 보호·감독책임을 물은 사건이다.

●사례 4 중학교 3학년 여학생, 집단따돌림으로 자살한 사건

대법원은 중학교 3학년 여학생이 집단따돌림으로 자살한 사안에 대해 따돌림의 정도, 행위의 태양(겉으로 드러난 모습), 피해 학생의 평소 행동 등에 비추어 예견 가능성이 없으므로 교사의 손해배상책임을 물을 수 없다고 판단했다. 다만 학생들 갈등에 대한 대처를 소홀히 한 과실을 인정하여 교사의 직무상 불법행위로 발생한 집단따돌림의 피해는 지방자치단체가 져야 한다고 판단했다.

집단따돌림으로 인하여 피해 학생이 자살한 경우, 자살의 결과에 대하여 학교의 교장이나 교사의 보호·감독의무 위반의 책임을 묻기 위해서는 피해 학생이 자살에 이른 상황을 객관적으로 보아 교사 등이 예견하였거나 예견할 수 있었음이 인정되어야 한다. 다만, 사회 통념상 허용될 수 없는 악질, 중대한 집단따돌림이 계속되고, 그 결과 피해 학생이 육체적 또는 정신적으로 궁지에 몰린 상황에 있었음을 예견하였거나 예견할 수 있었던 경우에는 피해 학생이 자살에 이른 상황에 대한 예견 가능성도 있는 것으로 볼 수 있을 것이나, 집단따돌림의 내용이 이와 같은 정도에까지 이르지 않은 경우에는 교사 등이 집단따돌림을 예견하였거나 예견할 수 있었다고 하더라도 이것만으로 피해 학생의 자살에 대한 예견이 가능하였던 것으로 볼 수는 없으므로, 교사 등이 집단따돌림 자체에 대한 보호·감독의무 위반의 책임을 부담하는 것은 별론으로 하고 자살의 결과에 대한 보호·감독의무 위반의 책임을 부담한다고 할 수는 없다.

[대법원 2007.11.15. 선고 2005다16034 판결]

●사례 5 복합 놀이시설 놀이활동 유치원 상해 사건

유치원 복합 놀이시설에서 원생들과 술래잡기 놀이를 하던 유아가 미끄럼틀에서 떨어져 상완골 하단 골절상을 입었다.

대법원은 교사의 보호·감독의무 소홀로 발생한 사고라 판단했다. 담임교사가 안전교육을 철저히 하지 못한 과실로 발생한 사고이므로 국가배상법에 따라 국가가 손해를 배상할 의무가 있다고 결정했다.

[대법원 2012.5.10. 선고 2012다10126]

●사례 6 휴식 시간 초등학생 아크릴판에 의한 눈 부상

휴식 시간 6학년 학생이 아크릴판을 던져 의자에 앉아 있던 다른 학생의 눈을 다치게 한 사건이 발생했다. 법원은 교사 등의 보호·감독의무 위반 책임을 물을 수 없다고 판결했다.

초등 6학년 학생은 책임을 분별할 지능을 갖추지 못하고 있더라도 대체로 학교생활에 적응하여 상당한 정도의 자율능력, 분별능력이 있다. 가해자의 성격도 친구들과 잘 사귀고, 책임감이 강한 학생이었으며 피해자와도 원만한 사이였다. 이전에는 교실에서 학생들 사이에 아크릴판을 던지는 등의 장난 등은 없었다. 호기심 많은 학생이 장난 등 돌발적 행동을 할 가능성이 있다고 하여 자율학습 전 주인을 찾아주려는 마음에서 수업교재인 아크릴판을 던지는 등으로 신체에 커다란 충격을 줄 수 있는 위험한 행위를 하리라는 구체적인 위험성이 있다거나 담임교사가 예측하거나 예측 가능하였다고 보이지 않는다. 돌발적이거나 우연한 사고에 대해서 교사의 보호·감독의무 위반 책임을 물을 수 없다.

[대법원 97다 15258 판결] 요지

●사례 7 등교 중 복도에 쓰러져 사망한 사고

앞 사례(61쪽)이다. 유족은 보건 교사가 학생보다 일찍 출근하지 못한 점, 복도에서 학생을 발견한 담임교사가 119 구급대에 신고만 했을 뿐 응급조치를 하지 못한 점을 근거로 학교법인의 보호·감독책임 소홀을 주장했다.

대법원은 예측 불가능한 돌발적 사고라 판단했다. 보건 교사는 정시에 출근했고, 일반 교사인 담임교사는 응급조치의 자격과 의무가 없으므로 보호·감독책임을 물을 수 없다. 교사에게 보호·감독책임을 물을 수 없는 사고이므로 국가의 배상책임도 발생하지 않는다.

[대법원 2011다 111961 공제급여지급 2012.12.13]

Q&A
묻고 답하기

Q. 학교안전사고 관련 법령, 약관, 서식은?

A. 학교안전사고 관련 법령, 약관 등은 다음과 같다.

- 학교안전사고 예방 및 보상에 관한 법률
- 학교안전사고 예방 및 보상에 관한 법률 시행령
- 학교안전사고 예방 및 보상에 관한 법률 시행규칙
- 학교배상책임공제 약관
- 학교안전공제 업무편람

법제처와 학교안전공제회 누리집을 통해 위 자료를 구할 수 있다.

Q. 등·하교 사고의 공제급여 지급 기준은?

A. 학교안전사고는 교육활동 중 발생한 사고여야 한다. 등·하교는 교육활동을 위한 기본 조건이므로 학교안전사고 보상법(제2조)에서는 통상적 경로와 방법에 따른 등·하교 시간을 교육활동으로 인정한다.

통상적 경로란 가정과 집의 일반적 순로, 통상적 방법이란 도보, 대중교통, 자전거 통학 등이다. 친구 집에서 놀거나 학원 수강 후 귀가 사고는 통상적 순로에 해당하지 않는다. 무단조퇴의 경우에도 통상적 경로에 따라 귀가하던 중 발생한 사고라면 학교안전사고로 인정할 수 있다. 현장체험학습 후 자전거에 친구를 태워 귀가 중 가로수에 부딪혀 사망한 사고에 대해 학교안전공제회는 학교안전사고로 인정했다. 롤러 스케이트로 등교 중 사고에 대해 학교안전공제회는 통상적 방법에 따른 등·하교로 인정하지 않은 사례가 있다. 무면허 오토바이를 타고 집합장소에 오던 중 미끄러진 사고에 대해서 학교안전공제회는 무면허 오토바이 운행은 합리적인 방법이라 볼 수 없다며 통상적 등·하교 사고로 인정하지 않았다.

Q. 현장체험학습, 개별적 집합 및 해산 과정에서 일어난 사고?

A. 현장체험학습을 위해 개별적으로 집합 및 해산하는 과정에서 일어난 사고도 교육활동으로 인한 사고에 해당한다. 단, 합리적인 경로, 방법으로 이동하는 과정에서 일어난 사고여야 한다.

Q. 교육활동 참여자의 등·하교 사고?

A. 교육활동 참여자는 교육활동 참여 시작부터 피공제자 자격을 취득하고, 교육활동 종료 순간 피공제자 자격을 상실한다. 따라서 등·하교 (가정에서 교육활동 장소로 이동 과정) 시간의 사고는 학교안전사고에 해당하지 않는다.

Q. 방과 후 운동장에서 놀다가 발생한 사고, 학교안전사고에 해당할까?

A. 교육활동은 공제가입자인 학교장이 승인한 활동이다. 교육활동 종료 후 개별적 활동은 학교장의 관리·감독에 의한 활동이 아니므로 학교안전공제회의 보상 대상이 될 수 없다. 단 통상적 체류 시간 중 발생한 사고라면 교육활동으로 인정한다. 방과 후 청소 활동 중 사고, 방과 후 특기 적성 활동을 위한 대기 시간 중 사고는 통상적 체류 시간으

로 인정한다. 기숙사 생활은 통상적 체류 시간으로 인정한다.

정규수업을 마치고 1시간 20분 정도 운동장에서 놀다가 발생한 사고는 교육활동 중 발생한 사고에 해당하지 않는다는 판례가 있다. 통상적 체류 시간을 벗어난 사고라는 판단이다.

Q. 공제급여 미지급 사유는?

A. 학교안전사고 보상법(제43조)에서 정한 공제급여의 미지급 사유는 다음 세 가지이다.

첫째, 피공제자의 자해·자살로 인한 사고는 공제급여를 지급하지 않는다. 다만, 학교안전사고가 원인이 되어 자해·자살한 경우 공제급여 전부를 지급한다.

둘째, 정당한 사유 없이 요양기관의 지시를 따르지 않아 피공제자의 부상, 질병, 장해 상태가 악화하였거나 요양기관의 치료를 방해한 것이 명백한 경우에는 공제급여를 지급하지 않는다.

셋째, 자동차손해배상 보장법에 따른 손해배상을 받았다면 공제급여 전액을 지급하지 않는다.

공제급여 미지급 사유는 위 세 가지뿐이다.

2021년 9월 학교안전법 개정으로 다음의 경우는 공제급여의 일부를 제한할 수 있다. 과실상계의 원칙이 적용되는 경우이다.

첫째, 피공제자에게 이미 존재하던 질병, 부상 또는 신체장애 등이 학교안전사고로 인하여 악화된 경우에는 이미 존재하던 질병, 부상 또는 신체장애 등의 치료에 필요한 비용을 제외하고 공제급여를 지급할 수 있다.

둘째, 장해급여, 간병급여 및 유족급여를 산정할 때에는 피공제자에게 과실이 있으면 이를 상계할 수 있다. 과실상계의 50%를 넘을 수 없다. 단, 유치원과 초등학생의 장해급여, 간병급여 및 유족급여에는 과실 상계를 적용하지 않는다.

Q. 친구와 장난으로 발생한 사고, 공제급여 청구가 가능한가?

A. 공제회의 보상 제외 대상은 세 가지뿐이다. 피공제자의 자해·자살로 인한 사고, 요양기관의 지시를 따르지 않은 경우, 자동차손해배상보장법에 따라 손해배상을 받은 경우이다. 그 외 다른 사유로 공제회의 공제급여를 제한할 수 없다. 단, 2021년 학교안전법 개정으로 기존 질병에 대한 요양급여와 간병급여, 장애급여, 유족급여의 일부가 제한되는 과실상계가 적용될 수 있다.

교육활동 중 친구와 장난으로 발생한 사고도 학교안전사고에 해당한다. 장난 등을 사유로 공제급여를 감액할 수 없다. 과실상계 원칙을 규정한 시행령 제19조의2(공제급여의 지급제한 등)는 2016년 대법원에서 무효라 결정했다.

학교안전사고 예방 및 보상에 관한 법률(학교안전법)

제43조(공제급여의 제한)
① 공제회는 다음 각 호의 어느 하나에 해당하는 경우에는 이 법에 따른 공제급여의 전부 또는 일부를 지급하지 아니할 수 있다. 다만, 제3호에 해당하는 경우에는 공제급여를 지급하지 아니한다. 〈개정 2021. 03. 23.〉
1. 피공제자의 자해·자살. 다만, 학교안전사고가 원인이 되어 자해·자살한 경우에는 공제급여의 전부를 지급한다.
2. 학교안전사고로 인하여 피해를 입은 피공제자 또는 그 보호자 등이 정당한 사유 없이 요양기관의 지시를 따르지 아니하여 피공제자의 부상·질병 또는 장해의 상태가 악화되었거나 요양기관의

치료를 방해한 것이 명백한 경우

3. 학교안전사고와 관련하여 제36조 내지 제40조의 규정에 따른 공제급여를 받을 권리가 있는 자(이하 '수급권자'라 한다)가 자동차손해배상 보장법의 규정에 따른 손해배상을 받은 경우

② 공제회는 제35조에 따라 공제급여액을 결정할 때 피공제자에게 이미 존재하던 질병, 부상 또는 신체장애 등이 학교안전사고로 인하여 악화된 경우에는 이미 존재하던 질병, 부상 또는 신체장애 등의 치료에 필요한 비용을 제외하고 공제급여를 지급할 수 있다. 〈신설 2021. 9. 24.〉

③ 공제회는 제37조부터 제39조까지의 규정에 따른 장해급여, 간병급여 및 유족급여를 산정할 때에는 피공제자에게 과실이 있으면 이를 상계할 수 있다. 〈신설 2021. 9. 24.〉

④ 공제회는 제12조 단서의 규정에 따라 공제회에 가입한 공제가입자가 교육부령으로 정하는 기간 이상 제49조의 규정에 따른 공제료를 체납하고, 그 체납이 피공제자의 귀책사유로 인한 경우에는 그 금액을 모두 납부할 때까지 공제급여를 지급하지 아니할 수 있다. 〈개정 2008. 2. 29., 2013. 3. 23., 2021. 3. 23., 2021. 9. 24.〉

⑤ 제2항 및 제3항에 따른 공제급여 지급제한 대상 및 기준 등 필요한 사항은 대통령령으로 정한다. 〈신설 2021. 9. 24.〉

Q. 학교안전공제회로부터 보상을 받았다면 국가, 지자체, 학교장, 교사를 상대로 보상을 요구할 수 있을까?

A. 학교안전사고 보상법(제45조)에 따라 공제급여 수급권자는 이중으로 보상 또는 배상을 받을 수 없다. 학부모가 학교안전공제회로부터 공제급여를 받았다면 학생의 피해에 대해 보상 또는 배상의 책임이 있는 국가, 지방자치단체(교육감), 사학법인, 학교장, 교사는 보상 또는 배상의 법적 책임을 면하게 된다. 단, 학교안전공제회로부터 공제급여를

받은 범위 안에서만 책임을 면하게 된다.

만약 학생이 교육활동 중 심한 부상을 입었다면 학교안전공제회로부터 공제급여(치료비)를 받을 수 있다. 공제급여를 받은 부분에 대해서 교육감, 교사 등을 상대로 소송을 제기할 수 없다.

그런데 학교안전사고 피해자의 정신적 피해는 공제급여 대상이 아니다. 학부모는 학교안전사고에 따른 정신적 피해에 대해서는 국가, 교사 등을 상대로 위자료 청구 소송을 제기할 수 있다.

학교안전사고 예방 및 보상에 관한 법률

제45조(다른 보상·배상과의 관계)
① 학교안전사고로 인하여 발생한 피해에 대하여 수급권자가 이 법에 따른 공제급여를 받은 경우에는 학교안전사고로 인하여 발생한 피해에 대한 보상 또는 배상의 책임이 있는 국가·지방자치단체·공제가입자 또는 피공제자는 그 공제급여 금액의 범위 안에서 다른 법령에 따른 보상 또는 배상의 책임을 면한다.
② 수급권자가 다른 법령에 따라 이 법의 공제급여에 상당하는 보상 또는 배상을 받은 경우 공제회는 그 보상 또는 배상의 범위 안에서 이 법에 따른 공제급여를 지급하지 아니한다.

Q. 요양급여(치료비)는 누가, 언제, 어떻게 청구할 수 있나?

A. 요양급여는 학부모 또는 학부모의 신청을 받은 학교장이 신청할 수 있다. 사고 발생 후 3년이 지나면 신청할 수 있는 권리가 사라진다. 학교안전공제회 누리집에서 청구할 수 있다. 학부모가 학교안전공제회에 직접 청구할 경우, 학교장 직인은 필요하지 않다.

국민건강보험법에 따른 본인 부담금 전액을 지급한다. 비급여는 지급대상이 아니지만, 진단서, 소견서, 프락셀레이저 성형 비용 등은 지급대상이다.

Q. 교직원도 공제급여를 받을 수 있나?

A. 학교안전공제회의 피공제자는 학생, 교직원, 교육활동 참여자이다. 따라서 학교안전사고를 당한 교직원도 공제급여를 청구할 수 있다. 그런데 학교안전사고 보상법에 따라 피공제자가 다른 법률에 따라 보상 또는 배상을 받았다면 학교안전공제회는 공제급여 지급 책임을 면하게 된다.

교직원은 공무원 연금법, 사립학교 교직원 연금법에 따라 교육활동 중 발생한 재해에 대해 보상을 받을 수 있다. 연금법 적용 대상이 아닌 기간제 교사는 산업재해보상보험법에 따라 보상을 받을 수 있다. 교직원이 공무상 재해 또는 업무상 재해로 보상을 받았다면 학교안전공제회로부터 공제급여를 받을 수 없다. 산재보험법 대상이 아닌 시간강사라면 학교안전공제회에 공제급여를 신청할 수 있다.

Q. 학교안전사고 피해자 상담 지원이란?

A. 학교안전사고로 손해를 본 학생, 교직원, 교육활동 참여자, 피해 가족은 심리적 안정과 사회 적응을 위해 상담 및 심리 치료를 받을 수 있다. 가족의 범위는 배우자, 직계 존·비속, 형제자매이다. 학교안전사고 예방 및 보상에 관한 법률 제10조의3 및 동법 시행령 제10조의4에 근거한다.

상담 지원 기간은 1년이다. 자문기관의 심의를 통해 연장 가능하다. 상담 및 치료기관은 국가 또는 지방자치단체가 운영하는 상담 치료기관, 의료법 제3조에 따른 정신건강의학과 전문의가 진료하는 의료기관, 교육부장관 또는 교육감이 학교안전사고에 대해 전문성이 있다고 인정하는 기관이다. 상담 및 치료 절차는 신청(피해자/학교장) → 심의 (자문위원회) → 대상자 선정·치료기관 통보(교육감) → 치료 순서로 진행한다.

Q. 공제료는 얼마나 되나?

A. 교육부장관은 대통령령이 정하는 바에 따라 최근 3년간 학교안전사고의 발생 추이, 공제급여 지급 실적, 공제 사업 등의 운영경비와 물가 상승률 등을 반영하여 공제료 산정기준을 정하고 고시한다. 공제회는 고시된 공제료 산정기준을 근거로 학교의 종류와 규모 등을 고려하여 공제료를 산정한다,

공제료 납부자는 학교(유치원)의 장이다. 공제료는 학교운영비에서 매년 4월 1일 기준 재적 학생 수에 따라 납부한다. 2023년도 학생 1인당 공제료는 유치원 3,100원, 초등학교 4,800원, 중학교 9,800원, 고등학교 14,000원, 방송통신중·고등학교 1,400원이다.

Q. 현장체험학습, 수학여행, 여행자 보험을 가입해야 하나?

A. 현장학습, 수학여행 중 발생한 학교안전사고는 학교안전공제회의 보상 대상이 되므로 여행자 보험을 반드시 가입할 필요는 없다. 학교안전공제회의 보상은 한계가 있으므로 큰 사고에 대비 민간 여행자 보험 가입이 안전망 장치가 될 수는 있다.

Q. 현장체험학습 도우미로 참가한 학부모가 상처를 입었다면 보상이 가능한가?

A. 교육활동 참여자도 학교안전공제회의 보상 대상이 된다. 교육활동 참여자란 학교장의 승인 또는 요청에 의해 교육활동에 참가한 사람

이다. 통상적인 경로와 방법에 따른 학생의 등·하교 시간은 교육활동으로 인정하는 반면 교육활동 참여자의 경우 교육활동 시작부터 종료까지만 인정한다. 교육활동 장소로 이동하는 시간, 종료 후 귀가하는 시간은 교육활동으로 인정하지 않고 있다.

Q. 휴식 시간 중 초등 4학년 학생이 계단에서 넘어져 영구치 3개를 못 쓰게 되었다. 보상은?

A. 치아 보철은 성장이 완료된 고등학생 이후에나 가능하다고 한다. 성장기 등의 사유로 현재 치료가 가능하지 않고, 일정 기간 이후 치료가 가능하다면 향후 치료비를 선지급할 수 있다. 의사소견서, 향후 치료비 추정서 등 관련 자료를 제출하면 된다. 보철은 2회까지 가능하다. 보철치료를 했으나 10년 뒤에 교체해야 한다는 의사의 소견서가 있으면 요양 연장 신청서를 제출하면 된다.

치아 사고에 대한 공제회의 지급 기준은 다음과 같다.

1. 치아 보철비는 치아 1대 당 50만 원, 2회
2. 캐스트코어, 포스트, 레진은 치아 1대당 각 1회, 15만 원 범위
3. 임플란트는 1대 당 2백만 원 한도
4. 장기 고정장치 및 교정장치(견인치료)는 1대당 1회, 50만 원 범위
5. 그 외 치아보철비는 의사의 소견에 따라 실비를 인정할 수 있다.

Q. 현장체험학습 중 학생과 일반인이 서로 부딪혀 일반인이 상처를 입었다. 일반인에 대한 치료비는?

A. 학교안전공제회의 피공제자는 학생·교직원·교육활동 참여자이다. 피공제자의 생명, 신체 피해가 아닌 일반인의 생명, 신체, 질병, 재산상

의 손해는 공제급여 지급대상이 아니다. 제삼자의 인적, 물적 피해는 학교안전공제중앙회에서 주관하는 학교배상책임공제를 통해 일부 보상이 가능하다.

Q. 수련원에서 발생한 사고의 보상은?

A. 수련원에서 시설제공, 교육과정 편성, 교육을 직접 담당한 활동이라면 배상의 책임은 수련원에 있다. 계약체결 때 수련원의 관련 보험 가입 여부를 반드시 확인해야 한다. 수련원은 시설만 제공하고, 교육과정 편성과 교육활동을 학교에서 직접 진행한 경우라면 시설물 하자, 급식 등 수련원 운영의 잘못으로 인한 사고는 수련원, 그 외 교육활동 중 일어난 안전사고는 학교의 책임이다. 학교안전사고 관련 영업 배상책임 보험 청소년활동안전공제(수련시설) 가입 여부를 사전 점검할 필요가 있다.

Q. 사고 신고는 언제, 어떻게 하나?

A. 학교안전사고 보상법(제44조 ②항)에 따라 공제가입자는 학교안전사고가 발생하면 '지체없이' 공제회에 통지해야 한다. '지체없이'란 통상적인 업무수행에 필요한 시간을 넘기지 않는 것을 말한다. 통상 1주일 이내이다. 사고 통지를 하지 않거나 거짓으로 통지하면 50만 원 이하의 과태료가 부과될 수 있다.

모든 학교안전사고를 학교안전공제회에 통지하는 것은 행정력 낭비이다. 보건실 등에서 간단한 치료로 종결할 수 있는 사고, 의료기관에서 치료를 받지 않아도 될 사고, 공제회에 보상청구를 하지 않을 것이 확실한 사고, 교육활동이 아닌 시간에 일어난 사고 등은 통지하지 않아도 된다.

사고 신고는 학교안전공제회(www.schoolsafe.or.kr) 공제급여관리사이트에 접속하여 할 수 있다. 학교안전사고 발생 신고서에 사고자의 인적사항, 사고내용, 사고개요, 지도내용 및 안전교육 내용, 사고 발생 후 긴급조치 내용 등을 기록한다. 접속 ID, PW는 담당 교사에게 문의한다. 사고신고서를 작성하고 출력하여 학교장의 결재를 받아 보관한다. 치료비(공제급여청구) 청구는 치료가 끝난 후 청구한다. 관련 양식, 청구 방법 등은 공제회 사이트에 자세히 안내되어 있다. 학교가 아닌 피해 학생의 학부모가 공제회 사이트에 접속하여 공제급여를 직접 청구할 수도 있다.

Q. 공제급여 신청에 필요한 서류는??

A. 공제급여 신청에 필요한 서류는 공제급여청구서, 진단서(청구금액 50만 원 미만 생략 가능), 진료비 영수증 원본, 진료비 상세내역서(비급여 치료 시), 약제비 영수증(병원 처방전 첨부), 사고 학생 주민등록등본, 청구인 통장 사본 등이다.

신청 서류 및 절차 등은 학교안전공제회 공제급여관리시스템 또는 학교안전공제회 누리집에 안내되어 있다. 공제회는 공제급여 청구를 받은 날부터 14일 이내 공제급여 지급 여부를 결정한다. 정당한 사유가 있을 때 14일 범위에서 연장이 가능하다.

급여 종류별 신청 서류는 다음과 같다.

◆ 요양급여
1. 요양급여의 내용을 쓴 의사의 증명서
2. 진료비계산서 영수증 원본(약제비는 처방전에 의한 경우만 지급)
3. 주민등록등본

◆ 장해급여

1. 장해의 종류를 기입한 의사의 증명서

2. 월소득액을 증명하는 관계증명서

3. 주민등록등본

4. 소득금액증명

◆ 간병급여

1. 간병이 필요하다는 의사의 소견서 등

2. 주민등록등본

◆ 유족급여 및 장의비

1. 사망진단서 또는 사체검안서

2. 월소득액을 증명하는 관계증명서

3. 주민등록등본

4. 가족관계증명서

5. 소득금액증명

◆ 보전비용

1. 비용지출에 관련한 여러 증명서

2. 비용지출 영수증

3. 주민등록등본

◆ 위로금

1. 사망진단서 또는 사체검안서

2. 주민등록등본

3. 가족관계증명서

Q. 학교안전사고로 입원한 학생, 간병비 청구가 가능한가?

A. 학교안전공제회는 학교안전사고로 학생이 입원한 기간에는 간병비를 지원하지 않는다. 학교안전법에 따른 간병비는 치료를 받은 후에도 의학적으로 상시 또는 수시로 간병이 필요한 경우에 지급한다. 부상 또는 질병 치료기간 중 간병비 미지급으로 피해 학생과 가족의 고통이 가중되고 있어 학교안전법 개정의 움직임이 있다.

Q. 공제급여 청구 시효는?

A. 학교안전사고에 대한 공제급여 청구권은 3년이다. 3년간 행사하지 않으면 소멸 시효 완성으로 청구할 수 없다.

Q. 학교안전공제회에서 공제급여 청구를 기각하면?

A. 학교안전공제회로부터 공제급여를 지급할 수 없다는 결과를 통보받았다면 학교안전공제중앙회에 설치한 학교안전공제보상재심사위원회에 재심을 청구할 수 있다. 재심에서도 기각되었다면 학교안전공제회를 상대로 민사소송을 제기할 수 있다. 통보받은 날로부터 90일 이내 신청해야 한다.

Q. 자전거 타기 체험학습 중 보행자를 치어 상해를 입힌 사고, 보상이 가능한가?

A. 학교안전공제회는 교육활동 관련 제삼자의 인적·물적 피해를 보상하지 않는다. 교육활동 중 제삼자의 인적·물적 손해는 학교안전공제중앙회가 운영하는 학교배상책임공제로 가능하다. 체험학습은 교육활

동에 해당하므로 학교안전공제중앙회에 공제급여를 청구할 수 있다.

Q. 운동장에서 운동을 하던 지역 주민이 배수구에 빠져 상해를 입은 사고, 보상이 가능한가?

A. 학교시설물의 하자로 발생한 손배배상책임은 학교에 있다. 학교안전공제회는 학교시설물 관리와 관련한 제삼자의 인적·물적 피해를 보상하지 않는다. 학교시설물 관리업무와 관련한 제삼자의 인적·물적 손해는 학교안전공제중앙회가 운영하는 학교배상책임공제의 보상 대상이다. 학교시설물 관리업무란 학교 시설물의 정상적 기능을 유지하기 위한 통상적인 점검 및 유지·보수 업무를 말한다. 학교 내 수목관리 및 환경 미화 작업도 포함한다.

다음은 학교시설물 관리업무와 관련한 제삼자의 인적·물적 사고에 해당한다.

- 학교 시설물 관리 담당자가 예초 작업을 하던 중 예초기 날에 돌멩이가 맞아 튀면서 인근에 주차되어 있던 차량을 파손한 사고
- 학교 건물 노후화로 인해 외벽체가 떨어져 주차되어 있던 제삼자의 차량을 파손한 사고
- 학교 개방 시간, 지역 주민이 운동장의 체육시설물 이용 중 시설물 하자로 인해 상해를 입은 사고

Q. 주말, 학교 놀이터에서 그네를 타던 어린이가 그넷줄이 끊어져 상해를 입었다면 보상이 가능할까?

A. 주말 또는 방과 후 학교 놀이터에서 발생한 사고는 교육활동 중 발생한 사고가 아니므로 학교안전공제회의 보상 대상이 될 수 없다. 하

지만 놀이시설물 하자로 발생한 사고에 대해서는 학교에 배상책임이 발생한다. 이러한 학교의 배상책임을 학교안전공제중앙회의 학교배상책임 공제를 통해 해결할 수 있다.

어린이놀이시설안전관리법(제21조)에 따르면 어린이 놀이시설물 관리 주체는 놀이시설물의 하자로 어린이의 생명·신체 또는 재산상의 손해가 발생한 한 경우, 그 손해에 대한 배상을 보장하기 위하여 보험에 가입해야 한다. 학교의 경우 학교안전공제중앙회의 학교배상책임공제를 통해 배상하지만 놀이시설물을 운영하는 민간 공동 주택 등의 경우 반드시 보험에 가입해야 한다.

Q. 체육 수업 중 학생이 찬 축구공이 교직원의 자동차를 파손한 사고, 보상이 가능한가?

A. 체육 수업 중 학생이 찬 축구공이 교직원의 자동차를 파손하였다면 학생에게 배상책임을 묻는 것은 적절하지 않다. 교육활동 중 발생한 사고이므로 자동차 파손에 대한 배상책임은 학교에 있다. 이러한 학교의 손해배상책임을 해소하기 위한 제도가 학교안전공제중앙회의 학교배상책임공제이다.

학교안전공제중앙회의 학교배상책임공제는 교육활동 중인 학생에 의한 교직원의 차량파손을 보상한다. 학교시설물 관리 직원이 시설물 관리 중 교직원의 차량을 파손한 사고도 보상 대상이다.

Q. 학교급식시설 위생점검에서 유통기한 지난 식품으로 과태료가 발급되었다면?

A. 학교급식 운영과 관련 학교장이 부담하는 과태료는 학교안전공제 중앙회의 보상 대상이다. 학교급식으로 식중독이 발생했고 노로바이러

스가 검출되어 부과된 과태료도 보상 대상이다.

Q. 교육활동 중 학교 유리창을 파손한 사고, 보상이 될까?

A. 체육 수업 중 학생이 친 야구공이 인근 가옥의 창문을 파손한 사고는 학교배상책임공제의 보상 대상이다. 그런데 학생이 친 야구공이 학교 건물의 유리창을 파손한 사고는 보상 대상이 아니다. 학교배상책임공제는 학교 경영자 및 학교장이 소유·사용·관리하는 동산 및 부동산에 대한 손해를 보상하지 않기 때문이다. 교육활동 중 발생한 학교 유리창 파손은 학교운영비로 수리해야 한다.

교육활동과 무관하고 학생이 고의로 파손했다면 학부모에게 수리비를 청구할 수 있지만, 교육활동 중 발생한 시설물, 교구 등의 파손을 학부모에게 부담하는 것은 타당하지 않다.

Q. 실손보험과 중복 보상 가능한가?

A. 교육활동 중 학생이 다쳤다면 학교안전공제회는 학교안전사고 보상법에 따라 치료비(요양급여)를 지급할 의무가 있다. 요양급여 지급 여부는 학생 개인이 가입한 민간보험과는 관련이 없다. 학생 개인이 가입한 실비보험, 상해보험 등과 관계없이 학교안전공제회는 공제급여를 지급한다.

Q. 학교안전공제중앙회는 피공제자를 대상으로 구상권을 행사하나?

A. 학교배상책임공제는 피공제자(학생, 교직원, 교육활동 참여자)의 제삼자에 대한 법률상 배상책임을 대신하여 배상하는 제도이다. 중앙회가 피해를 보상한 후, 피공제자를 대상으로 구상권을 행사하지 않는다.

Q. 학교안전사고, 교사에게 발생할 수 있는 불이익은?

A. 학교안전사고 발생으로 교사에게 발생할 수 있는 불이익은 형사벌, 징계벌, 민사상 손해배상책임이다. 체벌, 아동학대 등 형사적 책임이 발생하는 사고라면 형사벌을 받게 된다. 형사벌을 받는 사안이라면 손해배상책임, 징계벌이 동반될 수 있다.

학교안전사고에 교사의 과실이 있다면 과실 정도에 따라 징계벌이 따를 수 있다. 중과실 또는 고의로 발생한 사고라면 중징계 사안이 될 수 있고, 피해자에게 보상한 금액에 대해 국가로부터 구상권을 청구당할 수 있다. 교사의 과실이 없는 사고에 대해서는 보호·감독의 책임이 따르지 않으므로 불이익이 발생하지 않는다.

3

공무상·직무상 재해

고등학교 국어 교사가 수업 중 쓰러져 숨졌다. 사인은 급성 심근염이다. 공무상 사망으로 인정하지 않았다. 이유는 무엇일까? 공무상 사망, 순직공무원으로 인정받을 수 있는 기준은 무엇일까? 공무상 재해의 종류, 절차, 인정 기준 등에 대해서 알아보자.

공무상·직무상 재해

_공립과 사립, 차이가 있나?

공무상 재해란 공무원이 공무로 인해 부상, 질병, 장해, 사망한 경우이다. 전제 조건이 있다. 재해의 발생 원인이 공무와 '상당한 인과관계'가 있어야 한다. 부상, 질병, 사망 등의 재해가 공무로 발생한 것임을 입증하지 못할 때, 공무상 재해로 인정받을 수 없다. 공무상 재해 관련 업무는 공무원연금법에 따라 공무원연금공단에서 담당한다.

사립학교 교직원이 직무로 인해 부상·질병·장해·사망한 경우를 직무상 재해라 한다. 직무상 재해 관련 업무는 사립학교 교직원 연금법에 따라 사립학교 교직원 연금공단에서 담당한다.

공무상 재해, 직무상 재해로 명칭만 다를 뿐 재해에 따른 인정 기준과 보상은 차이가 없다. 사립학교 교직원 연금법(33조)은 교직원의 직무로 인한 부상·질병·장해·사망에 대해서 공무원재해보상법 제8조에 따른 급여를 지급하도록 정하고 있기 때문이다.

공무원재해보상법은 2016년 4월 16일 세월호 참사 후, 2018년에 제정한 법률이다. 재해보상 급여란 공무원이 공무수행과 관련하여 부상·질병·장해·사망했을 때 사용자인 국가 또는 지방자치단체가 보상적 차원에서 지급하는 급여를 말한다.

공무원재해보상법은 공무로 인한 부상·질병·장해·사망에 대하여 국가와 지방자치단체가 적합한 보상을 하고, 재해를 입은 공무원의 재활 및 직무 복귀를 지원하는 법률이다. 시행령에서 공무상 재해의 세부 기준을 정하고 있고, 시행규칙에서 장해 인정 기준 및 장해 등급의 세부 판정 기준을 정하고 있다.

2018.3.20. 공무원재해보상법 제정으로 재해보상 심사업무는 인사혁신처의 공무원재해보상심의회가 담당하고, 그 외 기본 업무는 연금공단에서 담당한다. 공무원재해보상심의회에서 재해 신청을 기각할 경우, 국무총리 산하 공무원재해보상 연금위원회에 재심을 청구할 수 있다. 재심에서도 공무상 재해로 인정하지 않으면 행정소송을 청구할 수 있다.

사립학교의 직무상 재해 심사는 사립학교 교직원 연금급여심의회가 담당한다. 연금급여심의회의 직무상 재해 불허 처분은 행정소송 대상이 아니므로 공단을 상대로 민사소송을 청구해야 한다. 사립학교 교직원은 연금급여심의회에 직무상 재해 신청을 거치지 않고, 민사소송을 바로 청구할 수도 있다.

공무상 재해를 인정받은 공무원에게 국가 또는 지방자치단체는 요양급여(치료비, 요양비 등), 재활급여(재활운동비, 심리상담비), 장해급여(장해연금, 장해일시금), 간병급여, 재해유족급여(장해유족연금, 순직유족급여), 부조급여(재난부조금, 사망조의금)를 지급한다.

사립학교 교직원의 재해보상 급여는 사립학교교직원연금공단에서 지급한다.

공무상 부상
_공무상 부상의 인정 기준은?

공무상 부상이란 공무수행 중 발생한 부상이다. 휴식 시간 발생한 사고도 공무에 필요한 준비행위·정리행위로 인정한다. 소속기관의 공식 회식·회합 등 공적 행사, 통상적 경로와 방법에 따른 출퇴근 사고도 공무상 부상으로 인정한다. 그 밖에 부상과 공무 사이에 상당한 인과관계가 인정되는 부상은 공무상 부상으로 인정한다.

고의나 사적 행위로 발생한 사고, 근무지 무단이탈로 발생한 사고, 공무수행 중 사적 원인에 의한 폭력 또는 장난으로 인한 사고, 사적 친목행사 또는 취미활동으로 발생한 사고, 공무와 인과관계가 없는 다른 사람의 원한으로 발생한 사고는 공무상 부상으로 인정하지 않는다.

공무상 부상의 인정 기준은 공무원재해보상법 시행령에서 정하고 있다. 사립학교 교직원의 직무상 부상도 같은 기준을 적용한다.

휴식 시간 계단에서 발목 부상

1교시 수업을 마치고 교무실로 가던 교사가 계단을 잘못 디뎌 발목 골절상을 입었다. 휴식 시간은 다음 시간 수업을 위한 준비행위이므로 공무상 부상으로 인정한다. 휴식 시간 사적 행위로 인한 부상은 공무상 재해로 인정하지 않는다.

각종 운동 경기 중 부상

각종 운동 경기 중 빈번하게 부상이 발생한다. 공무상 부상의 핵심 인정 기준은 학교장의 지배관리하에 있는 활동인가 여부이다. 교육청이 개최한 체육의 날 배구대회에 참가한 교사의 골절상에 대해 연금공단은 공무상 부상으로 인정했다. 소속기관장의 지배관리하에 있는 체육 행사로 인정한 것이다.

중학교 교사가 교내 체육대회 대비 발야구 연습경기 중 다쳤다. 공단은 공무상 부상으로 인정하지 않았다. 근무시간 중 일어난 사고이나 "사전 행사계획이 수립되지 않은 자체 연습경기로 참가 대상 25명 중 17명만이 참가하여 강제성이 없어 보이고, 학교장이 참여하지 않아 소속기관장의 지배관리하에 개최된 공적 행사로 볼 수 없어 공무와 상당한 인과관계를 인정하기 어렵다"고 판단했다. 형식 논리에 치우친 아쉬운 판단이다. 연습경기도 사전 학교장의 승인을 밟는 절차를 거치는 것이 좋겠다.

점심시간 동료와 배드민턴 중 부상, 친목 도모를 위한 운동 경기, 개별적 동호회 활동은 공무상 재해로 인정받기 힘들지만, 사전 계획에 따라 기관장의 승인을 받은 동호회 활동은 공무상 재해로 인정받을 수 있다.

지병이 있는 경우, 공무상 재해 인정 기준
_공무상 질병의 인정 기준?

공무원재해보상법(제4조)은 다음 질병을 공무상 질병으로 정의하고 있다.

> 가. 공무수행 과정에서 물리적·화학적·생물학적 요인에 의하여 발생한 질병
> 나. 공무수행 과정에서 신체적·정신적 부담을 주는 업무가 원인이 되어 발생한 질병
> 다. 직장 내 괴롭힘, 민원인 등의 폭언 등으로 인한 업무상 정신적 스트레스가 원인이 되어 발생한 질병
> 라. 공무상 부상이 원인이 되어 발생한 질병
> 마. 그 밖에 공무수행과 관련하여 발생한 질병

2022년 11월, 직장 내 괴롭힘과 업무상 정신적 스트레스가 원인이 되어 발생한 질병이 추가되었다. 직장 내 괴롭힘이란 "공무원이 직장에서의 지위나 관계 등의 우위를 이용하여 업무상 적정범위를 넘어 다른 공무원에게 신체적·정신적 고통을 주거나 근무환경을 악화시키는 행위"를 말한다.

요약하면 공무(직무)상 질병은 질병 발생 원인이 공무(직무)와 상당한 인과관계가 있을 때만 인정할 수 있다. 공무원재해보상법에 따라 공무상 질병을 결정할 때 업무 특성, 성별, 나이, 체질, 평소 건강 상태, 기

존 질병 유무, 병가, 휴직, 퇴직 등을 고려한다. 구체적 인정 기준은 시행령에서 정하고 있다.

시행령에서는 공무 관련 정신질환이 발생하여 정신적 이상 상태에서 자해 행위를 했다면 재해로 인정한다. 평소 질병이 있는 경우에도 특수한 환경, 특수한 직무, 직무상의 과로 등으로 기존 질병이 현저하게 악화했다면 공무상 질병으로 인정한다.

사례를 살펴보자. 고혈압을 앓고 있는 영양 교사가 배식 준비 후 뇌출혈로 사망했다. 공무상 재해로 인정받을 수 있을까?

공무원연금공단은 "뇌출혈의 의학적 특성에 비춰볼 때 망인의 질병은 직무수행에서 비롯된 결과로 보기 어렵고, 당뇨병 및 고혈압으로 지속적인 진료를 받은 사실이 확인되는 점 등을 종합하여 볼 때 망인의 질병은 체질적 소인과 지병인 당뇨 및 고혈압이 복합적으로 작용하여 사망에 이르게 된 결과"로 여겨진다며 공무와 사망 간 상당한 인과관계를 인정하기 어렵다는 이유로 공무상 재해를 인정하지 않았다.

서울행정법원은 "공무로 인한 과로 및 스트레스가 고혈압을 자연적인 경과 속도 이상으로 급속히 악화시켜 뇌출혈을 발병"하게 했다며 공무상 재해로 인정했다. 법원은 "뇌출혈의 위험인자인 흡연을 하지 않은 점, 음주도 거의 하지 않은 점, 39세의 젊은 나이로 남성보다 뇌출혈 발병률이 낮은 여성인 점, 배식 준비를 마치고 시식을 하던 중 뇌출혈을 일으킨 점을 종합하면 과로 및 스트레스가 기존 질환인 고혈압을 자연적인 경과 속도 이상으로 급속히 악화시켜 뇌출혈을 발병하게 하였다고 봄이 옳다"고 판결했다. [서울행법 2014.8.21. 선고 2013구합31653 항소]

고혈압을 앓고 있는 공무원이 뇌출혈로 사망했지만, 직무상의 과로와 스트레스가 고혈압을 자연적인 경과 속도 이상으로 급속히 악화시켜 뇌출혈을 발병한 것으로 인정한 사례이다.

공무상 질병의 인정 기준은 업무 수행성과 업무 기인성이다. 업무 수행성이란 업무 중 발생한 사고 또는 사용자의 지배관리 상태에서 발생한 사고를 말한다. 업무 수행성을 인정할 수 있는 경우도 질병·부상의 원인이 업무로 인한 것이 아니면 공무상 재해로 인정하지 않는다. 업무 기인성을 인정할 수 없기 때문이다. 업무 기인성이란 업무와 질병·부상의 인과관계이다. 질병·부상의 발생 원인이 업무여야 한다는 것이다. 사고 발생 장소, 시간이 업무수행과 무관한 경우에도 재해의 주된 발생 원인이 업무로 인한 것일 때 업무 기인성을 인정할 수 있으므로 공무상 재해로 인정한다.

체육 수업으로 허리 디스크(추간판탈출증)가 발생했다면 업무 수행성은 인정하지만, 디스크 발생의 주된 원인이 업무로 인한 경우가 아니라면 공무상 재해로 인정하지 않는다. 허리 디스크를 앓은 병력이 있는 경우라도 직무상의 과로가 주된 원인으로 디스크를 재발 또는 악화시켰다면 공무상 재해로 인정한다.

기존 질병이 있는 경우에는 공무상 재해를 인정받기 까다로운 부분이 있다. 직무상의 과로 등으로 기존 질병이 재발·악화했거나 공무와 무관한 기존 질병이 공무상 발병한 질병으로 급격히 악화했다면 공무상 재해로 인정받을 수 있다.

신경·정신질환 재해 인정

학생 지도, 업무 등으로 각종 스트레스 질환을 앓는 교사가 증가하고 있다. 사례를 살펴보자.

학생의 폭행으로 급성 스트레스 장애

고등학교 2학년 담임교사가 귀걸이를 착용한 남학생에게 "귀걸이를 빼라"고 지도하자, 학생이 교사의 목을 잡고 교실 뒤쪽으로 밀어낸 후 목을 졸랐다. 정신적 충격, 공포, 모욕감을 느낀 교사는 '급성 스트레스 장애'로 치료를 받았다. 연금공단은 학생으로부터 받은 신체적 폭행, 모욕으로 인한 충격으로 발생한 장해라 인정했다.

학생의 폭언으로 인한 급성 혼합형 불안 우울장애

고등학교 교사가 수업 중 잠자고 있는 학생을 깨우는 과정에서 '미친 년'이라는 욕설을 들었다. 심한 정신적 충격으로 '혼합형 불안 우울장애, 급성 스트레스 반응' 진단을 받았다. 공단은 일회적 욕설을 듣는 정도의 정신적 충격으로 발생하기 어렵다는 의학적 소견을 근거로 공무와의 상당한 인과관계를 인정하기 어렵다며 공무상 재해를 인정하지 않았다. 이해하기 힘든 아쉬운 결정이다.

업무 등 부담으로 우울증 및 불면증

중학교 교사가 평소 수행평가 등에 대한 부담을 느껴오던 중, '우울증 및 불면증' 진단을 받았다. 신규 교사로 주당 21시간 수업 지도, 교무일지 기록 업무를 담당하는 과정에서 익숙하지 않은 업무를 완벽하게 처리해야 한다는 중압감, 수행평가에 대한 부담감이 컸다.

공단은 "스트레스의 심한 정도보다는 개인이 스트레스를 어떻게 받아들이는가 하는 문제, 개인의 주관적인 반응 내지 의미 부여가 더 중요한 요인으로 작용"한다며 공무상 질병으로 인정하지 않았다.

과학실험 사고로 인한 우울장애

운동장 모래장에서 화산폭발 모형실험 중 중크롬산암모늄이 가열되는 중에 추가로 알콜을 붓는 순간, '펑' 하는 소리와 함께 불꽃이 학생에게 튀어 4명의 학생이 화상을 입었다. 교사는 사고로 인한 심한 정신적 충격으로 우울증 진단을 받았다.

공단은 "우울장애는 유전적 소인과 내적 소인에 의해 발병하더라도 실험실습과정에서 발생한 학생의 화상 사고로 입은 정신적 충격, 특히 학부모들의 심한 항의를 받은 이후부터 증세가 발현된 점 등으로 볼 때 사고와 인과관계"가 있다며 공무상 질병으로 인정했다.

ADHD 학생으로 인한 우울증

초등학교 6학년 담임교사가 주의력 결핍 과잉행동 학생으로 인해 우울증이 발생했다. 3월 초부터 2개월여 기간 수업 방해, 폭력적 행동으로 교사와 급우를 힘들게 했다. 학부모는 학생의 상황을 인정하지 않았고 교사에 대해 거칠게 항의했다. 학교장과 교육청에 교사 징계를 요구하는 민원 등을 수차례 제출했다.

연금공단은 "우울증은 과잉행동 장해 학생 지도과정에서 발생한 것"
이라며 공무와 상당한 인과관계를 인정했다. 2개월여 동안 담임교사가
자세히 작성한 사건일지, 상담일지 등이 공무상 재해를 판단하는 자료
가 되었다.

수업 중 사망, 공무상(직무상) 사망 인정 여부
_ 과로의 인정 기준은?

교사가 수업 중 사망하면 통상 순직이라며 공무상 재해 인정을 의심하지 않는 경향이 있다. 하지만 공무상(직무상) 재해 인정 기준은 엄격하다. 사망의 원인이 공무(직무)로 인한 것으로 입증되어야 한다.

급성 심근염으로 수업 중 사망

국어 교사가 수업 중 급성 심근염으로 사망했다. 심사위원회는 공무상 재해로 인정하지 않았다. 심사위원회는 수업시수, 담당 업무 등을 고려할 때 통상적 업무 외 특별한 업무수행이 없으므로 급성 심근염이 공무상 과로로 발생한 것으로 인정할 수 없다고 판정했다.

뇌출혈로 자택에서 사망

가정과목 교사가 이른 아침 뇌출혈로 자택에서 사망했다. 심사위원회는 다음의 근거로 공무상 재해로 인정했다.

다른 교사에 비해 수업시수가 많았고, 특기 적성 업무를 맡아 행정 업무가 많았다. 교육과정 개편으로 330시간의 기술과목 부전공연수를 받은 후 기술과목까지 담당했다. 학년말 업무 폭주로 새벽까지 자택에서 수행평가 업무를 수행한 사실이 확인되었다. 따라서 뇌출혈은 직무상의 과로가 원인이 되어 발생한 것이다.

과로의 인정 기준

'과로'란 같은 업종에 종사하는 노동자들의 통상적인 업무시간 및 업무 내용에 비하여 과중한 업무를 계속하는 것을 말한다.

급성 과로는 발병 전 24시간 이내에 업무 관련 돌발적 사건이 발생하거나 예측하지 못한 근무환경의 급변으로 뇌·심장 관련 혈관 병변이 발병한 경우이다.

단기 과로는 발병 전 1주일 이내의 업무의 양이나 시간이 이전 12주간의 평균보다 30퍼센트 이상 증가되거나 업무 강도·책임 및 업무 환경 등이 적응하기 어려운 정도로 바뀐 경우를 말한다. "단기간 동안 업무상 부담"(단기과로)에 해당하는지 여부는 업무의 양·시간·강도·책임, 휴일·휴가 등 휴무시간, 근무형태·업무환경의 변화 및 적응기간, 그 밖에 그 근로자의 연령, 성별 등을 종합하여 판단한다.

만성과로는 발병 전 3개월 이상 연속적으로 과중한 육체적·정신적 부담을 발생시켰다고 인정되는 업무적 요인이 객관적으로 확인되는 상태를 말한다. "만성적인 과중한 업무"(만성과로)에 해당하는지 여부는 업무의 양·시간·강도·책임, 휴일·휴가 등 휴무시간, 교대제 및 야간근로 등 근무형태, 정신적 긴장의 정도, 수면시간, 작업 환경, 그 밖에 그 근로자의 연령, 성별 등을 종합하여 판단하되, 업무시간과 작업 조건에 따른 업무와 질병과의 관련성을 판단할 때에는 다음 사항을 고려한다.

위와 같이 공무상 과로는 정량평가를 기본으로 한다. 질병과 사망에 대한 공무상 재해 신청에서 수업시수, 업무 자료 외 초과근무 자료를 요구하는 이유이다. 정량평가만으로 재해를 판정하는 것은 아니다. 불가피한 사정이 있는 경우 정성평가를 추가로 반영한다. 학생 생활지도로 인해 우울증이 발병했다면 초과근무라는 정량평가 외 지도과정을 반영하는 정성평가로 재해 여부를 판정할 수 있다.

업무와 재해 사이의 상당한 인과관계는 보통 평균인이 아니라 해당 노동자의 건강과 신체 조건을 기준으로 판단한다. 이처럼 사고가 아닌 질병으로 사망한 경우 공무상 재해를 인정받기 까다로운 부분이 있다. 뇌출혈, 심근경색 등으로 돌발 사망한 경우, 직무상의 과로 등이 뇌혈관, 심장 계통 질병을 일으킨 것을 입증해야 한다.

● 판례

공무상 발병한 질병이 사망의 주된 발생 원인이 아니라고 하더라도, 공무상 발병한 질병이 공무와 직접적인 관계가 없는 기존의 다른 질병과 복합적으로 작용하여 사망하게 되었거나, 공무상 발병한 질병으로 인하여 기존 질병이 자연적인 경과 속도 이상으로 급속히 악화되어 사망한 경우에도 공무와 사망 사이에 인과관계가 있다고 보아야 할 것이다.

[대법원 2003.4.11. 선고 2002두12922 판결]

과로라 함은 같은 업종에 종사하는 근로자들의 통상적인 업무시간 및 업무 내용에 비하여 과중한 업무를 계속하는 것을 말하고([대법원 2001.4.13. 선고 2000두9922 판결] 참조), 업무와 재해 사이의 상당 인과관계의 유무는 보통 평균인이 아니라 당해 근로자의 건강과 신체조건을 기준으로 하여 판단하여야 한다.

[대법원 2005.11.10. 선고 2005두8009 판결]

출퇴근 사고, 공무상(직무상) 재해 인정 기준
_합리적 순로와 방법이란? 거주지의 경계는?

출·퇴근은 공무(직무)의 기본 조건이므로 출·퇴근 사고는 공무상(직무상) 재해로 인정한다. 전제 조건이 있다. 통상적 경로와 방법에 따라야 한다. 통상적 경로란 거주지와 근무지의 합리적 순로, 통상적 방법이란 대중교통, 도보, 자가용, 오토바이 등 일반적 교통수단을 말한다. 사고 당일 교통 사정에 따라 부득이하게 우회한 경우에는 통상적 순로로 인정한다. 사례를 살펴보자.

출근길 친정에 아이를 맡긴 후 교통사고

직장과 반대 방향으로 10km 떨어진 친정에 아이를 맡기고 직장으로 운전하던 중 자동차가 빗길에 미끄러져 반대 방향에서 오던 차와 충돌한 사고를 당했다.

공단은 통상적 경로를 벗어난 사고라며 공무상 재해를 인정하지 않았다. 법원은 자녀를 맡기려고 출근길에 친정에 들른 것은 통상적 출근 경로로 인정할 수 있다고 판단했다. 왕복 20km는 직장인의 통상적 출퇴근 거리에 해당하고, 자녀 양육은 국가적 문제라는 사회적 합의, 통상적 맞벌이 직장인이 납득할 수 있는 방식이라 판단했다. [서울행정법원 2017.7.13. 선고 2017구단59751 판결]

출근길 개인 사무 후 교통사고

출근 전 질병에 걸린 딸을 위해 능인선원에 들려 1시간 정도 기도를 한 후 승용차로 출근 중 교통사고에 대해 공단은 출·퇴근 경로를 벗어난 사적 행위이므로 공무상 재해를 인정하지 않았다.

일요일 출근 중 교통사고

일요일 수업안 작성, 학력평가 출제를 위해 자가용 운전으로 출근 중 교통사고에 대해 공단은 공무상 재해로 인정하지 않았다. 해당 교사는 감사 준비로 출근한 교감에게 전화로 출근을 보고했지만, 공단은 사전에 휴일 근무 명령을 받지 않았고, 11시경 자택을 출발한 것을 복무 규정에 따른 정상 근무로 인정할 수 없다고 판단했다.

조퇴 후 교통사고

초등교사가 병원 진료를 위해 조퇴 후 승용차로 병원으로 가던 중 정차 중이던 차량과 추돌했다. 공단은 병원 진료를 위한 조퇴 후 병원으로 가던 중 교통사고는 퇴근 중 사고로 판단했다.

보건소에 근무하는 공무원이 피로 및 몸살감기를 사유로 조퇴 후 관사에서 휴식을 취했다. 상태가 악화하여 승용차로 병원으로 가다가 버스와 추돌했다. 공단은 공무상 재해를 인정하지 않았다. 조퇴의 목적이 요양이므로 바로 병원으로 가는 길에 사고를 당한 경우는 퇴근 중 사고로 인정할 수 있지만, 관사에서 퇴근하여 있다가 병원으로 가던 중 사고는 퇴근 중 사고로 볼 수 없다고 판단했다.

방학 기간 본인 차량으로 출근 중 교통사고

초등교사가 방학 중 근무일에 자가운전으로 출근하다 빗길에 미끄러져 중앙선을 넘어 마주 오던 덤프차와 충돌 후 사망했다. 근무일로 지정한 사실을 확인했고 통상적 경로에서 발생한 사고이므로 공단은 공무상 재해로 인정했다. 다만 중앙선을 침범한 과실에 대해 중과실을 적용했다. 법령에 따르면 고의·중과실로 발생한 사고에 대해서는 장해급여, 순직유족급여, 위험직무 순직유족급여의 2분의 1을 감액할 수 있다.

자택이 아닌 곳에서 출근 중 교통사고

상담교사가 '선 명상 수련원'에 참가하여 1박 후, 다음 날 본인 차량으로 출근 중 눈길에 미끄러져 가드레일과 충돌하는 사고를 당했다. 공단은 개인적 필요에 따라 '선 명상 수련'을 마치고 수련 장소에서 출근 중 교통사고는 정상적 경로와 방법에 따른 출근 중 재해로 인정할 수 없다고 결정했다.

출퇴근 재해는 '거주지'와 '근무지' 사이의 순리적인 경로와 방법에 따라야 한다는 결정이다.

아파트 계단, 자택 마당에서 발생한 출근 중 부상

출·퇴근 사고는 거주지로부터 근무지까지의 합리적인 순로이다. 거주지의 경계는 어디일까? 출근 중 자택 마당에서 넘어져 부상한 사고에 대해서 공단은 공무상 부상으로 인정하지 않았다. 거주지 안에서 발생한 사고이므로 출근으로 인정할 수 없다고 판단했다.

대법원 판례[대법원 2009두 11447]에 따르면 단독주택은 대문에 들어서는 순간을 자신의 주거영역으로 인정한다. 아파트와 같은 공동주택은 개인 소유의 현관문을 나선 순간부터 출근으로 인정한다. 거주하는 현관문을 나서 계단을 내려가는 중 사고는 출근으로 인정한다.

중앙선 침범, 과속 등에 의한 교통사고

중앙선 침범, 과속 등에 의한 교통사고도 통상적 순로에 따른 출퇴근 사고라면 공무상 재해로 인정한다.

퇴근 중 중앙선을 침범한 교통사고로 사망한 사고, 과속으로 인한 부상에 대해서 공단은 공무상 재해로 인정했다. 다만 사망한 사고에 대해서 중과실을 적용하여 유족연금의 2분의 1만 지급했다. 교통사고처리특례법에 따른 중과실 교통사고는 급여 일부를 제한할 수 있다. 요양급여, 재활급여, 간병급여는 제한할 수 없지만 장해급여와 유족급여는 2분의 1을 제한할 수 있다. 중과실 교통사고도 불가피한 사정이 있다면 급여를 제한하지 않는다. 빙판길에 차량이 미끄러져 중앙선을 침범한 사고에 대해서는 불가피한 사유를 인정하여 중과실을 적용하지 않은 사례가 있다.

순직공무원, 위험직무순직공무원

공무원인 교사가 수업 중 사망했다면 통상 순직으로 표현한다. 일반 시민은 물론 교사도 그렇게 생각하는 경우가 많다. 과연 공무원인 교사가 공무가 원인이 되어 사망했다면 순직공무원으로 인정하는가?

공무로 인해 사망했다면 공무원 연금공단은 공무상 재해로 인정하고 유족급여를 지급한다. 하지만 국가유공자법에 따른 순직공무원으로 인정하는 것은 아니다. 국회가 2012년 국가유공자법을 개정하여 순직공무원이란 "국민의 생명·재산 보호와 직접적인 관련이 있는 직무수행이나 교육훈련 중 사망"한 공무원으로 규정했기 때문이다. 2012년 이전 국가유공자법에서는 "공무로 인하여 사망한 자"를 순직공무원으로 규정했었다. 교사의 통상적 업무는 학생 교육이므로 수업, 학생 지도, 행정업무로 인한 과로로 숨진 경우, 국민의 생명·재산 보호와는 거리가 있으므로 순직공무원으로 인정받기 힘들었다.

2014년 4월 16일, 잊을 수 없는 세월호 참사가 일어났다. 수많은 학생의 생명을 앗아갔다. 학생의 생명을 구하기 위해 교사들도 목숨을 잃었다.

학생의 생명을 구하기 위해 숨진 교사들은 국가유공자법에 따라 순직공무원으로 인정했다. 유족은 순직공무원이 아닌 순직군경의 예우를 요구했다. 순직군경의 유족은 순직공무원의 유족보다 더 높은 예우와 지원을 받는다. 순직군경은 특별한 제외 대상이 아니라면 현충원에 안장된다. 순직공무원은 국립묘지법에 따른 별도의 요건을 충족해야 한다. 국민의 생명을 보호하기 위해 숨진 공무원에 대해 직종에 차별을 두는 불합리한 규정이다.

보훈지청은 순직군경 인정을 거부했다. 하지만 법원은 "특별한 재난 상황에서 군인, 경찰, 소방공무원이 담당하는 위험한 업무를 하다가 사망했다"라며 "순직군경에 해당하는 것으로 볼 수 있다"라고 판결했다. 일반 공무원도 군인, 경찰, 소방공무원과 같은 업무로 사망했다면 같은 예우가 합당하다는 판결이다.

한편, 인사혁신처는 두 명의 기간제 교사를 순직공무원으로 인정하지 않았다. 공무원 신분이 아닌 기간제 교사라는 이유 때문이다. 정교사 대신 상시적인 공무를 수행해 왔고, 당일에도 학생의 생명을 구하기 위해 숨졌다. 비정규직에 대한 차별이 사망 이후에도 지속했다.

국가인권위원회는 세월호 참사로 사망한 기간제 교사에 대해 순직 인정을 권고했다. 문재인 대통령은 공무수행 중 사망에 대한 정규직, 비정규직 차별을 철폐하도록 행정 명령했다.

이러한 과정을 거쳐 2018년 국회는 공무원재해보상법을 제정했다. 재직 중 공무로 사망한 공무원은 직종과 구분 없이 모두 순직공무원으로 정의했다. 생명과 신체에 대한 고도의 위험을 무릅쓰고 직무를 수행하다가 재해를 입고, 그 재해가 직접적인 원인이 되어 사망한 공무원을 '위험직무순직공무원'으로 정의했다. 경찰, 소방공무원이 아닌 일반공무원도 위험한 직무수행 중 재해를 입었다면 공무원재해보상심의회의 심의를 거쳐 위험직무순직공무원으로 인정받을 수 있게 했다. 공무수행 중 사망한 무기계약직·비정규직 근로자도 공무원과 같은 순직 인정 및 예우를 받을 수 있게 했다.

세월호 참사로 숨진 기간제 교사는 4·16 세월호 참사 진상규명 및 안전사회 건설 등을 위한 특별법을 제정하여 재해보상을 받을 수 있도록 했다.

공무원재해보상법

제3조(정의) ① 이 법에서 사용하는 용어의 뜻은 다음과 같다.

1. '공무원'이란 공무에 종사하는 다음 각 목의 어느 하나에 해당하는 사람을 말한다.
   가. 국가공무원법, 지방공무원법, 그 밖의 법률에 따른 공무원. 다만, 군인과 선거에 의하여 취임하는 공무원은 제외한다.
   나. 그 밖에 국가기관이나 지방자치단체에 근무하는 직원 중 대통령령으로 정하는 사람

2. '공무수행사망자'란 제1호 외의 사람으로서 사망 당시(부상 또는 질병으로 사망한 경우에는 그 부상 또는 질병 발생 당시를 말한다) 다음 각 목의 요건 모두에 해당하는 것으로 제6조에 따른 공무원재해보상심의회 심의를 거쳐 인사혁신처장이 인정하는 사람을 말한다. 다만, 군인과 선거에 의하여 취임하는 공무원은 제외한다.
   가. 국가 또는 지방자치단체의 사무를 수행할 것
   나. 국가 또는 지방자치단체가 업무상 관리·감독 권한을 직접 또는 간접적으로 가지고 있을 것
   다. 국가 또는 지방자치단체가 법령 또는 계약 등에 따라 보수 또는 수당 등을 직접 지급하거나 대통령령으로 정하는 바에 따라 간접적으로 지급하고 있을 것
   라. 산업재해보상보험법 또는 그 밖의 법령(이하 산업재해보상보험법 등이라 한다)에 따른 재해보상 적용자일 것

3. '순직공무원'이란 다음 각 목의 어느 하나에 해당하는 공무원을 말한다.
   가. 재직 중 공무로 사망한 공무원

나. 재직 중 공무상 부상 또는 질병으로 사망한 공무원

다. 퇴직 후 나목에 따른 부상 또는 질병으로 사망한 공무원

4. '위험직무순직공무원'이란 생명과 신체에 대한 고도의 위험을 무릅쓰고 직무를 수행하다가 재해災害를 입고 그 재해가 직접적인 원인이 되어 사망한 공무원을 말한다.

성대결절, 하지정맥류의 재해 인정 기준은?

성대결절, 하지정맥류로 고생하는 교사가 많다. 성대결절은 성대에 결절이 생겨 말을 할 때 쉰 목소리나 거친 소리가 나는 질환이다. 국민건강보험공단의 성대결절 진료비 자료를 보면 교육직 종사자의 진료 비율이 일반인보다 상당히 높다.

하지정맥류는 신체 말단에서 심장으로 되돌아가는 정맥의 혈액이 역류하지 못하도록 하는 하지정맥 판막의 기능 손상으로 피가 역류하여 다리의 혈관이 비정상적으로 꼬불꼬불해지는 질환이다. 교사, 간호사 등 장시간 서서 근무하는 직종에서 많이 발생한다. 일반인은 주로 중장년 이상에서 발병하지만, 교사의 경우 20~30대 발병이 증가하고 있다고 한다. 전문의들은 교사의 하지정맥류 유발률이 일반인의 7배에 이른다고 한다.

장시간 일어선 자세로 성대를 사용하는 교사의 업무를 고려하면 성대결절, 하지정맥류는 직업병으로 인정해야 한다. 그러나 공단의 과거 판정 자료를 보면 매우 엄격하다. 수업시수, 업무, 교육경력 등을 고려하며 매우 보수적인 판정을 하고 있다.

성대결절과 하지정맥류에 대한 공단의 재해 결정사례를 살펴본다.

● 17년 10월 경력(43세), 고등학교 교사의 '양측 성대결절'
17년 경력(43세)의 고등학교 영어 교사가 보충수업을 하던 중 갑자기

목소리가 나오지 않고 목에 통증을 느껴 병원 검사결과 "성대결절"로 진단받았다.

공단은 "성대결절은 성대의 남용이나 흡연이 원인인데, 상병인은 발병 직전 겨울방학 기간 중에도 하루 5시간씩 3주간에 걸쳐 70~80시간의 영어 수업을 함으로써 목을 혹사시켜 발병한 것"으로 여겨 공무상 질병으로 인정했다.

● 2년 7월 경력(26세), 초등학교 교사의 '양측 성대결절'

2년 7개월(26세) 경력, 초등학교 교사가 합창 지도를 해오던 중 목의 통증과 함께 목소리가 변하여 병원진찰 결과 '양측 성대결절'로 진단받았다. 공단은 "성대결절은 성대의 남용이나 흡연이 원인인데, 상병인은 목을 많이 사용하는 음악교사이나 재직기간이 2년 7월에 불과해 성대를 과 사용하였다고 보기 어렵다"며 공무상 질병으로 인정하지 않았다.

● 8년 3월 경력(36세), 중학교 교사 '만성 후두염, 성대결절'

8년 3월 경력(36세) 중학교 과학 교사가 2002년 가을부터 목소리가 쉬는 애성이 간헐적으로 발생되어 치료를 받아왔으나, 증세가 호전되지 않아 2005.7.25. 병원에서 진찰결과 '성대결절, 만성 후두염'으로 진단받았다.

공단은 "위 질환은 통상 바이러스가 원인이 되어 생기는 급성 후두염의 속발증으로 발생하며, '성대결절'은 지나치게 목을 혹사하는 사람에게 자주 발생하는데 목을 많이 사용하는 음악·체육·국어·영어 과목 교사가 아닌 과학 교사로서 성대를 과 사용하였다고 보기 어렵다"며 공무상 질병으로 인정하지 않았다.

●4년 11월 경력(29세), 고등학교 교사 '하지정맥류'

4년 11개월(29세) 경력, 고등학교 국어 교사가 수업 중에 왼쪽 다리에서 쥐가 나고 부어오르는 증세가 나타난 후 수시로 붓고 무거워지며 핏줄이 점점 진해져 '하지정맥류'로 진단받았다.

공단은 재직기간이 5년 이하에 불과하고, 여러 공무 외 요인으로도 발병할 수 있어 직업병으로 보기 어렵다는 의학적 소견에 따라 공무와 상당한 인과관계를 인정할 수 없다고 결정했다.

공무상 재해 신청은 어떻게 하나?

국·공립교사의 공무상 재해는 인사혁신처 공무원재해보상심의회에서 심의를 거쳐 결정한다. 다만, 재활급여, 간병급여, 장해유족급여, 부조급여는 인사혁신처의 위탁을 받아 공무원연금공단에서 결정한다.

공무상 재해 신청 절차는 다음과 같다.

1. 청구인:공무상 요양 승인 신청서와 입증서류를 소속 기관에 제출한다. 입증서류는 최초로 내원한 병원의 의무기록지 사본과 진단서 원본이다. 재해 유형에 따라 추가적인 입증서류가 필요하다. 공무원연금공단 누리집에서 서류 양식과 구비서류를 확인할 수 있다.
2. 학교장(연금 취급 기관):상병 경위 조사서를 작성하여 신청인이 제출한 서류와 함께 연금공단에 제출한다.
3. 연금공단:사실관계 확인·조사 후 인사혁신처로 서류를 이송한다.
4. 인사혁신처:공무원재해보상심의회에서 공무상 요양 승인 여부를 심의하고, 그 결과를 청구인과 연금공단에 통보한다.

2018.9.21. 공무원재해보상법 시행 이후, 공무원 본인이 공단에 직접 청구하는 절차도 가능해졌다. 청구인이 직접 공단에 신청서를 제출하면 공단은 연금 취급기관에 부상 또는 질병의 경위를 조사한 후 7일 이내

에 상병 경위 조사서를 공단에 보내도록 요구한다. 이전에는 연금 취급 기관인 학교를 통한 신청만 가능했다. 학교장이 상병 경위 조사서 작성에 협조하지 않으면, 재해 신청 자체를 하지 못하는 사례가 있었다. 이러한 폐단을 개선한 것이다.

인사혁신처의 공무원재해보상심의회가 재해 신청을 기각하면 재심을 청구할 수 있다. 재심은 국무총리 소속 공무원재해보상연금위원회에서 담당한다. 재심에서도 기각되면 행정소송을 제기할 수 있다.

기존 공무원연금공단의 공무원연금급여심의회는 서면심사 방식이다. 인사혁신처 공무원재해보상심의회는 청구인 또는 청구인이 지정하는 대리인이 출석하여 진술할 수 있는 권리를 부여했다.

요약하면 당사자가 학교를 거치거나 연금공단에 직접 신청서를 제출하면 재해 심사와 결정은 인사혁신처의 공무원재해보상심의회에서 담당한다. 다만, 요양기간 연장, 요양급여 비용, 재활급여, 간병급여, 장해유족급여는 인사혁신처의 위탁을 받은 연금공단, 재난부조금과 사망조의금은 해당 교육청에서 결정해서 지급한다. 그 외 공무상 요양 승인, 재요양, 장해 등급 판정, 장해급여, 순직유족급여, 위험직무순직유족급여는 인사혁신처에서 결정한다.

Q&A
묻고 답하기

Q. 공무상 재해 관련 법률은?

A.

구분	공립	사립
명칭	공무상 재해	직무상 재해
관련 법률	공무원연금법 공무원재해보상법(2018년)	사립학교교직원연금법
기관	공무원연금공단 인사혁신처	사립학교교직원연금공단
인정 기준 법규	공무원재해보상법 공무원재해보상법 시행령 공무원재해보상법 시행규칙	공무원재해보상법 공무원재해보상법 시행령 공무원재해보상법 시행규칙

Q. 공무상 재해 인정 기준은?

A. 공무원재해보상법 시행령에서 정하고 있는 재해 인정 기준을 요약하면 다음과 같다.

- 담당 공무수행이 원인이 되어 발생한 재해
- 담당 직무 외 상급자의 직무명령 수행으로 발생한 재해(위법 명령은 제외)
- 직무 관련 교육훈련과 출장 중 발생한 재해(순리적인 출장 경로 및 출장 목적에 부합한 경우)

- 학교의 공식행사 중 발생한 재해
- 직무수행으로 인정할 수 있는 행위 중 발생한 재해
- 직무 시작 전과 종료 후, 휴식 중 직무를 위한 준비 또는 정리행위 중 발생한 재해
- 근무 장소에서 천재지변 또는 돌발적인 원인에 따른 반사적 행위로 발생한 재해
- 출퇴근 중 발생한 재해(합리적 순로와 방법)
- 직무수행으로 인해 기존 질병이 현저하게 악화한 경우(악화 사유와 직무와 상당한 인과관계가 입증되어야 함)
- 직무상 발병한 질병으로 합병증을 유발한 경우(합병증이 기초 질환이나 체질적인 원인에 의하여 자연적으로 유발 또는 악화한 경우는 제외)

Q. 공무상 재해로 인정하지 않는 경우는?

A. 공무 또는 직무와 재해(부상·질병·장해·사망) 사이 상당한 인과관계가 없는 경우, 재해로 인정하지 않는다.

다음은 시행령에서 공무상 부상으로 인정하지 않고 있다.

1. 공무원의 고의로 발생한 사고
2. 공무원의 사적 행위로 발생한 사고
3. 근무지 무단 이탈 상태에서 발생한 사고
4. 공무수행 중 사적 원인에 의한 폭력, 장난으로 발생한 사고
5. 정상적인 출장 경로 이탈 또는 출장 목적 외 사유로 발생한 사고
6. 공무원 상호 간의 사적 친목행사, 취미활동으로 발생한 사고
7. 공무와 인과관계가 없는 다른 사람의 원한 등으로 발생한 사고

평소의 질병이 공무로 악화 또는 합병증이 발생한 때도 공무상 질병으로 인정하나 합병증이 기초 질환이나 체질적 원인에 의해 자연적으로 유발, 악화한 때 공무상 질병으로 인정하지 않는다. 자해 행위가 원인이 되어 부상·질병·장해·사망한 때 공무상 재해로 인정하지 않는다.

Q. 공무상 장해란?

A. 공무상 장해란 공무상 부상 또는 질병을 치유하였으나 정신적 또는 신체적 장애로 인하여 노동 능력을 상실하거나 감소한 상태를 말한다. 공무상 장해로 퇴직하면 장해연금 또는 장해일시금을 받을 수 있다.

Q. 자해로 사망한 경우 공무상 재해로 인정될 수 있나?

A. 공무원재해보상법에서는 자해 행위가 원인이 되어 부상·질병·장해를 입거나 사망한 경우 공무상 재해로 보지 않는다. 다만, 자해 행위가 "공무와 관련한 사유로 정상적인 인식능력 등이 뚜렷하게 저하한 상태에서 한 행위"로서 다음의 경우는 공무상 재해로 인정한다.

[공무원재해보상법 제4조. 시행령 제5조]

1. 공무수행 또는 공무와 관련하여 발생한 정신질환으로 요양을 받았거나 받는 공무원이 정신적 이상 상태에서 자해 행위를 한 경우
2. 공무상 부상 또는 질병으로 요양 중인 공무원이 그 공무상 부상 또는 질병으로 인한 정신적 이상 상태에서 자해 행위를 한 경우
3. 그 밖에 공무수행 또는 공무와 관련한 사유로 인한 정신적 이상 상태에서 자해 행위를 했다는 것이 의학적으로 인정되는 경우

국회직 공무원 자살 사건:과중한 업무 및 그와 관련된 극심한 스트레스로 인하여 기존의 우울증이 재발되거나 악화되었다. 우울증으로 인하여 정상적인 인식능력이나 행위선택능력, 정신적 억제력이 현저히 저하되어 합리적인 판단을 기대할 수 없을 정도의 상황에 처하여 자살에 이르게 된 것으로 추단할 수 있으므로, 망인의 업무와 사망 사이에 상당한 인과관계를 인정할 수 있다.

[유족보상금부지급결정취소.
대법원 2017.4.13. 선고 2016두61426 판결]

Q. 재해급여를 받지 못하거나 적게 받는 경우는?

A. 고의와 중과실에 따라 차이가 있다. 공무원 본인의 고의(자살 등)로 인한 사망, 유족이 고의로 공무원을 사망하게 한 때는 유족급여를 전액 지급하지 않는다. 공무원의 중대한 과실로 발생한 재해의 경우 장해급여와 유족급여는 2분의 1을 감액하여 지급한다. 정당한 사유 없이 치료를 받지 않은 경우에는 요양급여, 장해급여, 순직유족급여의 2분의 1을 감액하여 지급한다.

중대한 과실이란 공무원재해보상법 시행규칙 제12조(중대한 과실)에서 정하고 있다. 공무와 관련한 행위 중 불가피한 사유 없이 교통사고처리 특례법 제3조 제2항에서 정한 범죄(12대 중과실)와 안전수칙의 현저한 위반 등으로 사고가 발생한 경우이다.

Q. 장해유족급여, 순직유족급여, 위험직무순직유족급여란?

A.

●장해유족급여

장해연금을 받을 권리가 있는 사람이 사망했을 때 유족에게 지급하는 급여이다. 유족은 배우자, 자녀, 부모, 손자녀, 조부모이다. 배우자는 재직 당시 혼인 관계(사실혼 포함)에 있는 사람이다. 퇴직일 이후 출생한 자녀는 제외한다. 유족이 받을 수 있는 급여는 장해연금액의 60%이다.

●순직유족급여

재직 중 또는 퇴직 후 공무상 재해로 사망한 공무원의 유족에게 지급하는 급여이다.

순직유족보상금 : 공무원 전체 기준소득월액 평균액의 24배

순직유족연금 : 공무원 사망 당시 (기준소득월액)×(38% + 유족 1명당 5% 가산)

●위험직무순직유족급여

공무원이 생명과 신체에 대한 고도의 위험을 무릅쓰고 직무 중 재해로 사망한 때 위험직무순직유족연금과 위험직무순직유족보상금을 지급한다.

위험직무순직유족연금 : 공무원 사망 당시(퇴직 후 사망한 경우 퇴직 당시) (기준소득월액)×(43% + 유족 1명당 5% 가산)

위험직무순직유족보상금 : 공무원 전체 기준소득월액 평균액의 45배

Q. 재해급여의 종류는?

A. 공무원재해보상법(제8조)에서 정한 급여의 종류는 여섯 가지로 요양급여, 재활급여(재활운동비, 심리상담비), 장해급여(장해연금, 장해일

시금), 간병급여, 재해유족급여(장해유족연금, 순직유족급여, 위험직무순직유족급여), 부조급여(재난부조금, 사망조위금)이다.

Q. 본인 또는 가족이 사망했을 때 지급되는 조의금은?

A. 부조급여에는 재난부조금, 사망조위금이 있다. 공무원이 수재나 화재, 그 밖의 재난으로 재산에 손해를 입었을 때에는 공무원 전체의 기준소득월액 평균액의 4배의 범위에서 재난부조금을 지급한다. 재난부조금을 지급하는 기준은 시행령 제47조에서 정하고 있다.

사망조위금은 공무원의 배우자나 부모(배우자의 부모 포함) 또는 자녀가 사망한 경우에 지급한다. 공무원 본인이 사망한 경우, 배우자에게 사망조위금을 지급한다. 배우자가 없는 경우에는 대통령령으로 정하는 바에 따라 장례를 치르고 제사를 모시는 사람에게 지급한다. 사망조위금은 공무원 전체의 기준소득월액 평균액의 65%이다. 공무원 본인이 사망한 경우에는 해당 공무원의 기준소득월액의 2배를 지급한다.

Q. 재해급여를 청구할 수 있는 시효가 있나?

A. 급여를 받을 권리에 대한 시효는 공무원재해보상법(제54조)에서 정하고 있다. 급여의 사유가 발생한 날부터 요양급여·재활급여·간병급여·부조급여는 3년간, 그 밖의 급여(장해급여, 유족급여)는 5년간 행사하지 않으면 소멸한다.

요양비 청구 시효는 요양비용이 구체적으로 확정된 날의 다음 날부터 진행된다. 유족보상금은 사망일로부터 5년, 장해연금은 장해확정일 또는 퇴직일로부터 5년이다.

Q. 순직공무원으로 인정받으면 국가유공자로 등록될 수 있나?

A. 공무원재해보상법에서 정의하고 있는 '순직공무원'이란 재직 중 공무로 사망한 공무원, 재직 중 공무상 부상 또는 질병으로 사망한 공무원, 퇴직 후 공무상 부상 또는 질병으로 사망한 공무원이다. 모든 순직공무원이 국가유공자로 등록되는 것은 아니다.

국가유공자 등록 여부는 인사혁신처의 공무원재해보상심의회에서 결정하지 않는다. 국가유공자 등 예우 및 지원에 관한 법률에 따라 국가보훈처의 보훈심사위원회에서 결정한다.

순직공무원으로 결정된 후 유족이 주소지 관할 보훈지청에 국가유공자등록 신청서를 제출해야 한다. 보훈지청에서는 공단으로 국가유공자 등 요건관련 사실확인서 발급을 요청하고, 이를 참고하여 등록여부를 심사한다.

Q. 요양기간의 연장은?

A. 최초 승인받은 요양기간의 연장이 필요한 경우 진단서를 첨부하여 공무상 요양기간 연장승인 신청서를 제출한다. 3년의 범위에서 요양기간을 연장할 수 있지만 3년이 지난 후에도 계속 치료가 필요하면 1년 이하 단위로 요양기간을 연장할 수 있다.

Q. 재발 또는 새로운 질병이 추가 발생한 경우는?

A. 공무원재해보상법 제4조에 따라 공무상 재해로 인한 부상, 질병이 재발하거나 추가 발병한 경우에도 공무상 재해로 인정받을 수 있다. 새로운 질병이 발생한 때는 공무상 요양 추가 상병 승인 신청서를 제출한다. 치유 후 재발 또는 악화한 때는 공무상 재요양 승인 신청서를 제출한다.

Q. 공무원이 아닌 기간제 교사가 공무(직무)로 사망하면?

A. 2018년 공무원재해보상법 제정으로 공무원이 아닌 기간제 교사, 무기계약직 노동자도 공무수행 중 사망하면 공무수행사망자로 인정받을 수 있게 되었다. 공무수행사망자는 공무원과 동일하게 순직공무원, 위험직무순직공무원 인정과 이에 따른 급여(사망조위금은 제외)를 받을 수 있다. 순직유족급여 또는 위험직무순직유족급여는 산업재해보상보험법에 따른 재해로 인정받은 경우에 가능하다.

Q. 가해자가 있는 경우, 공무(직무)상 재해 처리와 보상은?

A. 가해자 있는 경우에도 공무(직무)상 재해 인정을 받을 수 있다. 재해가 삼자의 행위로 발생했다면 공단은 급여를 지급하고 삼자에게 구상권을 청구할 수 있다. 손해배상금은 가해자로부터 받고, 공단으로부터는 공무(직무)상 재해여부만을 심의 받을 수도 있다. 공무(직무) 수행 중 뺑소니 교통사고를 당한 경우에도 재해신청이 가능하다. 자동차보험의 자기 신체사고 보험으로 처리한 비용도 요양비 청구가 가능하다.

Q. 개인 보장성 보험, 맞춤형복지 포인트로 보험금을 수령한 경우에도 요양비를 받을 수 있나?

A. 공무(직무)상 요양 승인이 결정되면 공단은 교직원이 가입한 보장성 보험과 관계없이 요양비를 지급한다. 해당 교직원은 개별 가입한 보험사로부터 받은 보상비와 관계없이 공단으로부터 요양비를 받을 수 있다.

맞춤형복지 포인트로 가입한 단체상해보험에서 보험금을 받아도 공단에 요양비를 청구할 수 있다. 다만 가입한 단체상해보험 약관에 따라 다를 수 있으므로 약관을 확인할 필요가 있다.

Q. 공무(직무)상 재해 신청이 기각되면 재심 절차는?

A. 공립 교사의 경우 인사혁신처 공무원재해보상심의회가 재해 신청을 기각하면 국무총리 산하 공무원재해보상연금위원회에 재심을 청구할 수 있다. 재심 청구는 기각 결정이 있었던 날부터 180일, 그 사실을 안 날부터 90일 이내에 신청해야 한다. 다만, 기간 내에 심사청구를 할 수 없었던 정당한 사유를 증명한 경우는 예외로 한다. 재심까지 기각되면 행정심판법에 따라 행정심판을 청구하거나 법원에 행정소송을 청구할 수 있다.

사립의 경우 사립학교교직원 연금급여심의회가 재해 신청을 기각하면 연금급여재심위원회에 재심을 청구할 수 있다. 공립의 경우 연금공단과 인사혁신처의 처분(결정)은 행정소송의 대상이지만, 사립학교교직원연금공단의 결정은 행정소송이 아닌 민사소송 대상이다. 재심에서도 기각되면 공단을 상대로 민사소송을 청구할 수 있다. 연금급여심의회에 재해 신청을 하지 않고 처음부터 민사소송을 곧장 제기할 수도 있다.

재심 청구 기준은 처분이 있은 날부터 180일, 그 사실을 안 날부터 90일이다. 두 기준 중 어느 한 기간이라도 넘게 되면 청구가 각하된다. 처분이 있은 것을 안 날이란 특별한 사유가 없는 한 처분을 인지할 수 있는 상태에 놓인 날을 의미(우편물 도달일)한다.

Q. 공무상 병가, 공무상 휴직 처리는 어떻게 하나?

A. 공무(직무)상 재해로 인정받으면 180일 범위에서 공무상 병가, 3년 범위에서 공무상 질병휴직이 가능하다. 공무상 재해를 신청하면 통상 2, 3개월 후에 결정이 난다. 공무상 요양 결정서가 도착하기 전에는 일반 병가, 일반 질병휴직을 먼저 사용한다. 공무상 요양 결정서가 도착하면 사용한 병가와 질병휴직은 공무상 병가, 공무상 질병휴직으로 소

급하여 정정할 수 있다.

치료와 요양이 더 필요하다면 요양기간 연장 신청서를 제출한다. 공무상 병가(180일)를 모두 사용한 후, 요양기간 연장 신청을 할 수 없다면 일반 병가(60일)를 사용할 수 있다. 공무상 병가 180일을 모두 사용한 후에는 공무상 질병휴직을 사용할 수 있다. 공무상 질병휴직 후 같은 질병으로 일반 질병휴직도 가능하다.

재해보상심의회심의회가 A 교사에게 승인한 요양기간은 2년이다. 2년 요양기간이 끝났지만 같은 질병으로 정상 근무가 힘든 상황이라면 공무원임용령(제57조의7)에 따라 남은 기간 1년 범위에서 공무상 질병휴직이 가능하다. 단, 이 기간은 요양 연장승인을 받지 못한 기간이므로 치료비와 요양비에 대한 지원이 없다.

공무상 병가, 공무상 질병휴직기간은 봉급, 경력평정, 호봉승급에 아무런 불이익이 없다.

공무원임용령

제57조의7(질병휴직)
① 법 제71조 제1항 제1호에 따라 휴직을 명하려는 경우에는 「공무원 재해보상법」 제24조에 따른 요양기관에서 발행한 진단서나 그 밖에 휴직사유를 증명할 수 있는 자료를 해당 공무원에게 요구하여 제출받아 휴직 여부를 결정해야 한다. 〈개정 2021. 11. 30.〉
② 임용권자 또는 임용제청권자는 제1항에 따라 휴직 여부를 결정하려는 경우에는 관계 전문가 등으로 질병휴직위원회를 구성하여 휴직의 필요성 등에 대해 자문할 수 있다. 〈신설 2021. 11. 30.〉
③ 임용권자 또는 임용제청권자는 법 제72조 제1호 각 목 외의 부분 단서에 따른 공무상 질병 또는 부상으로 인한 휴직(이하 "공무상질병휴직"이라 한다)을 명한 공무원에게 당초 휴직 사유와 같

은 사유로 그 휴직기간 연장을 명하려는 경우로서 총휴직기간이 3년을 초과하는 경우에는 질병휴직위원회에 자문해야 한다. 〈신설 2021. 11. 30.〉

④ 공무상질병휴직을 명할 수 있는 경우는 「공무원 재해보상법 시행령」 제28조에 따른 공무상 요양 승인이나 같은 영 제32조에 따른 재요양 승인(이하 "공무상요양·재요양승인"이라 한다)을 받은 경우와 「산업재해보상보험법」 제40조에 따른 요양급여 결정이나 같은 법 제51조에 따른 재요양 결정(이하 "요양급여·재요양결정"이라 한다)을 받은 경우로 한정한다. 〈개정 2021. 11. 30.〉

⑤ 공무상요양·재요양승인이나 요양급여·재요양결정을 받은 기간(연장된 요양기간을 포함한다)이 끝난 후에는 그 사유와 같은 사유로 공무상질병휴직을 새로 명하거나 그 휴직기간의 연장을 명할 수 없다. 〈신설 2021. 11. 30.〉

⑥ 법 제72조 제1호 각 목 외의 부분 본문에 따른 질병휴직 중에 있는 공무원이나 그 휴직기간이 끝난 공무원이 공무상질병휴직 요건에 해당하게 된 경우에는 당초의 질병휴직을 취소하고 그 발령일로 소급하여 공무상질병휴직을 명하거나 당초의 질병휴직 명령을 공무상질병휴직 명령으로 변경할 수 있다. 〈개정 2021. 11. 30.〉

⑦ 제1항부터 제6항까지에서 규정한 사항 외에 질병휴직 제도의 운영에 필요한 사항은 인사혁신처장이 정한다. 〈개정 2021. 11. 30.〉

[전문개정 2020. 2. 25.]

공무원 임용규칙

제58조(질병휴직의 요건 및 절차)

① 법 제71조제1항제1호에 따른 휴직(불임·난임치료를 포함한다)은 그 횟수의 제한은 없으나 동일 질병으로 2년(법 제72조제1호 단서에 따른 휴직의 경우 5년)을 초과할 수 없다. 〈개정 2020. 5. 1., 2020. 9. 22.〉

② 제1항에 따른 휴직기간이 만료되어 복직 후 정상적인 근무가 상당기간 지속되다가 재발된 경우에는 질병의 정도, 요양기간, 요양 후 정상적인 근무수행여부 등을 종합적으로 판단하여 새로운 휴직을 부여할 수 있다. 〈개정 2020. 5. 1.〉

③ 제1항에 따른 휴직자를 복직하는 경우에는 임용령 제57조의7 제1항에 따른 기관에서 발행한 진단서나 복직사유를 증명할 수 있는 자료를 제출하도록 하여 복직 후 정상적인 근무가 가능한지의 여부를 판단한 후 복직을 명하여야 한다. 〈개정 2020. 5. 1., 2020. 9. 22.〉

④ 제3항에도 불구하고 다음 각 호의 사유에는 진단서나 복직사유를 증명할 수 있는 자료를 제출하지 아니하였어도 복직을 명할 수 있다.

1. 난임으로 인한 질병휴직 기간 중 또는 휴직기간 만료시 복직을 명하는 경우
2. 휴직의 원인이 된 부상·질병과 무관한 부상·질병으로 인한 질병휴직을 명하기 위하여 복직을 명하는 경우

제58조의2(질병휴직위원회)

① 임용권자 또는 임용제청권자는 임용령 제57조의7제2항에 따라 질병휴직위원회를 구성하여 다음 각 호에 대하여 의견을 들을 수 있다.

1. 법 제71조제1항제1호에 따른 휴직을 명해야 할 필요성
2. 법 제71조제1항제1호에 따른 휴직자 복직 후 정상적 근무 가능 여부
3. 법 제72조제1호의 휴직 기간이 끝난 공무원이 법 제70조제1항 제4호 적용 대상인지 여부

② 위원회는 위원장을 포함하여 3명 이상으로 구성하되, 1인 이상은 진단서를 기초로 질병의 심각성, 적정 치료 방법 등을 판단할

수 있는 의료전문가를 포함하여야 하며, 전체 위원의 2분의 1이상
은 공무원이 아닌 사람으로 한다. 이 경우 의료전문가는 공무원이
아닌 것으로 본다. 〈개정 2020. 9. 22.〉

③ 위원회의 위원장은 대상 공무원보다 상위 계급인 과장급이상
공무원 중에서 임용권자 또는 임용제청권자가 지명하는 자로 하
되, 불가피한 경우 달리 정할 수 있다.

④ 위원회의 위원장은 필요한 경우 대상 공무원을 위원회에 참석
하게 하여 의견을 들을 수 있다.

⑤ 소속 장관은 기타 위원회의 구성 및 운영 등에 관하여 자체적
으로 기준을 정하여 운영할 수 있다.

Q. 가벼운 부상, 공무(직무)상 재해 신청 필요한가?

A. 공무(직무)상 재해를 신청하고 심사를 받는 과정은 시간도 걸리
고 절차도 만만치 않다. 인사혁신처 예규에서는 6일 이내의 단순 안정
만을 필요로 하는 가벼운 부상 또는 질병은 승인권자가 판단하여 공
무상 병가를 허가할 수 있도록 규정하고 있다. 6일 이내의 단순 요양으
로 충분한 재해라면 학교장 재량으로 공무상 병가를 승인할 수 있다.

4

징계

무단횡단으로 갑자기 뛰어든 아이를 치어 벌금형을 받았다. 형사벌을 받으면 징계를 받게 될까? 자가운전을 하는 경우 크고 작은 교통사고를 쉽게 경험한다. 일반인과 달리 교원은 가벼운 벌금형을 받아도 형사벌로 그치지 않고 징계 처분을 받을 수 있다. 교원이 징계를 받게 되는 사유는? 징계는 어떤 법규에 따라 이루어지는 것일까? 징계를 받게 되면 보수, 호봉, 승진 등에 어떤 불이익이 발생하나? 누구나 경험하고 싶지 않은 징계에 대해서 알아본다.

징계란?
_징계 사유와 법적 근거

징계란 사용자의 지위에 있는 국가가 법령에서 정한 의무를 위반한 공무원에게 내리는 행정 처분이다. 징계를 받으면 신분상 불이익, 경제적 불이익이 따른다.

국민의 권리를 제한하거나 의무를 부과하는 행정 처분은 반드시 법률에 근거해야 한다. 공립 교원의 징계에 관한 사항은 국가공무원법에서 정하고 있고, 사립 교원의 징계에 관한 사항은 사립학교법에서 정하고 있다. 징계 사유, 징계 양정에서는 큰 차이가 없다.

국가공무원법(제78조)에서 정하고 있는 징계 사유는 세 가지다.

첫째, 법령을 위반한 경우
둘째, 직무상의 의무를 위반하거나 태만한 때
셋째, 직무의 내외를 불문하고 체면 또는 위신을 손상하는 행위를 했을 때

법령 위반이란?

법령 위반이란 국가공무원법과 국가공무원복무규정을 위반한 행위이다. 법령의 위임에 따라 정한 행정명령(총리령, 부령, 훈령, 지침, 유권해석 등)을 위반한 행위도 징계 사유가 될 수 있다. 법령 위반행위는 고의 또는 중과실이 아닌 과실만으로도 징계 사유가 될 수 있다.

국가공무원법에서는 8가지 주요 의무와 4가지 주요 금지 사항을 정하고 있다. 8대 의무는 선서 의무, 성실 의무, 복종의 의무, 친절·공정의 의무, 종교 중립의 의무, 비밀 엄수의 의무, 청렴의 의무, 품위 유지의 의무이다. 4대 금지 사항은 직장이탈 금지, 영리 업무 및 겸직 금지, 정치 운동의 금지, 집단 행위의 금지이다.

직무상 의무 위반 및 직무 태만이란?

직무상 의무 위반이란 담당업무와 관련한 직무상의 의무를 적극적으로 수행하지 않거나 타당하게 수행하지 않은 것이다. 직무상 의무에는 국가공무원법 및 다른 법령에서 부과한 의무를 포함한다. 직무 태만이란 당연히 해야 할 직무를 성실하게 수행하지 않은 것이다.

직무상 의무 위반 및 직무 태만은 고의 또는 과실 유무와 직접적인 관계없이 징계 사유가 될 수 있다. 의무 위반행위는 재직 중의 행위를 원칙으로 하나 임용 전의 행위도 임용 후 교원의 체면 또는 위신을 손상했다면 징계 사유가 될 수 있다.

참고

사립학교 교원이 그 임용 이전에 한 행위는 원칙적으로 재직 중의 징계 사유로 삼을 수 없다 할 것이나, 임용과 관련된 비위행위와 같이 비록 임용 전의 행위라 하더라도 이로 인하여 임용 후의 교원으로서의 품위를 손상하게 된 경우에는 징계 사유로 삼을 수 있다.

[대법원 1996.3.8. 선고 95누18536 판결]

체면 또는 위신을 손상하는 행위란?

직무의 내외를 불문하고 체면 또는 위신을 손상하는 행위란 국가공무원법 제63조 품위 유지 의무를 위반한 행위이다. 직무수행과 직접적인 관련이 없는 사회 일반의 통념상 비난 가능성이 있는 행위만으로 징계 사유가 될 수 있다. 음주운전, 성희롱, 성매매, 도박, 사기, 폭행 등의 행위가 해당한다.

징계 종류와 불이익

_징계에 따른 불이익은?

　징계의 효력은 신분, 복무, 보수, 퇴직급여에 불이익을 준다. 징계는 배제 징계와 교정 징계로 구분한다. 교원 신분을 박탈하는 배제 징계에는 파면과 해임이 있다.

　파면을 당하면 5년간 공무원으로 임용될 수 없고, 퇴직급여와 퇴직수당이 2분의 1 감액된다. 단, 재직기간 5년 미만이라면 퇴직급여는 4분의 1만 감액한다. 해임을 당하면 3년간 공무원으로 임용될 수 없다. 해임의 경우 퇴직급여와 퇴직수당의 불이익은 없지만 금품 비리로 해임된 경우라면 퇴직급여와 퇴직수당을 4분의 1 감액한다. 재직기간이 5년 미만이라면 퇴직급여와 퇴직수당을 8분의 1을 감액한다.

　교정 징계에는 강등, 정직, 감봉, 견책이 있다. 교원 신분은 유지하나 인사 및 보수에서 불이익이 발생한다.

　강등은 1계급 아래로 직급이 낮아진다. 그 외 불이익은 정직 3월과 같으므로 징계처분 기간은 3개월이다. 공무원 신분은 보유하나 처분 기간 3개월 동안 직무에 종사하지 못하며 보수가 지급되지 않고 호봉경력 및 교육경력으로 산입하지 않는다. 처분 기간 3월은 퇴직수당 2분의 1을 감액한다. 3개월 처분 기간이 종료된 후 18개월 동안 호봉승급을 제한한다. 연가일수에서 처분 기간 3개월을 공제하므로 사실상 사용할 수 있는 연가가 없다. 교사의 경우 강등될 직급이 없다.

　정직 처분 기간은 1월, 2월, 3월로 세 가지이다. 처분 기간은 직무에 종사하지 못하므로 보수를 전액 감액하고 호봉경력과 교육경력에 산입하지 않는다. 정직기간은 퇴직수당 2분의 1을 감액하고, 연가일수에서 공제한다. 정직 처분 후 18개월 기간 호봉승급을 정지한다.

감봉 처분 기간은 1월, 2월, 3월로 세 가지이다. 처분 기간은 보수의 3분의 1을 감액하고, 호봉승급에서 제외한다. 처분 후 12개월 동안 호봉승급을 제한한다.

견책 처분은 특별한 불이익은 없으나 6개월 동안 호봉승급을 제한한다. 교정 징계인 강등, 정직, 감봉, 견책 처분을 받으면 정근수당을 1회 받을 수 없다.

불문경고는 법률에서 정한 징계 종류는 아니다. 가장 낮은 징계인 견책 처분을 결정하고 감경하거나 사안이 가벼워 정식 징계 처분이 필요하지 않을 때 내리는 결정이다. 보수, 호봉경력, 경력평정 등에 불이익은 없으나 인사기록부에 기록한다. 불문경고 처분에 승복하지 못할 때 불문경고 처분 취소를 요구하는 소청심사를 청구할 수 있다.

징계에 따른 호봉승급 제한기간은 강등·정직 18월, 감봉 12월, 견책 6월이지만 금품 비리, 소극행정, 음주운전, 성폭력, 성희롱, 성매매로 인한 징계에는 6월을 가산한다. 호봉승급 제한기간은 징계기록 말소 기간(견책 3년, 감봉 5년, 정직 7년, 강등 9년)이 지난 후 호봉에 산입한다. 승급제한 기간에는 승진과 명예퇴직 대상에서 제외된다.

징계 절차

신분상 불이익을 주는 징계 처분은 법령에서 정한 엄격한 절차를 따라야 한다. 혐의자의 반론권을 충분히 보장해야 한다. 절차상 하자는 징계 무효 사유로 징계 절차를 다시 밟아야 한다.

징계 의결의 요구

징계 의결 요구권자는 임용권자이다. 임용권자인 교육감, 사학법인 이사장은 소속 교원이 징계 사유에 해당하면 징계위원회에 징계 의결을 요구한다. 경징계 또는 중징계로 구분하여 요구한다. 감사원법에 따라 감사원장이 징계의 종류를 구체적으로 정한 때는 징계 양정을 지정해 요구할 수 있다. 금품 비리 사안은 5배 내의 징계 부가금을 부과할 수 있다.

징계 의결 요구권자는 감사원, 수사기관으로부터 소속 직원에 대한 징계 사유를 통보받으면 특별한 사유가 없다면 1월 이내 징계 의결을 요구해야 한다. 징계위원회에 징계 의결 요구서를 송부하고 그 사본을 징계혐의자에게도 우송해야 한다.

출석 요구서

출석 요구서는 징계위원회 개최일 3일 전에 징계혐의자에게 도달해야 한다. 8월 5일 징계위원회가 열린다면 8월 1일에는 징계혐의자에게 도달해야 한다. 혐의자에게 직접 우송하는 것이 곤란할 때는 혐의자의 소속기관장을 통해 간접적으로 전달할 수 있다. 징계혐의자의 주소가 분명하지 않을 때는 관보에 공고하고, 10일이 지나면 출석 통지서가 송달된 것으로 본다.

징계혐의자가 출석 통지서 수령을 거부하면 진술권을 포기한 것으로 본다. 단, 출석 통지서 수령을 거부한 징계혐의자도 징계위원회에 출석하여 진술할 수 있다. 대법원 판례에 따르면 출석 통지는 소정의 서면에 의하지 아니하더라도 구두, 전화 또는 전언 등의 방법으로 징계혐의자에게 전달되고 혐의자가 징계위원회에 출석하여 진술하였다면 출석 통지가 이루어진 것으로 본다.

심문권과 진술권

징계위원은 출석한 징계혐의자 또는 관계인에게 혐의 내용에 대해 자세히 따져 물을 수 있는 심문권을 갖는다. 이때 혐의자에게 충분한 진술권을 부여해야 한다. 징계대상자의 진술권을 보장하지 않은 징계 의결은 무효이다.

혐의자는 서면 또는 구술로 자신에게 이익이 되는 사실을 진술할 수 있고, 관련 증거를 제출할 수 있다. 증인심문권, 변호인 선임권을 행사할 수 있다. 위원장 또는 위원이 공정하지 못한 의결을 할 수 있는 상당한 우려가 있을 때, 그 사실을 서면으로 소명하고 해당 위원에 대한 기피 신청을 할 수 있다. 사실 심리에 불참한 징계위원이 징계 의결에 참여했다면 절차상의 하자로 징계 무효 사유이다.

징계위원회는 징계혐의자가 해외 체류, 구속, 여행, 그 밖의 사유로 징계 의결 요구서 접수일부터 50일 이내에 출석할 수 없을 때, 서면으로 진술하게 하고 징계를 의결할 수 있다. 혐의자가 서면 진술을 하지 않으면 진술 없이 징계를 의결할 수 있다.

징계 의결

징계위원회는 징계 의결 요구서를 접수한 날부터 60일 이내 의결해야 한다. 국가인권위원회법에 따른 성희롱 사안은 30일 이내 의결을 완료해야 한다. 부득이한 사유가 있을 때, 해당 징계위원회의 결정으로 30일 범위에서 의결을 연기할 수 있다.

교육청에 설치하는 일반징계위원회는 위원장을 포함한 5명 이상의 출석과 출석위원 과반수의 찬성으로 의결한다. 사립학교 교원징계위원회는 재적위원 3분의 2 이상 출석과 재적위원 과반수의 찬성으로 의결한다.

의견이 나뉘어 어느 의견도 출석위원 과반수에 도달하지 못할 때는 출석위원 과반수에 이르기까지 징계혐의자에게 가장 불리한 의견에 차례로 유리한 의견을 더하여 혐의자에게 가장 유리한 의견을 합의한 것으로 본다. 징계위원회는 징계혐의자의 평소 행실, 근무성적, 공적, 뉘우치는 정도, 징계 요구의 내용, 그 밖의 사정을 고려하여 징계 양정을 결정한다.

5명의 징계위원이 참석하여 1차 투표 결과 해임 2명, 정직 3월 1명, 재조사 1명으로 나타났다면 최종 징계 양정은 어떻게 될까?

해임 2명은 과반수에 미달한다. 해임 2명과 정직 3월 1명을 합하면 3명으로 과반수에 도달한다. 최종 징계 양정은 정직 3월이다.

징계 집행(징계 처분)

징계위원회의 의결 자체는 행정기관 내부의 의사표시에 불과하다. 독자적으로 효력을 발생하는 행정 처분이 될 수 없다. 처분권자가 징계위원회의 의결을 처분함으로써 징계의 대외적 효력이 발생한다. 징계위원회에 징계 의결을 요구할 수 있는 권한, 징계위원회의 징계 결정을 처분할 수 있는 권한은 임용권자의 권한이다. 공립의 경우 교육감, 사립의 경우 법인 이사장이다. 교육감은 경징계에 대한 징계 요구 및 처분 권한을 교육지원청 교육장에게 위임할 수 있다.

교육공무원 징계령 제17(징계 등 처분)에 따라 특별한 사정이 없다면 징계 처분권자인 교육감 또는 교육장은 징계위원회로부터 징계 의결서를 받은 후 15일 이내 처분해야 한다. 징계 처분이란 징계대상자에게 징계 처분 사유 설명서, 징계 의결서를 보내는 행정행위이다.

2019년 교육공무원 징계령 개정으로 성폭력범죄의 처벌 등에 관한 특례법에 따른 성폭력범죄, 양성평등기본법에 따른 성희롱 사안의 경우, 처분권자는 피해자에게 징계 처분결과를 통보받을 수 있다는 사실을 안내해야 한다.

징계 처분권자가 징계위원회로부터 징계 의결서를 통보받은 경우에는 "해당 징계 의결을 집행할 수 없는 법률상·사실상의 장애가 있는 등 특별한 사정이 없는 이상 법정 시한 내에 이를 집행할 의무"가 있다.

[대법원 2014.4.10. 선고 2013도229 판결]

징계 의결 요구권자와 징계위원회

징계위원회는 결정을 변경할 수 있나?

징계위원회의 의결은 일종의 형식적 쟁송을 거친 준사법적 행정행위이다. 일사부재리의 원칙을 적용한다. 혐의자가 징계위원회에서 진술한 내용이 허위로 판명되었을 경우라도 징계위원회 스스로 그 결정을 변경할 수 없다. 혐의자의 허위 진술을 근거로 징계 의결 요구권자가 요구한 징계 양정보다 현저하게 낮은 징계를 의결했더라도 일사부재리의 원칙에 따라 징계 양정을 번복할 수 없다.

징계위원회에서 '불문'(징계하지 않음)으로 결정한 비위 사실에 대하여 징계 의결 요구권자는 다시 징계 의결을 요구할 수 없다. 일사부재리 원칙에 어긋나기 때문이다.

징계 의결 요구권자는 징계위원회의 결정을 변경할 수 있나?

교사의 신분 변화를 가져올 수 있는 징계는 임용행위다. 징계 의결 요구권, 징계 의결 처분권은 임용권자의 권한이다. 공립 교사의 임용권은 교육부장관이 교육감에게 위임하고 있다. 사립교사의 임용권은 사학법인의 이사장 또는 사립학교 경영자이다.

징계위원회의 의결은 처분권자를 '기속'하므로 교육감과 이사장은 징계위원회의 결정을 변경 또는 취소할 권한이 없다. 징계위원회의 결정에 동의할 수 없다면 징계 처분을 집행하지 않는 방법이 있다. 이 경우에도 특별한 사정이 있어야 한다.

다만, 교육감은 징계위원회의 의결이 가볍다고 판단하면 징계 의결을 집행하지 않고, 상급 기관인 교육부에 설치된 특별징계위원회에 재심사를 청구할 수 있다. 해임을 요구한 교사에 대해 시도교육청 징계위원회에서 경징계 처분을 의결했다면 교육감은 교육부에 설치된 특별징계위원회에 재심사를 청구할 수 있다. 반드시 재심사를 청구할 의무가 있는 것은 아니다. [국가공무원법 제82조]

징계 양정에 대한 재량권의 한계란?

징계 양정은 독립적인 징계위원회에서 의결하지만, 징계에 대한 행정적 책임은 징계 의결 요구권, 징계 처분권을 지닌 교육감, 사학법인의 이사장에게 있다. 징계 사유 또는 징계 양정을 인정할 수 없을 때, 교육감 또는 법인 이사장을 상대로 징계 처분 취소를 요구하는 소청심사, 행정소송을 청구할 수 있다. 행정소송은 반드시 소청심사를 거친 후 청구할 수 있다. 사립교원은 소청 및 행정소송을 선택하지 않고, 임용권자를 상대로 민사소송을 바로 제기할 수 있다.

징계 사유가 있는 공무원에 대해 어떤 징계 처분을 할 것인지는 임용권자의 권한, 재량행위이다. 권한에는 책임이 따르고 모든 권한은 합리적으로 행사할 것을 전제로 한다. 일반적, 통상적, 합리적 범위를 넘어선 재량권 행사는 위법이 된다. 징계 사유에 비해 무거운 징계 양정은 소청 또는 행정소송을 통해 무효 판정을 받을 수 있다.

징계는 공무담임권, 신분에 중대한 영향을 미치므로 각급 징계위원회 간의 형평성 유지가 필요하다. 징계 사유와 징계 양정 사이에는 비례의 원칙을 적용해야 한다. 형평성, 비례의 원칙 적용을 위해 공무원 징계령 시행규칙(총리령), 교육공무원 징계 양정 등에 관한 규칙(교육부

훈령)에서 징계 기준을 정하고 있다.

사립학교 교원의 징계는 사학법인에 따라 임의적이라는 문제가 있었다. 이를 개선하기 위해 사립학교의 교원징계위원회도 대통령령으로 정한 징계 기준, 감경기준을 따르도록 2019년 사립학교법을 개정했다.

징계 처분이 사회통념상 현저하게 타당성을 잃어 징계권자에게 맡겨진
재량권을 남용한 것으로 인정되는 경우, 그 처분은 위법하다.

[대법원 2010.11.11. 선고 2010두16172 판결]

징계위원회 구성

    교육공무원의 징계위원회는 일반징계위원회와 특별징계위원회로 구분한다.

    일반징계위원회는 시도교육청과 교육지원청에 설치한다. 교육지원청의 일반징계위원회는 경징계 사안을 심의·의결한다. 징계위원회는 위원장 1명과 9명 이상 15명 이내의 위원으로 구성한다. 특정 성性이 위원장을 포함한 위원 수의 10분의 6을 초과할 수 없다.

    징계위원장은 설치 기관장의 다음 순위자이므로 부교육감과 교육지원국장이다. 징계위원은 교육감 또는 교육장이 소속 공무원 중에서 임명하고, 그 외 일반인을 위촉한다. 위촉 위원이 임명 위원보다 더 많아야 한다. 이때 학교운영위원회 위원으로서 교원위원이 아닌 사람을 반드시 1명 이상 위촉해야 한다. 위촉 위원의 임기는 3년이고 한 차례만 연임할 수 있다. 교육지원청 일반징계위원회는 관할 구역의 교장 또는 교감을 위원으로 임명할 수 있다.

    징계위원회 회의는 위원장과 위원장이 회의마다 지정하는 6명의 위원, 총 7명으로 구성한다. 이때 위촉 위원의 수를 4명 이상으로 구성해야 한다.

일반징계위원회

- 위원장:부교육감/교육지원국장
- 위원 수:위원장 1명, 9명 이상 15명 이내의 위원
- 위원 구성
  ▶ 임명:교육감(교육장)이 교육청 소속 장학관·교육연구관·5
      급 이상 일반직 공무원 중 임명
  ▶ 위촉:다음 사람 중에서 교육감(교육장)이 위촉
   1. 학교운영위원회 위원으로서 교원위원이 아닌 사람
   2. 법관, 검사 또는 변호사로 5년 이상 근무한 경력이 있는
     사람
   3. 법률학·행정학·교육학을 담당하는 조교수 이상으로 재직
     중인 사람
   4. 공무원으로 20년 이상 근속하고 퇴직한 사람
   5. 그 밖에 교육이나 교육행정에 대한 전문지식과 경험이 풍
     부하다고 인정되는 사람

특별징계위원회는 교육부에 설치한다.

특별징계위원회의 위원은 위원장 1명과 5명 이상 9명 이내의 위원으로 구성한다. 징계위원장은 교육부 차관이다. 위원은 장관이 소속 실장·국장급 공무원 중 임명하고, 그 외 일반인 중에서 위촉한다. 위촉 위원은 임명 위원 수의 50% 이상을 구성해야 한다. 위촉 위원의 임기는 3년이고 한 차례만 연임할 수 있다. 특정 성性이 위원장을 포함한 위원 수의 10분의 6을 초과할 수 없다.

특별징계위원회
- 위원장 : 교육부 차관
- 위원 수 : 위원장 1명, 5명 이상 9명 이내의 위원
- 위원 구성
  - ▸임명 : 교육부장관이 소속 실장·국장급 공무원 중 임명
  - ▸위촉 : 다음 사람 중에서 장관이 위촉
    1. 법관, 검사 또는 변호사로 5년 이상 근무한 경력이 있는 사람
    2. 대학에서 법학 또는 행정학을 담당하는 부교수 이상으로 재직 중인 사람
    3. 고위공무원단 직위에 근무하고 퇴직한 사람(퇴직일부터 3년이 지난 사람 한정)
    4. 교장으로 4년 이상 근무한 경력이 있는 사람

사립학교는 사립학교법에 따라 교원징계위원회를 설치·구성한다. 단, 사립유치원의 교원 징계는 교육공무원법(제50조)에 따라 설치한 교육공무원 징계위원회가 담당한다.

사립학교법 제55조(복무)에 따라 사립학교 교원의 복무에 관한 사항은 국·공립학교 교원에 관한 규정을 준용하고 있다. 그럼에도 사립학교 교원의 징계에 관한 사항은 사립법인에 따라 차이가 있었다. 이러한 문제를 해소하기 위해 2021년 이후 사립교원의 징계에 관한 법규가 개정되었다.

사립학교 교원징계위원회는 학교의 규모를 고려하여 5명 이상 11명 이하의 위원으로 구성한다. 학생 수가 200명 미만인 학교는 5명 이상 9명 이하, 학생 수가 200명 이상인 학교는 9명 이상 11명 이하로 구성한다.

징계위원은 학교법인, 사립학교 경영자 또는 학교의 장(교원의 임용권이 학교의 장에게 위임된 경우에 한정)이 임명(내부 위원)하거나 위촉(외부 위원)한다.

외부 위원(외부 위원)은 최소 2명으로 구성하여야 하고, 학교법인 또는 사립학교경영자가 설치·경영하는 학교에 소속한 사람이 아니어야 한다. 학교법인의 이사가 전체 위원의 2분의 1을 초과할 수 없고, 특정 성이 전체 위원 수의 60%를 초과해서는 안 된다. 교원징계위원회의 조직·권한 및 심의 절차 등에 관한 사항을 대통령령(사립학교법 시행령)으로 정하도록 했고, 징계양정 등에 관한 사항을 교육부령(사립학교 교원 징계규칙)으로 정하여 공립교원과 차별성을 해소했다.

사립 교원의 파면·해임은 교원의 임면에 속하므로 반드시 교원인사위원회의 심의를 거친 후, 학교장의 제청, 이사회의 의결을 거쳐야 한다. [대법원 2000.10.13. 선고 98두8858 판결]

사립교원 징계 재심의를 위한 징계심의위원회 교육청 설치

2021년 사립학교법 개정으로 시·도 교육청에 징계심의위원회가 설치되었다. 관할청은 사립학교의 교원이 사립학교법에 규정된 면직 사유 및 징계 사유에 해당할 때 임용권자에게 해임 또는 징계를 요구할 수 있다. 임용권자는 특별한 사유가 없으면 교육청의 요구에 따라야 하고, 해당 교원에 대한 징계처분 전 '징계 결과'를 반드시 관할청에 통보하여야 한다. 관할청은 징계의결의 내용이 징계 사유에 비추어 가볍다고 판단하면 임용권자에게 해당 교원에 대한 징계 재심의를 징계심의위원회에 요구하도록 할 수 있다. 징계심의위원회는 시도교육청에 설치한다.

(사립학교)교원징계위원회

- 위원장 : 위원 중 호선
- 위원 수 : 5명 이상 11명 이하
- 위원 구성
  - ▶ 임명 : 학교법인, 사립학교 경영자, 학교장(교원 임용권이 학교의 장에게 위임된 경우)이 다음 사람 중에서 임명하거나 위촉
    1. 해당 학교의 교원 또는 학교법인의 이사
    2. 다음 각 목의 어느 하나에 해당하는 사람
       - 가. 법관, 검사 또는 변호사로 5년 이상 근무한 경력이 있는 사람
       - 나. 대학에서 법학, 행정학 또는 교육학을 담당하는 조교수 이상으로 재직 중인 사람
       - 다. 공무원으로 20년 이상 근속하고 퇴직한 사람
       - 라. 그 밖에 교육이나 교육행정에 대한 전문지식과 경험이 풍부하다고 인정되는 사람

징계벌과 형사벌

_목적, 대상, 사유가 다르다

징계벌과 형사벌은 권력의 기초, 목적, 내용, 대상이 다른 별개의 처분이다. 같은 사유로 징계벌과 형사벌을 부과하더라도 일사부재리의 원칙에 어긋나지 않는다.

징계벌은 사용자의 위치에 있는 국가가 공무원에게 신분상의 불이익을 주는 행정 처분이다. 사립의 경우 사용자인 임용권자(법인 이사장, 사립학교 경영자)가 교직원에게 내리는 신분상의 불이익 처분이다. 형사벌은 국가통치권의 행사로 법률을 위반한 모든 국민을 대상으로 한다. 징계벌은 공무원 관계의 질서 유지, 형사벌은 일반 법익의 보호가 목적이다. 징계벌 대상은 국가공무원법 또는 사립학교법에서 정한 의무위반 행위, 형사벌의 대상은 형사법에서 정한 반사회적 법익위반이다.

징계벌의 사유가 반드시 형사벌의 사유가 되지는 않는다. 직무상의 명령 또는 의무위반 행위는 행정적 징계 사유는 될 수 있지만, 반드시 형사벌 사유에 해당하는 것은 아니다.

형사벌의 사유는 대부분 징계벌의 대상이 된다. 그러나 형사벌을 받았더라도 징계벌이 반드시 따르는 것은 아니다. 직무와 무관하고 공무원의 품위 손상에 해당하지 않는 형사벌은 징계벌 대상이 아니다. 반면, 형사사건에서 불기소 또는 무죄가 확정된 경우라도 공무원의 품위를 손상한 행위라면 징계벌이 따를 수 있다.

당연퇴직

형사재판 결과 당연퇴직 사유가 발생하면 공무원 신분이 자동 박탈되므로 공무원 신분을 전제로 하는 징계벌을 부과할 수 없다. 당연퇴직 사유는 국가공무원법(제69조), 교육공무원법(제43조의2)에서 정하고 있다. 금고 이상의 형, 미성년자 대상 성폭력범죄, 공직선거법(벌금 100만 원 이상) 위반으로 형이 확정되면 징계벌 없이 당연퇴직한다.

교원이 입건되어 수사를 받게 되면?

교원을 입건하여 수사하는 사법경찰관은 국가공무원법(제83조 제3항), 사립학교법(제66조의 제3항)에 따라 공무원 범죄 수사개시 통보서를 해당 교원이 소속한 기관의 장에게 통보한다. 수사를 마무리하면 기소, 불기소, 죄없음 등의 의견을 달아 검찰에 사건을 송치하고, 교원의 소속기관장에게 공무원 범죄 수사상황 통보서를 발송한다.

사법경찰관으로부터 사건을 송치받은 검찰은 범죄의 혐의가 충분해 유죄판결을 받을 수 있다고 판단하면 공소를 제기하고, 그렇지 않은 때는 불기소한다. 기소 방식은 사안이 중대해 법원에 정식재판을 청구하는 구공판, 범죄가 경미하여 피고인을 출석시키지 않고 약식명령을 구하는 구약식이 있다. 불기소의 종류는 기소유예, 공소권 없음, 혐의없음, 죄가 안 됨, 각하 등이다. 검찰은 최종 처분 결과를 공무원의 임용권자에게 통보한다.

검찰청으로부터 공무원 범죄 처분 결과 통보서를 받은 교육청(또는 사학법인)은 공소장, 판결문, 진술서 등의 사건 관련 자료와 당사자의 경위서 등을 참고해 신분상의 처분을 결정한다. 비위의 정도, 과실 여부에 따라 중징계 또는 경징계의 의결 요구를 한다. 이때 직무와 무관한 범죄이고, 사회 일반 통념상 공무원(또는 교원)의 체면·위신 손상에 해당하지 않는다면 징계 처분이 아닌 신분상의 조치로 종결할 수 있다. 신분상의 조치는 임용권자 또는 기관장의 경고, 주의, 불문, 내부종결 등이다.

교통사고 벌금형, 징계 사유인가?

자가운전을 하는 경우 크고 작은 교통사고를 쉽게 경험한다. 일반인과 달리 교원은 가벼운 벌금형을 받아도 형사벌로 그치지 않고 신분상의 불이익, 징계 처분을 받을 수 있으므로 유의할 필요가 있다.

교통사고처리법에 따라 교통사고로 사람을 다치게 하거나 사망에 이르게 하면 5년 이하의 금고 또는 2천만 원 이하의 벌금형을 받을 수 있다. 일반적 교통사고의 경우 피해자가 처벌을 원하지 않거나 자동차 종합보험에 가입한 경우 형사처벌이 면제된다. 그러나 신호 위반, 중앙선 침범, 과속(시속 20km 초과), 앞지르기 방법 위반, 횡단보도 사고, 뺑소니, 음주운전 등 12대 중과실 사고에 해당하면 형사처벌을 받을 수 있다.

음주운전의 경우 별도의 징계 기준에 따라 엄한 징계가 이루어진다. 음주운전이 아닌 교통사고로 벌금형을 받은 경우, 교육공무원 징계 양정 등에 관한 규칙에 따라 경징계 처분을 받는 것이 일반적 상황이었다. 기소유예 처분을 받은 때도 견책 처분을 받기도 했다.

일반 공무원의 경우 공무원 징계령 시행규칙에 따라 '직무와 관련이 없는 사고'의 경우 징계하지 않을 수 있는 것에 비교해 교육공무원 징계 양정 등에 관한 규칙은 엄격한 부분이 있었다.

2016년 비보호 좌회전 구간에서 접촉 사고를 낸 울산교육청 소속 교장에 대해 검찰은 기소유예를 결정했지만, 울산교육청은 견책 처분을 내렸다. 그러나 교원소청심사위원회는 직무와 무관한 비위라며 불문경고로 감경했다.

2017년 3월, 교육공무원 징계 양정 등에 관한 규칙 개정으로 직무와 관련이 없는 사고로 사회통념에 비추어 공무원의 품위 손상에 해당하지 않는다면 징계벌을 부과하지 않을 수 있게 되었다. 교통사고가 대표적인 사례이다. 중과실 위반이 아닌 교통사고 벌금형은 징계할 필요가 없게 되었다.

무단횡단으로 갑자기 뛰어든 아이를 치어 벌금형을 받았다면 반드시 징계를 받아야 할까?

지정 속도를 달리던 중 갑자기 뛰어든 아동을 피하지 못해 발생한 사고라면 징계가 필요할 정도의 비위로 판단하기 힘들다. 검찰로부터 공무원(사립학교 교원 포함) 범죄 처분 결과 통보서를 받게 되면 임용권자는 경위서 제출을 요구한다. 이때 직무와 무관한 사고로서 사회 통념에 비추어 교원의 품위를 손상하지 않은 사고임을 설명할 필요가 있다. 징계 처분이 아닌 주의 또는 경고 조치로 마무리하는 것이 합당한 사안이다.

징계 시효

징계 시효제도는 공무원에게 징계 사유가 발생하더라도 징계권자가 그에 따른 징계 절차를 진행하지 않거나 못한 상태가 일정 기간 계속되면, 그것의 적법 또는 타당성을 묻지 않고 그 상태를 존중하여 징계를 하지 못하게 함으로써 징계권 행사에 제한을 가하려는 것으로서, 공무원의 신분을 보호하여 공직의 안정성을 보장하는 제도임.

[헌법재판소 2012.6.27. 2011헌바226 결정]

국가공무원법(제83조의2)에 따라 징계 사유가 발생한 날부터 3년이 지나면 징계를 할 수 없다. 단, 금품 비리 사안은 5년이며 성폭력범죄의 처벌 등에 관한 특례법에 따른 성폭력범죄 행위, 아동·청소년의 성보호에 관한 법률에 따른 아동·청소년 대상 성범죄 행위, 성매매 알선 등 행위의 처벌에 관한 법률에 따른 성매매 행위, 국가인권위원회법에 따른 성희롱 행위에 대해서는 10년의 징계 시효를 적용한다. '징계 사유가 발생한 날'이란 비위행위가 종료한 시점이다.

징계 의결 요구서가 징계위원회에 도달하면 시효는 정지한다. 징계 시효 기간의 계산은 징계 의결 요구서가 징계위원회에 도달한 날로부터 역산하여 계산한다. A 교사의 징계 의결 요구서가 2020년 4월 25일 징계위원회에 도달하였다면, 2020년 4월 25일부터 역산하여 3년에 해당하는 2017년 4월 26일이 징계 시효의 기준점이 된다. 2017년 4월 26일 이전의 비위는 3년의 시효 도과로 징계할 수 없다.

부작위 행위에 대한 징계 시효

부작위 행위란 마땅히 해야 할 일을 일부러 하지 않은 행위이다. 공무원의 직무 태만 행위가 해당한다. 징계 시효는 직무 태만 행위가 최종적으로 발생한 때, 즉 업무를 정당하게 처리해야 할 기한을 넘긴 때부터 시작한다.

징계 시효와 형벌 시효

징계 시효와 형벌 시효는 차이가 있다. 징계 시효는 통상 3년, 금품 비리 5년으로 짧지만, 형벌 시효는 훨씬 길다. 만약 징계 시효 기간이 지난 후 범죄사실이 밝혀져 형사벌을 받았다면 징계 처분은 할 수 없다.

징계 양정 과다를 이유로 징계 처분이 취소된 경우

법원에서 징계 양정 과다를 이유로 징계 처분을 취소했다면 징계 양정을 감경하여 재징계할 수 있다. 이중징계에 해당하지 않는다.

절차상의 흠, 징계 양정 및 징계 부가금의 과다를 이유로 교원소청심사위원회의 결정 또는 법원의 판결로 징계 처분이 무효 또는 취소되었다면 징계 시효가 지난 경우에도 결정 또는 판결이 확정된 날로부터 3개월 이내 다시 징계 의결을 요구할 수 있다. 강행 규정이 아닌 훈시규정이므로 반드시 재징계를 해야 하는 것은 아니다. [국가공무원법 제83의2 제3항, 사립학교법 제66조의2 제2항]

적법한 시효기간 내에 파면처분을 하였으나 행정소송에서 징계 양정의 과다를 이유로 그 처분이 취소되자 다시 그 징계 종류를 경감하여 징계 의결의 요구를 하였다면 이는 징계 의결의 새로운 요구가 아니라 이미 적법하게 징계 의결이 요구된 징계 처분의 내용을 일부 수정하는 것에 불과한 것임.

[대법원 1980.8.19. 선고 80누189 판결]

임용 관련 비위행위에 대한 징계 시효

부정 청탁 또는 뇌물로 교원으로 임용되었다면 징계 시효의 시작은 청탁 또는 뇌물 공여 시점이 아닌 임용한 날로부터 시작한다.

부정한 청탁과 함께 뇌물을 공여하고 공무원으로 임용되었다면 그 신분을 취득하기까지의 일련의 행위가 국가공무원법상의 징계 사유에 해당하므로 징계 시효의 기산점은 뇌물을 공여한 때가 아니라 공무원으로 임용된 때로부터 기산하여야 할 것임.

[대법원 1990.5.22. 선고 89누7368 판결]

감사원 조사 또는 수사기관의 수사 중인 사건

감사원 조사 중 또는 수사기관 수사 중임을 사유로 징계 절차를 진행하지 못하여 징계 시효가 지났거나 시효 잔여기간이 1월 미만 경우는 조사 또는 수사 종료 통보를 받은 날로부터 1개월 이내에 징계 의결을 요구할 수 있다. [국가공무원법 제83조의2 제2항]

단, 주무 부서에서 감사원 조사 또는 수사 개시를 이유로 징계 절차를 중지하는 경우에는 반드시 징계 의결 요구권자가 징계 절차를 중지한다는 문서에 의한 명시적 표시가 있어야 한다. 징계 절차 중지의 효력은 징계 절차 중단의 문서에 의한 명시적 표시가 있는 때로부터 발생한다.

징계 말소

임용권자는 공무원 인사기록·통계 및 인사사무 처리 규정(제9조)에 따라 징계를 받은 후 일정 기간이 지나면 징계 처분의 기록을 말소해야 한다. 징계기록 말소란 인사기록부에서 징계기록 자체를 지우는 것이 아니다. 징계로 인해 이미 받았던 불이익을 온전하게 회복하는 것은 아니나 호봉승급, 표창, 승진 등의 불이익을 제거하는 것이 목적이다. 인사 및 성과기록 카드의 처분기록란에 말소 사유와 날짜를 기록한다.

말소 대상 기록은?

말소 대상 기록은 인사기록부 '징계·형벌'에 등재된 강등·정직·감봉·견책 처분이다. 인사기록부에 기재된 직위해제도 말소대상에 포함한다. 징계위원회에서 결정한 불문경고도 말소대상이다. 소청심사위원회의 결정, 법원의 판결로 징계 취소 또는 무효 판결이 확정된 경우에는 징계 처분 기록이 나타나지 않도록 삭제한다. 사면을 받은 경우라면 사면 사유와 날짜를 기록한다. 학교장 또는 임용권자로부터 받은 '경고', '주의' 등은 인사기록카드 등재 사항이 아니므로 말소대상도 아니다.

말소 제한 기간은?

징계 처분 기록의 말소 제한 기간은 다음과 같다.

처분	징계				직위해제	불문경고
말소 제한 기간	강등	정직	감봉	견책	국가공무원법 제73조의3	징계위원회 의결
	9년	7년	5년	3년	2년	1년

징계 처분의 집행이 끝난 날부터 위 말소 제한 기간이 도달하면 징계기록을 말소한다. 정직 3월 처분을 받았다면 정직 3월의 처분이 끝난 날부터 7년이 되면 정직 처분 기록을 말소한다. 정직 처분 말소 전 다른 징계를 받았다면 말소 기간을 합산한다.

[예1] 2010.5.10. 정직 3월 처분 : 2010.8.10.부터 기산하여 7년 후인 2017. 8.10. 말소

[예2] 2003.11. 1. 정직 3월 처분

2003.12. 5. 견책 처분

☞ 정직에 대한 말소 제한 기간(7년)+견책에 대한 말소 제한 기간 (3년)=10년

정직 3월 처분이 종료된 2004.2.1.부터 기산하여 10년이 지난 2014.2.1. 정직 3월과 견책을 동시에 말소한다.

말소 제한 기간은 실제로 직무에 종사한 기간을 의미한다. 휴직기간 등 직무에 종사하지 않은 기간은 제외한다. 단, 공무상 질병휴직, 병역휴직, 노조전임휴직, 육아휴직(첫째 자녀 1년, 둘째 이후 3년 이내), 유학휴직(50%, 1년 이내) 기간은 직무에 종사한 기간에 포함한다.

말소로 인한 효과

징계에 대한 말소 기간이 지나면 다음과 같은 불이익을 줄 수 없다.

1. 승진·보직관리 등 인사운영 전반

승진, 보직 등 임용권 행사에서 말소한 징계 처분 기록을 이유로 불리한 처우를 할 수 없다. 근무성적평정시 말소한 징계 처분을 이유로 불리한 평정을 할 수 없다.

2. 서훈 및 포상대상자 선정

각종 포상대상자 선정에서 말소한 징계 처분을 이유로 불리한 처우를 할 수 없다. 다만, 정부포상 업무지침(행정자치부)에서는 징계 처분기록을 말소한 경우에도 일부 포상 추천을 제한하고 있다.

3. 징계 양정 결정

징계 양정 결정 시 말소한 징계 처분을 이유로 무거운 징계를 의결할 수 없다.

4. 전력조사 및 경력증명

재직자 또는 퇴직한 공무원에 대하여 전력조사 또는 경력증명서를 발급할 때 말소한 징계 처분기록을 기재할 수 없다.

5. 기타 사실상의 불이익 금지

말소한 징계 처분 등을 이유로 법령의 근거 없이 신분·처우상 불리한 대우를 할 수 없다.

직위해제, 징계인가?

직위해제는 법률에서 정한 징계는 아니다. 하지만 직위해제 기간이 긴 경우 징계 이상으로 불이익이 발생한다. 직위해제란 임용권자가 특별한 사전 절차를 거치지 않고 일시적으로 직위를 부여하지 않고 직무에 종사하지 못하도록 하는 조치이다. 보수, 승급 등에서 불이익이 발생하는 행정 처분에 해당하므로 소청심사, 행정소송의 대상이 된다.

직위해제 사유

국가공무원법(제73조의3), 사립학교법(제58조의2)에서는 직무수행 능력이 부족하거나 근무성적이 극히 나쁜 자, 중징계 의결이 요구 중인 자, 형사사건으로 기소한 자(약식명령 제외), 비위행위로 조사나 수사 중인 자로서 비위의 정도가 중대하고 이로 인하여 정상적인 업무수행을 기대하기 현저히 어려운 자는 직위를 부여하지 아니할 수 있다고 정하고 있다.

직위해제와 보수

직위해제 사유가 직무수행 능력 또는 근무성적 부족인 경우 보수의 80%를 지급한다. 중징계 의결 요구, 형사사건 기소, 중대 비위로 직위해제한 경우 봉급의 50%를 지급하나, 3개월이 지난 이후에는 30%만 지급한다.

직위해제 기간은 근무경력과 호봉경력으로 인정하지 않는다. 퇴직수당을 지급하는 재직기간 계산에서 직위해제 기간은 2분의 1만 인정한다. 직위해제 기간의 퇴직수당은 2분의 1이 감액되는 셈이다.

직위해제의 효력

징계 의결을 확정하거나 징계 의결을 취소하면 직위해제는 자동으로 효력을 상실한다. 구속을 사유로 한 직위해제는 무죄 판결이 확정되면 무효 처리한다.

직위해제에 대한 불복 절차

직위해제는 인사상 불이익이 따르는 행정 처분에 해당하므로 처분을 받은 날로부터 30일 이내에 직위해제 취소를 요구하는 소청심사를 청구할 수 있다. 직위해제를 무효, 취소, 변경한 경우 보수의 차액을 소급하여 지급한다. 해당 기간의 호봉과 경력도 다시 산정해서 획정한다.

직권면직 사유

의원면직과 직권면직

의원면직은 본인의 자유로운 의사에 따라 사직하는 것이다. 직권면직이란 본인의 의사와 무관하게 임용권자가 직권으로 행하는 면직 처분이다. 직권면직은 징계로 인한 면직 처분(파면·해임)과 구별되지만, 본인의 의사와 관계없이 신분이 박탈되는 점에서 유사한 점이 있다. 공무원의 권리를 제한하는 행정 처분이므로 반드시 법률에 근거하여야 한다.

사립학교 교원의 신분도 사립학교법(제56조)에서 보장하고 있다. 본인의 의사에 반하는 권고사직을 금지하고 있다. 형의 선고·징계 처분 또는 사립학교법에서 정한 사유가 아니라면 본인의 의사에 반하는 휴직, 면직 등 불리한 처분을 할 수 없다.

직권면직 사유

국가공무원법(제70조)에서 정하고 있는 직권면직의 사유는 다음과 같다.

> 1. 직제, 정원의 개폐 또는 예산의 감소 등에 따라 폐직廢職 또는 과원過員이 되었을 때
> 2. 휴직기간이 끝나거나 휴직 사유가 소멸된 후에도 직무에 복귀하지 아니하거나 직무를 감당할 수 없을 때

3. 직무수행 능력 또는 근무성적 부족으로 3개월 직위해제 후, 대기 명령을 받은 자가 능력 또는 근무성적의 향상을 기대하기 어렵다고 인정된 때
4. 병역판정검사·입영 또는 소집의 명령을 받고 정당한 사유 없이 이를 기피하거나 군 복무를 위하여 휴직 중에 있는 자가 군 복무 중 군무軍務를 이탈하였을 때

임용권자는 국가공무원법에서 정한 위 사유에 해당할 때 당사자의 의사와 관계없이 직권으로 면직 처분할 수 있다. 임용권자의 재량권 남용을 방지하기 위해 국가공무원법에서는 관할 징계위원회의 의견을 듣도록 규정하고 있다. 근무성적 또는 직무수행 능력 문제로 직권면직할 때는 징계위원회의 동의를 얻도록 규정하고 있다. 징계위원회가 동의하지 않으면 임용권자는 직권으로 면직 처분할 수 없다. 폐직廢職 또는 과원過員을 사유로 임용권자가 임의로 면직 처분할 수 없다. 반드시 심사위원회를 구성하여 심사위원회의 심의·의결을 거쳐야 한다.

사립학교법(제58조)에서 정하고 있는 직권면직의 사유는 다음과 같다.

1. 휴직기간이 끝나거나 휴직 사유가 소멸된 후에도 직무에 복귀하지 아니하거나 직무를 감당할 수 없을 때
2. 근무성적이 극히 불량한 때
3. 정부를 파괴함을 목적으로 하는 단체에 가입하고 이를 방조한 때
4. 정치운동을 하거나 집단적으로 수업을 거부하거나 또는 어느 정당을 지지 또는 반대하기 위하여 학생을 지도·선동한 때
5. 인사기록에 있어서 부정한 채점·기재를 하거나 허위의 증명이나 진술을 한 때

6. 거짓이나 그 밖의 부정한 방법으로 임용된 때

휴직 종료 또는 휴직 사유 소멸 후에도 직무에 복귀할 수 없는 상황일 때 임용권자가 임의로 직권면직할 수 있지만, 나머지 사유에 대해서는 교원징계위원회의 동의를 얻어야 한다.

불문과 불문경고

징계위원회에서 불문 또는 불문경고를 결정하는 때가 있다. 불문 또는 불문경고를 결정할 수 있는 요건과 두 결정의 차이점을 살펴보자.

징계위원회는 공무원 징계령 시행규칙 제3조의2(적극행정 등에 대한 징계 면제), 제4조(징계의 감경)에 따라 아래의 경우 불문 또는 불문경고를 결정할 수 있다.

1) 불합리한 규제의 개선 등 공공의 이익을 위한 정책을 능동적으로 업무를 처리하는 과정에서 발생한 비위

2) 국가의 이익, 국민 생활에 큰 피해가 예견되어 이를 방지하기 위하여 정책을 적극적으로 수립·집행하는 과정에서 발생한 비위

3) 감사원이나 공공감사에 관한 법률 제2조 제5호에 따른 자체 감사 기구로부터 사전에 받은 의견대로 업무를 처리한 경우

4) 감경 제외 대상이 아닌 비위 중 직무와 관련이 없는 사고로 인한 비위로서 사회통념에 비추어 공무원의 품위를 손상하지 아니한 경우

불문 또는 불문경고 결정은 고의 또는 중과실이 아닌 비위에서만 가능하다. 공무원 징계령 시행규칙에 따르면 징계위원회는 징계혐의자와 비위 관련 직무 사이에 이해관계가 없고 대상 업무를 처리하면서 중대한 절차상의 하자가 없을 때 고의 또는 중과실이 아닌 비위로 판단할

수 있다.

　징계위원회의 '불문' 결정은 사실상 징계 면제 결정이다. 징계 사유에 해당하는 비위이나 법령에 따른 징계 처분의 필요성이 없다는 결정이 므로 인사기록부에는 어떠한 징계기록도 남기지 않고, 불이익도 없다.

　'불문경고'는 '불문'에 '경고'를 추가한 처분으로 인사기록부에 기록한 다. 불문경고의 말소 기간은 1년이다. 불문경고 처분은 보수와 경력평 정에 불이익은 없지만, 말소 기간 1년 동안 승진과 표창 대상자에서 제 외되는 불이익이 발생한다. 징계 감경 사유로 사용한 표창 공적은 다시 사용할 수 없다. 행정 처분에 해당하므로 소청심사와 행정소송의 대상 이다. 불문경고 처분 취소를 요구하는 소청심사를 청구할 수 있다.

　징계위원회가 불문경고를 결정하는 유형은 크게 두 가지이다. 견책을 결정 후 공무원 징계령 시행규칙 제4조(징계의 감경)를 적용하여 '불문 (경고)'으로 감경한 경우이다. 또 하나는 징계 감경을 적용하지 않는 불 문경고 의결이다. 불문으로 의결한 후 경고할 필요가 있을 때 내리는 결정이다. '불문' 외 '경고'를 추가하는 불이익 처분으로 볼 수 있으나, 다른 한편으로는 '견책' 비위에 대한 관용적 처분으로 재량권 남용의 시비가 있을 수 있다.

　징계 처분권자(임용권자)가 징계위원회로부터 "불문으로 의결한다. 다 만, 경고할 것을 권고한다"라는 처분을 받았을 때는 징계 의결서 사본 을 첨부하여 소속기관장 명의로 서면경고 조치하고, 공무원 인사 및 성 과기록 카드 "감사결과"란에 '불문(경고)'으로 기재한다.

　불문 또는 불문경고는 징계 사유에는 해당하나 적극 행정 등 정상을 참작하여 징계를 면제 또는 감경한 처분이다. 이와 달리 징계 의결 요 구권자가 징계 의결을 요구했으나 위법성이 없거나 징계 혐의를 인정할 수 없어 징계위원회에서 징계를 내리지 않는 경우가 있다. 이런 경우는 징계위원회의 '불문' 결정과 구분하기 위해 '징계 사유에 해당하지 않음' 또는 '혐의없음' 등으로 기술하는 것이 필요하다.

서면경고, 징계인가?

학교장, 교육장, 교육감, 사학법인 이사장으로부터 '서면경고' 또는 '서면주의'를 받은 사례가 종종 있다. 서면에 의한 경고 또는 주의는 국가 공무원법, 사립학교법에서 정한 징계가 아니다. 신분에 불이익을 초래하는 법률상의 효과가 발생하지 않는다. 근무 충실에 관한 감독권자의 권고행위, 지도행위이다.

일부 시도교육청의 인사관리규정에서는 학교장 경고 3회 이상을 받은 교사에 대해 학교장이 직권으로 내신을 신청할 수 있는 조항이 있다. 본인의 의사와 관계없는 전보 발령은 출퇴근, 거주지 이전 등 현실적 불이익이 발생한다. 당사자가 수긍할 수 없는 불합리한 경고 조치는 갈등을 증폭시킬 수 있다. 소속기관장의 임의적 판단으로 시행하는 '서면경고' 또는 '서면 주의'는 민원 발생의 온상이기도 했다.

이러한 문제를 해결하고 기관별 형평성을 확보하기 위해 인사혁신처는 예규를 통해 처분의 요건을 정하고 있다.

주의 처분의 요건은 "비위의 정도가 경미하다고 판단되어 그 잘못을 반성하게 하고 앞으로는 그러한 행위를 다시 하지 않도록 해당 공무원을 지도할 필요가 있는 경우"이다.

경고 처분의 요건은 다음과 같다.

1. 징계 책임을 물을 정도에 이르지 아니한 사항이나 비위의 정도가

주의보다 중하여 해당 공무원에게 과오를 반성하도록 경고할 필요가 있는 경우

2. 시효의 완성으로 징계 사유가 소멸되어 다른 조치가 곤란할 때
3. 주의 처분을 받은 자가 1년 이내에 동일 사유 또는 다른 비위 사유로 다시 주의에 해당하는 비위를 저질렀을 경우, 이에 대하여 엄중 경고할 필요가 있는 경우

'주의' 또는 '경고' 처분의 효력은 다음과 같다. 기관의 장은 대상자에게 서식에 따른 경고 또는 주의장을 교부하고 처분 대장에 1년 동안 기록한다.

1. 경고 처분 후 1년 이내 근무성적평정, 성과상여금 등급 조정, 포상대상자 추천, 해외연수 대상자 선발 등 인사관리에 반영(불이익 부여)
2. 주의 처분 후 1년 이내 포상 대상자 추천, 해외연수 대상자 선발 등 인사관리에 반영(불이익 부여)

예규에서 경고 또는 주의를 '처분'으로 서술하는 것은 적절한 개념은 아니다. 처분이란 보수, 신분 등에 실질적인 불이익을 주는 임용권자의 행정행위로 행정심판, 행정소송의 대상이 된다. 기관장의 경고 또는 주의 조치는 징계 처분이 아니다. 지도감독권, 근무 평정권 등을 지닌 감독권자의 재량행위이다. 근평, 포상대상자 추천 관련 불이익은 처분의 수준에 이르는 신분상의 불이익은 아니다.

기관장의 경고 또는 주의 조치는 소청, 행정심판, 행정소송의 대상이 아니므로 불합리한 경고 조치에 대해서는 고충심사, 일반 민원, 갑질 신고 등을 통해 해결할 수 있다.

Q&A
묻고 답하기

Q. 징계 관련 주요 법령과 행정규칙은?

A. • 법률 : 국가공무원법, 부패방지 및 국민권익위원회의 설치와 운영에 관한 법률, 부정청탁 및 금품 등 수수의 금지에 관한 법률
• 대통령령 : 공무원 징계령, 국가공무원복무규정, 교육공무원 징계령, 공무원 행동강령
• 대통령 훈령 : 공무원 비위사건 처리규정, 비위공직자의 의원면직 처리 제한에 관한 규정
• 총리령 등 : 공무원 징계령 시행규칙
• 국무총리 훈령 : 비위면직(파면·해임)자 공직 재임용 제한에 관한 규정
• 교육부령 : 교육공무원 징계 양정 등에 관한 규칙, 사립학교 교원 징계규칙
• 인사혁신처 예규 : 국가공무원 복무·징계 관련 예규

Q. 징계 처분에 불복하는 절차는?

A. 징계 사유를 인정할 수 없거나 징계의 양정이 과다한 경우 교원소청심사위원회에 소청심사를 청구할 수 있다. 징계 처분 사유 설명서를 받은 날로부터 30일 이내에 청구해야 한다. 교원소청심사위원회는 징계위원회의 징계 처분을 감경 또는 취소할 수 있다.

교원소청심사위원회의 결정은 처분권자를 기속한다. 임용권자인 교육감, 사학법인 이사장은 소청심사위원회의 결정을 거부 또는 변경할 수 없다. 소청심사위원회에서 징계 처분을 변경 또는 취소하였을 경우 원 처분일로 소급하여 변경 또는 취소한다. 파면·해임·면직 처분을 받은 교원이 불복하여 소청심사를 청구했을 경우 교원소청심사위원회의 최종 결정이 있을 때까지 후임자를 보충 발령하지 못한다. 단, 30일 내 소청심사청구를 하지 않은 경우, 후임자를 보충 발령할 수 있다.

교원소청심사위원회가 징계 취소 또는 감경을 요구하는 소청 청구를 기각한 경우, 90일 이내 행정소송을 청구할 수 있다. 소청 심사는 행정소송을 제기하기 전 반드시 거쳐야 하는 필요적 전심 절차이다. 국가공무원법에서 소청심사위원회의 심사·결정을 거치지 않고 행정소송을 제기할 수 없도록 규정하고 있다. 사립학교의 교원은 소청심사를 거치지 않고 법인을 상대로 징계 취소를 구하는 민사소송을 청구할 수 있다.

Q. 서면경고 또는 주의를 받은 사안으로 징계를 받을 수 있나?

A. 학교장 또는 교육장으로부터 서면경고 또는 주의를 받았다. 같은 내용으로 징계 처분을 받을 수 있을까?

이미 징계를 받은 사유로는 징계할 수 없다. 일사부재리의 원칙에 위반하기 때문이다. 주의 또는 경고 조치는 신분에 영향을 미치는 국가공무원법, 사립학교법에서 정한 징계에 해당하지 않는다. 따라서 주의 또는 경고를 받은 사유로 징계 처분이 가능하다.

주의·경고 등은 국가공무원법 소정의 징계벌이 아니므로 주의를 받은 사실을 징계 사유에 다시 포함시켰더라도 위법이라 할 수 없음. [대법

원 1981.12.8. 선고 80누469 판결]

기관장이 서면에 의한 경고장을 발부하는 것은 공무원의 신분에 영향을 미치는 국가공무원법상 징계의 종류에 해당하지 아니할 뿐만 아니라 위와 같은 경고는 혐의자에 대하여 앞으로 근무에 충실하라는 내용의 권고행위 내지 지도행위에 지나지 않고 공무원으로서 신분에 불이익이 초래되는 법률상 효과가 나타나는 행정 처분이라고 할 수 없으므로 서면경고한 내용과 동일한 사유로 징계 의결을 요구하여도 일사부재리의 원칙에 저촉되지 아니함. [복무 12152-595, '97.12.1.] [대법원 1991.11.12. 선고 91누2700 판결]

Q. 징계 감경 규정은?

A. 징계위원회는 공무원 징계령 시행규칙 제4조(징계의 감경)에 따라 교육감 이상의 포상을 받은 공적이 있는 경우 1단계 징계를 감경할 수 있다. 다만, 징계 처분(불문경고 포함)을 받은 사실이 있는 경우 징계 처분 전의 공적은 감경 대상 공적에서 제외한다.

성실하고 능동적인 업무처리 과정에서 과실로 생긴 사안, 감경 제외 대상이 아닌 비위 중 직무와 관련이 없는 사고로 인한 비위라고 인정할 때는 정상을 참작하여 징계를 감경할 수 있다.

징계 사유의 시효가 5년인 비위, 성적 비위, 학생 체벌, 학교폭력 은폐, 인사 비위, 성폭력범죄, 성매매, 성희롱, 음주운전, 부작위 또는 직무 태만, 공무원 행동강령에 따른 부당한 행위, 채용비리 관련 사안은 감경할 수 없다.

Q. 중징계 의결을 요구한 사안에 대해 징계위원회가 경징계를 결정할 수 있나?

A. 징계위원회는 독립적 행정기관이다. 징계 의결 요구권자의 경징계, 중징계 요구 의견에 기속받지 않고 징계 의결을 할 수 있다.

Q. 징계 의결 요구 중이면 어떤 불이익이 있나?

A. 징계 의결 요구 중인 교원은 의원면직(사표 수리)을 제한한다. 명예퇴직 수당 지급 대상, 포상 추천에서도 제외한다.

Q. 수사기관으로부터 불기소, 기소유예, 공소제기 통보를 받았다면?

A. 국가공무원법에 따라 검찰, 경찰, 그 밖의 수사기관은 조사나 수사를 시작한 때와 마친 때, 10일내 해당 공무원의 소속기관의 장에게 그 사실을 통보해야 한다.

수사기관으로부터 공무원 범죄 사건을 통보받은 임용권자는 공무원 비위사건 처리규정에 따라 다음과 같이 처리한다.

1. 혐의 없음 또는 죄가 안 됨 결정 : 내부종결처리를 원칙으로 한다. 예외적으로 국가공무원법에서 정한 징계 사유에 해당하는 것이 명확한 경우 징계 의결 요구를 해야 한다.
2. 공소권 없음, 기소 중지, 참고인 중지 결정 : 비위의 정도, 과실의 경중, 고의성 유무에 따라 혐의 사실을 인정할 수 있는 경우에만 징계 의결을 요구한다. 고의가 없는 교통사고 등으로 '공소권 없음' 통보를 받았다면 징계 의결 요구는 신중해야 한다.
3. 기소유예 결정, 공소제기 결정 : 징계 의결 요구가 원칙이다. 다만, 직무와 관련이 없는 사고로 사회통념에 비추어 공무원의 품위를 손상한 경우가 아니라면 징계 면제(불문)를 한다.

Q. 형사사건 기소자, 직위해제는?

A. 형사사건으로 기소되면 직위해제 처분을 내리는 시기가 있었다. 검찰의 기소만을 사유로 직위해제 처분은 무죄추정의 원칙에 어긋난다. 기소 후 무죄 확정판결까지 몇 년이 걸릴 수 있다. 무죄 판결을 근거로 보수, 경력 등은 복원하지만 당사자의 정신적 손해는 상당하다.

1998년 헌법재판소는 형사사건으로 기소되기만 하면 일률적으로 직위해제 처분을 강제한 국가공무원법은 위헌이라는 결정을 내렸다. 가벼운 벌금형, 무죄 판결 가능성 등을 고려하지 않는 규정은 비례의 원칙, 직업의 자유 침해, 무죄추정의 원칙에 위반한다는 판결이다. [헌법재판소 전원재판부 1998.5.28. 96헌가12]

기소된 경우에도 필요한 경우에만 직위를 해제하도록 국가공무원법을 개정했고, 경징계 의결 요구 사안은 직위해제 사유에서 제외했다. 형사사건으로 기소되었다는 사실만으로 직위해제는 과도한 처분이다. 유·무죄를 다투는 사안, 수업과 학생 지도에 무리가 없는 사안은 직위해제의 필요성이 크지 않다. 공소 제기로 공무의 공정성을 저해할 우려가 있거나 계속적 업무 활동이 불가능한 경우, 직위를 해제하는 것이 타당하다.

Q. 의원면직의 절차와 제한 사유는?

A. 의원면직은 당사자의 자유로운 의사로 사직서를 제출하는 경우이다.

임용권자는 재직 중 교원이 의원면직을 신청하면 공무원 징계령 시행규칙에서 정한 의원면직 제한 대상에 해당하는지 조사하고 수사기관에 확인해야 한다. 조사 및 수사기관의 장은 확인 요청을 받은 날로부터 10일 이내에 확인 결과를 통보해야 한다.

중징계 의결 요구 중인 경우, 공무원 징계령 시행규칙에 따라 의원면직을 제한한다. 형사사건으로 기소 중인 경우, 비위와 관련하여 조사 또는 수사 중인 경우, 내부 감사 또는 조사가 진행 중인 경우, 비위의 정도가 중징계에 해당한다고 판단하면 의원면직을 제한할 수 있다. 경징계 사안이 명확한 경우, 의원면직을 제한하지 않는다.

징계위원회는 중징계 의결 요구를 받은 교원이 의원면직을 신청한 경우, 다른 징계사건에 우선하여 처리한다.

Q. 직권면직 사유인 '근무성적 불량'이란?

A. 해임은 징계 사유로 인해 신분을 박탈하는 처분이다. 직권면직은 해임처분과 같은 징계 사유가 발생한 것이 아니다. 직무 태만은 국가공무원법, 사립학교법에서 정한 징계 사유이지만 직무수행 능력 부족, 근무성적 불량은 법률에서 정한 징계 사유가 아니다.

국가공무원법에서는 '직무수행 능력 부족', '근무성적 불량'을 직권면직 사유로 규정하고 있다. 사립학교법에서는 '근무성적이 극히 불량한 때'를 직권면직의 사유로 정하고 있다. 직무수행 능력 평가, 근무성적 평가는 관리자의 주관적 요소가 개입될 수 있다. 인사권자의 자의적 판단을 방지하기 위해 법률에서는 징계위원회의 동의를 반드시 거치도록 규정하고 있다.

대법원은 "직무수행 능력의 현저한 부족으로 근무성적이 극히 불량한 때는 정신적, 육체적으로 직무를 적절하게 처리할 수 있는 능력의 현저한 부족으로 근무성적이 극히 불량한 때를 의미하고, 징계 사유에 해당하는 명령 위반, 직무상의 의무 위반, 직무 태만 행위 등은 이에 해당하지 않는다"라고 판시했다. [대법원 1985.2.26. 선고 83누218 판결]

교사가 건강상의 문제가 아니라면 '직무수행 능력', '근무성적 부족'

을 사유로 직권면직 처분을 받는 사례는 찾기 힘들다. 부당한 직권면직 처분에 대해서는 소청 청구, 행정소송, 민사소송(사립)을 제기할 수 있다.

Q. 과원으로 면직이 가능한가?

A. 국가공무원법(제70조)에 따라 임용권자는 "직제, 정원의 개폐 또는 예산의 감소 등에 따라 폐직廢職 또는 과원過員이 되었을 때" 직권면직 처분할 수 있다.

공립학교에서는 과원의 문제는 발생하기 힘들다. 교육부는 2013년 초중등교육법 시행령을 개정하면서 기존 초·중·고등학교의 교원 배치기준을 삭제했다. 사실상 교원의 법정 정원을 폐지한 것이다. 수십 년 동안 시행령에서 정한 법정 정원을 확보하지 못했던 교육부의 절묘한 묘수이다.

법정 정원을 폐지하면서 학급에는 학급 담당 교원을 두되 필요한 경우 1명을 추가할 수 있도록 했다. 학교폭력 등을 대비 복수 담임제를 가능하게 한 것이다. 그 외 학급 담당 교원의 증원에 필요한 구체적 사항은 교육부장관이 정하는 기준에 따라 관할청이 정하도록 했다. 법정 정원, 법령에서 정하는 교원의 정원을 폐지하고, 교원의 배치기준을 장관이 정하도록 변경한 것이다. 법령이 아닌 장관이 임의로 정한 기준에 따라 과원이라며 면직 처분하는 것은 사실상 불가능해졌다. 교원의 신분을 박탈하는 행정 처분은 반드시 법률에 근거해야 하기 때문이다.

사립의 경우 종종 과원에 대한 민원이 발생한다. 실상을 살펴보면 대부분 과원으로 볼 수 없는 사례이다. 영어 교사 6명인 사립학교에서 교육과정 개편, 학생 수 감소 등으로 5명의 영어 교사로 충분하다며 과원

1명이 발생했다는 주장이다. 과연 과원일까?

법원은 특정 과목의 교사가 많다고 해서 과원으로 볼 수 없다고 판단했다. [면직 처분무효확인 등 1996.9.20. 선고 96다396 판결] 과목별 정원 기준이 따로 없으므로 당연한 판단이다. 여러 학교를 두고 있는 사학법인에서 다른 학교와 합산하지 않고 특정 학교의 교사 수가 많다고 해서 과원으로 볼 수도 없다. 학생 수, 학급 수, 교육과정 개편 등으로 특정 교과에 필요한 교사 수는 수시로 바뀔 수 있다. 교육부, 시도교육청이 정한 기준을 초과했더라도 그것만으로 면직할 수 없다. 사학법인은 부전공 연수, 공립학교 전출 등 가능한 모든 방법을 구해야 한다. 학교 경영이 심각한 특별한 상황이 아니라면 면직 처분은 재량권 남용으로 위법 판결을 받을 수 있다.

교육부의 법정 정원 폐지로 법령에 따른 과원 기준도 사라졌다. 과원을 이유로 면직할 수 있는 법적 정당성도 사라진 것이다. 역설적 상황이다.

Q. 공·사립학교 교원 징계 양정, 차이가 있나?

A. 사립학교 교원의 징계 사유는 국·공립 교원과 별다른 차이가 없다. 교육 관계 법령 위반, 직무상 의무 위반 및 태만, 품위 손상이 징계 사유이다. 그러나 사립학교 교원의 징계는 사학법인에 따라 많은 차이가 있었다. 교육공무원 징계령(대통령령), 교육공무원 징계 양정 등에 관한 규칙(교육부령)을 적용하는 국·공립 교원과 달리 학교 정관이나 학칙에 따라 시행했기 때문이다. 사립학교법을 개정하여 2019년 10월부터 사립학교 교원의 징계 처분을 대통령령에서 정하도록 했다. 사립학교 교원의 징계도 공립 교원과 동일한 징계 기준이 적용되도록 한 것이다.

Q. 사학법인이 소속 교직원에 대한 교육감의 징계 의결 요구를 거부할 수 있나?

A. 사립학교에 대한 지도·감독 권한을 가진 교육감이 사립 교직원에 대한 징계를 요구해도 사학법인이 이에 응하지 않는 사례가 많았다. 이를 방지하기 위해 2018년 12월 사립학교법을 개정했다.

관할청은 사립학교의 교원이 사립학교법에 규정된 면직 사유 및 징계 사유에 해당할 때 임용권자에게 해임 또는 징계를 요구할 수 있다. 임용권자는 특별한 사유가 없으면 교육청의 요구에 따라야 하고, 해당 교원에 대한 징계처분 전 '징계 결과'를 반드시 관할청에 통보하여야 한다. 관할청은 징계의결의 내용이 징계 사유에 비추어 가볍다고 판단하면 임용권자에게 해당 교원에 대한 징계 재심의를 징계심의위원회에 요구하도록 할 수 있다. 징계심의위원회는 시도교육청에 설치한다.

교원에 대한 징계 요구, 징계 재심의 요구를 따르지 않는다면 관할청은 임용권자에게 300만 원~1천만 원의 과태료를 부과할 수 있다. 사립학교에 대한 교육감의 감독 권한을 강화한 것이다.

관할청은 사립학교 교원이 면직 또는 징계 사유에 해당하면 임용권자에게 해임 또는 징계를 요구할 수 있다. 해임 또는 징계를 요구받은 임용권자는 특별한 사유가 없으면 따라야 한다. 임용권자는 징계위원회의 결정을 처분하기 전에 징계위원회의 의결 내용을 관할청에 통보해야 한다. 관할청은 통보받은 징계 의결 내용이 징계 사유에 비추어 가볍다고 판단하면 임용권자에게 교원징계위원회에 재심의를 요구하도록 할 수 있다. 임용권자는 관할청으로부터 재심의를 요구받으면 지체없이 교원징계위원회에 재심의를 요구해야 하고, 그 결과를 관할청에 통보해야 한다.

Q. 징계사건 관련자가 징계위원으로 참석한 경우는?

A. 징계 사유와 관계가 있는 징계위원은 제척 대상이다. 징계혐의자의 제척 신청이 없어도 징계위원으로 참여할 수 없다. 징계 사유와 관계있는 징계위원이 징계 의결에 참여했다면 명백하고 중대한 하자이므로 징계 처분은 위법하다. 징계 취소를 구하는 소청심사를 청구할 수 있다.

Q. 징계와 재징계의 시효?

A. 징계 의결 요구는 징계 사유가 발생한 날부터 3년(금품 비리 5년, 성폭력·성범죄·성매매 10년)이 지나면 하지 못한다.

감사원, 검찰, 경찰 그 밖의 수사기관은 교원에 대한 조사나 수사를 시작한 때와 이를 마친 때 10일 내 소속기관의 장에게 그 사실을 통보해야 한다. 감사원에서 조사 개시 통보를 받은 이후에는 징계 절차를 진행하지 못한다. 감사 결과를 통보받은 후 징계 절차를 진행한다. 검찰·경찰, 그 밖의 수사기관으로부터 수사 개시 통보를 받으면 징계 절차를 진행하지 않을 수 있다. 수사 결과를 통보받은 후 징계 절차를 진행할 수 있다.

감사원의 조사, 수사기관의 조사 또는 수사로 징계 절차를 진행하지 못하여 징계 시효 3년이 지났다면 징계를 할 수 없을까?

이런 경우 징계 시효는 조사나 수사의 종료 통보를 받은 날부터 1개월이 지난 날에 종료한다. 조사 또는 수사 종료 통보를 받은 날부터 1개월 이내 징계 의결을 요구할 수 있다.

소청심사위원회 또는 법원에서 1) 법령의 적용, 증거 및 사실 조사의 명백한 흠, 2) 징계위원회의 구성 또는 절차상의 흠, 3) 징계 양정 및 징계 부가금의 과다로 징계 처분을 무효 또는 취소한 경우, 처분권자는 다시 징계 의결(징계 부가금 포함)을 요구해야 한다.

소청 또는 소송으로 징계 시효 3년이 지났다면 징계를 할 수 없을까? 소청심사위원의 결정 또는 법원의 판결이 확정된 날부터 3개월 이내 다시 징계 의결을 요구할 수 있다. [국가공무원법 제83조, 제83의2, 사립학교법 제66조의2, 제66조의3, 제66조의4]

Q. 표창이 있는 경우, 반드시 감경되는가?

A. 교육공무원 징계 양정 등에 관한 규칙에 따라 표창이 있는 경우 감경할 수 있다. 표창 공적을 사유로 징계를 감경할 것인지는 징계위원회의 재량 사항이다. 표창 감경 규정은 강행규정이 아닌 임의적 규정이라는 대법원의 판례이다. [대법원 1996.6.25. 선고 96누570 판결]

Q. 이중징계, 재징계 어떤 차이가 있나?

A. 징계는 처분권자의 징계 의결 요구, 징계위원회의 결정, 처분권자의 처분으로 완결한다. 새로운 중대한 사실이 징계 처분 후 드러난 경우에도 같은 사유에 대한 징계 처분이 확정된 후에는 다시 징계할 수 없다. 일사부재의의 원칙에 어긋나는 이중징계에 해당하기 때문이다. 이중징계 여부는 징계 혐의 사실의 동일성으로 판단한다.

절차상 하자, 징계 양정의 과다 등으로 노동위원회의 구제명령, 법원의 무효 판결이 있다면 처분권자는 재징계할 수 있다. 이러한 재징계는 이중징계에 해당하지 않는다. 재징계에서 새로운 징계 사유를 추가하는 것도 가능하다.

징계위원회는 스스로 결정한 내용을 변경할 수 없지만 징계 의결 요구 및 처분권자는 징계 절차의 하자, 징계 사유 또는 징계 양정의 부당 등에 잘못이 있음을 스스로 인정한 경우 노동위원회의 구제명령, 법원의 무효확인판결을 기다릴 것 없이 스스로 징계 처분을 취소할 수 있다. [대법원 1981.5.26. 선고 80다2945 판결, 대법원 1992.8.14. 선고 91다43558 판결 등]

Q. 조퇴 결재 전 퇴근, 근무지 이탈인가?

A. 승인권자의 허가나 정당한 사유 없이 직장을 이탈하지 못한다. 조퇴, 외출, 반일 연가 등 학교장의 승인 전 퇴근은 근무지 이탈에 해당한다. 근무지 이탈은 징계 사유이다. 하지만 모든 경우에 징계가 따르는 것은 아니다. 시간적 여유를 가지고 조퇴를 신청했는데 결재가 완료되지 않아 구두로 퇴근 사실을 알렸다면 징계 사유는 될 수 없다. 때로는 형식적 승인 여부가 중요한 관건이 될 때도 있다. 조퇴 이후 불의의 사고 등에 대비하여 복무 승인을 확인하고 퇴근하는 것이 필요하다.

5

소청과 고충

[사례 1] 출산휴가 종료 후 2개월의 육아휴직을 신청했다. 교육청은 학기 단위로만 가능하다고 불허했다.

[사례 2] 정보컴퓨터 교사가 대학원에서 상담심리를 공부하기 위해 연수휴직을 신청했다. 교육청은 지도 교과 또는 전공 교과 학위 취득에만 연수휴직이 가능하다고 불허했다.

[사례 3] 담임 및 업무 배정에서 본인 희망, 인사자문위원회 심의, 교내 규칙 등을 무시하고 학교장이 일방적으로 배정했다. 시정을 요구했으나 학교장 권한이라며 묵묵부답이다.

[사례 4] 학교 예산이 부족하다며 이전비, 출장비를 감액하여 지급하고 있다. 학교장에게 시정을 요구했으나 묵묵부답이다.

[사례 5] 학교폭력 업무를 규정대로 처리했지만, 학부모의 민원을 받은 학교장으로부터 서면경고장을 받았다.

위와 같은 상황에 직면하면 어떻게 문제를 해결할 것인가?
문제를 해결할 수 있는 법규, 법적 절차는 무엇일까?

소청과 고충

　고등학교 정보컴퓨터 교사가 대학원에서 상담심리를 공부하기 위해 연수휴직을 신청했다. 담임으로서 상담 분야에 대한 전문 역량의 필요성을 절감했기 때문이다. 선생님의 소망은 시작부터 가로막혔다. 정보컴퓨터 교사의 전문 상담 분야 연수휴직은 불가능하다는 통보를 받았다. 교육청에 문의한 결과라는 교감의 통보였다.

　해당 교사는 시도교육청에 문의했다. 시도교육청의 교육규칙에 따라 "지도 교과 또는 전공 교과 관련 석사 또는 박사 학위 취득 목적"에 한해서만 연수휴직이 가능하다는 답변을 들었다.

　해당 교사는 이 규칙을 이해할 수 없었다. 교사의 전문성 향상은 아무리 강조해도 지나침이 없다. 더구나 상담 분야 전문성은 모든 교사에게 요구되는 영역이다. 정보컴퓨터를 전공했기에 전공 분야가 아닌 상담 분야의 대학원 수학이 필요했고, 국비 지원 없이 본인 부담으로 대학원 수강을 준비했다. 연수휴직기간은 보수도 지급되지 않는다. 연수휴직 결정은 쉽지 않은 결단이다.

　교육청으로부터 칭찬, 격려, 행정적 지원과는 너무 동떨어진 대우를 받았다. 전공 분야가 아니라면 관심 두지 말라는 것과 다를 바 없다. '쓸모없는 일에 관심'을 둔 교사가 된 꼴이다. 대한민국 학교, 교육, 교사, 교육청 현실을 보여 준 대목이다.

　지방교육자치에 관한 법률(제25조)에 따라 교육감은 법령 또는 조례의 범위 안에서 그 권한에 속하는 사무에 관하여 교육규칙을 제정할 수 있다. 교원지위법(제14조)은 "교원은 교육자로서 갖추어야 할 품성과 자질을 향상시키기 위하여 노력하여야 한다"라고 규정하고 있다. '전문성 향상을 위한 노력'은 대한민국 교사의 법적 의무이다. 이것이 전부이다.

개인의 의무로만 규정된 '전문성 향상', 무엇을 기대할 수 있겠는가?

교원의 전문성 향상은 개인의 노력만으로는 한계가 분명하다. 법률적, 제도적 시스템이 필요하다. 법적 의무만이 아닌 권리여야 한다. 전문성 향상을 위한 노력이 개인의 법적 의무라면 전문성 향상을 위한 지원은 설립자, 지방자치단체, 국가의 법적 의무이다.

전문성 향상을 위한 연수휴직 신청이 교육청의 교육규칙으로 가로막혔다. 교육청에 민원을 제기했지만 해결되지 못했다. 어떻게 해결할 것인가? 안타깝게도 해당 교사는 포기하고 말았다. 문제를 해결할 수 있는 법적 절차와 규정을 몰랐기 때문이다.

근무 중 크고 작은 불합리한 일을 경험할 때가 있다. 대화와 소통으로 원만하게 해결되지 않을 때 어떻게 할 것인가? 소청심사와 고충심사가 있다.

두 심사는 법적 근거와 대상이 다르다. 불합리한 결정을 내린 주체가 누구인지, 불합리한 내용이 무엇인지에 따라 달라진다.

휴직 승인권은 임용권자에게 있다. 공립의 교육감, 사립의 법인 이사장이다. 임용권자가 내린 임용행위는 신분상의 불이익을 초래할 수 있는 행정 처분에 해당하므로 소청심사 대상이 된다. 학교장은 임용권자가 아니다. 학교장의 불합리한 업무 배정, 경고 조치, 휴가 불승인 등은 신분상의 불이익을 초래하는 행정 처분에 해당하지 않으므로 고충심사 대상이 된다.

소청이란 행정청 또는 사학법인으로부터 받은 교원의 신분상 중대한 불이익 처분을 대상으로 한다. 고충은 신분보다 근무조건, 처우, 인사상 직면하는 일상의 모든 신상 문제를 대상으로 한다.

소청은 신분상의 불이익 처분에 대한 사후 구제를 위한 쟁송 절차로서 준사법적 기능을 수행한다. 고충은 모든 신상 문제 등에 대한 행정상의 조치를 구하는 심사기능을 수행한다.

소청심사

대한민국은 민주공화국이다. 주권은 국민에게 있고 모든 권력은 국민에게서 나온다. 공무원은 국민 전체에 대한 봉사자이며 국민에 대하여 책임을 진다. 대한민국 헌법 제1조의 내용이다.

채용에서 면직까지 공무원에 대한 임용권을 지닌 국가는 공무원의 신분과 복무에 막강한 권한을 갖는다. 따라서 국민 전체를 위해 복무하는 공무원의 신분 보장은 민주공화국의 필수 요소이다.

공무원은 사용자의 위치에 있는 국가 또는 임용권자로부터 자신의 '의사에 반하는 불리한 처분'을 받을 수 있다. 공무원의 '의사에 반하는 불리한 처분'을 구제하기 위한 제도가 소청심사제도이다. 국가공무원법(제9조)에 근거한다.

교원은 교원의 지위 향상 및 교육활동 보호를 위한 특별법(제9조)에 따라 징계 처분과 의사에 반하는 불리한 처분에 대하여 교육부에 설치된 교원소청심사위원회에 소청심사를 청구할 수 있다. 국·공·사립 구분 없이 유치원에서 대학까지의 교원은 교원지원법에 따라 소청심사를 청구할 수 있다. 사립 교원은 소청심사와 행정소송이 아닌 사학법인을 상대로 민사소송을 청구할 수 있다.

공무원이 임용권자로부터 불합리한 처분을 받았다면 취소를 요구하는 행정소송을 청구할 수 있지만, 소송을 진행하는 일은 쉬운 일이 아니다. 오랜 시간이 걸리고 경제적 부담도 만만치 않다. 그래서 만들어진 제도가 소청심사제도이다. 소청심사는 행정소송을 제기하기 전에 반드시 필수적으로 거쳐야 하는 과정이다. 행정부가 내린 잘못된 행정처분을 사법부로 가기 전 행정부 스스로 바로잡을 수 있도록 하는 장치이다.

소청심사는 공무원에게 내려진 불합리한 처분을 심사·결정하는 점에서 특별행정심판제도의 성격을 갖는다. 공무원에게 가해진 위법 또는 부당한 인사상의 처분을 구제하는 측면에서 사법 보완적 기능을 갖는다. 행정의 자기통제 효과로 직업공무원제도 확립에 기여한다.

소청심사 대상

소청심사의 대상은 행정청의 '처분'이다. 행정심판법에 따르면 처분이란 "행정청이 행하는 구체적 사실에 관한 법 집행으로서의 공권력의 행사 또는 그 거부, 그 밖에 이에 준하는 행정작용"이다. 쉽게 풀어 보면 처분이란 국민의 권리를 제한하거나 의무를 부과하는 행정청의 행정행위이다.

소청심사의 대상을 자세히 살펴보자.

첫째, 임용권자의 모든 임용행위는 소청심사 대상이다.

임용하면 신규채용을 떠올린다. 하지만 신규채용만이 임용이 아니다. 교육공무원법에서 정의하고 있는 임용이란 "신규채용, 승진, 승급, 전직, 전보, 겸임, 파견, 휴직, 직위해제, 정직, 복직, 면직, 해임, 파면"을 말한다. 공무원 신분의 발생, 신분의 변경, 신분의 소멸에 해당하는 모든 행정행위가 임용이다.

둘째, 징계 처분도 소청심사 대상이다.

징계 처분에는 파면, 해임, 강등, 정직, 감봉, 견책이 있다. 파면과 해임은 교원 신분을 소멸하는 처분이므로 임용행위이다. 그 외 강등, 정직, 감봉, 견책 처분도 소청 대상이 된다. 징계위원회가 의결한 불문경고 처분도 소청 대상이다. 징계 부가금도 소청심사 대상이므로 취소 또는 감액을 요구하는 소청심사를 청구할 수 있다.

셋째, 면직(직권면직, 의원면직) 처분도 소청심사 대상이다.

직권면직은 과원, 휴직기간 만료 후 직무 미복귀, 병역기피 등의 사유가 있을 때 본인의 의사와 관계없이 임용권자가 교원의 신분을 박탈하는 처분이다. 징계위원회의 의견 또는 동의 절차가 필요하고 과원의 경우는 면직 대상자 선정을 위한 심사위원회를 구성하여 심의·의결을 거쳐야 한다. 직권면직 처분이 절차상 하자가 있거나 임용권자의 재량권을 남용한 경우 면직 처분의 취소를 구하는 소청심사를 청구할 수 있다.

의원면직은 당사자의 자유로운 사직 의사에 근거해야 한다. 사직 의사가 본인의 진의가 아니거나 강압, 기만 등에 의해 이루어진 사실이 입증되면 의원면직 처분은 위법한 것이므로 취소를 구하는 소청심사를 청구할 수 있다.

사직서를 제출한 후 철회를 요청하였는데 철회 의사를 무시하고 면직 처분을 강행했다면 소청심사를 청구할 수 있다. 단, 자유로운 사직 의사에 근거하여 면직 발령이 난 후 사직 철회는 수용되기 어렵다.

넷째, 부작위 처분도 소청심사 대상이다.

'부작위不作爲'란 "행정청이 당사자의 신청에 대해 일정한 처분(인용 또는 거부 처분)을 해야 할 법률상의 의무가 있는데도 상당한 기간 처분을 하지 아니하는 것"을 말한다.

부작위 처분의 첫 번째 조건은 먼저 당사자의 신청이 있어야 하고, 신청 후 상당한 기간이 지나야 한다. 상당한 기간이란 "사회통념상 해당 신청을 처리하는데 소요할 것으로 판단하는 기간"이다.

두 번째 조건은 신청을 처리할 법률상의 의무가 행정청에 있어야 한다. 법률상의 의무는 기속행위와 재량행위로 구분한다. 기속행위는 처분 요건이 충족하면 법령에서 규정하는 특정처분을 이행할 의무가 행정청에 존재한다. 재량행위는 재량권이 있으므로 행정청이 특정처분을 이행할 의무가 반드시 존재하는 것은 아니다.

교사가 호봉정정 신청을 했는데 임용권자가 이를 불허한다면 불허처분을 취소해 달라는 소청을 청구할 수 있다. 신청을 처리하지 않고 상당한 기간 미루고 있다면 이행 명령을 청구하는 소청심사를 청구할 수 있다.

그 밖에 그 의사에 반하는 불리한 처분

징계 처분에는 해당하지 않지만, 직위해제 처분도 승진, 호봉, 보수, 퇴직수당 등에 불이익이 따르므로 소청심사 대상이다. 그 밖에 수업금지처분 등 법으로 보호해야 하는 구체적 신분상의 불이익이 발생할 때 소청심사를 청구할 수 있다.

소청심사 청구서 작성

소청심사 청구서 작성 요령, 절차 등은 교원소청심사위원회 누리집 (www.ace.go.kr)에 자세히 안내되어 있다. 소청심사는 인편, 우편, 온라인의 방법으로 제출할 수 있다.

1. 사건명
• 처분권자에게 받은 처분 뒤에 소청심사위원회로부터 받고자 하는 결정의 종류(취소, 감경, 무효확인 등)를 붙여 작성
  [예] 해임처분 취소 청구, 휴직처분 취소 청구, 휴직불허 처분 취소 청구, 호봉정정불허 처분 취소 청구, 전보발령 취소 청구 등

2. 청구인
• 청구인의 성명, 소속, 주소, 연락처, 이메일 등을 양식에 따라 기록
• 대리인은 변호인을 선임한 경우에 기재

3. 피청구인
• 처분을 내린 자의 직위, 법인명 등을 기재
  [예] 서울특별시교육감, 인천광역시 ○○교육지원청교육장, ○○학원 이사장 등

4. 처분이 있는 것을 안 날

• 처분서를 받은 날짜 또는 처분이 있음을 알게 된 날짜를 기재
　[예] ○○년 ○○월 ○○일, ○○처분에 대한 사유 설명서를 송달받음

5. 소청심사 청구의 취지

• 소청심사위원회로부터 받기를 원하는 결정의 종류를 기재
　[예] 피청구인이 ○○년 ○○월 ○○일 청구인에게 한 해임처분의 취
　　소를 구합니다.
　　피청구인이 ○○년 ○○월 ○○일 청구인에게 한 육아휴직 불허
　　처분의 취소를 구합니다.

6. 소청심사 청구 이유

• 처분이 취소되어야 하는 이유를 처분 사유를 중심으로 항목별로
　기술
• 절차상의 문제는 별도의 항목으로 기술

입증자료

• 관계있는 제반 증거를 증거번호를 붙여 순서대로 첨부, 분량이 많을
　때는 별첨
• 처분에 대한 사유 설명서 또는 인사 발령 통지서를 받았을 때는
　사본(2부)을 첨부
• 변호사를 대리인으로 선임하였을 경우 위임장을 첨부
* 청구인이 제출하는 모든 자료(부본)는 사실확인 등을 위하여 피청
　구인에게 송달된다. 개인정보(주민등록번호 등)가 포함된 자료는 블
　라인드 처리하여 개인정보 유출에 유의한다.

소청심사 청구서

1. 사건명 : ○○처분 취소 청구
2. 청구인 :

성명		생년월일	
소속 학교명		(전)직위	
주소	주민등록 등(초)본 주소		
	우편물수령 희망 주소	(우편번호)	
연락처	전화번호 (휴대폰번호)		
	전자우편 (이메일)		
	대리인		

*주민등록등(초)본 주소는 당사자 확인을 위해 작성하는 사항입니다.
*대리인 선임 시 소송 위임장을 별지로 첨부해 주시기 바랍니다.

3. 피청구인 :

4. 처분이 있은 것을 안 날 :

5. 청구취지 :
*(예) 피청구인이 ○○○○년 ○○월 ○○일 청구인에게 한 ○○처분의 취소(또는 감경)를 구합니다.

6. 청구이유 :
*구체적인 청구이유는 별지로 작성하여 제출하셔도 됩니다.

위와 같이 청구합니다.

20   년   월   일

위 청구인   (서명)

교원소청심사위원회 귀중

소청심사 절차

1. 소청심사 청구
- 소청심사청구서를 작성하여 교원소청심사위원회에 제출한다.
- 우편으로 송부하거나 교원소청심사위원회 누리집에서 직접 작성하고 제출할 수 있다.
- 변호인을 대리인으로 지정할 수 있다.
- 처분이 있은 것을 안 날부터 30일 이내 청구해야 한다.

2. 소청심사청구서 접수 및 사건 배정(즉시)
- 청구서가 접수되면 심사위원회는 담당 조사관을 지정한다.

3. 청구서 접수통지 및 답변서 제출 요구
- 청구서에 흠이 있다면 소청심사위원회는 청구서를 접수한 날부터 7일 이내에 보정을 요구한다.
- 보정기간 내에 보정하지 않을 때에는 소청심사청구를 취하한 것으로 본다.
- 소청심사위원회는 피청구인에게 청구서 부본(복사본)을 보내고, 기한을 정하여 답변서 제출을 요구한다.

4. 답변서 접수 및 청구인에게 송달

• 피청구인의 답변서가 도착하면 심사위원회는 부본을 청구인에게 송달한다.

5. 증거 제출 및 사실 조사 등(횟수와 내용에 따라 유동적임)

• 피청구인의 답변서를 참고하여 청구인은 추가 증거, 증인, 자료 제출 등을 신청할 수 있다.

• 심사위원회는 증인 소환 또는 자료 제출 명령 신청에 대한 채택 여부를 결정한다.

• 소청심사위원회는 필요한 경우 사실 조사, 검정·감정 의뢰 등을 진행한다.

6. 심사기일 지정 및 통보(심사 1주일 전 통보)

• 위원회는 심사기일을 지정하고 1주일 이전 청구인과 피청구인에게 통보한다.

• 정당한 사유가 있는 경우 심사기일 연기를 신청할 수 있다.

7. 심사 및 결정(60일 이내, 30일 연장 가능)

• 심사위원회는 청구인 또는 대리인에게 진술 기회를 부여해야 한다. 서면 진술도 가능하다.

• 피청구인은 교육감을 대리하여 담당 장학사, 사학법인은 법인 사무국에서 주로 참석한다.

• 청구인은 소청심사 위원들의 질문에 답변한 후, 최후 진술을 할 수 있다.

• 심사위원회는 청구 기간 경과로 각하 결정을 하거나 처분의 절차상 하자가 명백하여 처분 취소를 결정하는 때는 청구인 출석 없

이 결정할 수 있다.

- 심사위원회는 소청심사 청구를 접수한 날부터 60일 이내에 결정해야 한다. 불가피한 경우 30일을 연장할 수 있다.

8. 결정서 송부
- 심사위원회는 결정서를 작성한 후 지체없이 당사자에게 송부한다.

소청심사위원회 결정의 종류

소청 사건의 결정은 심사위원회 재적위원 3분의 2 이상의 출석과 출석위원 과반수의 합의로 결정한다. 의견이 나뉘어 과반수의 합의에 이르지 못할 때 출석위원 과반수에 이를 때까지 청구인에게 가장 불리한 의견에 차례로 유리한 의견을 더하여 그 중 가장 유리한 의견을 합의한 의견으로 본다.

결정의 종류는 다음과 같다.

1. 각하:소청심사 청구가 적법하지 않을 때 청구를 '각하'한다.
2. 기각:소청심사 청구가 이유 없다고 인정하는 때 청구를 '기각'한다. 임용권자의 원처분이 유지되는 결정이다.
3. 취소 또는 변경:처분의 취소 또는 변경을 구하는 소청심사 청구가 이유 있다고 인정할 때 위원회는 처분을 '취소' 또는 '변경'하거나 처분권자에게 처분의 취소 또는 변경을 명한다.
4. 효력 유무 또는 존재 여부 확인:처분의 효력 유무 또는 존재 여부에 대한 확인을 구하는 소청심사 청구가 이유있다고 인정할 때 처분의 효력 유무 또는 존재 여부를 확인하는 결정을 한다.
5. 의무이행 명령:위법 또는 부당한 거부 처분이나 부작위에 대하여 의무이행을 구하는 심사청구가 이유 있다고 인정할 때 위원회는 청구에 따른 처분을 하거나 처분할 것을 명한다.

고충심사

학교생활에서 유형, 무형의 다양한 불이익을 경험한다. 억울한 일을 당했을 때 일반 민원을 제기하면 교육청 담당 부서의 형식적 답변으로 끝나는 일이 흔하다.

소청심사는 행정청의 위법·부당한 인사상의 불이익 처분을 구제하는 준사법적 제도이다. 위법 부당한 처분이라 판단하면 소청심사위원회는 행정청의 처분을 취소, 변경할 권한이 있다. 신분상의 불이익 처분에는 이르지 않지만, 근무조건, 인사관리, 기타 신상 문제에 대한 다양한 고충 사안이 발생할 수 있다. 이러한 공무원의 애로사항을 해결하기 위한 법적 제도가 고충심사 제도이다. 1981년 국가공무원법 개정으로 신설했다. 소청심사 제도와 병행 운영함으로써 공무원의 권익 향상, 사기 진작, 직무 능률 향상이 주요 목적이다.

임용권자 또는 임용제청권자 단위로 보통고충심사위원회를 설치하고 인사혁신처에 중앙고충심사위원회를 설치한다. 교육공무원의 경우 시도교육청에 보통고충심사위원회를 설치하고 중앙고충심사위원회의 기능은 교원소청심사위원회에서 담당한다.

고충심사위원회는 고충심사를 제기하는 교사와 피청구인(주로 학교장, 교육장, 교육감 또는 관계 기관의 장)의 중간 위치에서 고충 사안이 원만히 해결되도록 주선, 권고, 조정하는 임무를 담당한다. 고충심사위원회는 고충 청구가 합당하면 처분청 또는 관계 기관의 장에게 '시정'을 요청한다. 국가공무원법에서는 고충심사위원회로부터 시정을 요청받은 처분청이나 관계 기관의 장은 특별한 사유가 없으면 이를 이행해야 하고, 그 처리 결과를 상급 기관에 통보해야 한다. 부득이한 사유로 이행하지 못한다면 그 사유를 알려야 한다.

고충심사위원회의 결정은 해당 기관에서 반드시 이행해야 하는 법적 강제력, 기속력을 갖는 것은 아니다. 그러나 합당한 이유 없이 이행하지 않는다면 감독기관으로부터 지도 감독, 행정적 불이익을 받을 수 있다. 사실상 고충심사위원회의 결정을 미이행할 수 없다.

소청은 공무원이 받은 신분상의 중대한 불이익 처분이 주요 대상이다. 고충은 근무조건·처우·인사상 직면하게 되는 일상의 모든 신상 문제를 대상으로 한다. 사립 교원의 경우 공무원이 아니지만, 소청심사를 청구할 권리를 교원지위법에서 보장하고 있다. 하지만 고충심사를 청구할 권리는 보장하고 있지 않다. 공립 교원과 동일한 직무를 수행하는 사립 교원에 대한 부당한 차별이다. 학교장 또는 사학법인으로부터 다양한 고충 사안에 직면하고 있는 사립교사의 근무환경을 고려할 때 관련 법률의 개정이 필요하다.

참고 판례

고충심사제도는 공무원으로서의 권익을 보장하고 적정한 근무환경을 조성하여 주기 위하여 근무조건 또는 인사관리 기타 신상 문제에 대하여 법률적인 쟁송의 절차에 의하여서가 아니라 사실상의 절차에 의하여 그 시정과 개선책을 청구하여 줄 것을 임용권자에게 청구할 수 있도록 한 제도이다.

[대법원 1987.12.8. 선고 87누658 판결]

고충심사, 어떻게 달라졌나?

고충심사위원회는 공무원의 권익 향상, 사기 진작, 직무 능률 향상이라는 목적에도 불구하고 본연의 역할을 하지 못했다. 2012년 1월 1일부터 2016년 9월 30일, 4년 9개월 동안 전국 17개 시도교육청 교육공무원 보통고충심사위원회의 회의 개최 건수는 총 66건(심사 건수 76건)에 불과하다. 1년 개최 건수가 평균 1회 미만이다. 4년 9개월 동안 4개 시도교육청의 고충심사위원회는 단 한 번도 열리지 않았다. 사실상 이름만 있는 기구였다.

원인이 무엇일까? 고충 청구 제도를 모르고 있는 것이 근본 원인이다. "권리 위에 잠자는 자는 보호받지 못한다." 법치국가의 기본 격언이다. 고충을 당한 교원이 고충을 제기하지 않는데 고충심사위원회가 열릴 수 없다.

제도를 몰라 청구하지 못한 교사들만 탓할 수 있을까? 시도교육청의 고충처리제도에 관한 홍보 부족을 지적하지 않을 수 없다. 임용권자인 교육감이 소속 공무원들의 고충 문제를 해결할 의지가 있었다면 제도를 적극적으로 안내하고 홍보했어야 했다.

제도를 인지하고 고충 청구를 제기했더라도 실효성 있는 결과를 기대하기 어려워 보인다. 기존 고충심사위원회는 일반적인 민원 제기 이상의 결과를 얻기 어려운 구조이다. 고충심사 청구인보다 상위 계급의 공무원 중에서 교육감이 임명한 위원으로 구성했고, 청구인의 충분한 진술권을 보장하지 않았다. 2018년 5월 인사혁신처는 고충심사제도의 한계를 해결하고 본연의 기능을 할 수 있도록 공무원고충처리규정을 다음과 같이 개정했다.

청구인의 진술권 보장 명문화

기존에는 고충심사위원회가 필요하다고 인정하는 경우에만 청구인을 출석하도록 했다. 개정안에서는 청구인에게 출석하여 진술할 권리를 부여했다. 청구인이 출석하여 진술하겠다는 의사를 밝히면 심사위원회는 기회를 부여해야 한다. 매우 의미 있는 변화이다. 청구인 출석 없는 심사는 형식적 심사에 그칠 수 있다. 청구인이 출석함으로써 피청구인 또한 출석하여 변명할 수밖에 없는 상황에 직면할 수 있다. 문제의 원인, 잘잘못, 해결 방법에 접근할 수 있다.

고충심사 결정 및 사후관리 절차 보완

고충심사를 보다 원활하게 운영하기 위해 고충심사 결정의 종류를 시정 요청, 제도 또는 정책의 개선 권고 등으로 세분화했다. 시정을 요청받은 기관장은 30일 이내에 처리결과를 교육감에게 송부해야 한다. 특별한 사유로 이행할 수 없는 때, 그 사유를 교육감에게 문서로 통보해야 한다. 고충심사위원회의 결정이 실효성을 갖도록 심사 이후의 사후관리 절차를 구체화한 것이다.

민간위원을 추가하여 공정성 강화

기존 고충심사위원회는 시도교육청 국장, 과장, 장학관으로 구성했다. 교사의 고충심사는 피청구인이 대부분 학교장, 교육청인 점을 고려하면 공정한 해결을 기대하기 어려운 구조이다. 개정안에서 민간위원이

2분의 1 이상 참석하도록 했다. 관리자의 갑질 사안, 성희롱 사안을 해결하기 위한 개선안이다.

고충 상담 처리를 위한 교육감의 의무를 강화

공무원의 고충 예방, 고충의 신속·공정 처리를 인사혁신처장과 임용권자의 의무로 규정했다. 고충 상담 처리를 위한 상담 창구 마련, 상담 신청인의 인적사항 누출 방지를 위한 조치, 고충 실태 조사 및 현황 보고 등을 교육감의 의무로 규정했다.

교육감은 고충심사위원회에 간사 몇 명을 임명하여 고충심사 의안의 작성 및 처리, 회의 진행에 필요한 준비, 회의록 작성과 보관, 그 밖에 고충심사위원회 운영에 필요한 사항을 담당하도록 해야 한다.

고충심사 대상

교육공무원법(제49조 제1항)에 따라 공무원은 누구나 인사·조직·처우 등 각종 직무 조건과 그 밖의 신상 문제에 대하여 인사상담, 고충의 심사를 청구할 수 있다. 이를 이유로 불이익한 처분이나 대우를 받지 않는다.

인사·조직·처우 등 각종 직무 조건에 관한 사항은 다음과 같다.

- 근무시간, 휴식, 휴가에 관한 규정
- 업무량, 작업 도구, 보건위생 등 근무환경에 관한 사항
- 근무성적평정, 경력평정, 교육훈련, 복무 등에 관한 사항
- 상훈, 제안 등 업적성취에 관한 사항

기타 신상 문제에 관한 사항은 다음과 같다.

- 성별, 종교별, 연령별 등에 따른 차별 대우에 관한 사항
- 기타 개인의 정신적, 신체적 장애로 인하여 발생하는 직무와 관련된 사항

고충심사 대상에서 제외되는 사항은 다음과 같다.

근무조건, 인사관리 등에 속하는 사항이면 모두 고충심사 청구 대상

에 포함될 수 있으나, 다른 법령에 실효적인 구제 수단이 마련되어 있거나 해당 행정기관으로는 시정 권한이 없는 다음의 사항은 제외한다.

1. 시정, 구제 등의 절차가 다른 법규에 마련되어 있는 사항
• 소청 심사에 속하는 사항
• 감사원의 판정 또는 처분에 대한 재심의 또는 심사 청구에 관한 사항
• 공무원 연금급여심사에 속하는 사항
2. 국가사무의 관리 운영에 관한 사항
• 국회의 협력이 필요한 사항(전체 공무원의 보수 인상, 예산 조치의 요구 등)
• 해당 행정기관으로는 시정 조치가 불가능한 사항
3. 기타 사항
• 타인의 처벌을 요구하는 사항
• 조직의 비리 등에 대한 감사 또는 조사 요구
• 법령의 개폐가 요구되는 사항

공무원고충처리규정에서 정한 고충 처리 대상은 네 가지이다. 첫째, 인사·조직·처우 등 직무 조건과 관련된 신상 문제이다. 둘째, 성폭력범죄의 처벌 등에 관한 특례법에 따른 성폭력범죄이다. 셋째 양성평등기본법에 따른 성희롱 사안이다. 넷째, 공무원 행동강령에 따른 부당한 행위이다. 직무와 관련이 없거나 직무의 범위를 벗어나 부당한 지시·요구를 하는 행위 등이 이에 속한다.

고충처리는 고충심사, 고충상담, 성폭력범죄·성희롱 신고로 구분한다. 임용권자는 고충상담, 성폭력범죄·성희롱 신고 사안에 대해서도 필요한

경우, 당사자의 동의를 얻어 고충심사 절차를 진행할 수 있다. 상·하급자, 동료, 업무 관련자 등의 부적절한 언행이나 신체적 접촉, 위법·부당한 지시 등으로 고충심사가 청구된 경우, 고충의 신속한 조사 및 피해 방지를 위해 고충심사 절차를 시작하기 전이라도 피해 사실에 대한 조사, 가해자 등 책임자에 대한 조치, 피해자에 대한 보호·지원, 추가 피해 방지를 위한 조치를 할 수 있다.

2018년 10월 국가공무원법, 2019년 공무원고충처리규정 개정으로 누구나 기관 내 성폭력범죄, 성희롱 발생 사실을 알게 된 경우 인사혁신처장에게 신고할 수 있다. 신고를 받은 인사혁신처장은 지체없이 신고 내용을 확인하고, 임용권자 등에게 조사를 요청하거나 직접 조사해야 한다. 성희롱, 성폭력 사건의 고충심사는 중앙고충심사위원회에서 직접 관할하도록 했다.

고충심사 절차

고충심사 절차는 심사 청구 ⇨ 답변서(변명서) 제출 ⇨ 사실 조사 ⇨ 심사 ⇨ 결정 ⇨ 결정서 송부의 순서로 진행한다.

1. 심사 청구

교육감에게 고충심사 청구서를 제출한다. 청구 기한은 제한이 없다. 단, 재심 청구는 결정서를 받은 날부터 30일 이내 중앙고충심사위원회에 제출해야 한다.

2. 청구서 접수

고충심사 청구를 받은 교육감은 지체없이 고충심사위원회에 부의하고 심사하도록 한다. 청구서에 흠이 있으면 접수한 날로부터 7일 이내에 보완을 요구한다.

3. 답변서(변명서) 제출 요구

고충심사위원회는 청구서를 접수하면 처분청, 고충 처리 권한이 있는 기관의 장 또는 해당 고충과 관계된 기관이나 부서의 장에게 청구서 사본 1부를 첨부하여 고충심사 청구 사실을 통보하고, 답변 자료를 요구할 수 있다.

4. 사실 조사

고충심사위원회는 고충심사에 필요한 경우 사실 조사를 진행할 수 있다. 사실 조사의 방법은 관계인을 출석하게 하여 진술하게 하는 방법, 관계 기관에 심사 자료의 제출을 요구하는 방법, 전문 분야에 관한 학식과 경험이 있는 사람에게 검정·감정 또는 자문을 의뢰하는 방법, 그 밖에 소속 공무원이 사실 조사를 진행하는 방법 등이다.

사실 조사는 대체로 청구인이 제출한 청구서와 피청구인이 제출한 답변서를 통해 이루어진다. 고충심사위원회는 서류에 의한 사실 조사 외 소속기관장, 관계인 등의 출석을 요구할 수 있다. 다툼이 있는 사항에 대해서는 본인의 주장을 입증할 수 있는 증거 자료를 충실히 제출할 필요가 있다. 위원회 사무를 처리하는 담당자는 수집된 자료를 바탕으로 안건검토서(조사보고서) 등을 작성하여 위원들이 심사 결정에 참고할 수 있도록 한다.

5. 심사회의 개최

- 심사기일 5일 전까지 청구인 및 피청구인에게 심사일시 및 장소를 통지한다.
- 위원회는 청구인에게 심사에 출석하여 의견을 진술하거나 서면으로 의견을 제출할 기회를 부여한다.
- 통지를 받은 청구인이 심사일에 특별한 이유 없이 출석하지 아니할 때 고충심사위원회는 진술 없이 심사·결정할 수 있다. 다만, 서면으로 진술할 때는 결정서에 서면 진술의 요지를 기재해야 한다.
- 고충심사 청구인은 참고인을 소환하여 질문하거나 본인에게 유리한 자료를 제출할 수 있는 권리를 갖는다.
- 위원 중 고충심사의 공정을 기대하기 어려운 사정이 있을 때 해당

위원에 대한 기피 신청을 할 수 있다. 고충심사위원회는 의결로 그 위원의 기피 여부를 결정해야 한다.

6. 결정

고충심사위원회는 청구서를 접수한 때로부터 30일 이내에 고충심사에 대한 결정을 한다. 다만, 부득이한 경우 고충심사위원회의 의결로 30일 연장할 수 있다. 고충심사위원회의 결정은 5명 이상의 출석과 출석위원 과반수의 합의에 따른다.

7. 결정에 대한 불복

보통고충심사위원회의 결정에 불복하여 재심을 청구할 경우 결정서를 통보받은 날로부터 30일 이내 중앙고충심사위원회에 재심을 청구할 수 있다. 중앙고충심사위원회는 교원소청심사위원회가 담당한다.

고충심사위원회 결정의 종류

고충심사위원회에서 내리는 결정의 종류는 다음과 같다.

1. 고충심사 청구가 타당한 이유가 있다고 인정되는 경우 : 처분청이나 관계 기관의 장에게 시정을 요청하는 결정
2. 시정을 요청할 정도는 아니나 제도, 정책 등의 개선이 필요한 경우 : 처분청이나 관계 기관의 장에게 합리적 개선을 권고하거나 의견을 표명하는 결정
3. 고충심사 청구가 이유 없다고 인정하는 경우 : 청구를 기각하는 결정
4. 고충심사 청구가 다음 각 목의 어느 하나에 해당하면 : 청구를 각하하는 결정

가. 고충심사 청구가 적법하지 아니한 경우
나. 사안이 종료된 경우, 같은 사안에 대하여 이미 소청 또는 고충심사 결정이 있어 고충심사의 실익이 명백하게 없는 경우

고충심사위원회 구성

시도교육청에는 보통고충심사위원회, 교육부에 중앙고충심사위원회를 구성한다.

시도교육청에 설치하는 보통고충심사위원회는 위원장 1명을 포함하여 7명 이상 15명 이하의 공무원 위원과 민간위원으로 구성한다. 민간위원의 수는 위원장을 제외한 위원 수의 2분의 1 이상으로 구성한다. 위원장은 인사 또는 감사 업무를 담당하는 과장 또는 이에 상당하는 직위를 가진 사람을 교육감이 임명한다.

공무원 위원은 고충심사 청구인보다 상위 계급 또는 이에 상당하는 소속 공무원 중에서 교육감이 임명한다. 민간위원은 아래 자격을 갖춘 사람 중에서 교육감이 위촉한다. 민간위원의 임기는 2년이며 1회만 연임할 수 있다.

1. 공무원으로 20년 이상 근무하고 퇴직한 사람
2. 대학에서 법학·행정학·심리학 또는 정신건강의학을 담당하는 사람으로서 조교수 이상으로 재직 중인 사람
3. 변호사 또는 공인노무사로 5년 이상 근무한 사람

보통고충심사위원회의 회의는 위원장과 위원장이 회의마다 지정하는 5명 이상 7명 이하의 위원으로 성별을 고려하여 구성한다. 이 경우 민

간위원이 3분의 1 이상 포함되어야 한다.

중앙고충심사위원회는 소청심사를 담당하는 교원소청심사위원회에서 겸하고 있다.

고충심사청구서 작성

    제목을 고충심사청구서로 작성하고 아래의 내용을 기록하여 교육감에게 우편으로 전송한다. 또는 교육청 민원실에 직접 접수할 수 있다.

1. 사건명 : ○○고충 해소 청구
• 고충 내용의 요지를 간단명료하게 요약하여 사건명을 작성한다.
  [예] 경고취소 청구, 전보요구 청구, 보직요구 청구, 경력인정 청구,
      성희롱 해결 청구, 육아시간보장 청구, 연가사용보장 청구, 인격
      침해 해결 청구 등

2. 청구인
• 청구인의 인적사항을 기록

3. 피청구인
• 학교장, ○○교육지원청 교육장, 교육감, ○○교육연수원장, ○○교육
  행정기관 등
• 청구인의 소속기관장, 고충해소를 할 수 있는 기관장, 고충을 야기
  한 기관장 중에서 적합한 자를 기재

4. 청구의 취지

- 고충심사 청구를 통해 얻고자 하는 내용, 원하는 결정의 내용을 간략하게 기재

  [예] 학교장의 부당한 경고 처분 철회를 원함

      여비규정에 따라 이전비(출장비 등) 수령을 원함

      학교장의 성희롱에 대한 사과와 재발 방지 조치를 원함

      학교장의 불합리한 업무분담의 시정을 원함

      학교장의 갑질 시정을 원함

      규정에 따라 휴가(병가, 연가, 특별휴가 등) 사용을 원함

      부당한 모성보호시간(육아시간 등) 불허가 취소되길 원함

      예산편성 기본지침에 따라 학교회계 운영이 집행되길 원함

      인사자문위원회의 합리적인 의견이 반영되길 원함

      학교의 부당한 성과급 지급 기준의 개선을 원함

      부당한 근무성적평정이 개선되길 원함

      불합리한 담임 배정 원칙의 개선을 원함

      수업을 방해하는 학교장의 불시 방문 시정을 원함

      부당하게 인정받지 못한 ○○경력의 인정을 원함

      거주지에서 근무가 가능한 곳으로 전보를 원함

5. 청구 이유

- 청구 취지를 뒷받침하는 근거, 사유, 경위 등을 기록
- 또는 고충이 해소되어야 하는 이유(고충의 발생이나 지속이 위법·부당한 점 또는 청구인이 근무하기 어려운 이유 등)를 고충 사안별로 기술

* 입증 자료

- 고충 청구와 관계있는 제반 증거를 증거번호를 붙여 순서대로 첨부
  (분량이 많을 때는 붙임)
- 보관이 필요한 원본이라면 사본을 첨부

중앙고충심사

시도교육청 보통고충심사위원회에서 고충을 기각 또는 각하한 경우, 중앙고충심사위원회에 재심을 청구할 수 있다. 성폭력범죄 또는 성희롱 사실에 관한 고충, 공무원 행동강령 제13조의3에 따른 부당한 행위로 인한 고충, 성별·종교·연령 등을 이유로 하는 불합리한 차별로 인한 고충은 보통고충심사위원회를 거치지 않고 중앙고충심사위원회가 직접 담당한다.

처리 절차를 간략하게 설명하게 다음과 같다.

1. 중앙고충심사 청구 및 고충심사 의뢰

교육부장관에게 고충심사 청구서를 제출하면 교육부장관은 중앙고충심사위원회에 심사를 의뢰한다.

2. 변명서 접수 및 청구인에 송부

위원회는 청구인이 제출한 중앙고충심사 청구서 부본을 피청구인인 교육감에게 송부하고, 답변서를 요구한다. 교육감의 답변서가 도착하면 청구인에게 송부한다.

3. 증거 제출 및 사실 조사 등

필요한 경우 관련 증거를 제출할 수 있고, 위원회는 사실 조사를 할 수 있다.

4. 심사기일 통보 및 심사 결정

심사기일 5일 전 청구인과 처분청(교육감)에 심사기일을 통보한다. 접수 후 30일 이내 고충심사에 대한 결정을 해야 한다. 부득이한 경우 의결로 30일 연장 가능하다.

5. 결정서 송부 및 조치

위원회는 결정서를 작성하고 교육부장관에게 송부한다. 교육부장관은 청구인에게 심사 결과를 통지하고 필요한 조치를 시행한다.

중앙고충심사청구 작성 요령은 다음과 같다.

중앙고충심사 청구서

1. 사건명
- 고충 내용의 요지를 간단명료하게 요약하여 사건명을 작성한다.
  [예] 보통고충심사위원회에 제출한 내용과 동일하게 작성

2. 청구인
- 청구인의 인적사항(성명, 소속학교, 직위, 주소, 생년월일, 연락처 등)

3. 피청구인
- 교육감 : 보통고충심사 청구를 기각(또는 각하)한 교육감이 피청구인이다.

4. 보통고충심사 결과를 통보받은 날

• 보통고충심사 결과를 통보받은 날을 기재(○○년 ○○월 ○○일)

5. 중앙고충심사 청구의 취지

• 중앙고충심사위원회로부터 받고자 하는 결정의 내용을 간략하게
  기재

  [예] 학교장의 부당한 경고 처분의 철회를 원함

      부당하게 인정받지 못한 ○○경력의 인정을 원함

      거주지에서 근무가 가능한 곳으로 전보를 원함 등

6. 중앙고충심사 청구의 이유

• 고충이 해소되어야 하는 이유(고충의 발생이나 지속이 위법·부당한
  점 또는 청구인이 근무하기 어려운 이유 등)를 고충 사안별로 기술

* 입증 자료

• 본 건과 관계있는 제반 증거를 증거번호를 붙여 순서대로 첨부

• 보통고충심사 결정서 사본 1부 반드시 첨부

Q&A
묻고 답하기

Q. 소청심사 관련 법규는?

A. • 국가공무원법 제9조~제16조

• 교원의 지위 향상 및 교육활동 보호를 위한 특별법(교원지위법) 제7
조~제10조

• 교원소청에 관한 규정(대통령령)

Q. 소청을 제기하면 어떤 장점이 있나?

A. 소청심사위원회는 이미 받은 처분보다 무거운 처분을 결정할 수
없다. 국가공무원법(제14조)에 따라 불이익변경금지 원칙을 적용한다.
비용이 들지 않고 빠른 결정을 받을 수 있다. 통상 60일 이내에 결정이
난다. 늦어도 90일 안에 결정을 받을 수 있다. 파면, 해임, 면직 처분을
받은 교사가 소청심사를 청구하면 결정이 있을 때까지 후임자를 보충
발령하지 못한다.

사립 교원은 소청을 제기하지 않고 민사소송을 제기할 수 있지만, 민
사소송은 오랜 시간과 비용이 든다. 어려운 법률적 다툼 사안이 아니라
면 변호인을 선임하지 않고, 자신의 힘으로도 대응할 수 있다.

Q. 소청을 제기할 수 있는 기간은?

A. 처분 사유 설명서를 받은 날부터 30일 이내 신청해야 한다. 처분

권자는 처분 사유 설명서에 "설명서를 받은 날부터 30일 이내 소청심사위원회에 소청을 청구할 수 있다"라는 내용을 고지해야 한다. 처분 통지서에 불복 방법을 알리지 않았다면 행정심판법을 적용하여 180일 이내에 소청 청구가 가능하다.

처분 사유서가 교부되지 않는 불리한 처분을 받았다면 그 처분이 있은 것을 안 날로부터 30일 이내 소청을 제기해야 한다. 기간 계산은 민법을 적용하여 처분 사유서를 받은 날은 산입하지 않고 도달주의를 적용하여 소청심사 청구서가 위원회에 도달한 날을 제기한 날로 본다. 소청 제기 만료일이 토요일인 경우, 월요일까지 청구서가 도달하면 된다.

무효확인 심판 청구와 부작위에 대한 의무이행 심판 청구는 청구 기간의 제한이 없다.

Q. 소청심사위원회 구성은?

A. 심사위원회는 위원장 및 상임위원 각 1명을 포함한 7명 이상 9명 이하의 위원으로 구성한다. 위원장과 상임위원은 고위공무원단에 속하는 임기제 공무원으로 보한다. 위원은 법조인, 법률학 교수, 교원 경력자, 고위 공무원, 사립학교 법인의 임원, 교원단체 추천인 중에서 교육부장관의 제청으로 대통령이 임명한다. 임기는 3년, 1회 연임할 수 있다. 교원 또는 교원이었던 위원이 전체 위원 수의 2분의 1을 초과할 수 없다. 정당의 당원, 공직선거법에 따른 후보자, 국가공무원법에 따라 공무담임권이 없는 사람은 위원으로 임용할 수 없다.

Q. 소청심사위원회의 결정에 불복하는 방법은?

A. 소청심사위원회가 소청 청구를 기각할 경우 청구인은 결정서 정본을 송달받은 날부터 90일 이내에 행정소송을 제기할 수 있다. 행정

소송의 상대방은 원 처분을 내린 행정청이다. 공립의 경우 교육감(교육장), 사립의 경우 법인 이사장이다.

Q. 교육감, 사학법인은 소청심사위원회의 결정에 불복할 수 있나?

A. 소청심사위원회는 특별행정심판제도로 준사법기구이다. 국가공무원법 제15조에 따라 소청심사위원회의 결정은 처분 행정청을 기속羈束한다. 따라서 임용권자인 교육감은 소청심사위원회의 결정에 불복할 수 없다.

임용권자인 교육감이 내린 징계, 호봉 획정, 휴·복직 관련 행정 처분 등이 교원소청심사위원회에서 무효, 취소, 감경되었다면 교육감은 불복하지 못한다. 그런데 사학법인은 소청심사위원회의 결정에 불복하고 소청심사위원회를 상대로 행정소송을 할 수 있었다. 사학법인의 교사 해임처분을 소청심사위원회에서 취소하도록 결정했지만, 법인은 교사를 복직 조치하지 않고, 행정소송을 제기하여 대법원의 확정판결까지 수년 동안 교사의 복직을 가로막는 폐단이 있었다.

국회는 2019년 "교원소청심사위원회의 결정은 처분권자를 기속한다"라는 내용으로 교원지위법을 개정했다. 따라서 학교법인 또는 사립학교 경영자도 교원소청심사위원회의 결정을 수용해야 한다. 사립학교 교원의 해임처분에 대해 교원소청심사위원회의 취소 결정이 있다면 사학법인은 해임처분을 취소하고 즉각 복직 조치해야 한다. 복직 조치 후 사학법인은 교원지위법(제10조)에 따라 60일 이내 교원소청심사위원회를 상대로 행정소송을 청구할 수 있다. 사학법인이 교원소청심사위원회를 상대로 행정소송을 청구할 수 있는 권리를 제한하는 것이 타당하다. 사립 교원에 대한 부당한 차별이다.

Q. 절차상 하자로 징계가 취소되면 재징계할 수 있는 기간은?

A. 소청심사위원회는 법령의 적용, 증거 및 사실 조사, 징계위원회의 구성, 그 밖에 절차상의 흠이 있을 때 징계 취소를 결정한다. 소청심사위원회가 절차상 하자 등으로 징계 취소를 결정한 경우, 처분권자는 심사위원회의 결정서를 받은 날부터 3월 이내 징계 절차를 마무리해야 한다.

Q. 서면 '경고' 또는 '주의'는 소청심사 대상인가?

A. 업무 등과 관련하여 학교장 또는 교육감(교육장)으로부터 경고 또는 주의 처분을 받는 경우가 있다. 소청심사위원회에서는 청구대상 여부를 판단할 때 ① 청구 기간의 도과 여부 ② 청구인 적격 여부 ③ 처분성 존재 여부 ④ 청구 이익의 존재 여부 등을 살펴 어느 한 가지라도 결격사유가 있으면 심사 대상에서 제외(각하 결정)한다.

서면에 의한 경고 또는 주의는 교원에 대한 지휘·감독 권한을 가진 자가 단순히 주의 환기, 각성을 촉구하는 행위로 권리의 설정, 의무의 부담, 기타 법률효과를 발생하는 처분성이 없다. 교원소청심사위원회의 심사 대상이 되지 않으므로 '각하'한다.

서면 주의 또는 경고는 소청, 행정심판, 행정소송의 대상이 될 수 없으므로 시정을 요구하는 고충심사를 청구할 수 있다.

Q. 서면경고 3회를 사유로 학교장의 직권내신, 소청심사 대상이 될 수 있나?

A. 일부 시도교육청의 인사관리 규정에서는 학교장으로부터 3회 이상의 경고 처분을 받은 교사에 대해 본인의 의사와 관계없이 학교장이 직권으로 전보 내신을 신청할 수 있도록 정하고 있다.

학교장의 서면에 의한 경고 또는 주의는 학교장의 지도행위에 불과하여 소청 대상이 아닌 고충심사 청구대상이다. 학교장의 직권 내신을 교육청이 수용하여 전보 발령이 나면 임용권자인 교육감을 상대로 전보 발령 취소를 요구하는 소청심사는 가능하다. 임용권자의 전보 발령은 행정 처분에 해당하기 때문이다.

서면경고는 소청심사의 대상이 될 수 없지만, 전보 발령 취소를 구하는 소청심사는 직권 내신의 근거가 된 학교장의 서면경고가 타당한지 판단할 수밖에 없다. 불합리한 경고 처분을 근거로 한 전보 발령은 무효가 될 수 있다.

Q. 부당한 전보 발령, 소청 대상인가?

A. 광역시의 근무하는 중등교사가 전보 발령 취소를 요청하는 소청을 제기했다. 대중교통을 몇 차례 갈아타야 하는 먼 거리로 발령이 났기 때문이다. 집과 가까운 곳의 학교에 자리가 있었다. 소청을 제기하자 교육청은 교사의 청구를 수용하여 다음 해 3월 1일 자로 가까운 학교로 전보하겠다고 약속하여 소청 청구를 취소했다.

전보는 근무환경, 근무조건, 직무의 연속성, 일상생활의 안정성에 밀접한 영향을 준다. 그렇지만 인사권자에게 상당한 재량권이 있다.

대법원은 전보에 따른 생활상의 불이익이 노동자가 통상 감수하여야 할 정도를 현저하게 벗어난 것이 아니라면, 정당한 인사권의 범위, 권리남용에 해당하지 않는다고 결정했다.

[대법원 2007.10.11. 선고 2007두11566판결]

Q. 학교장이 휴직을 불허하면 소청을 제기할 수 있나?

A. 휴직의 승인은 임용권자인 교육감, 사학법인 이사장의 권한이다.

교육공무원법 제44조, 제45조, 사립학교법 제59조에서는 휴직의 종류, 사유, 기간 등을 명시하고 있다. 시도교육청의 인사실무지침, 교육규칙, 사학 정관 등에 따라 휴직을 승인한다. 이때 법률에서 정한 범위를 벗어난 휴직 불허 처분은 신분상 불이익에 해당하므로 소청 대상이 된다. 구두로 휴직을 신청하고 학교장이 구두로 불허한 경우 소청이 성립하기 어렵다. 구체적인 처분성이 드러나지 않기 때문이다. 절차에 따라 휴직 신청을 상신하고 복무 시스템에서 학교장이 반려한 내용을 증거 자료로 소청을 제기할 수 있다. 학교장의 일방적인 휴직 불허 결정을 바로잡아 달라는 민원을 임용권자인 교육감에 제기하는 방법도 있다. 신청이 있다면 반드시 승인해야 하는 육아휴직의 경우 시도교육청에서 학교장에게 승인권을 위임하고 교육청에 사후 보고토록 하고 있다. 학교장의 육아휴직 불허 결정은 소청 대상이 된다.

Q. 사직서 제출 후, 철회 가능한가?

A. 사직서 제출 후, 면직 발령 전 철회가 가능하다. 사립 교사가 다소 충동적으로 사직원을 제출했고, 다음 날부터 거듭 사직 의사 철회를 요청하였으나 면직 처분을 강행한 사례가 있다. 소청심사위원회는 "사직 의사 철회를 허용한다고 하여 처분청에 예측하지 못한 손해가 발생한다고 볼 만한 특별한 사정이 발견되지 않는 점 등을 종합해 볼 때, 사직 의사 철회행위가 신의칙에 반한다고 보기는 어렵다"며 면직 처분을 취소하는 결정을 내렸다. [소청사건 2010-291]

면직 발령이 난 후에는 사직 철회가 불가능하니 사직서 제출은 신중할 필요가 있다.

Q. 소청심사를 거치지 않으면 행정소송을 제기할 수 없나?

행정청의 모든 처분은 행정심판법에 따라 행정심판을 청구할 수 있다. 각 시도교육청에는 교육청의 위법·부당한 처분과 부작위에 대해 취소, 변경 등을 청구할 수 있는 행정심판위원회가 구성되어 있다. 행정심판법에서는 다른 법률에서 특별한 불복절차를 규정하고 있을 때는 행정심판을 제기하지 못하도록 정하고 있다.

행정소송법에 따르면 행정청의 위법한 처분을 취소 또는 변경을 요청하는 소송을 취소소송이라 한다. 행정법원에서 다루는 취소소송은 행정심판을 거치지 않고 법원에 행정소송을 바로 제기할 수 있다. 단, 다른 법률에서 행정심판을 먼저 거치도록 정한 경우에는 법원에 취소소송을 바로 제기할 수 없다.

국가공무원법에서는 소청심사위원회의 심사·결정을 거치지 않으면 행정소송을 제기할 수 없도록 정하고 있다. 소청심사는 행정소송을 제기하기 전, 반드시 거쳐야 하는 필요적 전심 절차이다. 국가공무원이 아닌 사립학교 교원은 교원소청심사위원회의 심사·결정을 거치지 않고 민사소송을 바로 제기할 수 있다.

Q. 파면·해임·면직 처분 취소를 구하는 소청심사 청구 중에 후임자를 보충할 수 있나?

A. 교원지위법(제9조)에 따라 본인의 의사에 반하는 파면·해임·면직 처분을 했을 때 임용권자는 처분에 대한 소청심사위원회의 최종 결정이 있을 때까지 후임자를 보충 발령하지 못한다. 다만, 기간 내 소청심사 청구를 하지 아니하면 후임자를 보충 발령할 수 있다. 따라서 파면·해임·면직 처분을 취소해 달라는 소청심사 청구 중에는 후임자를 발령할 수 없다.

Q. 학교장이 부장교사를 정하는 것도 임용에 해당하나?

A. 학교장은 교사에 대한 임용권이 없다. 학교장이 부장교사를 배정하는 것은 임용이 아니라 임명이다. 초·중등교육법에 따라 교원은 교장, 교감, 수석교사, 교사로 구분한다. 부장교사는 법적 직급이 아니다. 학교장이 학교 업무 수행을 위해 부여한 보직에 해당한다. 따라서 부장교사 임명에 관한 사항은 소청 대상이 될 수 없다. 불합리한 부장교사 임명은 소청심사가 아닌 고충심사 대상이다.

Q. 부당노동행위 제소와 소청심사, 동시 제기 가능한가?

A. 노동조합법(제81조)에 따른 부당노동행위로 징계 또는 불이익 처분을 받았다면 노동위원회에 구제를 신청할 수 있다. 교원노조법에서는 부당노동행위로 노동위원회에 구제를 신청한 경우에는 교원지위법에 따른 소청심사를 청구할 수 없도록 정하고 있다. 매우 불합리한 규정이다. 부당노동행위로 인한 불이익 구제 신청은 노동위원회 제소와 소청 청구 중 하나를 선택해야 한다.

Q. 고충심사 관련 법규는?

A. • 국가공무원법 제76조의2(고충처리)
• 교육공무원법 제49조(고충처리)
• 공무원고충처리규정(대통령령)

Q. 고충심사 청구 시효는?

A. 고충심사 청구는 시효가 없다. 언제든지 고충심사 청구가 가능하다. 다만, 보통고충심사위원회의 기각 결정으로 중앙고충심사위원회에 재심을 청구할 수 있는 기간은 30일이다. 중앙고충심사위원회의 재심에

서 기각될 경우에는 이후 법률적 대응 수단은 없다.

Q. 학교장이 고충심사위원회의 시정 권고를 불이행할 수 있나?

A. 공무원고충처리규정 제12조에 따라 시청 요청을 받은 학교장은 특별한 사유가 없으면 이를 이행해야 한다. 시정 요청을 받은 날부터 30일 이내에 처리 결과를 교육감에게 통보해야 한다. 특별한 사유로 이행할 수 없는 경우, 그 사유를 교육감에게 문서로 통보해야 한다. 학교장이 특별한 사정 없이 시정 요구를 거부한다면 교육감은 학교장에 대한 행정적인 조치를 할 수 있다. 사실상 학교장이 고충심사위원회의 시정 권고를 이행하지 않을 수 없다.

Q. 사립 교사도 고충심사를 청구할 수 있나?

A. 고충심사는 공무원의 고충을 해소하는 제도이다. 19대 국회는 사립 교원의 고충심사 청구 권리를 보장하는 교권보호법 제정안을 발의한 바 있으나 의결하지 못했다. 교원지위법 개정으로 사립 교사의 고충심사 청구 권리를 보장해야 한다.

Q. 불합리한 업무 배정을 어떻게 대처할 수 있나?

A. 업무 배정, 학년 배정은 학교장의 인사 권한이다. 모든 권한은 합리적 행사를 전제로 한다. 내부규정 수립, 인사자문위원회를 통한 의견 수렴 등으로 합리적으로 행사해야 한다. 불합리한 업무 배정, 학년 배정, 인사 운영은 고충심사 청구를 통해 시정 조치를 요구할 수 있다.

Q. 학교장이 매일 몇십 분 조기 출근을 명령한다. 고충 사안인가?

A. 특별한 사유가 있는 날에는 시간외근무를 명령할 수 있지만, 국가

공무원복무규정에서 정한 시간을 초과하여 매일 몇십 분 연장 근무를 명령하는 것은 학교장의 권한을 벗어난 일이다. 근무시간, 근무환경 등에 관한 사항은 고충 대상이다.

Q. 학교장이 임의로 이전비를 감액 지급한다. 고충 청구가 가능한가?

A. 시·군을 달리하는 전보 발령으로 거주지를 이전했을 경우, 공무원 여비규정에 따라 이사화물에 대한 이사비용을 지원해야 한다. 학교에 따라 20~30만 원의 이전비 상한액을 정해 놓고, 그 이상을 지급하지 않는 사례가 있다.

학교장이 임의로 상한액을 정하는 것은 공무원여비규정에 어긋난다. 공무원여비규정에서는 "이전비를 지급한다"라고 규정하고 있다. 학교장의 재량에 따라 감액하거나 지급하지 않을 수 없다. 공무원 여비규정에 어긋나는 출장비, 이전비 지급은 고충심사 청구 대상이다. 학교 위치에 따라 이전비 지급 대상의 편차가 심한 시도교육청이라면 이전비를 학교 교육비가 아닌 교육청 예산으로 편성하여 지급하는 방안도 대안이 될 수 있다. 고충심사를 통해 교육감에게 제도 개선을 요구할 수 있다.

Q. 중앙고충심사 진행 순서

A. 1. 당사자 입실:담당 직원의 안내를 받아 지정된 좌석에 착석

2. 안건상정:담당 조사관이 심사할 안건을 상정

3. 개회선언:위원장이 개회 선언

4. 당사자 확인:위원장이 당사자에게 소속, 직급 및 성명 등 인적사항을 확인

5. 기피권 행사 여부:위원장은 당사자에게 위원 중에서 공정한 심사

를 저해할 우려가 있다고 생각되는 위원에 대하여 기피 의사 있는지 확인함

6. 당사자들에 대한 질의답변:당해 사건을 담당하는 주심위원은 고충 당사자에게 사실관계 등에 대하여 확인하고, 기타 정상 관계 등을 확인

7. 증인신문:필요하면 참석한 증인들에 대하여 질의하고 답변

8. 보충질의:주심위원의 질의가 끝난 후 다른 위원들이 보충질의를 함

9. 최후진술권 부여:위원장은 당사자에게 최후로 진술할 기회를 부여

10. 폐회 선언 및 당사자 퇴실:위원장은 폐회를 선언하고 당사자에게 퇴실을 명함

11. 토의 및 결정:위원들이 각자의 의견을 제시하면, 다수의견에 따라 결정하고 위원장은 이를 선언함

Q. 소청심사와 고충심사의 핵심 차이는?

A. 소청은 신분상의 불이익을 주는 임용권자의 '처분'을 취소 또는 변경해 달라는 것이므로 피청구인이 임용권자이다. 고충은 처분에는 이르지 않지만, 근무조건, 인사관리 등에서 발생하는 고충 사항을 개선, 시정, 해결해 달라는 요구다. 임용권자도 피청구인이 될 수 있으나 주로 학교장이 피청구인이다.

소청심사위원회의 결정은 처분권자를 기속한다. 교육감, 사학법인은 소청심사위원회의 결정을 따라야 한다. 고충심사위원회는 시정 또는 개선을 권고하는 역할이다. 고충심사위원회의 결정에 따라 교육감이 학교장에게 시정을 권고하는 형식이다. 권고라는 형식이지만, 학교장의 위치에서 감독기관의 권고를 특별한 사유없이 무시할 수 없다.

소청심사제도와 고충심사제도의 비교

구분	소청	고충
근거 법령	• 국가공무원법 제9조~제16조, 제76조 • 교원소청에 관한 규정(대통령령) • 소청업무처리지침(인사혁신처 예규)	• 국가공무원법 제76조의2 • 교육공무원법 제49조 • 공무원고충처리규정(대통령령) • 중앙고충업무처리지침(예규)
심사 대상	• 징계 처분 및 그 밖에 신분상 불이익 처분, 부작위	• 근무조건·처우·인사상 직면하게 되 는 일상의 모든 신상 문제
청구 기간	• 처분사유 설명서를 받은 날 또 는 처분이 있은 것을 안 날로부 터 30일 이내	• 제한 없음 ☞ 중앙고충심사위원회 청구는 30일 이내
심사 기관	• 교원소청심사위원회	• 교육공무원보통고충심사위원회 • 교육공무원중앙고충심사위원회
진술권 부여	• 필수(출석이 기본) ☞ 당사자의 희망에 따라 서면 진술 가능	• 필수(서면 또는 출석)
결정 기한	• 60일(30일 연장 가능)	• 30일(30일 연장 가능)
정족수	• 재적 3분의 2 출석, 출석위원 과 반수로 결정 ☞ 국가공무원법 제14조	• 보통고충심사위원회 : 5명 이상의 출 석과 출석위원 과반수의 합의 • 중앙고충심사위원회 : 3분의 2 이상의 출석과 출석위원 과반수의 합의 ☞ 공무원고충처리규정 제10조
결정의 종류	• 각하, 기각, 취소 또는 변경, 처 분의 효력 유무 또는 존재 여부 확인, 부작위에 대한 이행명령 ☞ 국가공무원법 제14조	• 시정요청, 합리적 개선을 권고하거나 의견 표명, 기각, 각하 ☞ 공무원고충처리규정 제10조
결정의 효력	• 기속력 및 확정력 발생	• 당해 행정청을 기속하지 않음 • 특별한 사유가 없으면 이행하고, 30 일 이내에 보고
결정에 대한 불복	• 행정소송 제기	• 30일 이내에 중앙고충위에 재심 청구 가능(중앙고충심사위가 최종결정) ☞ 고충심사결정은 행정상 쟁송의 대상이 되는 행정 처분이 아님

6

휴가

행정기관의 장은 연가 사용 촉진을 위해 매년 3월 말까지 소속 공무원이 최소한으로 사용해야 할 10일 이상의 권장 연가일수를 공지해야 한다. 매년 6월 1일부터 7월 31일 사이에 소속 공무원별로 사용해야 할 남은 연가일수를 알려주고, 언제 사용할 것인지 10일 이내에 기관장에게 통보하도록 촉구해야 한다.

남은 연가일수는 10년간 이월·저축할 수 있다. 저축 연가일수를 활용하여 휴식, 가족화합, 자기계발 등을 위해 10일 이상 장기 연가를 신청할 수 있다. 자유로운 연가 사용에 필요한 조치는 행정기관장의 의무이다.

국가공무원복무규정과 일·가정 양립을 위한 공무원 근무혁신 지침의 내용이다. 국가공무원인 공립 교원, 국가공무원복무규정을 준용하는 사립 교원에게 위와 같은 규정을 적용하지 않고 있다.

이유는 무엇인가? 법적 근거는 무엇인가? 법적 근거는 합당한가? 어떻게 개선할 것인가?

노동자에게 휴가란?

_법률로 보장해야 할 기본 권리

　노동자의 휴가 청구에 따라 근로 의무가 있는 날, 근로 의무를 면제하는 것이 휴가이다. 법정 휴가와 약정 휴가로 구분한다. 법정 휴가는 근로기준법 등 법률에서 정한 휴가이다. 연차휴가, 출산휴가 등이 있다. 약정 휴가는 단체협약, 취업규칙, 근로계약 등으로 정한 휴가이다. 약정 휴가의 종류를 무엇으로 구성할지, 유급으로 할 것인지 무급으로 할 것인지는 노사 간의 협약으로 정한다.

　모든 국민은 인간다운 생활을 할 권리를 가진다. 헌법 제34조의 내용이다. 휴가는 정신적·신체적 휴식을 위한 법률로 보장해야 할 노동자의 기본 권리이다.

　근로기준법(제60조)에 따라 사용자는 1년간 80% 이상 출근한 노동자에게 15일~25일의 유급휴가를 보장해야 한다. 계속하여 근로한 기간이 1년 미만인 노동자, 1년간 80% 미만 출근한 노동자에게는 1개월 개근 시 1일의 유급휴가를 보장해야 한다. 유급휴가는 노동자가 청구한 시기에 보장하고, 취업규칙 등에서 정한 통상임금 또는 평균임금을 지급해야 한다. 노동자가 청구한 시기에 휴가를 보장하는 것이 사업 운영에 막대한 지장이 있는 경우에만 사용자는 휴가 시기를 변경할 수 있다.

　연차 유급휴가는 사용자의 귀책사유가 아니라면 1년간 사용하지 않으면 소멸한다. 사용자는 소멸·6개월 전 사용하지 않은 휴가일수를 노동자에게 서면으로 알려주고, 언제 사용할 것인지 사용자에게 통보하도록 조치해야 한다. 이러한 휴가 사용 촉구에도 불구하고 노동자가 휴가 사용 시기를 사용자에게 통보하지 않으면, 소멸 2개월 전까지 사용하지 아니한 휴가의 사용 시기를 사용자가 정하여 노동자에게 서면으로 통보해야 한다. 사용자가 유급휴가 사용 촉진을 위한 이러한 조치를 했음에도 노동자가 휴가를 사용하지 않을 경우, 사용자는 보상할 의무가 없다. 휴가 본연의 취지에 맞게 노동자가 법정 유급휴가를 모두 사용할 수 있도록 2020년 개정된 근로기준법 내용이다. 연차 유급휴가를 사업장 여건에 따라 기간을 정하거나 사용계획서 등을 요구하는 것은 노동자의 연차 유급휴가 사용에 대한 기본권을 침해하는 일이다.

위와 같은 근로기준법을 교원에게 적용하는가?

근로기준법은 교원에게도 적용한다. 근로기준법(제2조)에서 정한 근로자란 직업의 종류와 관계없이 임금을 목적으로 사업이나 사업장에 근로를 제공하는 자이다. 그런데 교원에게는 근로기준법보다 국가공무원법을 우선 적용한다. 국가공무원법에서 정한 내용은 국가공무원법을 우선 적용하고, 국가공무원법에서 정하지 않은 내용은 근로기준법을 적용한다. 특별법 우선의 원칙이다.

공무원인 교원의 복무에 관한 사항은 국가공무원법에서 정하고 있다. 공무원이 아닌 사립학교 교원의 복무에 관한 사항은 사립학교법(제55조)에서 국·공립학교의 교원에 관한 규정을 준용하도록 정하고 있다.

교원의 휴가, 어떻게 정해지나?

_교원지위 법정주의·법률유보 원칙·포괄위임금지 원칙

교원의 지위에 관한 기본적인 사항은 법률로 정한다. 헌법 제31조 ⑥ 항의 내용으로 교원지위 법정주의라 부른다. 국민의 권리를 제한하거나 의무를 부과하는 행정권의 발동은 반드시 법률에 근거해야 한다. 법률 유보의 원칙이다. 법률에서 위임하는 사항과 범위를 구체적으로 한정하지 않고, 행정부에 입법권을 일반적·포괄적으로 위임하는 것은 금지한다. 포괄위임금지 원칙이다. 법률에서 하위 법령(대통령령, 총리령·부령 등)에 위임할 경우, 규정할 내용과 범위를 구체적이고 명확하게 규정하여 누구라도 하위법령에 규정할 내용의 대강을 예측할 수 있어야 한다는 원칙이다. 법률유보 원칙, 포괄위임금지 원칙은 국민의 기본권을 보장하기 위한 헌법상의 원칙이다. 이러한 원칙에 어긋나는 법령과 행정규칙은 위법, 위헌이다.

노동자의 임금, 근로시간, 휴식, 휴가 등에 관한 기본 사항은 근로기준법에서 정하고 있지만, 교원의 복무에 관한 사항은 국가공무원법에서 정하고 있다. 그런데 국가공무원법 제7장(복무)에서는 공무원이 지켜야 할 8대 의무(선서·성실·복종·친절·공정·종교 중립·비밀엄수·청렴·품위 유지)와 4대 금지(직장이탈·영리업무 및 겸직·정치운동·집단 행위) 사항을 정하고 있을 뿐, 복무에 관한 구체적 내용은 없다. 제67조에서 "공무원의 복무에 관하여 필요한 사항은 이 법에 규정한 것 외에는 대통령령 등으로 정한다"라고 규정하고 있다. 근로시간, 휴가 등 복무에 관한 사항을 포괄적으로 행정부에 위임해 버린 것이다. 제5장(보수)에서 봉급과 수당에 관한 사항도 같은 상황이다. 결국 대한민국 공무원과 교원의 근무, 휴가, 보수, 수당에 관한 상황은 행정부에 전권이 맡겨진 상황이다.

교원의 근무시간, 휴가 등 복무에 관한 사항과 보수에 관한 사항을 국가공무원법에서 행정부에 포괄적으로 위임한 것은 교원지위 법정주의, 법률유보 원칙, 포괄위임금지 원칙에 어긋난다. 구시대 유물인 특별권력 관계론에서 가능한 규정이다. 공무원은 국가권력에 특별하고도 직접적인 복종 상태에 있어 기본권 제한을 법률로 규정할 필요가 없다는 이론이다. 특별권력 관계이론은 사실상 폐기된 이론이다. 현재 수정 특별권력 관계론 또는 특수신분 관계이론에서도 기본권의 원칙적 배제는 허용하지 않는다. 법률유보의 원칙, 포괄위임금지 원칙에 어긋난 교원 휴가 규정은 위헌이다.

국가공무원법의 포괄 위임에 따라 공무원의 복무에 관한 사항은 대통령령인 국가공무원복무규정에서 정하고 있다. 제2장에서 근무시간, 제3장에서 휴가에 관한 사항을 정하고 있다. 공무원의 휴가에 관한 사항은 근로기준법을 적용하는 일반 노동자에 비해 낮은 수준이 아니다. 60일의 병가, 다양한 특별휴가 등은 근로기준법에서 찾아볼 수 없는 내용이다. 행정부가 일반 기업을 선도, 견인하는 측면이 있다. 2016년 공무원 근무혁신 지침에 따라 시행하는 유연근무제, 연가 활성화 방침은 매우 혁신적 진전이다.

그런데 국가공무원복무규정 제24조의2(교원의 휴가에 관한 특례)에서 교원의 휴가에 관한 사항을 학사 일정 등을 고려하여 교육부장관이 따로 정할 수 있도록 위임하고 있다. 장관의 권한으로 정할 수 있는 행정명령은 훈령, 예규, 고시 등이 있다. 노동자의 휴가는 법률로 보장할 기본 권리지만 교원의 휴가는 장관의 행정명령에 불과한 예규로 정하고 있다. 국가공무원법에서 국가공무원복무규정으로, 국가공무원복무규정에서 장관의 예규로 위임에 위임을 거쳐 정하고 있다. 헌법상의 원칙인 포괄위임금지 원칙이 무색한 지경이다.

예규란 법규 문서 이외의 문서로서 행정사무의 통일적 기준을 제시하는 문서에 불과하다. 때론 법규명령이 아닌 행정규칙에 해당하는 훈령, 예규, 고시가 법규적 성질을 갖는 때도 있다. 이때도 행정규칙은 반드시 상위 법령의 범위를 벗어날 수 없다.

교육부 예규인 교원 휴가에 관한 예규는 국가공무원복무규정에서 보장하는 자유로운 연가 사용을 가로막고 있다. 예규의 내용이 상위 법령인 국가공무원복무규정의 본질적 내용을 침해하는 것으로 타당하지 않다. 상위 법령인 국가공무원복무규정에서 보장하고 있는 휴가에 관한 사항을 하위 행정규칙에 불과한 장관의 예규에서 제한하는 것은 법체계에도 적합하지 않다.

공무원과 교원도 노동자, 시민으로서의 기본적인 권리는 법률로 보장해야 한다. 근무시간, 휴가에 관한 기본 사항은 법률로 정해야 한다. 복무와 관련한 사항은 노동조합과의 단체교섭을 통해 정해져야 한다. 장관의 예규로 휴가에 관한 모든 사항을 결정하는 것은 헌법 및 노동조합법의 기본 취지에 어긋나는 적폐이다.

우리나라 노동자의 휴가 사용 실태
_국민여가활성화법 탄생

2015년 국회는 국민여가활성화기본법(약칭:여가활성화법)을 제정했다. 여가활성화법의 제정 이유는 다음과 같다.

"국민소득의 증가에도 불구하고 OECD 국가 중 최장 노동시간의 유지 및 국민 전체의 행복 수준 저하 등의 문제가 나타나면서 일과 여가의 균형을 통한 개인의 삶의 질 향상과 국가 전체의 사회적 생산성을 높여야 할 필요성이 제기되고 있음. (중략) 국민의 여가 활성화를 위한 법적·제도적 체계를 구축함으로써, 일과 여가가 균형을 이루어 개인의 삶의 질을 개선하고 국가 전체의 행복 수준과 경쟁력을 높이려는 것임."

국민의 여가 활성화 촉진을 위해 법률을 만들어야 하는 나라, 대한민국이다. 여가활성화법에서는 일과 여가의 조화를 위한 적절한 수준의 여가를 국민의 법적 권리로 규정했다. 국민의 삶의 질 향상을 위한 여가 활성화 정책 수립·시행을 국가와 지방자치단체의 의무로 규정했다.

2017.7.16. 문화체육관광부와 한국관광공사는 '국내 관광 활성화를 위한 휴가 사용 촉진방안 및 휴가 확산의 기대효과'에 관한 조사 결과를 발표했다.[14] 우리나라 노동자의 휴가 사용 현황과 장애 요인을 파악하고, 효과적인 휴가 확산 방안을 마련하기 위한 조사이다. 재직기간 1

년 이상인 민간기업과 공공기관 노동자 1,000명을 대상으로 설문 조사를 진행했고, 인사·복지 담당 중간 관리자를 대상으로 심층 면접을 진행했다. 연구기관은 산업연구원이다.

조사 결과에 따르면 2016년 연차휴가 부여 일수는 평균 15.1일, 사용 일수는 평균 7.9일로 52.3%의 사용률을 보였다. 경제협력개발기구(OECD) 국가의 평균 휴가일수 20.6일, 사용률 70%와 비교하면 매우 낮은 수준이다. 연간 5일 미만 휴가 사용이 33.5%로 가장 높다. 연차휴가를 전혀 사용하지 않은 응답자도 11.3%이다. 연차휴가를 사용하지 못한 요인은 직장 내 분위기(44.8%), 업무 과다 또는 대체 인력 부족(43.1%), 연차휴가 보상금 획득(28.7%)이다.

위 보고서에 따르면 우리나라 근로자 1,400만 명(2016 상용근로자 기준)이 7.9일(평균 사용일)이 아닌 부여된 연차휴가(15.1일)를 모두 사용했다면 여가소비 지출액 16조 8천억, 생산 유발액 29조 3천억, 부가가치 유발액은 13조 1천억, 고용 유발 인원 21만 8천 명에 해당하는 경제적 효과가 발생한다. 생산 유발액 29조 3천억은 소나타 승용차 46만 대, 갤럭시 노트 1,670만 대에 상당하는 금액이다. 휴가가 단순한 소비에 그치는 것이 아니라 생산과 고용 유발을 촉진하는 것으로 분석했다.

공무원의 휴가 사용 실태는 어떠할까?

2016년 2월 인사혁신처는 50개 정부 부처, 약 6만 명의 공무원을 대상으로 2015년 연가 사용 실태를 조사, 발표했다.[14]

평균 연가 사용일은 10일이다. 법률에서 보장한 연가의 48.5%를 사용했다. 사용률이 가장 높은 부처는 공무원 복무를 담당하는 인사혁신

---

13. 문화체육관광부 보도자료. 2017.7.16.
14. 2016.2.4. 인사혁신처 보도자료. 2015년 국가공무원 연가 사용 실태 결과 발표.

처로 14.1일이다. 인사혁신처가 모범을 보인 점 다행이다. 사용률이 가장 낮은 기관은 외교부로 5.2일이다. 그 다음 순서는 교육부로 6일이다. 교육부가 꼴찌가 아닌 점이 그나마 다행일까?

응답자의 25%가 연가를 자유롭게 사용하지 못한다고 답했다. 이유는 과도한 업무량 35.4%, 상사 눈치 보기 등 조직 내 분위기 30.7%이다. 응답자의 3분의 2가 경직된 조직문화로 연가 사용이 자유롭지 못하다고 답변했다. 연가 사용을 적극적으로 활성화할 필요가 있다는 의견 70%, 연가 사용이 직무 만족도와 생산성 향상에 도움이 된다는 의견 72%로 연가 사용 활성화에 대한 바람은 매우 크다.

인사혁신처는 보도자료를 통해 "휴가를 통한 적절한 휴식과 여유를 갖는 것은 단지, '쉬는 것'이 아니라 의욕적이고 생산적으로 일하기 위한 재충전"이라며 "계획적인 휴가로 양질의 저비용 휴가를 누리고, '가족과 휴식이 있는 삶'을 통해 일과 휴식이 조화를 이루는 근무혁신을 이뤄나가겠다"고 밝혔다. 다음 해 2017년 3월, 인사혁신처는 공무원 근무혁신 지침을 발표했다.

공무원 근무혁신 지침

_교원에게 그림의 떡

2017.3.9. 인사혁신처는 일·가정 양립을 위한 '공무원 근무혁신 지침'을 공포했다. 헌법재판소가 박근혜 전 대통령을 탄핵한 날 하루 전날이다. 핵심 내용은 네 가지로 유연근무제, 가정 친화적 제도, 초과근무 제한, 연가 활성화이다. 네 가지 핵심 내용 중 하나가 연가 활성화이다.

공무원 근무혁신 지침 발표 후, 인사혁신처는 지속적인 근무혁신 방안을 도입했다. 복무 시스템에서 연가 사유란을 폐지했다. 연가 사유는 심사 대상이 아니라는 판단이다. 상사의 눈치를 보게 되는 사유 작성은 일·가정 양립을 저해하는 요인이 된다는 판단이다. 유연근무는 신청 당일에도 가능하도록 했다. 매주 수요일을 가족 사랑의 날로 지정하여 초과근무를 금지했다. 고등학생 이하 자녀돌봄휴가, 남성 공무원 출산휴가 필수 보장, 육아시간 만 5세 확대 등을 도입했다.

공무원 근무혁신 지침 실행을 위해 국가공무원복무규정을 개정했다.

행정기관의 장은 연가 사용 촉진을 위해 매년 3월 31일까지 소속 공무원이 최소한으로 사용해야 하는 10일 이상의 권장 연가일수와 미사용 권장 연가일수에 대한 연가 보상비 지급 여부를 공지해야 한다. 매년 6월 1일부터 7월 31일 중, 소속 공무원별로 남은 권장 연가일수를 알려주고 언제 사용할 것인지 10일 이내 기관장에게 통보하도록 촉구해야 한다. 이러한 촉구에도 불구하고 해당 공무원이 언제 연가를 사용할 것인지 기관장에게 통보하지 않으면, 기관장이 직접 연가 사용 시기를 정하여 해당 공무원에게 통고해야 한다. 이러한 조치를 했음에도 소속 공무원이 권장 연가를 사용하지 않으면 사용하지 않은 권장 연가일수에 대해서는 연가 보상비를 지급하지 않을 수 있다. 권장 연가일수를 최대한 사용하도록 하기 위함이다.

연가 보상비 지급 대상인 연가일수는 10년간 이월·저축할 수 있다. 저축 연가일수를 활용하여 충분한 휴식, 가족화합, 자기계발 등을 위해 10일 이상 장기 연가를 신청할 수 있다. 3개월 이전에 신청하면 기관장은 공무수행에 특별한 지장이 없다면 승인해야 한다. 연가 사용에 따른 업무대행자 지정, 인력 보충 등 자유로운 연가 사용에 필요한 조치는 행정기관장의 법적 의무로 규정했다.

범국가적 차원에서 연가 활성화 정책이 실현되고 있는 이때, 학교 현장은 어떠한가? 안타깝다. 모든 공무원에게 적용하는 공무원 근무혁신 정책을 교원에게는 적용하지 않고 있다. 교육부장관의 행정명령에 불과한 교원 휴가에 관한 예규(제10조)에서 국가공무원복무규정 제16조 제1항·제4항·제5항(연가 보상비 등)과 제16조의2·3·4(연가 사용 권장, 저축, 장기 연가 사용)는 교원에게 적용하지 아니한다고 정하고 있기 때문이다.

장관의 행정명령에 불과한 예규가 상위 법령인 국가공무원복무규정 위에 군림하고 있는 형국이다.

연가일수는 어떻게 정해지나?
_재직기간에 따른 실제 근무한 기간에 비례

공무원의 연가일수는 국가공무원복무규정에 따라 재직기간에 따라 정해진다. 재직기간이란 공무원연금법에서 정한 재직기간으로 공무원으로 임명된 날이 속하는 달부터 퇴직한 날의 전날 또는 사망한 날이 속하는 달까지의 연年월月 수數로 계산한다.

재직기간에 따른 연가일수

재직기간	연가일수	재직기간	연가일수
1개월 이상 1년 미만	11일	4년 이상 5년 미만	17일
1년 이상 2년 미만	12일	5년 이상 6년 미만	20일
2년 이상 3년 미만	14일	6년 이상	21일
3년 이상 4년 미만	15일	-	-

일·가정 양립을 위한 공무원 근무혁신 지침에 따라 재직기간이 짧은 공무원의 연가가 대폭 늘어났다. 2018년 7월부터 재직기간 1개월 이상이면 11일의 연가를 부여한다. 이전에는 재직기간 3개월 미만이면 연가가 없었다. 3개월 이상 6개월 미만이면 3일, 6개월 이상 1년 미만이면 6일의 연가를 부여했었다. 국가공무원복무규정 개정으로 재직기간 1년 이상이면 12일, 6년 이상이면 21일의 연가를 부여한다.

실제 근무하지 못한 휴직기간은 연가일수에 반영하는 재직기간에 산입하지 않는다

휴직기간 공무원 신분은 유지하므로 모든 휴직기간은 공무원연금법상의 재직기간에 포함한다. 그러나 연가일수 산정에서는 실제 근무하지 못한 휴직기간은 산입하지 않는다. 정직, 직위해제로 실제 근무하지 못한 기간도 산입하지 않는다. 다만 육아휴직, 법령에 따른 의무수행, 공무상 질병휴직기간은 연가일수를 산정하는 재직기간으로 포함한다. 재직기간은 연가 사용 직전일을 기준으로 계산한다. 공무원연금법상 재직기간 6년인 교사가 재직 중 동반 휴직기간이 3년이라면 연가일수는 21일이 아닌 실제 근무한 재직기간 3년에 해당하는 15일을 부여한다.

당해 연도 실제 근무하지 못한 기간은 연가일수 산정에서 공제

해당 연도 중 임용, 휴직, 퇴직 등의 사유로 사실상 직무에 종사하지 못한 기간이 있는 경우, 연가일 수는 다음의 계산식에 따라 산정한다.

연가일수 계산식

$$\frac{\text{해당 연도 중 사실상 직무에 종사한 기간(개월)}}{12(\text{월})} \times \text{해당 연도 법정 연가일수}$$

법정 연가일수가 15일인 교사가 당해 4개월의 질병휴직을 사용했다면, 실제 직무에 종사한 8개월분의 연가만 부여한다. 사실상 직무에 종사한 기간은 개월 수로 환산하여 계산한다. 15일 이상은 1개월로 계산하고, 15일 미만은 산입하지 않는다. 소수점 이하의 일수는 반올림한다.

$$\frac{8}{12} \times 15 = 9.9(\text{일})$$

사용 가능한 연가일수는 10일이다.

학기 중 연가

_기관 운영에 특별한 지장이 없다면 승인해야

교육부 예규를 근거로 학기 중 연가를 무조건 불허하는 사례가 종종 일어난다. 예규란 행정사무의 통일적 적용을 위해 반복적 행정사무의 처리 기준을 제시하는 법규 문서 외의 문서이다. 법규적 성격을 띤 예규일지라도 장관의 행정규칙에 불과한 예규가 상위 법령의 범위를 넘어설 수 없다.

2018년 이전 교육부 예규에서 "연가는 부모생신일 또는 기일 등을 제외하고는 특별한 사유가 없는 한 방학 중에 실시"라는 문구를 과잉 해석하여 학기 중 연가를 불허하는 사례가 속출했다. 장관의 예규를 근거로 학기 중 연가를 원천 금지하는 것은 온당하지 않다.

2022년 개정된 교육부의 교원 휴가에 관한 예규에 따르면 학교장은 다음의 경우에 수업일 중 연가를 승인할 수 있다.

1. 본인 및 배우자 직계존속의 생일
2. 배우자, 본인 및 배우자 직계존속의 기일
3. 배우자, 본인 및 배우자 직계존비속 또는 형제·자매의 질병, 부상 등으로 일시적인 간호 또는 위로가 필요하다고 인정되는 경우
4. 병가를 모두 사용한 후에도 직무를 수행할 수 없거나 계속 요양을 할 필요가 있는 경우
5. 한국방송통신대학교 출석 수업 및 일반대학원 시험에 참석하는

경우

6. 본인 및 배우자 부모의 형제·자매 장례식

7. 본인 및 배우자 형제·자매의 배우자 장례식

8. 본인 자녀의 입영일

9. 기타 상당한 이유가 있다고 소속 학교의 장이 인정하는 경우

수업일 중 연가는 가족의 생신, 기일, 병간호, 통신대학교 수업, 대학원 시험, 가족의 장례식, 자녀의 입영이 아니라면 '상당한 이유'가 있다고 학교장이 인정할 때 가능하다.

연가에 필요한 '상당한 이유'란 무엇일까?

참으로 우스운 질문이다. 연가 본연의 취지는 정신적·신체적 휴식과 개인적 사무 처리이다. 지극히 개인적 영역이다. 기관장이 공적인 기준으로 판단할 사항이 아니다. '상당한 이유' 여부로 연가 승인 여부를 판단하는 것은 연가 본래의 취지에 적합하지 않다.

학교장은 어떤 기준으로 연가 승인 여부를 결정해야 하는가?

국가공무원복무규정에 따르면 기관의 장은 "공무수행에 특별한 지장이 없으면 연가를 승인"해야 한다. 인사혁신처 예규에서는 연가는 "소속 공무원이 원하는 일자에 사용할 수 있도록 승인하되, 부서별 업무 운영을 감안하여 특별한 사정이 없는 한 부서별 공무원 수의 3분의 1이상이 동시에 연가를 사용하지 않도록 관리"하도록 정하고 있다. 학교장은 연가 신청자가 아니면 대체 불가능한 특별한 업무가 아니라면 연가를 승인하는 것이 연가의 취지에 부합하는 결정이다.

구두 승인 후 연가 신청, 합당한가?

_연가 사전 구두 결재 등 요구, 관리자의 갑질

"공무원이 휴가·지각·조퇴·외출 또는 출장하고자 할 때 근무상황부 또는 근무상황카드에 의하여 사전 소속기관의 장의 승인을 받아야 하며, 불가피한 사유로 사전 승인을 받지 못한 경우에는 사후에 지체 없이 승인을 받아야 한다." 국가공무원 복무규칙(총리령)의 내용이다.

"근무상황부는 교육행정정보시스템(NEIS)에 의하여 개인별로 관리하되, 교육정보시스템에 의한 근무상황부를 운용하지 아니하는 경우 별도로 근무상황부를 비치·관리할 수 있다." 교원 휴가에 관한 예규의 규정이다.

학교는 교육행정정보시스템으로 근무상황부를 관리하고 있으므로 NEIS를 통해 휴가를 신청한다. 구두로 사전 허락을 받은 다음 NEIS에 신청할 것을 요구하는 것은 불필요한 절차를 강제하는 것이다. 규정에 어긋난 관리자의 갑질, 권한 남용이다.

관리자의 사전 구두 결재 요구는 교육부 예규에도 원인이 있다. 학교장이 '상당한 이유'가 있다고 판단하는 경우, 수업일 연가를 승인하도록 했기 때문이다. 교육부는 '교원 휴가에 관한 예규 관련 주요 질의회신 사례' 공문을 통해 "교원이 수업일 중 연가를 사용할 경우는 학교장이 인정하는 사유여야 하므로 구두보고 등 필요한 조치를 통해 사전결재가 이루어져야" 한다고 안내했다. 학교장이 사생활을 일일이 확인하고, 상당한 사유 여부를 판단하여 승인하는 것은 사생활 침해, 인권침해이다. 현장의 거센 반발에 따라 교육부는 공문을 다시 시행했다. "복무 관련 NEIS 결재 시 구두보고 또는 NEIS 외 별도 사전결재는 필수 절차가 아니므로, 사전에 구두보고 등을 강요하지 않도록 유의"하라고 지시했다.

교육부의 재공문 시행으로 문제가 해결되었을까?

교육부 예규만을 주목하는 학교장이라면 더욱 난감해질 뿐이다. 연가 사유 작성 금지, 사전 구두보고 금지, NEIS 외 별도의 사전결재 등을 금지했는데, 학교장은 '상당한 이유'를 어떻게 판단할 수 있을까?

관심법을 쓸 수 있는 초능력이 아니라면 사실상 불가능하다. 합리적 리더십을 갖춘 학교장이라면 학교운영에 특별한 문제가 없다면 연가를 승인하는 것이 현명하다. 일·가정 양립, 일·휴식의 조화라는 시대적 상황에도 맞다. 연가가 필요한 경우, 연가를 활용하게 하고 근무일엔 최선의 직무를 다하게 하는 리더십이 필요하다.

병가기간에 대한 연가일수 공제, 합당한가?
_교원에 대한 이중 차별

2018년 이전에는 병가일수가 연가일수에 영향을 미치지 않았다. 2018년 국가공무원복무규정 제17조 ②항을 다음과 같이 개정했다.

　　해당 연도 중 임용, 휴직, 퇴직하는 등의 사유로 "인사혁신처장이 정하는 사실상 직무에 종사하지 못한 기간"이 있는 경우, 연가일수는 다음 계산식에 따라 부여한다.

$$\frac{\text{해당 연도 중 사실상 직무에 종사한 기간(월)}}{12(\text{월})} \times \text{당해 연도 연가일수}$$

휴직, 임용, 퇴직 외 '등'의 사유, '등'을 추가했다. '등'에 해당하는 사유를 인사혁신처 장관이 정하도록 위임했다. 인사혁신처 장관이 정한 사실상 직무에 종사하지 못한 기간은 다음과 같다.

• 퇴직자의 미 근무기간
• 해당 연도 중 임용자의 미 근무기간
• 1개월 이상 연속된 교육파견 기간
• 연간 통산 병가(공무상 병가 제외)
• 공로퇴직 연수기간
• 해당 연도 중 군 입대:입대 후 미 근무기간, 복직시 군에서 근무한

기간

- 1개월 이상 연속한 국외교육 훈련파견 등 파견기간
- 대기발령 등으로 사실상 직무에 종사하지 아니한 기간(소속기관장으로부터 특정한 업무를 부여받은 경우 제외)
- 직제와 정원의 개폐나 예산의 감소 등에 따른 폐직·과원 등의 사유로 보직을 받지 못한 기간(소속기관장으로부터 특정한 업무를 부여받은 사람은 제외)

임용, 휴직, 퇴직 등으로 당해 8개월만 근무했다면 실제 근무한 8개월분의 연가를 부여한다. 실제 근무하지 못한 4개월 기간의 연가를 공제하는 것은 이해할 수 있는 측면이 있다. 그런데 이해할 수 없는 부분이 있다. 병가기간을 연가일수에서 공제하는 부분이다.

복무규정 및 인사혁신처 예규에 따르면 사실상 직무에 종사한 기간은 월로 환산하여 계산하되, 15일 이상은 1월로 계산하고 15일 미만은 이를 산입하지 않는다. 따라서 15일 미만의 병가는 연가일수에 영향을 미치지 않는다. 15일 이상의 병가 사용은 연가일수에 영향을 미친다. 15일의 병가를 사용했다면 해당 연도 연가일수에서 1개월분의 연가를 공제한다. 60일의 병가를 모두 사용했다면 2개월분의 연가를 공제한다.

재직기간에 따른 연가일수가 21일인 교사가 당해 60일의 병가를 사용했다면 당해 사용할 수 있는 연가는 17일(10/12×21=17.4)이다. 병가 60일에 따라 4일의 연가가 줄어든다. 21일의 연가를 모두 사용했다면 4일은 결근으로 처리하여 4일분의 보수를 반납해야 한다. 상위 법령인 대통령령에 따라 유급휴가로 정한 병가를 인사혁신처의 예규에서 무급으로 변경한 상황이다. 상위 법령의 취지에 부합하지 않는다.

국가공무원 복무규정에 따라 연가는 최대 10년간 저축할 수 있다.

병가 사용으로 줄어든 연가, 일반 공무원이라면 저축한 연가를 활용할 수 있다. 그런데 교원의 경우는 다르다. 교육부장관의 예규에서 연가 저축 조항을 교원에게 적용하지 않기 때문이다. 교육부가 연가 저축은 적용하지 않으면서 15일 이상의 병가를 연가에서 공제하도록 하는 인사혁신처 예규를 교원에게 적용하는 것은 부당한 이중 차별이다. 일반 공무원과 동일하게 연가 권장, 연가 저축 규정을 적용하는 것이 옳다.

조퇴 사유, 구체적으로 기재해야 하나?

_구체적 조퇴 사유 기록 요구, 사생활 침해

조퇴를 신청할 때 사유를 자세히 묻거나 기재할 것을 요구하는 사례가 있다. 합당한가?

공가, 특별휴가는 정해진 사유가 있다. 승인권자는 사유에 해당하는지 판단하고 승인한다. 연가에 해당하는 일반 조퇴는 사정이 다르다. 특별하게 정해진 사유가 아닌 개인적 편의, 사적 용무를 위한 휴가이다. 사적 용무를 자세히 기록하게 하고, 그 사유를 심사하여 승인 여부를 결정하는 것은 연가 취지에 어긋난다. 사생활 침해, 기본권을 침해하는 행위이다. 병조퇴에서 어떤 질병으로 어느 병원에서 치료받는지를 묻거나 기재하게 하는 것은 더욱 심각하다. 관리자의 지위를 이용하여 개인의 민감한 정보를 요구하는 것이다.

교육부는 2019년 '교원 휴가에 관한 예규 관련 주요 질의회신 사례' 안내 공문을 통해 민감한 개인정보 보호를 위해 조퇴 사유를 '개인용무'로 기재하도록 안내했다. 그러나 "사생활 침해 소지가 있는 경우에는 학교장에게 구두로 사유를 전달"하라고 안내했다. 앞뒤가 맞지 않는다. 관리자인 학교장에게 구두로 사유를 말하도록 하는 것은 더욱 심각한 사생활 침해, 인권침해가 될 수 있다. 조퇴 사유를 상세히 묻거나 기록하게 하는 것은 관리자의 갑질이다.

2018년 개정된 교육부 예규에서 연가(반일 연가 포함)를 신청할 때 '사유 또는 용무'를 기재하지 않고, 지각(지참)·조퇴·외출은 사유를 기재하도록 했다. 1일 또는 반일 연가에도 기록하지 않는 사유를 몇 시간의 조퇴에 대해 사유를 기재하라는 것, 일관성이 없다.

지각(지참)·조퇴·외출 사유를 자세히 기록할 필요는 없다. 병조퇴는 병가에 합산되고, 일반 조퇴는 연가에 합산하므로 병가 사유인지 연가 사유인지를 구분할 수 있으면 충분하다. 일반 조퇴 사유는 '개인용무', 병조퇴는 '질병으로 휴식', '질병으로 병원진료' 등으로 기록하면 충분하다.

「일·가정 양립」이라는 공무원 근무혁신 지침에 따라 연가 사용을 국가 시책으로 장려하고 있다. 일반 공무원의 결재 시스템에서 연가 사유란을 폐지했다. 조퇴 사유를 자세히 묻거나 기재할 것을 요구하는 것은 사생활 침해, 갑질이다.

휴가의 종류
_연가, 병가, 공가, 특별휴가

    국가공무원복무규정에서 정한 공무원의 휴가는 연가, 병가, 공가, 특별휴가이다. 사립 교원의 복무에 관한 사항도 국가공무원법을 준용한다. 교원의 병가, 공가, 특별휴가는 일반 공무원과 차이가 없다. 국가공무원복무규정과 인사혁신처 예규인 국가공무원 복무·징계 관련 예규를 참조하면 된다.

    연가는 정신적·신체적 휴식을 취함으로써 근무 능률을 유지하고 사생활의 편의를 위하여 사용하는 휴가이다. 국가공무원복무규정에서 교원의 휴가는 학사일정을 고려하여 장관이 따로 정할 수 있도록 위임하고 있으므로 교육부 예규인 교원 휴가에 관한 예규를 참조하면 된다.

    병가는 질병 또는 부상으로 직무를 수행할 수 없는 경우 또는 감염병에 걸려 다른 공무원의 건강에 영향을 미칠 우려가 있을 때 부여받는 휴가이다. 일반 병가는 연간 60일, 공무상 병가는 180일을 사용할 수 있다.

    공가는 공무원이 일반 국민의 자격으로 국가기관의 업무 수행에 협조하거나 법령상 의무수행을 위해 부여받는 휴가이다.

    특별휴가는 사회통념 및 관례상 특별한 사유가 있는 경우 부여받는 휴가이다. 경조사 휴가, 출산휴가, 유산·사산 휴가, 난임 치료 시술 휴가, 여성보건휴가, 모성보호시간, 육아시간, 수업휴가, 재해구호휴가가 있다.

휴가는 근무상황부(NEIS)에 미리 신청하여 사유 발생 전에 승인을 받아야 한다. 불가피한 경우 당일 정오까지 필요한 절차를 진행해야 한다. 이 경우 다른 교원에게 대행하게 할 수 있다. 당일 아침 갑작스러운 휴가 사유가 발생했다면 전화로 휴가 신청을 알리고 다른 교원이 휴가 신청을 대행할 수 있다.

연가·병가·공가·특별휴가는 별개의 요건에 따라 운영하므로 휴가일수의 계산은 휴가 종류별로 따로 계산한다. 공휴일과 토요일은 휴가일수에서 제외한다. 다만, 연가를 제외한 휴가 기간이 30일 이상 계속하는 경우, 토요일과 공휴일을 휴가일수에 산입한다. 30일 이상 연속하는 병가, 출산휴가, 유산·사산휴가는 토요일과 공휴일을 휴가일수에 산입한다.

법정 휴가일수를 초과한 휴가는 결근으로 처리한다. 모든 결근에 대해서 보수를 지급하지 않는 것은 아니다. 법정 휴가일수를 초과한 결근에 대해서 보수를 감액한다.

병가와 진단서

_연간 누계 6일 초과 병가, 진단서 요구는 과도

공무원과 교원은 연간 60일의 병가가 가능하다. 60일의 병가를 사용하고도 치료와 요양이 더 필요하면 연가를 사용할 수 있다. 병가, 연가를 모두 사용한 후에도 정상 근무가 어려운 경우에는 연속하여 최대 2년의 질병휴직이 가능하다. 병가는 유급휴가이므로 보수, 호봉, 경력 등에 손실이 전혀 없다. 질병휴직기간은 보수의 일부(1년 차 70%, 2년 차 50%)를 지급한다.

병가는 질병, 부상으로 정상 근무가 어려운 공무원이 치료에 전념할 수 있도록 부여하는 휴가이다. 직업 공무원제에서 공무원 한 사람의 능력과 경력은 국가의 중요한 자산이다. 질병이 발생하면 참고 견디며 출근하는 것이 능사가 아니다. 병을 키워 정상 근무가 어려운 상황에 직면한다면 본인의 의사와 관계없이 임용권자가 직권으로 면직 처분할 수 있다. 개인과 국가, 모두의 손실이다.

연간 60일의 유급 병가는 교원과 공무원에게 제공하는 큰 혜택이다. 인사혁신처 예규에서 연가 사유의 고의적 병가처리 방지를 강조하고 있다. 병가기간 중 국외여행 등으로 병가를 악용하는 경우 징계를 받을 수 있다.

국가공무원복무규정(18조 ③항)에서 "병가 일수가 연간 6일을 초과하는 경우에는 의사의 진단서를 첨부"하도록 정하고 있다. 이에 따라 인사혁신처 예규에서는 "연간 누계 6일까지는 진단서 제출 없이도 병가를 사용할 수 있으나, 7일 이상 연속되는 병가와 병가의 연간 누계가 6일을 초과하게 되는 경우에는 의료법 제17조에 의하여 교부된 진단서를 제출"하도록 정하고 있다.

동일한 사유의 병가는 최초 제출한 진단서로 갈음할 수 있다. 동일 사유 여부는 기관장이 진단서 등의 내용을 감안하여 결정한다. 진단서를 제출하지 못한 병가는 연가 일수에서 공제한다. 진단서는 병가 신청 때 제출해야 하나 갑작스러운 발병, 사고 등으로 진단서를 준비하지 못한 경우라면 이후 제출할 수 있다. 병가 기간은 기관장이 해당 공무원의 직무수행 가능 여부와 진단서의 내용을 감안하여 결정한다. 진단서에 명기된 기간(치료 및 요양)만 병가 승인이 가능한 것이 아니다.

연간 병가의 누계가 6일을 초과한 교사가 2시간 병조퇴를 신청한다면 진단서를 제출해야 한다. 몇 시간 조퇴에 대해 진단서 제출 요구는 과도한 규정이라는 지적에 대해 인사혁신처의 설명은 병조퇴(병가에 합산됨)가 아닌 일반 조퇴(연가에 합산됨)를 사용할 수 있다는 설명이다. 연가 사용이 권장되고 연가 저축이 가능한 일반 공무원을 고려한 변화이다. 학기 중 연가 사용이 자유롭지 못한 교원의 경우, 병 조퇴는 제외하고 1일 이상의 병가에만 진단서 제출로 개선할 필요가 있다.

병가는 진단서에 기재된 기간만 가능한가?

대부분 현장에서 병가는 진단서에 기재한 기간 내에서만 승인하고 있다. 중한 질병인 경우, 종합병원에서는 '장기간의 치료와 요양'이 필요하다는 진단서를 발급하는 사례가 있다. 이때 관리자가 치료와 요양기간을 구체적으로 특정하지 않은 진단서로는 병가를 승인할 수 없다며 진단서 재발급을 요구하는 사례가 종종 발생한다. 교육청의 지나친 복무 감사로 인해서 빚어지는 일이기도 하다.

국가공무원복무규정 및 인사혁신처 예규에서 병가기간은 진단서에 특정한 기간만 가능하다는 규정은 없다. 병가는 질병 또는 부상으로 정상 근무가 어려울 때, 감염병으로 전염의 우려가 있을 때 사용하는 휴가이다. 그러므로 병가의 종료 시점은 질병 또는 부상의 호전으로 정상 근무가 가능한 때, 감염병이 완쾌되어 전염의 우려가 없을 때다. 단, 연간 60일을 초과할 수 없을 뿐이다. 60일 이후에는 연가, 질병휴직을 활용해야 한다.

국가공무원복무규정에서 7일 이상 연속하는 병가에 대해 진단서 제출을 규정한 것은 질병, 부상, 감염병으로 정상 근무 가능 여부를 확인하는 취지이다. 진단서에 특정한 치료기간은 병가기간 결정의 중요 참조 자료일 뿐이다. 원칙적으로 병가기간은 기관장(승인권자)이 해당 공무원의 직무수행 가능 여부와 진단서 내용을 감안하여 결정하는 것이다. 인사혁신처 예규의 내용이기도 하다.

진단서(건강진단서)란 진찰, 검사 결과 등을 종합하여 환자의 건강 상태, 질병 상태에 대한 의사의 의견이나 판단을 기록한 문서이다. 의료법 시행규칙에 따라 환자의 병명, 치료내용 및 향후 치료에 대한 의사소견 등을 기록한다. 2주 진단서로는 2주간의 병가만 가능한 것이 아니라 질병의 종류, 환자의 상태, 업무 등을 고려하여 기관장이 적정 기간을 결정할 수 있다.

통상 2, 3개월 이상의 치료가 필요한 중한 질병의 경우, 치료기간을 특정하지 않고 '장기간'의 치료와 요양이 필요하다는 내용을 기록하는 것이 일반적이다. 전문의라 하더라도 중증 질환의 경우 쾌유 기간을 2개월, 3개월, 6개월로 단정할 수 없는 경우가 많기 때문이다.

관리자의 요구에 따라 어쩔 수 없이 담당의를 찾아가 진단서에 구체적인 기간을 명시해 달라는 요청을 하는 경우에 의사로부터 면박을 당하기도 한다. 구체적 기간을 단정할 수 없는 전문의의 판단에 대한 간섭, 월권이기 때문이다.

'장기간'의 치료와 요양이 필요하다는 진단서를 제출한 경우, 기관장이 질병의 종류, 담당업무, 평소 건강 상태 등을 종합하여 60일의 범위에서 병가를 허용할 수 있다. 기관장의 재량권 영역이다.

교육부의 오랜 해석은 기간을 명시하지 않은 진단서로는 60일의 병가 불가이다. 시도교육청 복무감사에서도 이러한 지침을 적용하고 있다. 국가공무원복무규정에 근거한 기관장의 합리적 재량권 행사를 교육부와 교육청의 지침, 감사 등으로 제한하는 것은 불합리하다. 일부 관리자의 갑질, 승진을 앞둔 교감의 지나친 복지부동도 개선 사항이다.

Q&A
묻고 답하기

Q. 휴가 관련 법규와 행정규칙은?

A. 교원의 휴가 관련 법규와 행정규칙은 다음과 같다.

- 근로기준법 : 근로조건의 기준, 근로계약, 임금, 근로시간, 휴식, 휴가 등
- 국가공무원법 : 보수, 복무, 휴직, 징계 등
- 국가공무원복무규정(대통령령) : 근무시간, 휴가, 영리업무 및 겸직, 정치운동 및 노동운동 등
- 국가공무원복무규칙(총리령) : 선서, 근무사항, 당직, 비상근무, 공무원증 등
- 국가공무원복무·징계 관련 예규(인사혁신처) : 유연근무제, 당직, 출장, 휴가, 외부강의, 징계 등 세부 사항
- 교원 휴가에 관한 예규(교육부) : 교원 휴가에 관한 교육부장관의 행정규칙
- 공무원재해보상법 : 공무상 재해(공무상 병가, 공무상 휴직 등)

Q. 근로기준법, 교원에게 적용되나?

A. 노동자의 임금, 근로시간, 휴식, 휴가 등에 관한 사항은 근로기준법으로 정하고 있다. 교원에게는 근로기준법보다 국가공무원법을 우선

적용한다. 국가공무원법에서 명시적으로 규정하고 있지 않은 내용에 대해서는 교원에게도 근로기준법을 적용한다.

Q. 휴가 신청 절차는?

A. 휴가는 NEIS 또는 근무상황카드에 미리 신청하여 승인을 받아야 한다. 사전 승인을 받을 수 없을 때는 당일 정오까지 필요한 절차를 진행해야 한다. 이 경우 다른 공무원이 이를 대행하게 할 수 있다. 질병, 부상 등으로 출근하지 못한다면 전화로 신청하고 업무 담당에게 신청을 대행하게 할 수 있다.

Q. 휴무일은 휴가 기간에 포함하나?

A. 공휴일과 토요일은 휴가일수에서 제외한다. 다만, 휴가 기간이 30일 이상 계속되는 병가, 출산휴가의 경우, 휴가일수에 토요일과 공휴일을 산입한다.

연가·병가·공가 및 특별휴가는 별개의 요건에 따라 운영하므로 휴가일수의 계산은 휴가 종류별로 따로 계산한다. 병가 29일과 연가 5일을 연속하여 사용한 경우, 합산하면 34일이지만 병가와 연가는 따로 계산하므로 30일 이상 계속하는 휴가에 해당하지 않는다. 병가 15일, 연가 15일, 출산휴가 90일을 연속하여 사용하였다면 병가 15일과 연가 15일을 계산할 때는 공휴일과 토요일을 포함하지 않는다.

Q. 휴직한 경우 연가일수는 어떻게 달라지나?

A. 휴직, 퇴직, 연도 중 임용 등의 사유로 사실상 직무에 종사하지 않은 기간이 있는 경우 해당 기간을 제외하고 다음 셈식에 따라 연가일수를 부여한다. 단 공무상 질병휴직, 육아휴직, 법령에 따른 의무수

행으로 인한 휴직기간은 실제 근무한 기간으로 인정한다.

사실상 직무에 종사한 기간은 개월 수로 환산한다. 15일 이상은 1개월, 15일 미만은 산입하지 않는다. 다음 셈식에 따라 계산하고, 소수점 이하의 일수는 반올림한다.

연가일수 계산식

$$\frac{\text{해당 연도 중 사실상 직무에 종사한 기간(월)}}{12(\text{월})} \times \text{해당 연도 법정 연가일수}$$

재직기간이 5년 6개월인 홍길동 교사가 2개월 질병휴직 후 5월 1일 복직했다면 연가일수는?

재직기간 5년 6개월인 홍길동 교사의 연가일수는 20일이다. 휴직기간 2개월로 사실상 직무에 종사한 기간은 10월이다. 연가일수는 $\frac{10}{12} \times 20 = 16.6$(일)이다. 소수점 이하는 반올림하므로 연가일수는 17일이다.

그런데 질병이 재발하여 홍길동 교사가 7월 1일부터 4개월 동안 휴직 후 복직했다면 연가일수는?

$$\frac{6}{12} \times 20 = 10(\text{일})$$

Q. 결근, 정직, 직위해제 기간은 연가일수에서 공제하나?

A. 결근·정직·직위해제로 직무에 종사하지 못한 기간은 잔여 연가일수에서 공제한다. 직무에 종사하지 못하는 일수를 산정할 때 토요일과 공휴일은 포함하지 않는다. 직위해제와 정직의 경우 사용 가능한 연가일수 내에서만 공제한다. 연가일수가 20일인 교사가 정직 2개월의 징계 처분을 받았다면 20일의 연가 공제 후, 남은 정직기간 40일은 결근으로 처리하지 않는다. 결근으로 처리하지 않아도 정직기간은 보수를 지급하지 않는다. 경력평정, 호봉경력으로 산입하지 않는다. 직위해제

및 정직 처분이 취소 또는 무효가 된 경우에는 연가일수를 공제하지 않는다.

Q. 다음 연도의 연가를 미리 당겨 사용할 수 있나?

A. 연가일수를 초과하는 휴가 사유가 발생하면 다음 연도 연가를 미리 당겨 사용할 수 있다. 미리 당겨 사용할 수 있는 연가일수는 다음과 같다.

재직기간	미리 사용하게 할 수 있는 최대 연가일수
1년 미만	5일
1년 이상 2년 미만	6일
2년 이상 3년 미만	7일
3년 이상 4년 미만	8일
4년 이상	10일

다음 연도의 연가를 미리 사용하는 것은 다음 연도의 전 기간을 근무하는 것을 전제로 한다. 다음 연도 연가 10일을 당겨 사용했지만 질병휴직으로 다음 연도 전 기간을 근무하지 못했다면 사용한 휴가 10일은 결근으로 처리한다. 10일분의 보수를 반납해야 한다. 교육부 예규에서 교사의 연가 저축을 허용하지 않으므로 저축연가를 활용할 수 없다.

Q. 연가일수 가산은?

A. 연간 병가일수가 1일 미만이거나 연가일수가 3일 미만이라면 연가일수가 각각 1일 가산된다. 단, 당해 결근, 휴직, 정직, 직위해제 사실이 없어야 한다.

Q. 교원도 연가를 저축하거나 연가 보상비를 받을 수 있나?

A. 공무원은 사용하고 남은 연가를 최대 10년까지 이월·저축하거나 연가 보상비로 받을 수 있다. 저축한 연가는 휴식, 가족화합, 자기계발 등을 위한 10일 이상의 장기 연가로 활용할 수 있다. 국가공무원복무규정의 내용이다. 그런데 교육부장관의 예규인 교원 휴가에 관한 예규에서는 국가공무원복무규정의 연가 사용 권장, 연가 저축, 10일 이상 연속 연가 사용, 연가 보상비 지급 규정을 적용하지 않고 있다.

Q. 휴가로 인한 수업 결손 방지 책무는?

A. 휴가는 법령으로 보장하는 기본 권리이다. 휴가로 인한 수업 결손 등이 발생하지 않도록 시간 강사, 기간제 교사 채용 등의 조치는 학교장의 기본 책무이다. 예측하지 못한 돌발적 상황의 휴가는 수업 시간 변경, 보결 규정에 따른 보결 교사를 배치할 수 있겠지만, 사전 신청한 휴가의 경우 시간강사 또는 기간제 교사를 확보해야 한다.

대체 교사 확보를 휴가 신청 교사에게 떠넘기거나 대체 교사 미확보를 이유로 휴가를 불허하는 것은 관리자의 책무를 유기하는 것이다. 관리자의 기본 책무를 다하지 않는다면 학교장에 대한 지도 감독책임과 권한이 있는 교육감에게 행정지도를 요구할 수 있다.

Q. 2개 연도를 걸친 병가는?

A. 병가는 1월 1일부터 12월 31일까지 1년 단위로 계산하며 연간 60일이다. 해가 바뀌어 1월 1일이 되면 새로운 병가 60일이 가능하다. 11월부터 12월 31일까지 60일의 병가를 모두 사용했더라도 다음 해 1월 1일부터 60일의 병가를 다시 사용할 수 있다.

2개년에 걸쳐 30일을 초과하는 병가를 사용한다면 연도별로 구분하여 각각 30일 이상인 경우에만 공휴일과 토요일을 휴가일수에 산입한다. 12월 5일부터 다음 해 1월 25일까지 총 52일의 병가를 사용했다면, 12월에 사용한 27일, 1월에 사용한 25일의 병가는 각각 30일 미만이므로 휴가일수에 공휴일과 토요일을 빼고 계산한다.

Q. 동일 질병으로 일반 병가와 공무상 병가를 사용할 수 있나?

A. 일반 병가와 공무상 병가는 별개로 운용하는 휴가이다. 동일 질병으로 60일의 병가, 180일의 공무상 병가가 가능하다. 연속 사용도 가능하다. 7일 이상의 공무상 병가는 재해심사위원회로부터 공무(직무)상 재해를 인정받아야 한다.

Q. 연간 6일을 초과하는 병가는 어떻게 처리하나?

A. 연간 합산하여 6일을 초과하는 병가는 진단서를 제출해야 한다. 진단서를 제출하지 못한 경우에는 인사혁신처 예규에 연가로 처리하도록 정하고 있다. 합산하여 6일의 병가를 사용한 교사가 몸살로 2시간 병조퇴를 신청하고 가정에서 휴식을 취했다면 진단서를 제출해야 할까?

몸살, 두통 등 충분한 휴식만으로 회복할 수 있는 질병이라면 의사에게 진단서 발급을 요청하는 것은 비현실적이다. 6일을 초과하였다는 사정만으로 몇 시간의 모든 병조퇴에 대해서 진단서 제출을 요구하는 것은 탁상행정이다. 현실에 맞는 예규의 개선이 필요하다.

Q. 병가 사용 중 특별휴가 신청이 가능한가?

A. 병가와 특별휴가는 종별이 다르므로 별도로 사용 가능하다. 병가 사용 중 경조사 등 특별휴가 사유가 발생하면 병가를 취소하고 특별휴가를 신청할 수 있다.

Q. 질병휴직 후, 병가가 가능한가?

A. 질병휴직 후 복직은 휴직 사유 소멸, 즉 질병 또는 부상이 완쾌되었거나 정상 근무가 가능할 정도로 호전되었다는 것을 의미한다. 따라서 복직 후 바로 이어 같은 질병으로 일반 병가를 신청할 수 없다. 정상 근무가 가능하지 못한 상황이라면 질병휴직 연장 신청을 해야 한다.

질병휴직 만료(2년) 후 복직하여 '상당 기간' 정상 근무 후 같은 질병이 재발하였다면 일반 병가를 사용할 수 있다. 병가 후 질병휴직도 가능하다. '상당 기간'의 기준은 임용권자인 교육감의 재량 사항이다. 시도교육청에 따라 6개월 또는 3개월을 적용하고 있다.

Q. 진단서를 첨부한 병가 신청, 불허할 수 있나?

A. 병가는 질병 또는 부상으로 정상적인 직무수행이 어려운 경우 치료에 전념하기 위해 신청하는 휴가이다. 기관장은 신청자의 진술, 진단서, 기타 질병 관련 자료 등을 참고하여 정상적인 직무수행 가능 여부를 판단한다.

진단서는 환자의 건강 상태에 대한 전문의의 의학적 소견이다. 허위 또는 신뢰할 수 없는 객관적 자료가 없다면 무시할 수 없다. 합당한 근거 없이 의학적 판단을 무시하는 것은 관리자의 갑질, 권한 남용에 해당할 수 있다.

Q. 임신 중 병가, 가능한가?

A. 임신은 질병이 아니므로 임신을 사유로 병가를 사용할 수 없다. 그러나 임신 중 심한 입덧이나 부작용 등으로 안정할 필요가 있으면 병가를 신청할 수 있다. 임신과 무관한 특정 질병이 발생한 때는 그 질병을 사유로 병가를 신청할 수 있다.

Q. 병가기간 중 국외여행이 가능한가?

A. 병가는 질병 치료에 전념할 수 있도록 출근의 의무를 면제하는 휴가이다. 투철한 사명감으로 아픈 몸으로 근무를 강행하는 것은 질병을 악화시킬 수 있다. 개인은 물론 국가적 손실이다. 질병이 발생하면 치료에 전념하는 것이 옳다. 질병에 걸린 직원에게 적절한 치료와 휴식을 권고하는 것은 관리자의 기본 책무이다.

병가는 보수, 호봉, 경력 등에 손실이 전혀 없는 유급휴가이다. 병가를 악용한다면 징계 사유에 해당한다. 병가기간 치료 목적이 아닌 국외여행은 징계 사유가 될 수 있다.

Q. 60일 병가를 모두 사용하고도 치료와 요양이 더 필요하다면?

A. 60일 병가를 모두 사용한 후에도 질병으로 출근하지 못하면 결근 처리한다. 결근이란 출장, 휴가 등의 정당한 사유 없이 근무 종료 시각까지 출근하지 못하는 것이다. 결근은 보수를 지급하지 않으므로 본인의 법정 연가에서 공제한다. 공무원보수규정에서 해당 공무원의 연가일수를 초과하는 결근에 대해 봉급 일액을 지급하지 않도록 규정하고 있다. 60일 병가를 모두 사용한 후에는 병가 사유임에도 연가를 사용할 수 있다.

Q. 공무상 병가는 어떻게 사용하나?

A. 공무상 질병 또는 부상으로 직무를 수행할 수 없거나 요양이 필요한 교원에게 학교장은 180일 범위에서 공무상 병가를 승인할 수 있다. 동일 사유라면 연도 구분 없이 180일 범위에서 승인할 수 있다. 최초 질병·부상으로 추가 질병이 발생한 때도 동일 사안으로 처리하여 연도 구분 없이 180일의 공무상 병가를 승인할 수 있다. 일반병가와 공

무상 병가는 별도로 운영하므로 공무상 병가 180일을 모두 사용한 후에 일반 병가를 사용할 수 있다.

공무상 질병·부상 인정 여부는 공무원재해보상법의 규정에 따라 인사혁신처 공무원재해보상심의회, 사학연금공단의 급여심의회가 판정한다. 공무상 병가기간은 심의회의 결정 내용, 진단서, 직무수행 가능 여부 등을 고려하여 학교장이 결정한다. 6일 이내의 단순 안정만을 요하는 경미한 질병, 부상이라면 공무원재해보상심의회, 사학연금공단의 급여심의회의 결정없이 학교장이 판단하여 공무상 병가를 허가할 수 있다.

Q. 건강검진, 공가 사유인가?

A. 국민건강보험법, 결핵예방법에 따라 시행하는 건강검진은 공가 사유에 해당한다.

Q. 경조사 휴가일수는?

A. 경조사 휴가는 특별휴가이다. 휴가일수는 다음과 같다.

구분	대상	일수
결혼	본인	5
	자녀	1
출산	배우자	10
사망	배우자, 본인 및 배우자의 부모	5
	본인 및 배우자의 조부모·외조부모	3
	자녀와 그 자녀의 배우자	3
	본인 및 배우자의 형제·자매	1
입양	본인	20

결혼, 출산, 사망의 경우 해당 장소가 원격지라면 2일 범위에서 왕복 소요일수를 가산할 수 있다. 원격지란 가장 빠른 교통수단으로도 왕복 8시간 이상 소요하는 지역이다. 입양 휴가는 입양특례법에 따른 가정법원의 입양 허가를 받았거나 가족관계 등록 등에 관한 법률에 따른 신고 절차를 마친 경우 가능하다. 법원의 입양 허가 전에 사용할 경우, 입양할 아동을 인도받은 입양기관의 확인서류를 첨부하여 신청할 수 있다.

Q. 학교장이 임의로 경조사 휴가를 축소할 수 있나?

A. 금요일 오후 할아버지 사망으로 월, 화, 수 3일의 경조사 휴가를 신청했다. 학교장은 일요일 장례가 종료되었으니 월요일 하루의 휴가만 승인하겠다고 한다. 학교장이 임의로 경조사 휴가를 축소할 수 있을까?

사망으로 인한 경조사 휴가는 사유가 발생한 날 또는 다음날 휴가를 사용할 수 있다. 경조사 휴가는 휴무일을 빼고 사용한다. 출근하여 근무 중인 금요일 오후 할아버지가 사망하였다면 월요일부터 3일간 휴가를 사용할 수 있다. 일요일 장례를 종료했다는 사유만으로 휴가를 사용할 수 없다거나 월요일 하루만 휴가를 승인하겠다는 것은 학교장의 재량권 남용이다.

학교장은 국가공무원복무규정(제20조)에서 정한 경조사 휴가를 주어야 한다. '줄 수 있다'가 아닌 '주어야 한다'라는 강행규정이다. 승인권자가 임의로 휴가 기간을 축소하거나 불허할 수 없다. 삼우제와 같은 장례 후 진행하는 행사도 있으므로 법규에서 보장하는 경조사 휴가를 승인해야 한다.

Q. 경조사 휴가는 사유가 발생한 날이 반드시 포함되어야 하나?

A. 인사혁신처 예규에서는 경조사 휴가는 '사유가 발생한 날을 포함

하여 전후에 연속'하여 사용하는 것을 원칙으로 정하고 있다. 그러나 사유가 발생한 날을 반드시 포함해야 하는 것은 아니다. 사유가 발생한 날이 포함되어야 한다는 이유로 출근하여 근무하고 있는 날도 휴가를 신청하게 하는 경우가 있다. 잘못된 것이다. 휴무일인 토요일의 결혼, 경조사, 배우자 출산 등의 사유가 발생했다면 근무일인 월요일부터 휴가를 사용할 수 있다.

사망으로 인한 경조사 휴가는 사유가 발생한 날 또는 다음날 휴가를 사용할 수 있다. 출근하여 근무 중인 날 또는 퇴근 이후에 조부모님이 사망했다면 다음 날부터 연속하여 3일의 특별휴가를 사용할 수 있다. 토요일에 부모가 사망했다면 다음 주 월요일부터 연속하여 5일의 특별휴가를 사용할 수 있다. 휴무일에 자녀가 결혼한다면 전날 또는 휴무일 다음 출근일에 특별휴가를 사용할 수 있다.

본인 결혼 휴가는 사유가 발생한 날부터 30일 이내의 범위에서 사용할 수 있다. 휴가 마지막 날이 30일의 범위에 있어야 한다. 10월 6일 결혼한다면 11월 5일 이전에 휴가를 모두 사용해야 한다. 30일이 지난 11월 6일 이후에는 휴가를 사용할 수 없다. 배우자 출산으로 인한 10일의 특별휴가는 사유가 발생한 날부터 90일 이내 사용할 수 있고, 1회에 한정하여 나누어 사용할 수 있다.

Q. 출산휴가 신청 기준은?

A. 출산휴가는 임신 또는 출산 때 사용할 수 있는 특별휴가이다. 임신하거나 출산한 교원에 대하여 출산 전과 출산 후를 통하여 90일의 출산휴가를 승인해야 한다. 산모의 건강을 고려하여 출산 후의 기간이 45일 이상이 되어야 하지만, 조산의 우려 등 특별한 경우는 예외를 인정하고 있다. 둘 이상의 자녀를 임신한 경우는 120일의 출산휴가를 승

인할 수 있으며, 출산 후의 휴가 기간이 60일 이상이 되어야 한다. 휴가 신청은 출산 예정일을 기준으로 한다. 출산 예정일을 기록한 의료기관에서 발급한 진단서를 제출해야 한다.

출산휴가는 연속하여 사용해야 한다. 단, 아래의 경우 출산 전 어느 때라도 최장 44일(둘 이상의 자녀를 임신한 경우에는 59일)의 범위에서 나누어 사용할 수 있다.

1. 유산·사산의 경험이 있는 경우
2. 만 40세 이상인 경우
3. 유산·사산의 위험이 있다는 의료기관의 진단서를 제출한 경우

Q. 조기 출산 또는 육아휴직 중 출산하는 경우, 출산휴가는?

A. 5월 15일 출산 예정일인 자녀를 대상으로 5월 1일부터 90일의 출산휴가를 신청했다. 4월 10일 퇴근 후 조기 출산했다면 출산휴가 시작일을 4월 11일로 변경해야 한다. 다음날 출산 사실을 학교에 통고하면서 자연스럽게 휴가일을 변경할 수 있다.

휴직 중 조기 출산은 유의할 점이 있다. 첫째 아이 육아휴직 중 둘째 아이를 출산했다면 반드시 출산 당일 첫째 아이 육아휴직 복직 신청과 동시에 둘째 아이 출산휴가를 신청해야 한다. 출산휴가 신청이 늦어지는 만큼 출산휴가 기간이 짧아질 수 있다.

출산 10일 후 출산휴가를 신청하면 사용할 수 있는 출산휴가는 10일이 줄어든다. 휴가는 사유가 발생한 날부터 시작한다는 원칙 때문이다. 산모가 출산 당일 학교에 연락하는 일은 쉽지 않다. 가족이 대신할 수 있다.

둘째 아이 출산은 첫째 아이 육아휴직 사유 소멸에 해당하지 않는다

며 복직을 불허하는 일부 교육청의 지침이 있었지만 위법이라는 교원소청심사위원회의 결정이 있었다. 반드시 복직 조치와 함께 출산휴가를 승인해야 한다.

Q. 유산 또는 사산 휴가는?

A. 국가공무원복무규정(제20조)에 따라 기관장은 소속 여성 공무원이 유산하거나 사산한 경우 해당 공무원이 신청하면 유산 휴가 또는 사산 휴가를 주어야 한다. 신청이 있다면 '줄 수 있다'가 아닌 '주어야 한다'라는 강행규정이다.

휴가 기간은 임신기간에 따라 정해진다.

1. 임신 15주 이내(임신 105일 이하) : 10일
2. 임신 16주 이상 21주 이내(임신 106일부터 147일) : 30일
3. 임신 22주 이상 27주 이내(임신 148일부터 189일) : 60일
4. 임신 28주 이상(190일 이후) : 90일

유의할 점은 휴가 기간은 유산 또는 사산한 날부터 시작한다는 점이다. 유산(사산)한 날이 지난 후 신청하면 그만큼 휴가일수가 줄어든다.

Q. 배우자가 유산 또는 사산한 경우, 휴가는?

A. 행정기관의 장은 소속 남성 공무원의 배우자가 유산하거나 사산한 경우 3일의 유산 휴가 또는 사산 휴가를 주어야 한다. 2019년 12월 31일 신설된 휴가로 시행일은 2020년 1월 16이다. 당사자의 신청이 있다면 학교장은 반드시 승인해야 한다. 3일의 휴가는 배우자의 유산 또는 사산 휴가 기간에만 사용할 수 있다. 임신한 배우자가 15주 이내에

유산(사산)했다면 유산(사산)한 날로부터 10일 이내에만 3일의 휴가를 사용할 수 있다. 3일을 나누어 사용할 수 없다.

Q. 난임 치료 시술 휴가는?

A. 2022년 예규 개정으로 여성 공무원의 난임 치료 시술 휴가 일수가 다음과 같이 확대되었다. 남성공무원은 정자 채취일 당일 휴가 사용이 가능하다.

1. 인공수정 시술: 시술마다 2일의 휴가 사용이 가능하다. 시술 당일과 시술 전일 또는 시술 후 2일 이내 사용할 수 있다.
2. 체외 수정 시술
   1) 동결 보존된 배아를 이식하는 체외수정 시술: 시술마다 3일의 휴가 사용이 가능하다. 시술 당일은 반드시 포함하고 나머지 2일은 시술 전날 또는 시술 후 2일 이내 사용할 수 있다.
   2) 난자를 채취하여 체외수정 시술: 시술마다 4일의 휴가 사용이 가능하다. 난자 채취일 당일과 시술일 당일을 반드시 포함하고, 나머지 2일은 난자 채취일 전날 또는 시술일 전날, 난자 채취일 후 2일 이내 또는 시술일 후 2일 이내 사용할 수 있다.

Q. 여성보건휴가는 무급 휴가인가?

A. 여성 공무원은 생리 기간 중 휴식을 위하여 매월 1일의 여성 보건휴가를 사용할 수 있다. 여성 보건휴가는 무급이다. 무급 휴가를 사용하면 1일의 보수를 감액한다. 임신한 경우 병원 검진을 위한 매월 1일의 보건휴가는 2019년 12월 31일 국가공무원복무규정 개정으로 폐지하고 임신검진휴가를 신설했다.

Q. 모성보호시간은 어떻게 사용하나?

A. 임신 중인 여성공무원은 1일 2시간의 범위에서 휴식이나 병원 진료 등을 위한 '모성보호시간'을 받을 수 있다. 모성보호시간은 병원 진료뿐만 아니라 휴식을 위해 사용할 수 있다. 늦게 출근, 일찍 퇴근, 근무시간 중 활용할 수 있다.

모성보호시간은 근무일 출근을 전제로 하는 육아시간과 중복하여 사용할 수 없다. 모성보호시간을 사용할 때 하루 최소 근무시간은 4시간 이상이 되어야 한다. 최소 근무시간을 충족하지 못하면 사용한 모성보호시간은 연가로 처리한다. 모성보호시간 2시간과 3시간의 일반 조퇴(연가)를 함께 사용했다면 실제 근무시간은 3시간에 불과하므로 5시간 모두 연가로 처리한다. 모성보호시간 2시간과 병조퇴 3시간을 함께 사용했다면 연가 2시간, 병가 3시간으로 처리한다. 최초 이용 때 병원에서 발급한 증빙서류(진단서, 임신확인서, 산모수첩 등)를 제출한다. 모성보호시간을 사용하는 여성공무원에게 시간외근무를 명할 수 없다.

Q. 육아시간, 단 하루만 사용해도 한 달 사용한 것으로 계산하나?

A. 만 5세 이하(생후 72개월 이전)의 자녀를 둔 공무원은 24개월의 범위에서 1일 2시간의 육아시간을 받을 수 있다. 한 자녀에 대해 육아시간을 사용할 수 있는 기간은 24개월이다.

인사혁신처는 사용 월(月)을 먼저 지정한 후 사용 월 중 단 하루 1시간을 사용했더라도 1개월 전체를 사용한 것으로 계산하는 방식을 개선했다.

육아시간 24개월은 다음과 같이 산정한다.

1. 월 단위 이상 연속하여 사용한 경우는 합산하여 해당 개월을 사

용한 것으로 계산한다.

[예] 4.1.~5.30. 2개월 사용한 것으로 본다.

2. 월 단위 이상 연속하여 사용하지 않은 경우는 사용일수를 합산하여 20일마다 1개월을 사용한 것으로 계산한다.

[예] 4.2.~6.(5일), 4.16.~20.(5일), 4.24.~27.(4일), 5.14.~18.(5일), 5.28.(1일)을 사용한 했다면 총 20일을 사용했으므로 1개월을 사용한 것으로 본다.

Q. 육아시간 사용 방법은?

A. 육아시간 대상 자녀는 만 5세 이하이다. 자녀가 만 6세가 되는 날 사용하지 못한 육아시간은 소멸한다. 만 5세 이하의 자녀가 2명 이상인 경우, 자녀 1인당 각각 사용할 수 있다. 단, 같은 날 중복하여 사용할 수 없다. 부부 공무원이라면 동시에 사용할 수 있다.

육아시간을 사용하는 교사에게 시간외근무를 명할 수 없다. 육아시간을 사용할 때 하루 최소 근무시간은 4시간 이상이 되어야 한다. 4시간을 충족하지 못하면 사용한 육아시간은 연가로 처리한다. 육아시간은 늦게 출근, 일찍 퇴근, 근무시간 중 사용할 수 있다. 모성보호시간과 같은 날 동시에 사용할 수 없다. 최초 이용할 때 자녀의 출생증명서 또는 주민등록등본을 제출하면 된다.

Q. 직원회의를 이유로 매주 월요일 육아시간 불허, 정당한가?

A. 매주 월요일 일상적인 직원회의를 이유로 육아시간을 불허하는 것은 정당하지 않다. 일과 가정의 양립, 일과 삶의 조화는 거스를 수 없는 범국가적 정책이다. 출산과 육아는 개인과 가정을 넘어 국가적 과제이다. 일상적 반복적 회의를 사유로 특정 요일의 육아시간 불허는 과도

한 조치이다.

교육부 예규에 따라 교육감은 교육활동 및 인력 운영상황 등에 대한 고려와 소속 교원의 의견 수렴을 통해 육아시간 활용에 대한 자체 기준을 만들 수 있다. 교육감의 자체 기준도 복무규정의 범위를 벗어날 수 없다. 학교장이 임의로 기준을 변경하거나 특정 요일의 사용을 불허하는 등의 방침을 정하는 것은 상위 법령에 어긋난다.

Q. 가족돌봄휴가는 언제, 어떻게 사용할 수 있나?

A. 2020년 10월, 국가공무원복무규정 개정으로 자녀돌봄휴가를 가족돌봄휴가로 확대회였다. 연간 10일의 범위에서 가족돌봄휴가를 받을 수 있다. 가족돌봄휴가 사유는 다음과 같다.

1. 휴업·휴원·휴교, 그 밖에 이에 준하는 사유로 자녀 또는 손자녀를 돌봐야 하는 경우
   ☞ 감염병, 재난 등으로 인한 개학 연기, 온라인수업 등으로 돌봄이 필요한 경우 등
2. 자녀 또는 손자녀가 다니는 어린이집 등의 공식 행사, 상담
   ☞ 입학식, 졸업식, 학예회, 운동회, 참여수업, 학부모 상담 등
3. 자녀·손자녀의 병원 진료, 건강검진 동행
4. 질병, 사고, 노령 등의 사유로 조부모, 외조부모, 부모, 배우자, 자녀 또는 손자녀를 돌봐야 하는 경우

자녀 대상 휴가는 연간 2일(16시간)의 범위에서 유급 휴가를 받을 수 있다. 자녀가 2명 이상이거나 장애인인 경우, 한부모 가족인 경우에는 연 1일(8시간)의 유급 휴가를 가산한다. 유급 가족돌봄휴가는 시간 단

위로 분할하여 사용할 수 있으나 무급 가족돌봄휴가는 일 단위로만 사용할 수 있다.

유급 가족돌봄휴가 신청 시 관련 증빙서류를 제출해야 한다. 휴업·휴원·휴교, 온라인수업을 증빙할 수 있는 서류, 학부모 알림장, 가정통신문, 진단서, 진료확인서, 진료비 세부내역서, 장애인등록증, 가족관계증명서 등을 준비하면 된다.

Q. 임신검진휴가는 언제, 어떻게 사용할 수 있나?

A. 임신한 공무원은 검진을 위해 매월 1회 여성보건휴가를 사용할 수 있었다. 이를 폐지하고 2020년 임신기간 검진이 필요한 시기에 자율적으로 휴가를 사용할 수 있도록 임신검진휴가를 신설했다. 임신기간 총 10일을 사용할 수 있다. 최초 신청 시 임신확인서를 제출한다. 반일 또는 하루 단위로 신청할 수 있다. 임신검진을 확인할 수 있는 자료를 증빙하면 3일 이상 연속하여 사용할 수 있다. 임신검진이라는 본연의 목적을 위해 사용할 수 있는 휴가이다. 기관장은 필요한 경우 추가 자료 제출을 요구할 수 있다. 임신 중 임용한 공무원도 출산 전 10일의 임신검진휴가를 사용할 수 있다.

Q. 출산휴가, 모성보호시간, 임신검진휴가의 차이점은?

A. 임신 중 받을 수 있는 휴가는 출산휴가, 모성보호시간, 임신검진휴가이다.

출산휴가는 출산 전후 사용할 수 있는 휴가이다. 90일 기간 중 출산 이후의 기간이 45일 이상되어야 한다. 유산·사산의 경험이 있는 경우, 만 40세 이상인 경우, 유산·사산의 위험이 있다는 의료기관의 진단서를 제출한 경우에 출산 전 어느 때라도 44일의 범위에서 사용할 수 있다.

모성보호시간은 1일 2시간의 범위에서 휴식이나 병원 진료를 위해 사용할 수 있다. 하루 최소 근무시간이 4시간 미만이라면 모성보호시간은 연가로 처리한다.

임신검진휴가는 임신기간 총 10일을 사용할 수 있다. 반일 또는 하루 단위로 신청할 수 있다. 3일 이상 연속해 사용하는 것도 가능하다.

Q. 수업휴가는 언제 사용할 수 있나?

A. 한국방송통신대학교에 재학 중인 교원은 출석 수업을 위해 수업휴가를 사용할 수 있다. 수업휴가는 법정 연가를 모두 사용하여 연가가 부족할 때 사용한다. 승인권자는 출석 수업 이전의 연가사용은 불가피한 경우로 제한할 수 있다.

Q. 재해구호휴가는 언제, 어떻게 사용할 수 있나?

A. 수해·화재·붕괴·폭발 등 재해 또는 재난으로 피해를 입은 교원은 재해구호휴가를 신청할 수 있다. 피해를 입은 공무원이란 재난 또는 재해로 본인, 배우자, 본인 및 배우자의 부모, 자녀의 인명과 재산에 상당한 피해를 입은 공무원을 말한다. 재난, 재해 지역에서 시설복구, 친·인척 또는 피해 주민을 돕는 자원봉사활동을 위해서도 재해구호휴가를 신청할 수 있다. 휴가 기간은 5일 이내이다. 기관장은 재해 또는 재난의 정도, 자원봉사 활동의 필요성을 고려하여 승인할 수 있다.

Q. 포상휴가는 언제, 어떻게 사용할 수 있나?

A. 학교장은 소속 교원이 국가 또는 해당 기관의 주요 업무를 성공적으로 수행하여 탁월한 성과와 공로를 인정하는 경우에 10일 이내의 포

상 휴가를 줄 수 있다. 사유 발생일로부터 3개월 이내 가능하다. 나누어 사용할 수 없다.

인사혁신처장이 정한 탁월한 성과와 공로에 대한 기준은 다음과 같다.

1. 상훈법에 따른 훈장·포상을 받은 때
2. 정부 표창 규정에 따른 국무총리 이상의 표창을 받은 때
3. 모범공무원 규정에 따른 모범공무원으로 선발된 때
4. 그 밖에 대외적으로 국가 또는 기관의 명예를 선양한 때, 창안·제안 등을 통하여 행정능률 향상에 기여한 때, 중앙행정기관의 장의 표창을 받은 때 등 학교장이 구체적인 사실에 근거하여 탁월한 성과와 공로가 있다고 인정한 때

Q. '주어야 한다'와 '받을 수 있다'의 차이는?

A. 국가공무원복무규정에서 경조사 휴가, 출산휴가, 유산·사산 휴가는 당사자가 신청하면 승인권자는 휴가를 '주어야 한다'라고 정하고 있다. 강행규정이므로 학교장이 임의로 불허할 수 없다. 학교장은 반드시 승인해야 한다.

모성보호시간, 육아시간, 여성보건휴가, 난임치료 휴가, 자녀돌봄휴가는 '받을 수 있다'라고 규정하고 있다. 법령에서 받을 수 있는 권리로 규정하고 있으므로 불허할 수 있는 특별한 경우가 아니라면 승인권자가 임의로 불허해서는 안 된다. 특별한 사정없이 불허한다면 갑질 시정을 촉구하는 민원을 제출하거나 고충심사청구, 국가인권위원회 제소 등이 가능하다.

Q. 교권침해를 받은 경우, 특별휴가는?

A. 생활지도 과정에서 학생의 폭언 등으로 심한 정신적 충격을 받아 휴식이 필요하다. 어떻게 할 수 있을까?

교권침해 교사에 대한 보호조치는 학교장의 법적 의무이다. 교원의 지위 향상 및 교육활동 보호를 위한 특별법에서는 교육활동 침해가 발생하면 학교장은 보호조치를 하고 지체없이 교육청에 보호조치 결과를 보고하도록 규정하고 있다. 교육활동 침해행위의 내용을 축소하거나 은폐를 금지하고 있다. 보호조치의 유형은 심리 상담 및 조언, 치료 및 요양, 그 밖에 치유와 교권 회복에 필요한 조치이다. 교권침해를 당한 교사는 교원지위법 제14조의3, 교원 휴가에 관한 예규에 따라 5일 이내의 특별휴가를 사용할 수 있다. 휴식을 위한 특별휴가이므로 병원 진료 확인, 진단서 등이 필요하지 않다. 특별휴가 외 6일 이내의 단순 안정만을 요하는 상황이라면 학교장은 공무상 병가를 승인할 수 있다.

Q. 공가는 어떤 때 사용할 수 있나?

A. 공가란 공무원이 일반 국민의 자격으로 국가 기관의 업무수행에 협조하거나 법령에서 정해진 의무를 수행하기 위해 사용하는 휴가이다. 국가공무원복무규정과 교원 휴가에 관한 예규에서 정하고 있는 공가 사유는 다음과 같다.

1. 병역법이나 그 밖의 다른 법령에 따른 병역판정검사·소집·검열점호 등에 응하거나 동원 또는 훈련에 참가할 때
2. 공무와 관련하여 국회, 법원, 검찰 또는 그 밖의 국가기관에 소환되었을 때
3. 법률에 따라 투표에 참가할 때

4. 승진시험·전직시험에 응시할 때

5. 원격지遠隔地로 전보轉補 발령을 받고 부임할 때

6. 산업안전보건법 제43조에 따른 건강진단, 국민건강보험법 제52조에 따른 건강검진 또는 결핵예방법 제11조 제1항에 따른 결핵 검진 등을 받을 때

7. 혈액관리법에 따라 헌혈에 참가할 때

8. 교원 등의 연수에 관한 규정 제13조에 따른 외국어 능력에 관한 시험에 응시할 때

9. 올림픽, 전국체전 등 국가적인 행사에 참가할 때

10. 천재지변, 교통 차단 또는 그 밖의 사유로 출근이 불가능할 때

11. 교원의 노동조합 설립 및 운영 등에 관한 법률 제6조에 따른 교섭위원으로 선임되어 단체교섭 및 단체협약 체결에 참석할 때, 교원의 노동조합 설립 및 운영 등에 관한 법률 시행령 제3조 제3항에 의한 교섭 관련 협의를 위하여 지명된 자로 참석할 때, 같은 법 제14조 및 노동조합 및 노동관계조정법 제17조에 따른 대의원회 (교원노동조합 설립 및 운영 등에 관한 법률에 따라 설립된 교원노동조합의 대의원회를 말하며, 연 1회로 한정한다)에 참석할 때

12. 교원의 지위 향상 및 교육활동 보호를 위한 특별법 제11조 및 교원 지위 향상을 위한 교섭·협의에 관한 규정 제2조의 교섭·협의 당사자로 교섭·협의에 참석할 때

13. 「감염병의 예방 및 관리에 관한 법률」에 따른 제1급 감염병에 대하여 같은 법 제24조 또는 제25조에 따라 필수 예방접종 또는 임시 예방접종을 받거나 같은 법 제42조 제2항 제3호에 따라 감염 여부 검사를 받을 때

Q. 구속된 경우 공가인가?

A. 피의자가 구속되었다는 사실만으로는 유죄가 확정된 것이 아니다. 유죄 판결이 확정될 때까지는 무죄 추정의 헌법 정신에 따라 구속 기간은 공가로 처리한다.

형사벌과 징계벌은 목적, 내용, 법적 근거가 전혀 다른 별개이다. 징계벌은 국가공무원법과 국가공무원복무규정을 위반했을 때 가능하다. 형사벌로 무죄 판결을 받은 경우에도 징계벌은 가능할 수 있다. 유·무죄 판결과 관계없이 신속한 인사 조치가 필요한 때, 구속자에 대해 직위해제 또는 징계 의결을 요구할 수 있다. 유·무죄 다툼이 있고 판결 결과에 따라 징계벌이 필요하지 않은 사유라면 확정판결까지 징계를 보류할 수 있다.

Q. 경찰, 검찰, 법원으로부터 출석 요구서를 받은 경우, 공가인가?

A. 수사기관 또는 법원으로부터 출석 요구를 받았다면 국가 기관의 공무수행에 적극적으로 협조해야 한다. 피의자, 참고인, 증인 등의 신분과 관계없이 공가에 해당한다.

사적 다툼인 민사소송의 당사자라면 연가 사유이다. 민사소송 절차에 업무상 관련이 있는 공무원이 참고인, 증인, 감정인 등으로 출석 요구를 받았다면 공가 사유이다.

Q. 징계위원회, 소청, 행정소송으로 출석하는 경우, 공가인가?

A. 징계위원회로부터 출석 통지서를 받아 출석할 때 공가를 사용할 수 있다. 징계 처분을 받은 후 징계 무효를 다투는 소청, 행정소송의 경우에도 공가를 사용할 수 있다.

Q. 수업일, 휴업일, 휴무일 공무 외 국외여행

A. 교사는 수업일 국외여행이 자유롭지 않다. 원천 금지하는 것은 아니다. 본인 또는 친인척의 경조사, 질병 치료 등 특별한 사정이 있는 때에는 본인의 연가 범위에서 학교장의 승인을 받아 가능하다.

휴업일에는 연가를 활용하여 국외여행을 할 수 있다. 교육공무원법 제41조에 따른 자율연수를 활용할 수 있다. 제41조 연수는 휴가와는 별개이다. 교육공무원법 제41조 연수에 따른 국외여행의 인정 범위, 절차는 교육감이 정하고 있다.

휴무일 국외여행은 별도의 승인 절차가 필요하지 않다. 휴무일과 휴업일을 함께 사용하여 국외여행을 할 때는 휴업일에 대해서 연가 승인을 받아야 한다. 기관장은 소속 공무원이 공무 외 목적으로 국외여행을 할 때 불필요한 규제를 할 수 없다. 여행 중 공무원의 품위 손상 행동은 징계 사유가 될 수 있으므로 유의할 필요가 있다.

7

휴직

출산휴가를 마친 교사가 도우미를 구하지 못해 3개월의 육아휴직을 신청했다. 교육청은 학기 단위로만 가능하다며 불허했다. 육아휴직은 학기 단위로만 가능한가?

18개월 질병휴직을 마치고, 복직 후 6개월 동안 정상 근무했다. 질병이 재발했다. 학교장은 기존 질병휴직의 연장이라며 휴직 가능 기간은 6개월뿐이라고 한다. 6개월 휴직 후 정상 근무가 어려우면 직권면직할 수 있다고 한다. 과연 실제 법규가 그러한가?

교육부 안내에 따라 재외 한국학교 채용공고에 응시했다. 최종 합격 후 재외 한국학교 근무를 위한 고용휴직을 신청했다. 시도교육청은 기간제 교사 확보의 어려움을 사유로 재외 한국학교 고용휴직을 승인할 수 없다고 한다. 시도교육청의 지침을 사유로 고용휴직을 원천 불허할 수 있는가?

국어과 교사가 상담 분야 대학원 석사 학위 취득을 목적으로 연수휴직을 신청했다. 교육청은 전공 교과와 다르다는 이유로 연수휴직을 불허했다. 타당한가?

휴직기간은 호봉, 교육경력, 퇴직연금, 퇴직수당 등에 어떤 영향을 미치는가?

휴직 관련 법령과 행정규칙

휴직 관련 법령과 행정규칙은 다음과 같다.

1. 국가공무원법 : 제43조, 제73조

3개월 이상 휴직하는 경우 결원을 보충할 수 있다. 출산휴가와 3개월 이상 육아휴직을 연속하여 사용하는 경우, 출산휴가일부터 후임자를 보충할 수 있다. 휴직 사유가 없어지면 30일 이내에 임용권자에게 신고해야 하고, 임용권자는 지체없이 복직을 명하여야 한다. 휴직기간이 끝난 공무원이 30일 이내에 복귀 신고를 하면 당연히 복직한다.

2. 교육공무원법 : 제44조, 제45조

교원 공무원 휴직의 종류, 사유, 기간을 정하고 있다.

3. 사립학교법 : 제59조

사립학교 교원의 휴직에 관한 사항을 정하고 있다.

4. 교육공무원임용령(대통령령) : 제19조의2(육아휴직), 제19조의3(고용휴직), 제19조의4(가족돌봄휴직)

육아휴직은 분할하여 사용할 수 있다. 고용휴직이 가능한 민간단체는 장관 또는 교육감의 허가를 받은 비영리법인이다. 본인 외에는 조부모의 직계비속이 없거나 본인 외에는 손자녀의 직계존속 및 형제자매가 없는 경우에는 조부모와 손자녀를 간호하기 위한 가사휴직이 가능하다.

5. 교육공무원인사관리규정(교육부 훈령) : 24조~26조

임용권자는 교육과정 운영, 교원 수급, 소요 예산, 휴직 목적의 적합성, 복직 후 교육 발전 기여 가능성 등을 종합적으로 고려한 자체 심사 기준을 마련하여 휴직 여부를 결정할 수 있다. 휴직기간을 연장할 때에는 휴직 만료 15일 전에 신청해야 한다. 휴직 중인 자는 반기별(6월 30일, 12월 31일)로 소재지, 연락처, 휴직 계속 여부를 기관장에게 보고해야 한다. 다만 보고시점이 휴직 시작 후 1개월 이내인 경우에는 보고를 생략한다.

6. 공무원보수규정 및 수당규정(대통령령)

휴직 종류별 봉급, 호봉, 수당 관련 사항을 정하고 있다.

7. 교육공무원승진규정(대통령령)

휴직기간의 경력평정 사항을 정하고 있다.

8. 교육부 및 시도교육청의 인사실무지침

휴직, 복직 관련 업무 처리 요령을 정하고 있다.

교육공무원법 및 사립학교법(제2조 정의)에 따르면 임용이란 신규채용, 승진, 승급, 전직, 전보, 겸임, 파견, 강임, 휴직, 직위해제, 정직, 복직, 면직, 해임 및 파면을 말한다. 임용권자의 모든 임용행위는 행정 처분에 해당하므로 반드시 법률에 근거해야 한다.

임용권자인 시도교육감, 사립의 설립자 또는 경영자는 별도의 기준을 마련하여 휴직 승인 여부를 결정할 수 있다. 시도교육청의 인사실무지침, 업무매뉴얼, 교육규칙 등이다. 인사실무지침, 업무매뉴얼, 교육규칙에 근거한 임용권자의 처분이 법령에서 정한 범위를 벗어날 경우에는 재량권 남용으로 위법이 된다. 교육과정 운영, 교원 수급의 어려움만으로 휴직을 불허할 수 없다. 휴·복직 관련 임용권자의 부당한 처분에 대해서는 소청심사, 행정소송 등을 통해 해결할 수 있다.

휴직과 결원보충

_정규교사로 결원을 보충한 경우, 소속 학교로 복직이 불가능한가?

정규 교사가 휴직하면 기간제 교사를 채용한다. 그런데 휴직기간이 6월 이상인 때는 국가공무원법(제43조)에 따라 "정원이 따로 있는 것으로 보고 결원을 보충"할 수 있다. 출산휴가와 3개월 이상의 육아휴직을 연속하여 사용하는 때는 출산휴가일부터 후임자를 보충할 수 있다.

정원이 따로 있는 것으로 본다는 것은 '과원'이 아닌 '별도 정원'으로 관리한다는 것이다. 별도 정원은 다른 휴직자 발생, 면직, 퇴직 등으로 당해 교사의 정원과 현원이 최초로 같아질 때 소멸한다.

결원보충은 별도 정원으로 관리하므로 휴직자는 소속 학교로 복직을 요구할 수 있다. 이를 막기 위해 휴직 신청 때 "소속 학교로 복직되지 않아도 이의를 제기하지 않겠다"는 서약서를 요구하고 있다. 휴직자가 이러한 서약서를 제출할 의무는 없다. 의무 없는 일을 강요하면 직권남용에 해당한다.

법적으로 가능한 소속 학교 복직을 서약서로 막고자 하는 것은 교사의 근무환경보다 행정을 우선하는 일이다. 육아휴직을 이유로 '인사상 불리한 처우'를 금지하는 교육공무원법 및 사립학교법에도 어긋난다. 다른 학교로의 복직은 당사자의 의사를 최대한 존중하여 결정하는 것이 필요하다.

휴직과 경력
_휴직에 따른 재직경력, 호봉경력, 교육경력

첫째 아이를 대상으로 육아휴직 3년 차입니다. 교감은 휴직기간 1년만 경력으로 인정한다고 합니다. 행정실에선 복직하면 3년 동안 매월 기여금을 두 배로 공제한다고 합니다. 경력으로 인정되지 않는 2년 기간도 기여금을 내야 하는 건가요? 경력으로 인정하는 1년 기간만 기여금을 납부하면 안 되나요?

실제 상담 사례이다. 위와 같은 상담을 종종 접하게 된다. 경력으로 인정하지 않는 2년의 기여금을 내라고 하니, 상담자는 무척 억울한 상태이다. 무엇을 혼동하고 있을까? 차근차근 따져 보자.

법령에서 정한 교원의 경력은 재직경력, 호봉경력, 교육경력으로 구분한다. 법적 근거, 쓰임새가 다르므로 각각 다른 기준으로 산정한다.

재직경력이란 공무원연금법에서 정한 재직기간을 의미한다. 공무원으로 임명된 날이 속하는 달부터 퇴직한 날의 전날 또는 사망한 날이 속하는 달까지의 연월수年月數로 계산한다. 휴직기간은 공무원 신분을 유지하므로 모든 휴직기간은 재직기간에 포함한다. 재직기간에 포함하므로 연금 기여금을 납부해야 한다. 휴직기간 중 매월 납부하거나 복직 후 분할로 납부할 수 있다.

위 상담자는 3년 육아휴직 중 기여금을 개별 납부 신청하지 않았으므로 복직 후 3년 동안 분할 납부할 수 있다. 3년 동안 기여금을 두 배로 공제한다는 행정실 담당자의 설명은 이에 대한 설명이다.

호봉경력이란 보수를 지급하기 위한 경력이다. 보수란 봉급과 수당으로 구분한다. 봉급이란 호봉별로 지급하는 기본 급여이다. 임용 시 초임 호봉을 획정하고 매년 1호봉 정기승급한다. 호봉경력은 재직경력과 차이가 있다.

임용 전 다양한 경력은 정해진 획정률에 따라 호봉에 반영한다. 임용 전 주식회사 근무경력, 기간제 교사, 강사 경력, 공무원 경력, 학원강사, 종교법인, 군 복무 경력 등을 정해진 획정률에 따라 3할에서 10할까지 인정한다.

휴직기간은 연금법상의 재직경력으로는 산입하나 호봉경력으로는 산입하지 않는다. 단, 병역휴직, 공무상 질병휴직, 노조전임휴직, 고용휴직, 유학휴직기간은 호봉승급에 산입한다. 육아휴직은 한 자녀에 대해 최초 1년 휴직기간만 호봉경력으로 산입한다. 단, 셋째 이후의 자녀에 대해서는 육아휴직 3년 모두 호봉경력으로 산입한다. 위 상담자의 경우 첫째 자녀이므로 1년 기간만 호봉경력으로 인정한다는 교감의 설명으로 보인다.

일상에서 교육경력을 다양한 의미로 사용하고 있다. 재직경력, 호봉경력을 교육경력으로 혼동하여 사용하는 경우가 많다. 일반적으로 교육경력은 교육공무원승진규정에서 정한 경력평정을 의미한다. 승진에 반영하는 경력이다.

교육공무원승진규정에서는 교장, 교감, 교사, 장학관(교육연구관), 장학사(교육사), 군 복무 경력, 임용 전 기간제 교원 및 강사 경력은 교육경력으로 산입한다. 가, 나, 다 경력으로 구분하여 평정 비율만 다를 뿐이다.

휴직기간, 정직기간, 직위해제 기간은 경력평정에서 제외한다. 단, 공무상 질병휴직(3년), 병역휴직, 육아휴직(3년), 입양휴직, 노조전임휴직, 고용휴직기간은 경력평정에 산입한다. 유학휴직과 연수휴직기간은 50%만 산입한다.

위 상담자의 육아휴직 3년 모든 기간은 교육공무원승진규정에서 교육경력으로 평정한다.

위 사례에서 공무원보수규정에 의한 호봉경력을 설명한 것이라면 교감의 설명은 옳다. 복직 시 호봉재획정을 통해 3년 기간 중 1년만 산입하므로 1호봉 승급한다. 행정실의 설명대로 휴직기간에 대한 기여금을 납부해야 한다. 납부하지 않는다면 퇴직 후 수령하는 연금에서 불이익이 발생한다. 육아휴직 3년 모든 기간은 승진 시 교육경력으로 평정한다.

휴직과 경력

	경력평정(교육공무원승진규정)	호봉경력(공무원보수규정)
100%	공무상질병·병역·법정의무·노조전임·육아·입양·고용(상근) 휴직	공무상질병·병역·법정의무·노조전임·육아(1년 또는 3년)·입양·고용(상근) 휴직
50%	유학·고용(비상근)·국내연수휴직	유학·고용(비상근) 휴직
0%	질병·생사불명·간병·동반·자율연수휴직	질병·생사불명·간병·동반·자율연수·국내연수(학위를 취득한 경우는 인정) 휴직

*재직경력(연금경력):모든 휴직기간은 공무원연금법에 따른 재직기간에 포함한다.

휴직과 보수

_봉급과 수당을 지급하는 휴직은?

　보수란 봉급(호봉)과 수당을 말한다. 보수(보수와 수당)가 지급되는 휴직은 유학휴직과 질병휴직이다. 육아휴직은 봉급은 지급하지 않고 수당만 지급된다.

　유학휴직은 50%의 봉급과 수당을 지급한다. 질병휴직은 휴직기간 1년 이하 70%, 1년 초과 2년 이하 50%의 보수를 지급한다. 모든 수당을

휴직 중 지급하는 봉급과 수당

구분	봉급	정근수당	정근수당 가산금	가족수당 및 가산금	자녀학비 보조수당	교원 등에 대한 보전수당	시간외 수당	정액급식비	명절휴가비
질병휴직 (1년 이하)	70% 지급	휴직 1월당 1/6 감	30% 감	30% 감	30% 감	30% 감	×	×	×
질병휴직 (1년~2년)	50% 지급	휴직 1월당 1/6 감	50% 감	50% 감	50% 감	×	×	×	×
공무상 질병휴직	100% 지급	○	○	○	○	○	○	○	○
유학휴직	50% 지급	100%	50% 감	50% 감	50% 감	50% 감	×	×	×
유아휴직	육아수당을 지급한다.								

*고용휴직:복직 후 정근수당 지급 시 휴직기간에 대한 감액은 없다.

지급하는 것은 아니고, 기본 수당인 정근수당, 정근수당 가산금, 가족수당, 자녀학비수당, 교원 등에 대한 보전수당을 지급한다. 공무상 질병 휴직은 보수 전액을 지급한다. 명절휴가비는 지급 기준일(설날, 추석)에 휴직 중인 경우 지급하지 않는다.

질병휴직

_직업공무원제 확립을 위한 필수 제도

휴직의 시초는 질병휴직이다. 해방 후 제헌의회에서 국가공무원법을 제정하여 1949년 처음으로 도입했다. 당시 국가공무원법(제42조, 제43조)에 따르면 "신체 정신상의 고장으로 장기의 휴양"이 필요하면 임용권자는 휴직을 명할 수 있다. 휴직기간은 1년이며 봉급의 반액을 지급한다. 휴직 만료 이전에 복직할 수 없으면 '당연퇴직'한다.

질병휴직은 직업공무원제 확립을 위한 필수 제도이다. 질병으로 근무가 어려운 공무원을 의원면직 또는 직권면직한다면 개인은 물론 국가적 손실이다. 질병휴직은 질병으로 직무수행이 어려운 공무원에게 치료에 전념할 수 있도록 직무 의무를 면제해 주는 제도이다. 질병의 발생 원인이 공무인지 개인적 사유인지 따지지 않는다.

휴직기간은 1년 이내로 하되, 부득이한 경우 1년의 범위에서 연장할 수 있다. 최초 1년은 보수의 70%, 2년 차에는 50%를 지급한다. 호봉경력, 교육경력으로는 인정하지 않지만, 치료 및 생계에 필요한 비용을 국가가 지원한다. 다만, 「공무원 재해보상법」에 따른 공무상 부상 또는 질병으로 인한 휴직기간은 3년 이내로 하되, 의학적 소견 등을 고려하여 대통령령으로 정하는 바에 따라 2년의 범위에서 연장할 수 있다. 공무상 질병휴직 기간은 보수, 호봉, 교육경력 평정에 불이익이 없다.

휴직 종료일을 정하지 않을 수 있는 휴직

60일 병가를 사용한 이후에도 치료와 요양이 더 필요한 경우에 질병휴직을 사용한다. 중한 질병인 경우가 대부분이다. 질병이 완치되거나 호전되어 정상 근무가 가능할 때 복직할 수 있다.

중한 질병은 완치 또는 정상 근무가 가능한 상태로 호전될 수 있는 구체적 시점을 단정하기 어렵다. 진단서를 발급하는 전문의도 중한 질병인 경우, 구체적 기간을 명시하지 않고 '장기간의 치료와 요양'이 필요하다는 기록을 한다. 이런 까닭에 질병휴직은 다른 휴직과 달리 '휴직기간을 명시'하지 않을 수 있는 휴직이다. 교육부 인사실무지침에도 "일반적으로 질병휴직은 휴직발령 시 그 기간은 명시되지 아니하므로 휴직기간은 요양에 실제로 필요한 기간이 되어야 함"으로 설명하고 있다.

휴직기간을 명시하지 않는 경우 휴직 대체 기간제 교사를 채용하는 데 어려움이 발생한다. 이런 사정으로 '장기간의 치료와 요양'이 필요하다는 진단서를 제출하면 교육청 또는 관리자는 대부분 기간을 명시한 진단서를 요구한다. 행정상의 어려움만으로 구체적 치료기간을 명시한 진단서를 강제하는 것은 적절하지 않다. 진단서 발급은 의사의 전문 권한이므로 기간을 명시한 진단서를 요구할 수 없다.

'장기간의 요양과 치료가 필요'하다는 진단서를 발급받았다면 관리자는 신청자가 원하는 기간 만큼 휴직을 승인하고, 기간 만료 전 완치 또는 호전되어 정상 근무가 가능하면 복직 신청서, 치료와 요양이 더 필요하면 휴직 연장 신청서를 제출하게 하면 된다.

일정 기간 정상 근무 후, 새로운 질병휴직 가능

A 교사가 6개월의 질병휴직을 신청했다. 행정실 급여담당자는 보수의 50%만 지급한다고 설명했다. 질병휴직 1년 차에는 보수의 70%, 2년

차에는 50%를 지급한다. 5년 전 '같은 질병'으로 1년 휴직했기 때문에 새로운 질병휴직이 아닌, 5년 전 휴직의 연장이라는 설명이다.

새로운 휴직이 아닌 기존 휴직의 연장이라는 설명이 타당할까? 행정실 담당자의 논리라면 같은 질병으로는 임용에서 퇴직까지 2년 기간만 질병휴직이 가능하다. 5년 전과 같은 질병이라는 이유로 기존 휴직의 연장이라는 주장은 불합리하다. 억지스러운 주장이다.

새로운 질병휴직의 기준은 무엇일까? 법령에서 구체적 기준을 정하고 있지 않으므로 임용권자의 재량권 영역이다. 인사혁신처 예규인 공무원 임용규칙(제58조)에서는 "휴직기간이 만료되어 복직 후 정상적인 근무가 상당기간 지속되다가 재발된 경우에는 질병의 정도, 요양기간, 요양 후 정상적인 근무수행 여부 등을 종합적으로 판단하여 새로운 휴직을 부여할 수 있다"라고 정하고 있다.

교육부 및 시도교육청의 인사실무지침에서도 "휴직기간(총 2년) 만료 후 복직하여 정상 근무 중 동일 질병이 재발하는 경우, 복직 후의 근무가 완전하고 정상적인 상태로서 '상당 기간' 지속되었다면, 재발한 질병의 정도, 요양기간, 요양 후 정상적인 근무수행 여부 등을 종합적으로 판단하여 새로운 휴직 부여가 가능하다"라고 정하고 있다. 다만, 복직 후 근무상태가 불완전하고 비정상적인 상태여서 직무를 감당할 수 없을 때에는 직권면직할 수 있다고 정하고 있다.

'상당 기간'이란 얼마일까?

상당 기간에 대한 기준은 임용권자의 재량 영역이다. 대부분의 시도교육청에서는 6개월을 적용하고 있다. 일부 시도교육청은 3개월을 적용하고 있다.

공무원임용규칙 및 인사실무지침에 따라 2년 질병휴직 후 6개월 동안 정상 근무했다면, 같은 질병이 재발한 경우에도 새로운 질병휴직이 가능하다. 60일의 병가를 사용할 수 있고, 병가 후 연속하여 2년의 질병휴직이 가능하다.

진단서가 아닌 소견서 제출 가능한가?

질병휴직에 필요한 서류는 의료법 제17조에 의해 발부된 의사의 진단서이다. 반드시 진단서만 가능한 것은 아니다. 2009년 대법원(2009도5261)은 진단서 기재사항이 모두 기재되었다면 의사의 소견서도 진단서로 볼 수 있다고 판시하였다. 따라서 진단서 기재사항이 모두 기록된 의사의 소견서 제출도 가능하다. 복직 사유를 증명할 수 있는 자료 제출에서도 정상적인 근무가 가능하다는 의사의 소견서 제출이 가능하다.

질병휴직 중 새로운 질병이 발생하였다면?

A 질병으로 휴직 중인 교사에게 A 질병과 무관한 새로운 B 질병이 발생하였다면 B 질병을 사유로 새로운 휴직 명령이 가능한가?

가능하다.

먼저 A 질병휴직의 복직명령과 동시에 B 질병휴직을 명령할 수 있다. 교사의 입장에서 설명하면 A 질병휴직 복직신청과 동시에 B 질병휴직을 신청할 수 있다. 공무원임용규칙 제58조(질병휴직의 요건 및 절차) ④항에 따라 A 질병휴직 복직신청 서류에서 A 질병이 호전되어 정상 근무가 가능하다는 진단서 또는 소견서는 제출할 필요는 없다. 난임을 사유로 하는 질병휴직 복직신청에서도 진단서 또는 소견서를 제출할 필요는 없다.

불임·난임, 질병휴직? 육아휴직?

_반드시 승인해야 하는 육아휴직인가? 보수를 지급하는 질병휴직인가?

국가공무원법(제71조 제1항)에 따라 "신체·정신상의 장애로 장기 요양"이 필요할 때, 임용권자는 "본인의 의사에도 불구하고" 휴직을 명할 수 있다. 물론 당사자의 신청에 따라 휴직을 명할 수도 있다.

불임 또는 난임은 행정안전부의 인사실무지침으로 질병휴직 사유로 인정해왔다. 2010년 인사혁신처는 공무원 임용규칙 개정을 통해 '불임·난임'을 질병휴직 사유로 인정했다. 공무원 임용규칙은 법령이 아닌 행정규칙(예규)이다.

2011년 국회는 교육공무원법을 개정하여 '불임·난임'을 질병휴직 사유로 인정했다. '불임·난임'이 법률상 질병휴직 사유로 인정된 것이다. 그런데 2019년 8월, 국회는 '불임·난임'을 질병휴직이 아닌 육아휴직으로 변경하는 교육공무원법 개정안을 의결했다. 본인의 의사와는 무관하게 임용권자가 휴직을 명할 수 있는 직권휴직에서 당사자의 신청이 있으면 임용권자가 반드시 승인해야 하는 육아휴직으로 변경한 것이다.

그런데 육아휴직은 질병휴직과 달리 휴직기간 보수를 지급하지 않고, 수당만 지급된다. 국가공무원법에 따라 질병휴직으로 인정되는 일반 공무원은 휴직기간 질병치료에 전념할 수 있도록 보수를 지급받는 것에 비해 불리한 상황이 된 것이다. 개정 취지와 다른 불이익을 방지하기 위해 교육부는 불임·난임을 사유로 하는 육아휴직에 대해서는 질병휴직과 동일하게 보수(1년차 70%, 2년차 50%)를 지급하고 있다. 국가공무원법을 적용하는 일반 공무원과 형평성을 고려한 조치이다.

공립 교원의 불임·난임은 교육공무원법에 따른 육아휴직이지만, 국가공무원법 및 공무원보수규정에 따라 보수를 지급하는 질병휴직인 셈이다. 신청이 있다면 반드시 승인해야 하는 육아휴직이면서 휴직기간 보수를 지급하는 질병휴직이다.

육아휴직

공무원의 육아휴직 역사는 길지 않다. 고용휴직, 유학휴직보다 늦게 1995년 도입되었다. 1988년 남녀고용평등법 제정으로 일반 기업에서 육아휴직이 먼저 도입되었고, 7년 후 여성 공무원에게 육아휴직이 도입되었다. 당시 1세 미만 자녀를 대상으로 최대 1년만 가능했다. 60일의 출산휴가는 1963년에 도입했다. 60일에 불과한 출산휴가를 사용하고, 육아휴직을 신청하기 위해서는 상당한 용기가 필요했다. 관리자의 눈치가 심했다. 육아휴직 수당은 2001년, 20만 원으로 도입되었다.

현재 육아휴직 관련 제도는 많은 진전을 보이고 있다. 육아휴직 대상 자녀를 만 8세 이하 또는 초등학교 2학년 이하로 확대했다. 나이와 관계없이 초등학교 2학년 이하, 학년과 관계없이 만 8세 이하의 자녀는 육아휴직 대상이다. 남성 공무원도 가능하며 여성 공무원은 임신기간 중에도 육아휴직이 가능하다. 한 자녀에 대해 사용할 수 있는 휴직기간은 총 3년이다.

한 자녀에 대해 1년간 지급하는 육아휴직 수당을 최소 70만 원, 최대 250만 원으로 증액했다. 첫째와 둘째 자녀는 1년, 셋째 이후의 자녀는 3년 휴직기간을 호봉경력으로 인정한다. 휴직기간은 교육공무원 승진규정에 따른 교육경력으로 평정한다.

신청이 있으면 반드시 승인해야 하는 육아휴직

육아휴직은 청원휴직이다. 청원휴직은 반드시 당사자의 신청이 있어야 하고, 합당한 사유가 있으면 임용권자는 휴직을 승인하지 않을 수 있다. 그러나 신청이 있으면 반드시 승인해야 하는 청원휴직이 있다. 육아휴직이다.

교육공무원법에서 "본인이 원하면 휴직을 명하여야 한다"라고 규정하고 있다. 인력 수급, 교육과정 운영 등에 따라 승인 여부를 결정할 수 있는 임의규정이 아니라 반드시 승인해야 하는 강행규정이다. 승인 여부에 대한 임용권자의 재량권을 인정하지 않는다. 출산, 육아는 헌법에서 보장하는 모성보호권, 기본권이기 때문이다. 휴직 요건에 해당한다면 어떤 사유로도 임용권자는 휴직을 불허할 수 없다.

학기 단위 육아휴직 지침은 위헌, 위법

"모든 휴직은 학교의 특수성 등을 고려하여 학기 단위로 적극 권장"한다. 교육부의 교육공무원 인사실무지침이다. 지침에 따라 시도교육청에서는 사실상 육아휴직을 학기 단위로 강제해왔다. 대법원은 학기 단위 휴·복직 지침은 위헌, 위법이라 판결했다. 공무원임용령에 따라 육아휴직은 분할하여 사용할 수 있다. 학기 중 휴직, 방학 중 복직을 반복하는 것이 아니라면 한 달 이상의 육아휴직은 본인이 원하는 시기에 자유롭게 사용할 수 있다.

휴직을 이유로 인사상 불리한 처우 안돼

교육공무원법(제44조 제4항)에서는 육아휴직을 이유로 '인사상 불리한 처우'를 할 수 없도록 정하고 있다. 일반 전보 대상자를 먼저 배정하고, 휴직자를 나중에 배정하면서 소속 학교가 아닌 다른 학교로 복직 발령을 내는 시도교육청의 전보 규정은 위법이다. 복직 시 다른 학교로 복직 발령에 대해 이의를 제기하지 않겠다는 서약서 요구도 위법이다.

휴직기간은 근속 기간에 포함

교육공무원법(제44조 제4항)에 따라 육아휴직은 근속기간에 포함하므로 교육공무원승진규정에 따른 경력평정에 산입한다.

육아휴직에 대한 이러한 변화는 의미 깊다. 저출생 문제 해결의 차원을 넘어 출산과 육아를 여성과 개별 가정이 아닌 사회적·국가적 관점으로 인식한 것이다. 하지만 여전히 부족한 점이 많다. 육아휴직 기간은 모두 호봉경력으로 인정되어야 한다. 남성 공무원에게 육아휴직 의무 기간을 도입하고 수당이 아닌 보수를 지급하는 유급 휴직으로 전환되어야 한다.

육아휴직 개선을 위한 현장 교사의 힘든 투쟁

2009년 A 교사는 첫째 아이 육아휴직 중 둘째아이를 출산했다. 휴직 중 출산휴가는 불가능하므로 육아휴직 복직 신청을 했다. 교육청은 '학기 단위 휴·복직 허가'라는 지침과 업무매뉴얼을 이유로 복직 신청을 반려했다. 업무매뉴얼에 따르면 유산 또는 자녀 사망인 경우에만 학기 중 복직이 가능하다.

이쯤 되면 교사들은 포기하고 만다. 교육청을 상대로 문제를 해결하는 것이 만만치 않기 때문이다. 하지만 A 교사는 포기하지 않았다. 학교장을 상대로 '복직 반려 처분 취소' 소송을 청구했다. 교육공무원법에 따라 육아휴직은 당사자의 신청이 있으면 반드시 승인해야 하므로 교육감은 학교장에게 육아휴직 승인 권한을 위임했다. 학교장이 휴직 승인 후 교육청에 보고만 하도록 했다.

소송의 쟁점을 살펴보자. "학생의 학습권 보장, 교육과정의 정상적 운영, 평가의 일원성, 생활지도의 연속성, 방학 중 방과 후 활동, 대체교사의 근로권 보장" 등을 위해 학기 단위 휴·복직 지침은 정당하다는 교육청의 주장은 어떻게 되었을까?

1심, 2심 법원은 교육청의 논리를 수용했다. 학사행정의 상당한 차질을 방지하기 위한 육아휴직 처리지침과 업무매뉴얼은 적법한 것이므로 복직 신청 반려 처분은 재량권 행사의 일탈, 남용에 해당하지 않는다고 판단했다. 1심, 2심 법원의 판단은 시도교육청 업무매뉴얼 수준에서 벗어나지 못했다. 출산과 육아보다 학사행정을 우선한 판단이다. 출산, 육아를 국가 또는 사회적 차원이 아닌 개인, 가정의 문제로 본 관점이다.

하지만 대법원의 판단은 달랐다. 2014년 6월 12일, 대법원은 복직 반려 처분은 위법이라 판단했다. 대법원의 핵심 판단은 다음과 같다. [2014.6.12. 선고 2012두4852]

첫째, 육아휴직 중 다른 자녀의 출산은 '휴직 사유 소멸'에 해당한다고 판단

교육청 업무매뉴얼은 육아휴직 소멸 사유를 '유산, 양육 대상 자녀의 사망 등'으로 규정하고 있다. 유산 또는 자녀 사망이 아니라면 휴직 사유 소멸에 해당하지 않는다는 끔찍한 논리다. 대법원의 판단은 달랐다.

"교육공무원법에서 육아휴직은 '자녀를 양육하기 위해 필요한 경우'로 규정하고 있으므로, 유산, 사망 등 양육 대상에 관한 요건이 소멸한 경우뿐만 아니라, 휴직 중인 공무원이 해당 자녀를 더 이상 양육할 수 없거나, 양육을 위하여 휴직할 필요가 없는 사유가 발생했는지 여부도 함께 고려"해야 한다고 판단했다. 둘째 자녀 출산으로 휴직 대상 첫째 아이를 돌보지 못하는 상황은 휴직 사유 소멸에 해당한다고 판단했다. 더 나아가 자녀를 돌볼 사람을 구하여 휴직이 필요하지 않은 경우도 휴직 사유 소멸에 해당한다고 판단했다.

둘째, 교육청의 육아휴직 지침과 업무매뉴얼은 적법한 행정규칙이 아니라 판단

대법원은 업무매뉴얼은 "교육청이 소속 교육공무원의 질병, 육아, 간병 사유의 휴·복직 발령의 권한을 가지고 있는 학교장에게 관련된 행정 절차를 안내하기 위하여 마련한 업무처리지침에 불과하여 교육공무원의 복직을 제한할 수 있는 근거가 될 수 없다"라고 판단했다.

대법원은 복직 불허 처분이 적법한지 여부는 교육청의 업무매뉴얼이 아니라 교육공무원법과 국가공무원법을 기준으로 판단해야 하는데 국가공무원법에서는 휴직 사유가 소멸한 공무원이 복직 신청을 하면 임용권자는 지체없이 복직 조치하도록 규정하고 있을 뿐, 임용권자에게 복직을 제한할 수 있는 권한을 부여하고 있지 않으므로 복직 불허 처분은 위법이라 판단했다.

셋째, 출산휴가는 모성보호를 위한 특별휴가로 법령에서 보장하는 권리라 판단

대법원은 출산휴가는 법령에서 보장하는 권리이므로 휴가 사용을 위해 복직이 선행되어야 한다고 판단했다.

넷째, 육아휴직을 학기 단위로만 허가하는 업무매뉴얼은 교육공무원임용령에 위반한다고 판단

교육청은 "육아휴직의 횟수에 제한이 없는 점을 이유로 휴직을 허가받은 후 방학 전 복직하고 개학 후 다시 휴직을 반복하는 사례를 방지함으로써 학기 중 교사 교체로 인한 학생의 학습권 보장, 학교 교육과정의 정상적 운영, 평가의 일원성, 생활지도의 연속성, 방학 중 방과 후 활동, 대체 교사의 근로권 보장" 등을 위해 학기 단위로 휴직과 복직을 허가하고 있다고 밝혔다.

대법원의 판단은 달랐다.

"위와 같은 교육환경의 특수성을 감안해도 교육공무원으로 하여금 원하는 경우 최저 1년의 범위 내에서는 자유롭게 분할하여 육아휴직을 사용하도록 한 위 법령에 의한 권리를 과도하게 침해하는 것으로 볼 여지가 있고, 출산휴가 이후에 육아휴직을 끊임없이 이어서 사용하는 경우에만 복직을 허용하는 것은 본인이 원하는 시기 및 기간에 육아휴직을 선택할 수 있는 교육공무원의 권리를 지나치게 제한하는 것으로 부당하다"라고 판단했다.

다섯째, 교육청의 업무매뉴얼은 헌법 제36조가 천명한 모성보호 권리를 침해하는 것이라 판단

대법원은 교육청의 육아휴직 복직 신청 불허로 인하여 출산휴가를 사용할 수 없게 한 것은 헌법에서 보장하는 모성보호 권리를 침해하는 것으로 판단했다. 출산휴가는 안전한 출산과 영유아의 정상적인 양육을 위한 모성보호 조치로 일·가정 양립을 위해 남녀고용평등법에서 국가와 지방자치단체의 책무로 정하고 있다. 출산휴가를 사용할 권리는 여성 교육공무원이라고 하여 달리 볼 합리적 이유가 없다고 판단했다.

현장 교사가 교육청의 부당한 업무매뉴얼을 상대로 대법원까지 길고 긴 힘든 법정 투쟁을 전개했다. 대법원은 육아휴직은 모성보호를 위해 헌법에서 보장하는 기본 권리임을 확인했다. 일·가정 양립을 위한 국가와 지방자치단체의 기본 책무임을 확인했다. 교육청의 학기 단위 휴·복직 지침은 헌법, 남녀고용평등법, 교육공무원법 등에 위반됨을 확인했다.

그러나 해당 교육청은 달라지지 않았다. 대법원 판결 이후에도 B 교사의 육아휴직 중 출산휴가를 위한 복직 신청을 불허했다. 2014년 9월 25일 교원소청심사위원회는 대법원과 같은 논리로 교육청의 처분을 취소하라는 결정을 내렸다.

대법원, 교원소청심사위원회의 잇따른 패소에도 불구하고 해당 교육청은 지침을 변경하지 않았다. 관련 민원은 전교조 상담실에도 쏟아졌다. 2015년 7월, 전교조 본부는 해당 교육감에게 학기 단위 휴·복직 지침 개정을 요구하는 공문을 발송했다. 9월 1일까지 개정하지 않으면 교육감과 교육장 전원을 직무유기와 직권남용으로 고발할 수 있다는 거센 내용이다. 해당 교육청은 "육아휴직을 원하는 일자에 휴직을 허가하되, 휴직 종료일은 학기말"로 변경했다. 반쪽만 개정한 것이다.

2020년 6월 현재, 해당 교육청은 또 다른 소송에 휘말렸다. 2년 가까이 육아휴직 중이던 중학교 남교사가 학기 중인 12월 복직을 신청하자 불허했다. '휴직 종료일은 학기말'이라는 교육청 지침이 근거이다. 국가인권위원회, 교육부도 교사의 손을 들어주었지만 시도교육청은 아랑곳하지 않았다. 국가적인 일·가정 양립 정책, 대법원 확정판결, 그 어떤 시대적 변화에도 눈을 감고 기존 지침을 고수하는 교육청의 행태에 할 말을 잃는다.

B 시도교육청 중학교 교사가 2014년 3월 1일부터 5월말, 3개월의 육아휴직 연장 신청을 했다. 교육청은 불허했다. 학기 단위 휴·복직 지침에 어긋난다는 이유이다. 교사는 2013년 2월 28일부터 3개월 출산휴가를 신청했고, 바로 이어 2014년 2월 28일까지 육아휴직을 했다. 복직 후 아이를 돌봐 주기로 한 분의 사정으로 3개월의 육아휴직을 연장하고자 한 것이다.

해당 교사는 교육청을 상대로 소청심사를 청구했다. 교원소청심사위원회는 17개 시도교육청을 대상으로 육아휴직 학기 단위 지침 여부를 조사했다. 6개 시도교육청에서 학기 단위 휴·복직 지침을 여전히 시행 중이라고 답변했다.

돌이 막 지난 아이를 업고, 멀고 먼 교원소청심사위원회에 참석했다. 2014년 4월 교원소청심사위원회는 교육청의 육아휴직 연장 신청 불허 처분을 취소하라고 결정했다.

소청심사위원회는 학기 단위 휴직이 교육과정의 정상적 운영을 위해 필수적이고 불가피한 수단으로 보지 않았다. 교육청의 인사실무지침은 청구인의 "헌법상 권리, 법률상 권리를 과도하게 제한하여 수단의 적절성, 피해의 최소성이 결여되어 비례의 원칙에 어긋나는 위법한 처분"이라 판단했다.

권리 위에 잠자는 자의 권리는 보호받지 못한다. 역사는 부당한 권리 침해에 맞선 시민의 투쟁으로 만들어진다.

육아휴직은 다른 청원휴직과 달리 신청이 있으면 반드시 승인해야 한다. 육아휴직을 사유로 인사상의 불이익은 금지한다. 교육공무원법의 규정이다. 교육공무원임용령에서는 분할하여 사용할 수 있도록 정하고 있다.

교육청은 법령의 취지를 정말 이해하지 못하는 것일까? 출산, 육아는 여성과 가정의 몫이라는 낡은 틀에서 벗어나지 못한 것일까? 출산, 육아는 여성과 가정의 몫이 아닌 국가와 사회의 과제라는 인식은 보편적 진리다. 교육청이 강조하는 학생의 학습권 보장은 학생이 존재할 때 가능하다. 출산과 육아가 전제될 때 가능한 것이다.

유학휴직

공무원이 국외에서 유학 또는 연수하는 방식은 국비 부담과 자비 부담으로 구분한다. 국비 유학 또는 연수는 공무원인재개발법에 근거한다.

공무원인재개발법에서는 자기 개발과 전문성 향상을 위한 노력을 공무원의 의무로 규정하고 있고, 국가는 이를 지원하도록 정하고 있다. 국비 연수는 입학금, 등록금, 항공료, 체류비용 등 모든 비용을 국가가 지원한다. 휴직이 아닌 파견이기 때문에 보수, 호봉, 경력 등을 모두 인정한다. 국가가 모든 비용을 부담하므로 국외 연수 기간의 2배에 해당하는 기간을 의무복무기간으로 정하고 있다.

교사에게 공무원인재개발법에 근거한 국비 유학 또는 국비 연수의 기회는 사실상 없다. 인사혁신처의 공무원 인재개발 업무처리 지침에 근거한 공무원 국외 위탁 교육훈련은 교사에게 적용하지 않는다. 교사에게 적용하는 교원 등의 연수에 관한 규정에서는 국외 유학 또는 국외 연수 지원에 관한 내용은 없다. 교육공무원임용령에서 교육공무원의 능력을 개발하기 위하여 국내외 교육기관 또는 교육 연구기관에 파견할 수 있는 조항이 있지만, 국비 유학 또는 국비 연수 기회를 얻는 일은 쉽지 않다.

교원은 교육공무원법에 따라 "학위 취득을 목적으로 해외 유학을 하거나, 외국의 연수기관에서 1년 이상 연수"하는 경우, 유학휴직을 신청할 수 있다. 휴직기간은 3년 이내이며 학위 취득의 경우 3년의 범위에서 연장할 수 있다.

유학휴직은 파견이 아닌 자비 부담의 휴직이다. 유학휴직기간은 공무원보수규정에 따라 봉급의 50%를 지급하고 호봉경력으로 인정한다. 교육공무원승진규정에 따라 경력평정 50%를 인정한다. 보수, 학비, 항공료, 체류비 등 모든 비용을 지원하는 일반 공무원의 국비 파견 연수와 비교할 수 없다. 그러나 봉급의 50%를 지급하고, 교육경력 50%, 호봉경력 100%를 인정한다는 이유로 시도교육청의 유학휴직 지침은 일반 공무원의 국외 파견 연수와 비슷한 엄격한 기준을 적용하고 있다.

유학휴직을 계획한다면 소속 시도교육청의 관련 지침을 참고할 필요가 있다. 지침에는 교육경력, 전공 교과, 어학능력 등의 기준을 정하고 있다. 유학휴직 기준에 도달해도 연간 휴직 인원을 제한하고 있어 기회를 얻는 일은 쉽지 않다.

교육기본법에서는 전문성 향상을 위한 연수를 교원의 의무로 규정하고 있다. 교육공무원법에서도 교육공무원은 직책을 수행하기 위해 끊임없이 연구와 수양에 힘써야 한다고 규정하고 있다. 국가나 지방자치단체는 특별연수계획을 수립하여 교육공무원을 국내외 교육기관 또는 연구기관에서 일정 기간 연수를 받게 할 수 있다.

위와 같은 상위 법률에도 불구하고 현실은 교육감의 지침으로 교사의 유학휴직 또는 국외 연수를 제한하고 있는 현실이다. 국제기구의 '교사의 지위에 관한 권고'에서는 회원국 정부에게 교사의 해외연수, 해외 근무에 대한 충분한 편의 제공을 권고하고 있다. 교원의 전문성 향상을 위해 국외 연수 및 유학에 대한 적극적인 지원 정책이 필요하다.

연수휴직

유학휴직과 연수휴직은 연수 장소가 국외, 국내라는 차이가 있지만 교원의 전문성 향상이라는 휴직 목적은 같다.

교육부장관 또는 교육감이 지정하는 연구기관이나 교육기관 등에서 연수하게 된 경우, 연수휴직이 가능하다. 한 번에 가능한 기간은 3년 이내이고, 휴직 횟수는 제한이 없다. 유학휴직과 대비하여 국내 연수휴직이라 부르기도 한다.

연수휴직이 가능한 기관은 교육부장관 또는 교육감이 지정한다. 국내 대학, 대학원, 한국학중앙연구원, 한국교육개발원, 한국직업능력개발원, 한국과학기술원, 광주과학기술원, 대구경북과학기술원 등이다. 특이한 것은 한국국제협력단법에 따라 해외봉사단으로 참여하는 경우에도 국내 연수휴직으로 인정하고 있다.

유학휴직은 보수의 50%를 지급하나 국내 연수휴직은 보수를 지급하지 않고, 호봉경력으로도 인정하지 않는다. 단, 상위 자격 또는 학위를 취득하면 호봉경력에 산입한다. 교육공무원승진규정에 따라 휴직기간의 50%를 교육경력으로 평정한다.

일부 시도교육청에서는 교육감의 교육규칙 또는 지침으로 지도 교과 또는 임용 당시의 전공 교과와 다른 학위 취득의 연수휴직을 불허하고 있다. 교사의 전문성, 교육에 대한 협소한 관점이다. 교육공무원법에서 연수휴직을 임용 교과 또는 지도 교과로 제한하지 않는다. 교육감의 규칙으로 지도 교과, 전공 교과로 연수휴직을 제한하는 것은 교육공무원법, 교육기본법의 취지에 부합하지 않는다. 교육감의 연수휴직 불허 처분을 취소해 달라는 교원소청심사를 청구할 수 있다.

자율연수휴직

　교원 신분은 유지하나 일정 기간 직무의 의무를 면제해 주는 제도가 휴직이다. 신분을 유지하면서 직무를 면제받을 수 있는 휴직은 아무 때나 가능하지 않다. 교육공무원법, 사립학교법에서 정한 휴직 요건에 해당할 때만 가능하다.

　법률에서 정한 휴직 사유에는 해당하지 않지만, 신체적·정신적 휴식이 절실히 필요한 때가 있다. 임용 후 퇴직까지는 30년 이상의 긴 세월이다. 수업, 학생 지도, 기타 행정 업무에 시달리다 보면 신체적, 정신적 소진에 이를 수 있다. 이때 사용 가능한 휴직이 2016년 도입한 자율연수휴직이다.

　자기개발을 위하여 학습·연구 등이 필요한 때, 수업 및 생활지도 등을 위해 신체적·정신적 회복이 필요할 때 자율연수휴직을 신청할 수 있다. 공무원연금법 제25조에 따른 재직기간 10년 이상인 교원만 가능하다. 휴직기간은 1년 이내, 휴직 횟수는 1회이다. 1년의 범위에서 단절 없이 연장하는 경우 1회로 본다. 6개월 휴직 후 6개월 연장이 가능하다. 휴직기간은 경력평정, 호봉경력에 포함하지 않는다.

　국가공무원, 지방공무원법 개정으로 일반공무원은 자기개발휴직을 5년 이상 근무하면 1회 가능하고 이후 복직한 공무원은 10년 이상 근무하면 자기개발휴직이 다시 가능하다. 교육공무원법 개정이 시급하다.

고용휴직

공무원은 주권자인 국민을 위해 국가사무를 수행한다. 공무원의 전문성, 다양한 경험은 국민의 삶과 국가발전에 밀접한 관련성이 있다. 고용휴직은 공무원에게 다양한 국제 활동 경험을 제공하기 위해 1963년, 교육공무원은 1965년에 도입했다. 도입 초기는 국제기구와 외국기관에 임시로 고용된 경우에만 가능했다.

국제기구란 국제적인 목적이나 활동을 위해 두 나라 이상의 회원국으로 구성된 조직체다. 대표적 국제기구인 국제연합을 비롯하여 2,000여 개의 국제기구가 있다. 외국기관이란 외국의 정부 기관, 공공단체가 해당한다. 외국의 정부에서 직접 관리·보조하는 공공 연구소, 공기업을 포함하지만 외국의 사기업체는 해당하지 않는다.

1977년 고용휴직 대상 기관이 재외교육기관으로 확대되었다. 재외교육기관이란 재외국민교육법에 따른 교육기관이다. 외국에 거주하는 대한민국 국민을 위해 설립한 한국학교·한글학교·한국교육원 등 교육기관이다.

2008년 고용휴직 대상 기관을 국내외의 대학·연구기관, 다른 국가기관, 민간단체로 대폭 확대했다. 국내외의 대학·연구기관이란 고등교육법 제2조에 의한 대학 및 동등 이상의 교육·연구기관이다. 유학휴직, 연수휴직은 국내외 대학에서 학위 취득 또는 연수 목적으로 한정하지만 고용휴직은 임시로 취업하여 해당 기관의 업무에 종사하는 점에서 차이가 있다. 다른 국가기관이란 소속기관이 아닌 다른 정부기관, 지방자치단체, 공공단체를 말한다. 다른 행정 부처의 업무를 경험할 수 있는 기회를 제공하는 취지이다.

고용휴직이 가능한 민간단체는 교육공무원임용령 제19조의3(고용휴직)에서 정하고 있다. 교육부장관 또는 교육감의 허가를 받은 비영리법인, 상법에 따라 설립된 합명회사, 합자회사, 유한회사, 주식회사 등 영리목적으로 설립된 법인으로서 국내에 소재하는 법인과 특별법에 따라 설립된 법인·단체·협회 등으로서 국내에 소재하는 기관이다.

고용이란 해당 기관과 정식으로 근로계약을 체결하여 상시 근무하며 정기적으로 보수를 받는 것을 말한다. 단순 용역계약에 따른 과제수행, 시간제 근무는 고용에 해당하지 않는다. 임금을 받지 않고 학생을 교육하는 것은 고용에 해당하지 않는다.

휴직기간은 공무원승진규정에 따른 경력평정, 공무원보수규정에 따라 호봉승급 100%를 산입한다. 비상근 근무인 경우는 50%만 인정한다. 상근 근무와 비상근 근무를 구별하는 기준은 주당 수업시수 또는 해당 국가의 법정 근무시간을 기준으로 정한다. 교육기관에 고용된 경우는 우리나라 고등학교 교원의 평균 수업시수 15시간을 기준으로 한다. 주당 수업시수가 15시간 이상일 때 상근, 6시간 이상 14시간 이하일 때는 비상근으로 인정한다. 주당 수업시수가 5시간 이하인 경우는 휴직사유로 인정하지 않는다. 휴직 및 복직 신청 시 근무시간, 주당 수업시수, 보수지급 내용 등의 증명서를 반드시 제출해야 한다.

교원의 고용휴직은 재외교육기관에 고용된 경우가 대부분이다. 재외교육기관에서는 매년 교육부 누리집을 통해 교사 채용공고를 낸다. 단위 학교에 공문으로도 안내한다. 재외교육기관 근무에 관심 있다면 참고하면 된다.

교육부는 고용휴직을 통해 교사를 충원하기 어려운 특수 지역 및 일본 민족학교에 대해서는 파견교사를 모집한다. 일본, 중국, 러시아, 중동, 남미 지역의 한국학교가 해당한다. 선발 절차, 자격 기준 등은 교육부 공문을 참조할 수 있다. 파견 근무이므로 봉급은 원 소속기관에서 지급하고, 그 외 각종 수당 등은 해외 한국학교에서 지급한다. 파견 교원에 대해서는 승진 가산점을 부여한다.

기간제 교사를 확보하기 어렵다는 이유 등으로 재외 한국학교 근무를 위한 고용휴직을 원천 불허하는 시도교육청이 있다. 합당한 사유없이 교육공무원법에서 보장하는 고용휴직을 원천 불허하는 것은 교육감의 재량권 남용으로 위법이다.

동반휴직

1993년 출범한 김영삼 정부의 주요 슬로건은 국제화, 세계화였다. 1996년 교육공무원법을 개정하여 교육공무원의 배우자가 국외 근무, 유학, 해외연수를 하는 경우, 배우자와 동행하여 국외에서 체류할 수 있도록 하는 동반휴직을 도입했다. 배우자와의 별거로 인한 고충 해소뿐만 아니라 교원에게 다양한 해외 문화를 경험할 수 있게 하는 취지였다. 1997년에는 국가공무원법을 개정하여 모든 공무원으로 확대했다.

한 번에 신청 가능한 기간은 3년이고 3년의 범위에서 연장할 수 있으므로 연속하여 6년의 휴직이 가능하다. 휴직기간은 배우자의 국외 근무, 해외 유학, 연수기간 전체를 초과할 수 없다.

동반휴직 횟수에는 제한이 없다. 배우자가 유학을 마치고 현지 기업에 취업했다면, 유학에 따른 동반휴직에 이어 해외 취업에 따른 동반휴직을 신청할 수도 있다. 동반휴직을 신청할 때는 배우자의 해외 근무 사실을 확인할 수 있는 인사명령서나 재직증명서, 배우자의 해외연수를 확인할 수 있는 대학등록증, 입학허가서, 배우자의 출국을 확인할 수 있는 출입국사실증명서 등의 서류를 준비해야 한다.

배우자의 졸업, 해외 근무 종료 등으로 휴직 사유가 소멸하면 30일 이내 임용권자에게 신고해야 하고, 임용권자는 지체 없이 복직을 명해야 한다.

동반휴직 중 재외교육기관에 취업하거나 질병, 육아 등 다른 휴직 사유가 발생하면 복직원을 제출하고 고용휴직, 질병휴직, 육아휴직을 신청할 수 있다.

동반휴직 중 출산하는 경우 복직원을 제출하고 출산휴가를 사용할 수 있다. 출산휴가 후 육아휴직 또는 동반휴직을 신청할 수 있다. 동반휴직 중 의원면직, 명예퇴직이 가능하다.

동반휴직기간 중 국외에서 학위를 취득했다면, 연구경력으로 인정받아 호봉경력으로 산입할 수 있다. 동반휴직 중 재외교육기관에 고용되었다면 동반휴직 복직 신청과 함께 고용휴직을 신청하는 것이 필요하다. 고용휴직으로 변경해야 호봉경력, 교육경력 평정에 불이익을 받지 않는다.

가족돌봄휴직

교육공무원법 및 교육공무원임용령 개정으로 기존 간병휴직이 가사휴직을 거쳐 가족돌봄휴직으로 변경되었다. 휴직 사유는 조부모, 부모(배우자의 부모 포함), 배우자, 자녀 또는 손자녀를 부양하거나 돌보기 위하여 사용할 수 있다. 다만, 돌봄 대상이 조부모나 손자녀일 때는 다음의 경우에만 가능하다.

① 조부모를 돌보는 경우: 본인 외에는 조부모의 직계비속이 없는 경우이거나 다른 직계비속이 있으나 질병, 고령高齡, 장애, 미성년 등의 사유로 본인이 돌볼 수밖에 없는 경우
② 손자녀를 돌보는 경우: 본인 외에는 손자녀의 직계존속 및 형제자매가 없는 경우. 다른 직계존속 또는 형제자매가 있으나 질병, 고령, 장애, 미성년 등의 사유로 본인이 돌볼 수밖에 없는 경우

휴직기간은 1년 이내이며 재직기간 중 총 3년을 초과할 수 없다. 휴직 기간은 본인의 희망에 따라 정할 수 있으나 교원의 경우 학기 단위를 권장하고 있다. 1년을 초과하는 경우에는 복직과 동시에 새로운 휴직을 신청하면 된다.

휴직에 필요한 서류는 가족관계를 입증할 수 있는 증명서(가족관계증명서, 주민등록등본 등), 돌봄이 필요한 사유를 입증할 수 있는 진단

서 등이다. 복직 시 휴직 사유 소멸을 입증할 수 있는 서류를 제출할 필요는 없다. 휴직이 필요하지 않으면 복직을 신청할 수 있다. 동일한 자녀에 대하여 육아휴직을 마치고 가족돌봄휴직을 신청할 수 있다.

Q&A
묻고 답하기

Q. 직권휴직과 청원휴직은 무엇이 다른가?

A. 휴직이란 재직 중 직무에 종사할 수 없는 사유가 발생한 때 면직시키지 않고 공무원의 신분을 보장해주는 제도이다. 직권휴직과 청원휴직으로 구분한다.

모든 휴직은 당사자의 신청을 기본으로 한다. 그런데 직권휴직은 당사자의 신청이 없을 때도 임용권자가 직권으로 휴직명령을 내릴 수 있다. 질병휴직, 병역휴직, 생사불명휴직, 법정 의무 수행 휴직, 노조전임휴직은 직권휴직에 해당한다.

심한 질병으로 정상적인 근무가 불가능한 상황인데 당사자가 휴직을 신청하지 않는다면 임용권자는 직권으로 휴직을 명할 수 있다. 천재지변이나 기타의 사유로 생사나 소재를 알 수 없게 된 경우, 임용권자가 직권으로 휴직 처리할 수 있다. 청원휴직은 반드시 당사자의 신청이 있는 경우에만 휴직처분이 가능하다. 유학휴직, 고용휴직, 육아휴직, 입양휴직, 연수휴직, 간병휴직, 동반휴직, 자율연수휴직이 청원휴직에 해당한다.

Q. 부당한 휴직처분 또는 휴직불허 처분, 어떻게 대응할 수 있나?

A. 임용권자인 시도교육감, 사립의 설립자 또는 경영자는 별도의 기준을 마련하여 휴직 승인 여부를 결정할 수 있다. 그러나 휴직 승인 또

는 불허에 대한 임용권자의 재량권은 법률에서 정한 범위를 넘을 수 없다.

교육과정 운영, 교원 수급의 어려움만으로 휴직을 불허한다면 임용권자의 재량권을 남용한 위법이 될 수 있다. 임용권자로부터 원하지 않는 직권휴직처분을 받거나 청원휴직이 불허된 경우, 교원소청심사위원회에 소청심사를 청구할 수 있다. 소청심사는 처분을 안 날로부터 30일 이내 청구해야 한다.

Q. 휴직 중 품위 유지 서약서, 반드시 제출해야 하나?

A. 휴직을 신청할 때 관리자로부터 서약서를 요구받는 경우가 있다. 소속 교육청, 휴직 종류에 따라 차이가 있으나 휴직기간 품위 유지 약속, 6개월마다 휴직 사유의 계속 여부 신고, 휴직 사유 소멸하면 30일 이내 복직 신청, 소속 학교로 복직되지 않아도 이의를 제기하지 않겠다는 내용 등이다.

휴직자가 이러한 내용의 서약서를 제출할 의무는 없다. 서약서를 제출하지 않았다는 사유만으로 휴직을 불허한다면 임용권자의 재량권 남용이다.

교육공무원인사관리규정(교육부훈령)에서는 휴직 중인 교원은 6개월마다 소재지, 연락처, 휴직 사유의 계속 여부를 학교장에게 보고하도록 규정하고 있다. 휴직기간에도 공무원 신분은 유지하므로 복무규정에서 정하고 있는 품위 유지를 준수할 의무가 있다. 휴직 사유가 소멸하면 30일 이내 복직 신고를 해야 한다. 국가공무원법 제73조의 내용이다.

서약서의 내용은 교육공무원인사관리규정, 공무원임용규칙, 국가공무원법 등에서 정하고 있는 내용이다. 관리자가 안내문 또는 구두로 친절하게 안내할 수 있다. 서약서 또는 각서로 자존감에 상처를 줄 이유가 없다. 서약서는 소속 학교로 복직되지 못할 경우를 대비한 측면이 있다. 휴직자는 과원이 아닌 별도 정원으로 관리하므로 소속학교 복직이 가능함에도 행정 우선의 단면이다.

Q. 휴직기간, 국외여행 가능한가?

A. 휴직기간은 직무에 종사할 의무가 없으므로 국외여행이 문제될 수 없다. 다만 휴직기간에도 공무원의 신분은 유지하므로 국가공무원법에서 정한 의무를 위반한 경우 징계 사유가 될 수 있다. 휴직 본연의 사유에 부합하지 않는 국외여행은 징계 사유가 될 수 있다.

질병휴직기간 질병 치료와 무관한 국외여행, 육아휴직기간 자녀를 동반하지 않는 장기간의 국외여행, 가족돌봄휴직 중 돌봄 대상자를 동반하지 않는 장기간의 국외여행은 휴직 본연의 사유에 부합하지 않는다.

자기 계발 또는 심신의 휴식을 위한 자율연수휴직의 경우 국외여행이 가능하다. 관리자의 승인이 필요한 것도 아니다. 교육공무원인사관리규정에 따라 휴직 중인 자는 6개월마다 소재지와 휴직 사유의 계속 여부를 기관장에게 보고할 의무가 있다. 필요한 경우 휴직 중 국외여행에 대해 관리자에게 통지하면 된다.

Q. 휴직 사유 소멸하면 즉시 복직할 수 있나?

A. 휴직기간 중 그 사유가 없어지면 30일 이내에 임용권자에게 신고해야 하고, 임용권자는 지체없이 복직을 명해야 한다. 국가공무원법 73조의 규정이다. 복직일은 사유 소멸 기준으로 30일 범위에서 휴직자가 결정할 수 있다. 특별한 사유없이 복직 일을 미루도록 강제한다면 관리

자의 권한 남용이다. 국가공무원법에 따라 휴직 사유가 소멸하면 30일 이내 신고할 수 있고, 임용권자는 즉시 복직 조치해야 한다. 복직 신청을 불허하면 복직 신청 불허 처분 취소를 구하는 소청심사를 청구할 수 있다.

Q. 휴직 종료 후 30일 이내 복직 가능한가?

A. 국가공무원법 제73조 제3항에 따라 "휴직기간이 끝난 공무원이 30일 이내에 복귀 신고를 하면 당연히 복직"한다. 휴직기간이 종료하면 대부분 다음 날 복직하지만, 국가공무원법에 따라 휴직 종료 후 30일 이내 복직할 수 있다. 휴직 종료 후 25일이 지난 다음 복직한다면 25일의 기간도 휴직으로 산정한다.

Q. 휴직 중 대학원 수강, 가능한가?

A. 대학원 수학은 전문성 향상과 자아실현을 위해 당사자가 자유롭게 결정할 문제이다. 대학원 수학으로 학위를 취득하면 교육공무원승진규정에 따라 가산점, 공무원보수규정에 따라 호봉경력으로 인정한다. 대학원 수학이 공무원의 직무 전념 의무에 위배하거나 휴직 사유에 부합하지 않는다면 호봉승급, 가산점 부여 등 혜택을 받지 못할 수 있다.

연수휴직, 유학휴직기간 학위를 취득했다면 휴직 본연의 사유에 부합하므로 교육공무원승진규정에 따라 연구실적으로 인정받는다. 다른 경력과 중복하지 않는다면 공무원보수규정에 따라 호봉경력으로 산입한다.

동반휴직, 자율연수 기간에도 휴직 명분을 유지하며 학위를 취득했다면 호봉경력, 가산점 인정이 가능하다. 육아휴직 중 야간 대학원 수

학도 가능하다.

외출, 조퇴, 연가 등을 활용하여 재직기간 중 주간 대학원 수학이 가능하다. 기관장의 승인을 받지 않았거나 본인의 연가일수를 초과한 경우 불이익이 발생할 수 있다. 계절제·야간제 대학원 수학은 수업에 지장이 없는 범위 내에서 '출장(연수)' 또는 '교육공무원법 제41조 연수'로 수강할 수 있다.

Q. 휴직에 따라 퇴직급여(연금), 퇴직수당 불이익이 있나?

A. 공무원의 재직기간은 공무원으로 임명된 날이 속하는 달부터 퇴직한 날의 전 날 또는 사망한 날이 속하는 달까지의 연월수年月數로 계산한다. 따라서 모든 휴직기간은 퇴직급여(연금)를 지급하는 재직기간에 포함하므로 휴직기간도 기여금을 납부한다.

퇴직수당은 다르다. 휴직, 직위해제, 정직 처분으로 직무에 종사하지 못한 기간의 퇴직수당은 2분의 1만 지급한다. 단, 공무상 질병휴직, 병역휴직, 고용휴직, 육아휴직, 노조전임휴직, 법정의무수행 휴직기간은 퇴직수당의 불이익이 없다.

Q. 보수를 지급하는 휴직은?

A. 보수란 봉급과 그 밖의 각종 수당을 합산한 금액을 말한다. 휴직기간에는 보수를 지급하지 않는다. 다만, 다음의 휴직은 봉급과 수당을 지급한다.

1) 공무상 질병휴직

• 봉급을 전액 지급한다. 시간외근무수당을 제외하고 수당을 전액 지급한다.

2) 질병휴직

- 봉급의 70%을 지급한다. 휴직기간이 1년 초과 2년 이하인 경우는 50% 지급한다.
- 정근수당 가산금, 자녀학비보조수당, 가족수당, 가족수당 가산금, 특수업무수당 중 교원 등에 대한 보전수당 : 1년 이하의 휴직기간에는 '수당액×0.3'을 감액하고, 2년 이하의 휴직기간에는 '수당액×0.5'를 감액한다.
- 정근수당 : 휴직 1월에 대하여 수당액의 6분의 1을 감액한다.
- 시간외수당, 정액급식비 : 휴직으로 근무하지 않은 달은 지급하지 않는다.
- 명절휴가비 : 지급 기준일(설날, 추석날) 현재 휴직 중인 경우 지급하지 않는다.

3) 유학휴직, 1년 이상 국외연수휴직

- 봉급의 50% 지급.
- 정근수당 가산금, 자녀학비보조수당, 가족수당, 가족수당 가산금, 특수업무수당 중 교원 등에 대한 보전수당 : 휴직기간에는 '수당액×0.5'를 감액
- 정근수당 : 휴직기간 별도 감액없이 전액 지급
- 시간외수당, 정액급식비 : 휴직으로 근무하지 않은 달은 지급하지 않음
- 명절휴가비 : 지급기준일(설날, 추석날) 현재 휴직 중인 경우 지급하지 않음

휴직자가 휴직 목적과 달리 휴직을 사용한 경우에는 지급한 봉급을

환수할 수 있다. 육아휴직은 봉급은 지급하지 않고, 육아휴직 수당을 지급한다.

Q. 질병휴직, 구체적 기간이 명시된 진단서로만 가능한가?

A. 질병휴직에 필요한 서류는 의료법 제17조에 의해 교부한 의사의 진단서이다. 의료보험을 적용하는 병·의원 또는 한의원에서 발행한 진단서를 제출하면 된다. 구체적 기간을 명시하지 않은 '장기간의 요양과 치료'가 필요하다는 진단서로는 휴직이 불가능하다며 진단서 재발급을 요구하는 사례가 빈번하다. 질병휴직의 취지를 잘못 해석한 결과이다.

진단서 발급은 전문 의사의 고유권한이다. 중한 상태의 질병으로 구체적 치료기간을 특정할 수 없을 때 전문의는 '장기간의 치료와 요양'이 필요하다는 진단서를 발급한다. '장기간의 요양과 치료가 필요'하다는 진단서를 제출한 경우, 승인권자는 신청자가 원하는 기간 만큼 휴직을 승인하고, 기간 만료 전 완치 또는 호전되어 정상 근무가 가능하면 복직 신청서를, 기간 만료 후 치료와 요양이 더 필요하면 휴직 연장 신청서를 제출하게 하면 된다.

2009년 대법원(2009도5261) 판결로 진단서 기재사항이 모두 기록된 의사의 소견서 제출도 가능하게 되었다.

Q. 불임·난임 휴직, 남성도 가능한가?

A. 국가공무원법, 교육공무원법, 사립학교법 등에서 불임·난임 휴직을 여성으로만 제한하고 있지 않다. 국가공무원법, 공무원임용규칙(제58조 제1항), 사립학교법에 따르면 임용권자는 '신체·정신상의 장애로 장기 요양을 요하거나 정상적인 근무를 수행할 수 없을 때(불임·난임치료 포함) 의료 기관에서 발행한 진단서나 휴직 사유를 증빙할 수 있는

자료를 근거로 휴직 여부를 결정해야 한다'라고 정하고 있다. 교육공무원법(제44조)에서는 "불임·난임으로 인하여 장기간의 치료가 필요한 경우"에는 육아휴직을 사용할 수 있도록 정하고 있다. 불임·난임에 대한 성별의 구분은 없다.

Q. 질병휴직의 기간과 횟수의 제한은?

A. 질병휴직의 횟수는 제한이 없으나 동일 질병으로 연속하여 2년을 초과할 수 없다. 공무상 질병휴직 기간은 3년이나, 2년의 범위에서 연장할 수 있다. 휴직기간이 만료되어 복직 후 정상적인 근무가 상당기간 지속되다가 재발된 경우에는 질병의 정도, 요양기간, 요양 후 정상적인 근무 수행여부 등을 종합적으로 판단하여 새로운 휴직을 부여할 수 있다.

'상당 기간'에 대한 기준은 임용권자의 재량 사항이다. 일반적으로 6개월이 적용되고 있으나 일부 시도교육청의 경우 3개월을 적용하고 있다. A 질병으로 2년간 질병휴직을 마치고 6개월 이상 정상 근무했다면 A 질병이 다시 재발한 경우에도 새로운 질병휴직으로 본다. 병가 60일을 사용한 후 최대 2년간의 새로운 질병휴직이 가능하다.

2020년 법령 개정으로 공무상 질병휴직은 3년 사용 후 최대 2년 연장할 수 있다.

Q. 질병을 사유로 직권면직 가능한가?

A. 국가공무원법에 따라 휴직기간이 끝난 후에도 직무를 감당할 수 없을 때 임용권자는 직권으로 면직할 수 있다. 임용권자는 관할 징계위원회의 의견을 반드시 들어야 한다. 사립의 경우에는 징계위원회의 의견뿐만 아니라 인사위원회의 심의를 거쳐야 한다. 직권면직일은 휴직기

간이 끝난 날 또는 휴직 사유가 소멸한 날이다.

직권면직은 임용에 관한 사항이므로 부당한 면직 처분에 대해서는 처분을 받은 날로부터 30일 이내에 교원소청심사위원회에 소청을 청구할 수 있다. 교원소청심사위원회의 최종결정이 있을 때까지 후임자를 보충하지 못한다.

Q. 질병휴직 전, 연가 사용이 가능한가?

A. 질병을 사유로 연가를 사용할 수 없다. 병가를 사용해야 한다. 병가를 모두 사용한 후, 치료와 요양이 더 필요하다면 개인별 법정 연가를 활용할 수 있다. 법정 연가를 모두 사용한 후에도 정상 근무가 불가능하면 질병휴직을 활용할 수 있다.

휴직 전 법정 연가를 사용할 수 있지만 고려할 점이 있다. 인사혁신처가 연가일수 산정 방식을 변경했기 때문이다. 휴직, 병가 등으로 실제 근무하지 못한 기간은 연가일수에서 공제한다. 60일 병가를 모두 사용하면 2개월분 연가일수를 공제한다. 15일 이상 30일 미만의 병가를 사용하면 1개월분의 연가일수를 공제한다.

법정 연가일수 20일인 교사가 3개월 휴직을 한다면 3개월에 해당하는 5일의 연가일수가 줄어든다. 병가 후 연가를 사용할 때, 질병휴직기간을 고려하여 연가일수를 계획할 필요가 있다. 연가를 저축하여 사용할 수 있는 일반 공무원에게 적용하는 인사혁신처 예규를 연가 저축이 불가능한 교원에게 적용하는 것은 불합리하다. 교육부 예규의 개정이 필요하다.

Q. 질병휴직기간에는 보수(봉급과 수당)를 지급하나?

A. 질병휴직기간에는 공무원보수규정에 따라 봉급의 70%(휴직기간

1년 이하) 또는 50%(휴직기간 1년 초과 2년 이하)를 지급한다. 단, 공무상 질병휴직기간에는 보수 전액을 지급한다.

질병휴직기간 수당 지급은 수당의 종류에 따라 일정 비율 감액하거나 지급하지 않는다. 정근수당 가산금, 자녀학비 보조수당, 가족수당(가산금 포함)은 휴직 1년 이하에는 30%를 감액하고, 1년 초과 2년 이하 기간은 50%를 감액한다.

정근수당은 휴직 1월에 대하여 6분의 1을 감액한다. 특수업무수당, 시간외근무수당, 정액급식비는 지급하지 않는다. 월중에 휴직하거나 복직한 경우, 해당 월 실제 근무일수에 따라 일할 계산한다. 특수업무수당 중 교원 등에 대한 보전수당은 30%를 감액한다. 명절휴가비는 지급 기준일(설날, 추석날) 현재 휴직 중인 경우에는 지급하지 않는다.

Q. 복직 시 완치되었다는 진단서가 필요한가?

A. 휴직기간 만료 전 복직할 경우 휴직 사유가 소멸했다는 증빙 자료를 제출해야 한다. 완치 또는 정상 근무가 가능하다는 진단서를 제출하면 된다. 휴직기간 만료 후 복직할 때는 반드시 진단서를 제출할 법적 의무는 없다. 다만, 학교장 또는 임용권자는 정상 근무 가능 여부를 확인할 책무가 있다. 이를 위한 자료가 반드시 진단서일 필요는 없으나 통상 진단서를 요구하고 있다.

2020년 5월 인사혁신처는 예규(공무원 임용규칙)를 개정하여 "의료기관에서 발행한 진단서를 제출하도록 하여 복직 후 정상적인 근무가 가능한지의 여부를 판단한 후 복직"을 명하여 규정하고 있다. 완치 진단서가 아닌 정상 근무가 가능하다는 진단서로도 복직이 가능하다.

Q. 첫째 아이 육아휴직 중 둘째를 출산하는 경우, 출산휴가 사용이

가능한가?

A. 휴직 중에는 휴가를 사용할 수 없다. 출산휴가를 사용하기 위해서는 육아휴직 복직이 선행되어야 한다. 육아휴직 복직 신청과 동시에 출산휴가를 신청할 수 있다. 둘째 자녀 출산은 첫째 자녀 육아휴직 사유 소멸에 해당한다. 대법원의 판례이다.

Q. 육아휴직 중 육아 대상 자녀를 변경할 수 있나?

A. 육아휴직기간 중에는 휴직 대상 자녀를 변경할 수 없다. 휴직 대상 자녀가 2인 이상이라면 첫째 아이 휴직이 종료되는 시점에 휴직 연장 신청서가 아니라 첫째 자녀 복직 신청서와 둘째 자녀 휴직신청서를 제출하면 된다.

첫째, 둘째 자녀는 최초 1년 기간만 수당을 지급하고 호봉경력으로 인정한다. 한 자녀에 대해 2년 휴직보다 자녀별 1년 휴직이 경제적으로 유리하다. 6개월만 휴직을 희망하는 경우, 첫째 자녀 3개월, 둘째 자녀 3개월로 신청할 수 있다. 첫 3개월의 수당은 호봉의 80%, 4월 이후에는 50%를 지급한다.

Q. 육아휴직 중 대학원 수강이 가능한가?

A. 휴직 중에도 국가공무원 신분을 유지하므로 복무규정에 위반하는 경우 징계 사유가 될 수 있다. 교육기본법(제14조)은 "교원은 교육자로서 갖추어야 할 품성과 자질을 향상시키기 위하여 노력해야 한다"고 규정하고 있다. 대학원 수강은 신분상의 의무를 위반하는 일이 아니라 교사의 전문성 향상을 위해 권장하고 지원해야 할 사항이다.

대학원에서 학위를 취득하면 공무원보수규정에 따라 연구경력으로 인정한다. 다른 경력과 중복되지 않는다면 대학원 수학 기간은 호봉경력으로 인정한다. 석사, 박사 학위 취득의 경우에만 연구경력으로 호봉에 반영하고 교육공무원승진규정에 따라 가산점을 부여한다.

교육부는 야간 과정의 학위 취득에 대해서는 "휴직 사유에는 부합하지 않으나 휴직 명분을 유지하면서 학위 취득을 한 점은 평소 직무 중에 취득한 학위를 인정하고 있는 사례로 미루어 경력"으로 인정하고 있다. 육아휴직 중 주간 대학원 수강은 휴직 본연의 사유에 벗어난다는 사유로 호봉경력, 승진 가산점 혜택을 받지 못할 수 있다.

Q. 육아휴직 중 질병이 발생하면 질병휴직이 가능한가?

A. 휴직 중 휴직 사유가 소멸하거나 더 이상 휴직이 필요하지 않을 경우 복직 신청이 가능하다. 국가공무원법의 규정이다. 육아휴직 중 질병 발생은 육아휴직 사유 소멸에 해당한다. 진단서를 발급받아 육아휴직 복직 신청서와 함께 병가를 신청할 수 있다. 병가 후 치료와 요양이 더 필요하다면 진단서를 발급받아 질병휴직을 신청할 수 있다.

Q. 육아휴직 중 맞춤형 복지 지급되나?

A. 인사혁신처 예규에서는 병역휴직과 법정의무 수행을 위한 휴직자에 대해서는 맞춤형 복지제도를 적용하지 않고 있다. 기타 휴직자에 대해서는 기본항목(생명/상해보험 및 본인 의료비 보장보험)의 최저 보상 이상을 적용하고, 자율항목의 적용 여부는 소속 장관이 정하도록 규정하고 있다. 휴직 종류별로 적용 내역은 차이가 있다. 육아휴직기간은 재직 중인 교원과 동일하게 기본항목과 자율항목을 적용한다.

Q. 육아휴직 대상 자녀의 나이와 학년은?

A. 육아휴직 대상 자녀는 만 8세 이하 또는 초등학교 2학년 이하의

자녀이다. 나이와 관계없이 초등학교 2학년 학기말까지 휴직 가능하다. 3학년 이상인 경우, 만 8세가 속하는 학기 말까지 가능하다.

Q. 휴직 중 3박 4일의 국외여행을 했다면 징계 사유가 될 수 있나?

A. 휴직 중 공무원 신분은 유지하므로 국가공무원법상 의무를 위반했을 때 징계 처분의 대상이 된다. 휴직 중 국외여행을 원천 금지하는 것은 아니나 휴직 본연의 사유에 부합하지 않는 경우에는 징계 사유가 될 수 있다.

육아 대상 자녀를 국내에 두고 장기간 국외여행을 하거나 해외 어학연수를 했다면 육아휴직 본질에서 벗어난 경우이므로 징계를 받을 수 있다. 공무원보수규정에서 휴직 목적과 달리 휴직을 사용한 경우, 지급한 보수를 환수하도록 규정하고 있다. 지급받은 육아휴직 수당을 반납할 수 있다.

육아휴직 중 3~4일 정도의 짧은 국외여행이 징계 사유가 되는지는 판단의 여지가 있다. 근무 중일 경우에도 휴무일을 이용하여 가족에게 아이를 맡기고 짧은 기간의 국외여행을 할 수 있다. 휴직 중 3~4일 정도의 국외여행을 육아휴직 본연의 사유에 부합하지 않는 것으로 판단하는 것은 과도하다. 정식 징계가 아닌 구두 주의 정도로 충분해 보인다.

Q. 육아휴직, 횟수 제한이 있나?

A. 2008년 이전에는 한 자녀에 대한 육아휴직 횟수를 2회로 제한했다. 공무원임용령 개정으로 2008년 이후 분할 사용에 대한 횟수 제한을 폐지했다. 다수의 시도교육청에서는 육아휴직과 복직을 학기 단위로 강제하는 실무지침을 마련하고 있었다. 이러한 실무지침은 위법이라는 교원소청심사위원회의 결정과 대법원의 판결이 있었다. 육아휴직은

학기 단위, 횟수에 제한없이 본인이 원하는 기간만큼 분할 사용할 수 있다. 통상 휴직의 최소 기간은 1개월이다.

Q. 부부 공무원, 동시 육아휴직 가능한가?

A. 남편은 교사이고 아내는 지방공무원이다. 부부가 동시에 육아휴직이 가능한가?

육아휴직에 대한 남녀 차별이 없어졌다. 한 자녀에 대해 남녀 모두 3년간 육아휴직이 가능하고, 동시 또는 순차적 휴직이 가능하다. 육아휴직 수당 또한 각각 지급한다. 동일 자녀에 대하여 부부가 모두 휴직하는 경우, 두 번째 휴직하는 공무원의 최초 3개월의 수당은 봉급액의 100%에 해당하는 금액을 지급한다. 단, 상한액은 250만 원이다. 동시 휴직할 경우 부부가 협의하여 봉급액이 많은 쪽을 두 번째 휴직자로 결정할 수 있다.

Q. 유학휴직 사유와 기간은?

A. 교육공무원법에 따라 학위 취득을 목적으로 해외 유학을 하거나 외국에서 1년 이상 연구 또는 연수를 하게 되면 유학휴직을 신청할 수 있다. 휴직기간은 3년 이내이다. 학위 취득의 경우에는 3년의 범위에서 연장할 수 있다.

교육부의 인사실무지침에서는 "최초 1년 또는 2년 휴직을 했더라도 최초 3년의 기간을 모두 사용한 것으로 간주하고, 그 후 연장하는 것은 횟수와 관계없이 3년 이내에서 가능"하도록 설명하고 있다. 임용권자의 허락없이 전공 과목을 변경하거나 대학을 옮길 수 없다. 학위를 조기 취득했다면 휴직사유 소멸에 해당한다.

Q. 유학휴직, 연수휴직. 전공 교과만 가능한가?

A. 일부 시도교육청은 학위 취득 목적의 유학휴직 또는 연수휴직에 대해 중등은 임용 교과, 초등은 초등교육 관련 학위로만 제한하고 있다. 교육공무원법에서 학위 취득을 위한 유학휴직, 연수휴직을 전공 또는 임용 교과로 제한하는 내용이 없다. 법률적 근거 없는 교육감의 규칙은 재량권 남용으로 위법의 소지가 있다. 무엇보다 전문성 향상이라는 유학휴직 본연의 취지에 부합하지 않는다.

국어과 교사가 상담심리교육 석사 학위 취득을 목적으로 유학휴직을 신청했으나 교육청은 불허했다. 국어과 교사는 국어과 이외 다른 전문성은 필요 없다는 편협한 관점이다. 교육청의 규칙 또는 지침으로 유학휴직을 불허한다면 소청심사를 청구할 수 있다.

Q. 유학휴직 후 의무복무기간, 타당한가?

A. 휴직기간의 1.5배 이상을 소속 교육청에서 근무해야 한다. 의무복무기간 종료 전 타 시도 전출 및 휴직을 불허한다. 의무복무기간 종료 전 의원면직하면 휴직기간 지급한 보수를 환수한다. 일부 시도교육청의 유학휴직 관련 규칙이다.

의무복무기간, 휴직기간 보수 환수 등은 휴직이 아닌 국비 지원 연수에 해당하는 내용이다. 공무원인재개발법 및 시행령에서는 국비 지원 연수에 따른 의무복무기간을 부여하고 있다. 의무복부 기간을 채우지 못하면 지원비용을 환수하도록 정하고 있다.

교육공무원법 제40조(특별연수)에 따라 국가나 지방자치단체는 특별연수계획을 수립하여 교육공무원을 국내외의 교육기관 또는 연구기관에서 일정 기간 연수를 받게 할 수 있다. 특별연수를 받은 교원에게 6년의 범위에서 대통령령으로 정하는 바에 따라 일정 기간 복무 의무를 부과할 수 있다. 복무 의무 기간을 이행하지 못하면 특별연수 경비의 전부 또는 일부를 환수할 수 있다.

휴직이 아닌 파견으로 모든 비용을 국가가 지원하는 국비 연수 또는 국비 유학이라면 법률에 따라 의무 복무 기간을 부여할 수 있다. 그러나 유학휴직에 대해 시도교육청 규칙으로 의무복무기간을 부여하는 것은 법률적 근거가 없다. 호봉 및 교육경력 산입, 봉급의 50%를 지원한다는 점만으로 법률적 근거없이 의무복무기간 강제, 의무복무기간 완료 전 타 시도 전출 및 휴직 제한은 위법이다.

Q. 유학휴직, 봉급의 50%를 지급하는 기간은?

A. 공무원보수규정(제28조)에 따라 외국 유학 또는 1년 이상 국외 연수를 위해 휴직한 공무원에게는 봉급의 50%를 지급한다. 일반 공무원의 지급 기간은 2년을 초과할 수 없다. 교육공무원에 대해서는 지급 기간 제한이 없으므로 유학휴직 전 기간(최대 6년) 봉급의 50%를 지급할 수 있다.

Q. 유학휴직 후 의원면직이 가능한가?

A. A 교사는 국외에서 3년간 유학휴직으로 박사 학위를 취득했다. 복직을 포기하고 국외에서 정착하기 위해 의원면직을 신청했다. 의원면직이 가능할까?

A 교사가 소속한 시도교육청의 지침에는 유학 기간 1.5배에 해당하는 의무복무기간을 규정하고 있다. 교육감의 지침에 근거하여 의원면직을 불허할 수는 없다. 유학휴직에 대한 의무복무기간은 법적 근거가 없다.

유학휴직기간은 호봉경력에 산입하므로 복직 신청서와 사직서를 동시에 제출할 필요가 있다. 복직에 따라 호봉을 재획정하고 면직처리를 밟아야 한다.

Q. 2년 연수휴직으로 대학원을 수료했다. 복직 1년 후 석사 학위를 취득했다. 호봉승급은 언제부터 가능한가?

A. 2년 연수휴직기간은 교육공무원승진규정에 따라 경력평정(50%)에 포함하나 호봉경력은 인정하지 않는다. 다만 석사 또는 박사 학위를 취득한 때 연구경력으로 호봉승급에 포함한다. 학위 취득 후 호봉재획정 신청을 하면 된다. 재획정 후 다음 달 1일에 2호봉 승급한다. 학위 취득 후 재획정 신청을 미루면 호봉재획정이 늦어져 불이익을 받는다.

Q. 연수휴직기간 겸임교수로 출강을 의뢰받았다. 가능한가?

A. 국가공무원복무규정에서는 영리업무를 금지하고 있다. 영리를 목적으로 하지 않는 계속성이 있는 업무는 소속기관장의 사전 허가를 받도록 규정하고 있다. 기관장은 담당 직무수행에 지장이 없는 경우 겸직을 허가한다.

휴직기간에도 공무원 신분을 유지하므로 복무규정을 적용한다. 휴직기간의 출강, 겸임교수에 대해 겸직 허가를 신청해야 한다. 휴직기간에는 출강 또는 겸임교수가 직무에 지장을 주지 않는다. 주당 강의시수, 겸임교수의 업무 등이 학위 취득, 전문성 향상이라는 연수휴직 목적에 지장을 초래하지 않는다면 겸직을 허가해야 한다.

Q. 학위 취득 목적으로 2년간 휴직했다. 휴학, 조기 수료는 휴직 사유 소멸인가?

A. 2년간 국내 연수휴직 중 대학원을 휴학하면 휴직 사유 소멸에 해

당한다. 국가공무원법(제73조)에 따라 휴직 사유가 소멸하면 30일 이내에 임용권자에게 신고해야 하고, 임용권자는 지체없이 복직 조치해야 한다.

2년 과정의 대학원을 1년 6개월에 수료만 했다면 휴직 사유 소멸에 해당하지 않는다. 휴직 목적인 학위를 취득하지 못했기 때문이다. 남은 6개월 동안 휴직을 유지하며 논문을 준비할 수 있다.

Q. 고용휴직기간과 소멸 사유는?

A. 휴직기간은 고용기간이다. 고용기간을 초과하여 휴직하거나 연장할 수 없다. 고용 계약이 파기된 경우(해고, 사직 등), 재외교육기관에서 주당 수업시수가 5시간 이하로 6개월 이상 계속하면 휴직 사유 소멸로 간주한다. 휴직 사유가 소멸하면 30일 이내 복직 신청해야 한다.

Q. 동반휴직 중 출산휴가, 육아휴직 가능한가?

A. 휴직 중 휴가를 사용할 수 없다. 동반휴직 중 출산한다면 복직 신청과 함께 출산휴가를 신청해야 한다. 90일 출산휴가 후 육아휴직을 신청할 수 있다. 육아휴직은 동반휴직에 비해 호봉경력(1년), 경력평정(100%), 수당(1년)이 지급되는 점에서 유리하다. 출산은 동반휴직 사유 소멸이 아니라며 복직을 불허한다면 헌법에서 정한 모성보호권에 위배하므로 소청심사를 청구할 수 있다.

Q. 동반휴직 중 영주권 취득, 신분상 불이익이 있나?

A. 동반휴직, 고용휴직 중 국외 영주권을 취득했다는 사실만으로 징계 사유가 될 수 없다. 영주권 취득을 사유로 공무원 신분이 박탈되는 것도 아니다. 영주권은 다른 나라에 영주(무기한 체류, 장기체류)할 수

있는 권리 또는 자격을 말한다. 다른 나라의 국적 또는 시민권을 취득한 것과 구분된다. 영주권을 취득했더라도 한국 국적은 유지한다. 대한민국 국적으로 외국 영주권을 취득하여 외국에서 상주하는 사람을 법적으로 재외국민이라 한다.

국가공무원인 교원 또는 사립학교 교원의 영주권 취득이 실효성이 있는지 살펴볼 필요가 있다. 영주권 취득은 해당 나라에 거주하겠다는 의사이므로 사직을 전제로 하는 일이다. 영주권 취득자가 일정 기간 해당 국가에 체류하지 않으면 영주권을 상실하는 것이 대부분이다. 교원 신분과 국외 영주권 자격을 동시에 지속하는 것은 현실적으로 불가능한 일이다.

Q. 돌봄 대상자를 요양원에 위탁하고 국외여행을 했다면?

A. 돌봄 대상인 어머니를 요양원에 위탁하고 60일의 휴직기간 중 49일 동안 해외에 체류한 교사가 감봉 처분을 받은 사례가 있다. 어머니를 모실 시설, 약재를 알아보기 위한 체류라며 감봉 처분 취소를 요구하는 소청심사를 제기했지만 기각되었다. 교원소청심사위원회는 간병 휴직 부당 사용은 징계 사유에 해당하고, 감봉의 징계 양정 또한 적정하다고 판단했다.

사례와 같이 휴직 사유와 부합하지 않은 국외여행은 징계 사유가 될 수 있다. 돌봄 대상자의 치료 목적이 아닌 국외여행은 인사상의 불이익을 받을 수 있으므로 유의할 필요가 있다.

8

봉급

2000년 3월 1일 신규 임용 교사가 16년이 지난 2016년 3월, 초임호봉 오류를 발견했다. 편입한 대학 학력 2년이 호봉경력에 산입되지 않았다. 호봉정정 신청을 했지만, 교육청은 호봉정정이 아닌 호봉재획정이라 안내했다.

호봉재획정이라면 다음 달인 2016년 4월 1일 자로 2년의 80%인 19월이 호봉경력으로 산입된다. 호봉정정이라면 2000년 3월 1일 자로 초임호봉을 정정하여 16년 동안 적게 받은 보수를 모두 받을 수 있다. 상당한 액수이다.

호봉재획정일까? 호봉정정일까? 교육청은 설령 호봉정정이라 하더라도 16년이 아닌 최근 3년 동안 적게 받은 보수만을 지급할 수 있다고 한다.

호봉정정이라면 적게 받은 보수를 받을 수 있는 기간이 3년일까? 16년일까?

초임호봉 획정, 호봉재획정, 호봉정정 그리고 보수에 대한 소멸 시효에 대해서 알아보자.

교사의 보수

우리 헌법(제31조 제6항)에서는 교원의 지위에 관한 사항은 법률로 정하도록 규정하고 있다. 이른바 교원지위 법률주의이다. 대법원[15]은 교원의 지위에 관한 사항이란 "교원의 자격·임용·보수·복무·신분 보장·권익보장·징계 등과 같이 신분의 취득·유지·상실 등과 관련된 사항을 의미한다"라고 판시했다. 대법원이 교원의 지위에 관한 사항에서 교사의 수업권 즉 교육권을 구체적으로 언급하지 못한 것은 매우 유감이다.

교원의 지위에 관한 사항에서 교사의 경제적 지위를 결정하는 보수는 매우 중요하다. 보수란 봉급과 각종 수당을 합산한 금액을 말한다. 국가공무원법에 따라 공무원의 보수는 "직무의 곤란성과 책임의 정도에 맞도록 계급별·직위별 또는 직무등급별"로 정해진다. 행정부는 "표준 생계비, 물가 수준, 그 밖의 사정을 고려하여 정하되, 민간 부문 임금 수준과 적절한 균형을 유지하도록 노력"해야 한다.

교육기본법(제14조)에 따르면 "교원의 경제적·사회적 지위는 우대되고 그 신분은 보장"한다. 교원의 지위 향상 및 교육활동 보호를 위한 특별법(제3조)에 따르면 "국가와 지방자치단체는 교원의 보수를 특별히 우대"해야 하고, "학교법인과 사립학교 경영자는 그가 설치·경영하는 학교 교원의 보수를 국공립학교 교원의 보수 수준으로 유지"해야 한다.

---

15. 대법원, 2014.2.27., 2012추145. 조례안 재의결 무효확인 청구의 소.

교육공무원법 제34조(보수결정의 원칙)에서는 "교육공무원의 보수는 우대"되어야 한다고 규정하고 있지만, "자격, 경력, 직무의 곤란성 및 책임의 정도에 따라 대통령령"으로 정하도록 위임하고 있다. 교육기본법, 교원지위법, 교육공무원법에서 교원의 보수는 우대되어야 한다는 선언에 그칠 뿐, 일반 공무원과 같이 행정부의 전적인 재량 사항으로 위임하고 있다. 봉급·호봉·승급 및 수당에 관한 사항과 지급 방법을 행정부에 포괄적으로 위임하고 있는 것은 헌법에서 정한 포괄위임금지 원칙, 교원지위 법률주의에 어긋난다.

1966년 UNESCO와 ILO 특별회의에서 채택된 '교사의 지위에 관한 권고'에서는 교사의 지위에 영향을 주는 여러 요인 중, 보수는 특히 중요하다고 선언했다. 교사의 사회적 대우, 존경, 역할 등 모든 요인은 경제적 지위와 관계있다는 설명이다. 교사의 봉급은 교원단체와 합의하여 결정하고, 최고 호봉에 도달하는 기간은 10년 내지 15년을 초과하지 않도록 권고했다.

대한민국 공무원과 교원의 봉급은 행정부가 일방 결정한다. 노동조합과 단체교섭을 통해 결정한 사례가 없다. 공무원의 보수를 사용자의 위치에 있는 행정부가 일방적으로 결정하는 것은 노동기본권에 반하는 행정이다. 노동조합과의 단체교섭을 통해서 결정하는 것이 필요하다.

교육공무원법, 교원지위법에 따라 사립학교 교원의 봉급, 수당, 여비는 국공립학교 교원과 차별 없이 보장한다. 사립학교법(제43조)에 근거하여 국가 또는 지방자치단체의 사립학교 재정결함 보조금으로 사립교원의 임금을 국가에서 지원하고 있다.

초임호봉 획정

　초·중·고, 사범대학을 졸업 후 임용고시에 합격한 김○○ 교사의 초임호봉을 살펴보자.

　초임호봉은 네 가지 요소로 산정한다. 임용 전 경력, 학령 가감, 가산연수, 기산호봉이다. 사범대학을 졸업 후 교직을 출발한 김○○ 교사의 임용 전 경력은 없다.

　학령부터 살펴보자.

학령이란?

　학력이란 학교를 다닌 경력을 말하지만, 호봉 획정에서 반영하는 학령은 학력과 다른 개념이다.

　학령이란 초·중등교육법, 고등교육법에서 정한 학교를 단계적으로 수학하여 최종 학교를 졸업할 때까지의 법정 수학 연한을 통산한 연수를 말한다. 요약하면 학력이 인정되는 초등학교에서 대학을 다닌 총 연수年數를 '학령'이라 한다. 초등에서 대학까지의 경력이므로 대학원은 포함하지 않는다. 대학원에서 학위를 취득하면 학령이 아닌 연구경력으로 호봉에 산입할 수 있다.

　초·중·고, 사범대학을 졸업한 김○○ 교사의 학령은 16(6+3+3+4=16)이다.

학령 가감이란?

본인의 학령에서 16을 뺀 수를 말한다. 김○○ 교사의 학령 가감은 16-16=0, 0이다. 만약 한 개 대학을 더 수학했다면 학령 가감은 4가 될까?

그렇지 않다. 2개 이상의 대학을 졸업했다면, 1개 대학만 100%, 나머지 대학은 80%만 반영한다. 학력을 인정하지 않는 학교는 학령에 반영하지 않는다. 초등학교는 6년, 중학교는 3년, 고등학교는 3년만 인정한다. 고등학교를 두 번 졸업해도 3년만 반영한다.

가산연수란?

사범대학, 교육대학 졸업자에게 가산연수 1년을 추가한다. 일반 대학에서 교직과정을 이수했거나, 대학원에서 교사 자격증을 취득했다면 가산연수는 없다. 일반 대학에 설치한 교육계 학과 졸업자에게도 가산연수 1년을 부과한다. 산업대학, 전문대학, 방송통신대학, 개방대학의 교육계 학과 졸업자에게는 가산연수를 부과하지 않는다. 2개 이상 교육대학, 사범대학을 졸업했더라도 가산연수는 1년이다. 사범대학을 졸업한 김○○ 교사의 가산연수는 1년이다.

기산호봉이란 무엇일까?

기산호봉이란 교원의 처우 우대를 위해 기본으로 부여하는 호봉이다. 2급 정교사는 8호봉, 1급 정교사는 9호봉을 기본으로 부여한다.

2개 이상의 교원자격증을 소지하고 있다면 실제 임용된 과목의 자격증으로 기산호봉을 적용한다. 초등 1급 정교사, 중등 2급 정교사 자격을 소지한 사람을 중등교사로 임용하면 기산호봉은 8호봉이다. 만약 초등학교에 근무하고 있는 해당 교사를 중등교사로 임용한다면 기산호봉을 9호봉으로 재획정한다. 중등 기술 1급 정교사 자격과 중등 국어 2급 정교사를 국어과 교사로 임용했다면 기산호봉은 8호봉이다. 2급 정교사 자격을 취득한 김○○ 교사의 기산호봉은 8호봉이다.

학령 가감, 가산연수, 기산호봉을 살펴보았다.

김○○ 교사의 초임호봉을 획정해 보자.

1. 임용 전 경력은 없다.

2. 학령은 16이므로 학령 가감은 0이다.

3. 사범대학교를 졸업했으므로 가산연수 1년을 부가한다.

4. 2급 정교사이므로 기산 호봉은 8호봉이다.

가산연수 1, 기산호봉 8을 더하면 초임호봉은 9호봉이다.

초·중·고를 거쳐 교육대학 또는 사범대학을 졸업한 교사의 초임호봉은 9호봉임을 알 수 있다.

참고

[임용 전 각종 경력] + [(학령-16) + 가산연수] + [기산호봉]

=[0 + [(16-16) + 1] + 8 = 9]

임용 전 다양한 경력 반영

1. 기간제 교사 : 2년

2. 공무원 경력 : 1년

3. 대학원 석사 학위 취득 : 5학기(2년 6개월)

4. 학원 강사 경력 : 2년

5. 회사(상법, 주식회사) : 10개월

초·중·고등학교를 거쳐 사범대학교에서 2급 정교사 자격을 취득한 박○○ 교사의 임용 전 경력은 위와 같다. 초임호봉은 어떻게 획정할까?

임용 전 다양한 경력은 정해진 비율에 따라 호봉경력으로 인정한다. 호봉경력에 산입하는 비율은 공무원보수규정 별표 22(교육공무원의 경력환산율표), 교육공무원 호봉 획정시 경력환산율표의 적용 등에 관한 예규를 따른다. 임용 전 경력은 교원 경력(환산율 100%), 공무원 경력(환산율 80~100%), 유사 경력(환산율 30~100%)으로 구분한다.

기간제 교사 등 교원 경력은 100% 호봉경력에 산입한다. 단, 교원자격증의 종류와 근무한 학교가 일치하지 않을 때 80%, 관할청에 임면이 보고되지 않은 사립학교 교원 경력은 50%를 적용한다. 교원 자격을 갖추고 평생교육법에 따른 학교 형태의 평생교육시설, 재외국민의 교육지원에 관한 법률에 따른 한국학교, 영유아보육법에 따라 시장·군수·구청장에게 임면을 보고한 보육시설종사자 근무 경력은 100%를 적용한다.

교원 외 공무원 경력은 100% 호봉경력으로 인정한다. 단, 고용직공무원, 기능직공무원 경력은 80% 인정한다.

교원 및 공무원이 아닌 경력은 유사 경력으로 인정한다. 인정 비율은 종별에 따라 다양한 환산율을 적용한다. 대학 또는 대학원에서 임용권자의 임명을 받아 연구원으로 상근한 경력은 100%, 대학원에서 석사 또는 박사 학위를 취득한 경력은 연구경력으로 100%, 교원단체 또는 교원노동조합 상근 경력 70%, 학원 강사 경력 50% 또는 30%, 주식회사 상근 경력은 40% 인정한다.

경력을 계산할 때 임용일은 산입하고 퇴직일은 제외한다. 계약직 공무원(기간제 교사 포함)의 계약 기간 만료일은 산입한다. 경력환산율 적용 시 환산율이 100%인 기간은 그대로 적용하고, 100% 미만인 때는 년·월·일 단위로 각각 환산율을 적용하되, 소수점 이하는 버린다.

경력과 학력, 경력과 경력이 중복될 때 유리한 경력 하나만 선택할 수 있다. 임용 전 주식회사를 근무하면서 학위를 취득했다면, 회사 경력과 대학원 경력이 중복이다. 대학원 학위 취득 기간은 100%, 회사원 경력은 40%이므로 본인에게 유리한 대학원 기간을 호봉경력에 산입할 수 있다.

박○○ 교사의 임용 전 경력을 환산율에 따라 계산해 보자.

1. 임용 전 기간제 교사 경력은 100%를 적용하므로 2년 모두 인정한다.
2. 공무원 경력 환산율은 100%이므로 공무원 경력 1년 모두 인정한다.
3. 대학원에서 석사 학위를 취득했으므로 2년 6개월 기간을 연구경력으로 인정한다. 경력이 중복되면 유리한 하나만을 선택할 수 있

다. 박○○ 교사의 대학원 경력은 기간제 교사, 공무원, 학원 강사, 회사 경력과 중복하지 않는다.

4. 학원 강사 경력은 50% 인정하므로 학원강사로 근무한 2년 기간 중 1년만 호봉경력에 산입한다. 교육감에게 등록 또는 신고하지 않은 학원에서 상근으로 근무했다면 30%만 인정한다. 근로소득세 증명 등 객관적 증빙 자료를 제출할 수 있어야 한다.

5. 상법에 따라 설립한 주식회사 근무경력은 40%를 인정하므로 10개월 근무 중 4월을 호봉에 산입한다.

경력환산율을 적용하면 박○○ 교사의 임용 전 경력은 6년 10월이다.

☞ 2년(기간제 교사)+1년(공무원 경력)+2년 6개월(대학원 연구경력)+1년(학원 강사)+4개월(주식회사)=6년 10개월

박○○ 교사의 초임호봉은 15호봉(잔여일수 10월)이다. 잔여일수가 10월이므로 임용 후 2개월이 지나면 16호봉으로 승급된다.

[임용 전 각종 경력]+[(학령-16)+가산연수]+[기산호봉]
= [6년 10개월+[(16-16)+1]+8=15(잔여일수 10월)]

호봉재획정

호봉승급에 필요한 기간은 1년이며 정기승급일은 매월 1일이다. 단, 징계 등으로 승급 제한이 만료되는 날에 승급에 필요한 기간 1년을 충족했다면 통상의 정기승급일(매월 1일)에도 불구하고 승급 제한이 '만료된 날'의 '다음 날'에 승급한다.

초임호봉 획정은 신규 채용한 교사에게 첫 호봉을 부여하는 것이라면 호봉재획정은 재직 중인 교원에게 호봉을 다시 부여하는 것이다. 정기승급과 관계없이 다음 경우 호봉을 재획정한다.

첫째, 새로운 경력을 합산할 사유가 발생하면 호봉을 재획정한다. 새로운 경력이란 다음과 같다.

1. 초임호봉 획정에서 반영하지 못했던 경력을 입증할 수 있는 자료를 나중에 제출한 경우
2. 휴직기간에 호봉에 산입할 수 있는 새로운 경력이 발생한 경우
3. 징계 등의 사유로 승급 제한을 받았던 교원이 사면된 경우
4. 임용 전에 대학원을 수료하고, 임용 후 학위를 취득한 경우
5. 징계기록 말소 기간이 지난 경우

둘째, 자격 변동이 발생한 경우 호봉을 재획정한다.
자격 변동이란 임용 과목의 상위 자격을 취득한 경우이다. 2급 정교

사로 임용된 후 1급 정교사 자격을 취득하면 기산호봉이 달라지므로 호봉을 재획정한다. 임용 교과목이 아닌 다른 과목의 상위 자격을 취득했다면 호봉재획정 사유가 아니다.

자격 변동으로 인한 호봉재획정은 신청일이 속한 날의 다음 달 1일자로 재획정한다. 소급 적용이 불가능하므로 상위 자격을 취득한 후 곧장 호봉 재획정 신청서를 제출해야 불이익이 없다. 1급 정교사 자격을 취득했지만, 재획정 신청을 1년 후에 제출했다면 호봉승급이 1년간 늦어진 불이익을 감수해야 한다.

셋째, 학력 변동이 발생한 경우 호봉을 재획정한다.

근무기간 중 대학을 졸업했다면 근무경력과 중복하므로 호봉에는 변동이 없다. 휴직 중 대학을 졸업했다면 다른 경력과 중복이 아니라면 호봉경력으로 산입할 수 있다. 휴직 중 대학 수학이 휴직 사유와 부합하지 않는다면 호봉경력으로 인정받지 못할 수 있다.

넷째, 승급 제한기간을 승급 기간에 산입하는 경우, 호봉을 재획정한다.

다섯째, 휴직, 정직, 직위해제 후 복직일에 호봉을 재획정한다.

여섯째, 관련 법령이 개정되어 호봉 획정 방법이 변경된 경우에도 호봉을 재획정한다. 변경된 환산율에 따라 호봉을 재획정한다.

호봉재획정은 경력 합산을 신청한 날이 속하는 달의 다음 달 1일에 획정한다. 승급 제한기간을 산입하는 경우, 승급 제한기간이 지난 날이 속하는 달의 다음 달 1일에 재획정한다. 휴직, 정직 또는 직위해제 중인 사람에 대해서는 복직일에 재획정한다.

호봉정정

교사로 임용될 때 초임호봉을 획정한다. 1년마다 정기승급을 한다. 상위 자격을 취득하거나 경력의 변화가 발생하면 호봉을 재획정한다. 호봉 획정, 정기승급, 재획정 과정에서 잘못이 발생할 수 있다. 잘못을 발견하면 잘못된 일자로 소급하여 정정한다. 이것이 호봉정정이다. 호봉정정에 따른 급여 정산도 소급하여 정산한다. 호봉정정에 따른 보수 정산은 현 소속기관에서 정산한다.

2009년 3월 1일 임용된 A 교사가 10년 후 초임호봉 획정 오류를 발견했다면, 2009년 3월 1일로 소급하여 호봉을 정정한다. 신청한 날 또는 신청한 날이 속하는 다음 달 1일로 호봉을 획정하는 호봉재획정과 분명한 차이가 있다.

초임호봉 획정 오류로 10년 동안 1호봉의 보수를 적게 받았다면 적게 받은 보수를 모두 받을 수 있을까? 10년 동안 1호봉의 액수라면 상당한 액수이다. 호봉 획정은 교사를 임용한 국가의 잘못이며 교사의 과실이 없으므로 지급하는 것이 당연하다. 이때 보수의 소멸 시효는 3년이라며 3년분의 보수만 지급할 수 있다는 행정실 또는 교육청 급여담당자가 있다. 종종 발생하는 민원이다. 민법에서 정한 소멸 시효의 기산점을 모르기 때문에 발생하는 일이다. 초임호봉 획정, 호봉재획정은 모두 임용권자의 권한사항이다. 호봉 획정 오류에 대한 책임도 임용권자에게 있다. 3년분의 보수만 지급하겠다는 것은 임용권자의 과실을 교사에게는 전과하는 것이다.

보수에 대한 청구권은 민법 제163조를 적용하여 소멸 시효가 3년이다. 이때 소멸 시효의 기산점이 중요하다. 민법 제166조(소멸 시효의 기산점)에 따르면 "소멸 시효는 권리를 행사할 수 있는 때"로부터 진행한다. 국가로부터 적게 받은 봉급에 대한 소멸 시효는 '호봉정정 명령의 효력이 발생하는 때'로부터 시작한다. 호봉정정 후 3년 동안 아무런 청구도 하지 않는다면 소멸 시효 완성으로 받을 수 없다.

교사에게 과다하게 지급한 보수에 대한 국가의 반환청구권은 국가재정법 제96조를 적용하여 소멸 시효는 5년이다. 민법이 아닌 국가재정법을 적용하는 것에 주목할 필요가 있다. 교사의 과실이 아닌 국가(임용권자)의 호봉 획정 오류로 과다하게 지급한 것이므로 국가재정법의 취지에 따라 10년이 아닌 5년분의 과다 지급분만을 회수하는 것이 타당하다.

참고

국가재정법 제96조(금전채권·채무의 소멸 시효)
① 금전의 급부를 목적으로 하는 국가의 권리로서 시효에 관하여 다른 법률에 규정이 없는 것은 5년 동안 행사하지 아니하면 시효로 인하여 소멸한다.

민법
제162조(채권, 재산권의 소멸 시효) ① 채권은 10년간 행사하지 아니하면 소멸 시효가 완성한다.
제163조(3년의 단기 소멸 시효) 다음 각호의 채권은 3년간 행사하지

아니하면 소멸 시효가 완성한다.

1. 이자, 부양료, 급료, 사용료 기타 1년 이내의 기간으로 정한 금전 또는 물건의 지급을 목적으로 한 채권

제166조(소멸 시효의 기산점) ① 소멸 시효는 권리를 행사할 수 있는 때로부터 진행한다.

임용 당시 임용권자의 호봉 확정이 잘못되었다면 그 정정 권한은 현재의 임용권자에게 승계된다. [대법원 2000.11.14. 선고 99두5481 판결]

호봉재획정과 정정의 판단 기준

2000년 3월 1일 신규 임용된 교사가 16년이 지난 2016년 3월, 초임 호봉 획정의 잘못을 발견했다. 일반 대학에서 교원자격증을 취득했고, 다른 대학 3학년에 편입하여 졸업한 후 임용되었다. 편입한 대학 학력, 2년이 호봉경력에 반영되지 않았다.

호봉정정 신청을 했지만 교육청은 호봉정정이 아닌 호봉재획정이라 판단했다. 호봉재획정이라면 다음 달인 2016년 4월 1일 자로 2년의 80%인 19월이 호봉에 가산된다. 호봉정정이라면 2000년 3월 1일 자로 초임호봉을 정정하여 16년 동안 적게 받은 보수를 모두 받을 수 있다. 상당한 액수이다.

호봉재획정일까? 호봉정정일까? 초임호봉 획정 오류에 대한 책임이 누구에게 있는지에 따라 판단이 달라진다.

해당 교사가 편입한 2년 대학 경력을 제출한 사실이 없다면 호봉 획정권자의 잘못이 아니므로 호봉정정 사유가 아니다. 호봉재획정에 해당한다. 편입한 2년 대학 경력을 제출했는데도 호봉경력으로 산입되지 않았다면 호봉 획정권자의 과실이므로 호봉정정 사유이다.

교육청은 호봉 획정을 위한 경력기간 합산신청서를 제출하지 않았으니 교사의 과실이라 주장했다. 공무원보수 등의 업무지침에서 획정권자는 호봉 획정을 위한 경력기간 합산신청서를 배부하고, 합산 경력이 있는 경우 신청할 수 있도록 안내해야 한다고 규정하고 있다. 합산신청서는 호봉정정 등의 사유가 발생할 경우 증빙 자료로 사용하므로 반드시 구비·보존해야 한다고 정하고 있다.

과거 호봉 획정을 위한 경력 기간 합산신청서를 배부하지 않고, 인사 기록부만 작성 제출하게 한 사례가 있었다. NEIS 도입 후 종이로 작성한 인사기록부는 전산화되었다. 해당 교사의 대학 편입 경력은 인사기록부에 기재되어 있었다. 교사 자격증을 취득한 4년 대학 경력, 5개월의 주식회사 경력에는 인사 담당 장학사의 도장이 날인되어 있었으나 2년 대학 편입 경력에는 장학사의 날인이 없었다. 호봉 획정권자가 누락한 것이다. 대학 편입 2년 경력은 당사자의 과실이 아닌 호봉 획정권자의 과실이므로 호봉정정에 해당한다.

교감의 과실로 호봉재획정이 늦어진 경우, 호봉정정 가능한가?

A 교사는 2년 연수휴직 후 2014년 3월 1일 자로 복직했다. 복직 신청서와 함께 석사학위증 등 증빙서류를 준비하여 호봉재획정 신청을 했다. 교감은 "새로 부임하여 바쁘다며 알아보고 처리하겠다"고 했다. 4월 1일부터 90일 출산휴가 후 복귀하여 7월 1일 확인해 보니 호봉재획정이 이루어지지 않았다. 호봉재획정을 다시 요청하였으나 올리는 기간이 아니라며 기다리라고 했다. 2학기에 다시 요청했더니 10월경 호봉재획정 작업을 하다가 재획정이 잘 안된다며 결국 11월 1일 자로 2호봉 승급했다. 호봉정정을 요청할 수 있을까?

연수휴직기간은 호봉승급 기간에 산입하지 않는다. 단, 상위 학위를 취득하면 호봉승급에 산입하므로 호봉재획정 신청을 해야 한다. 호봉재획정은 "경력 합산을 신청한 날이 속하는 달의 다음 달 1일에 합산하여 재획정"한다. 상위 자격을 취득하고 10개월 후 호봉재획정을 신청하면 자격을 취득한 날로 소급하여 적용하는 것이 아니라 호봉재획정을 신청한 날이 속하는 다음 달 1일에 재획정을 한다.

새로운 경력의 합산을 신청했는데 전력 조회 등 합산 절차가 수개월 지연된 경우, 경력 합산을 신청한 날이 속하는 달의 다음달 1일 자로 소급하여 호봉재획정을 한다. 신청한 날이 기준이 되는 것이다. 신청 후 전력조회 기간, 호봉관리 담당자의 업무 지연 등의 사유로 불이익을 받을 수 없다.

위 사례는 복직일에 호봉재획정 신청을 했는데, 교감의 업무 소홀 또는 업무미숙으로 재획정이 미루어진 것이므로 신청한 날이 속하는 달의 다음달 1일 자로 소급하여 호봉재획정을 해야 한다. 11월 1일 자 호봉재획정은 잘못이므로 호봉정정 신청을 할 수 있다. 호봉정정 신청서를 제출하고, 불허한다면 '호봉정정 불허 처분 취소'를 요구하는 소청심사를 청구하면 된다.

호봉승급 제한

징계 처분 기간, 직위해제 기간에는 호봉승급이 중지된다. 처분 기간은 퇴직일까지 호봉경력으로 산입하지 않는다. 감봉 3월의 처분을 받았다면 징계 처분 기간 3월은 영원히 호봉경력으로 산입하지 않는다. 단, 소청심사위원회 또는 법원에서 무효 결정이 나면 소급하여 호봉경력에 산입한다.

징계 처분의 집행이 종료된 날로부터 견책 6월, 감봉 12월, 정직 18월 기간은 호봉 승급을 중지한다. 징계에 따른 승급 제한기간이다. 단, 금품 및 향응 수수, 공금의 횡령·유용, 성폭력, 성희롱 및 성매매로 인한 징계에는 제한기간이 6월 가산된다.

승급 제한기간은 징계기록이 말소되는 날이 속하는 달의 다음 달 1일에 산입한다. 호봉재획정에 해당한다. 징계기록 말소 기간은 견책 3년, 감봉 5년, 정직 7년이다.

금품 수수로 감봉 2월의 징계를 받았다면 징계 처분 기간인 2월, 감봉 처분에 따른 승급 제한기간 12월, 금품수수로 인한 가산 기간 6월, 모두 합하여 20개월 동안 호봉승급이 중지된다. 징계 처분 기간 2월은 영원히 호봉경력으로 산입하지 않고, 18월은 정직 처분의 집행이 종료한 날로부터 5년 후 호봉경력으로 산입한다.

[예] 2019년 2월 15일 정직 1월의 처분을 받았다면

1. 정직 처분 기간 1월 : 2019.2.15~2019.3.14.

　☞ 호봉경력에서 영원히 제외

2. 승급 제한기간 : 2019.3.15.~2020.9.14.(18월)

3. 징계기록 말소일 : 2026.3.15.

　☞ 정직 처분이 종료된 2019년 3월 15일부터 7년

4. 호봉재획정 : 2026.4.1.

　☞ 2026년 3월 15일의 다음 달 1일인 2026년 4월 1일자로 승급 제
　한기간 18월을 호봉에 산입

[예] 2010.2.10. 감봉 3개월 처분을 받은 후, 2012.3.15. 견책 처분을
받았다면

1. 감봉 처분 기간 : 2010.2.10~2010.5.9.

　☞ 감봉 처분 기간 3월은 영원히 호봉경력에 산입하지 않음

2. 승급 제한기간 : 18월(감봉 12월+견책 6월)

3. 징계 기록 말소 기간 : 8년(감봉 5년+견책 3년)

4. 징계 기록 말소일 : 2018.5.10.

　☞ 감봉 3월의 처분이 종료된 날(2010.5.10.)로부터 8년

5. 호봉재획정 : 2018.6.1.

　☞ 징계기록 말소일이 2018년 5월 10일이므로 다음 달 1일인 2018
　년 6월 1일에 호봉재획정

　☞ 승급 제한기간 18월을 호봉에 산입

Q&A
묻고 답하기

Q. 봉급 관련 법규는?

A. 교원의 봉급(호봉)에 관한 사항은 공무원보수규정(대통령령)을 따른다. 세부사항은 인사혁신처 예규인 공무원보수 등의 업무지침을 참조하면 된다. 호봉 관련 경력환산율은 공무원보수규정(별표 22) 교육공무원 등의 경력환산율표와 교육부 예규인 교육공무원 호봉 획정시 경력환산율표의 적용 등에 관한 예규를 참조하면 된다.

Q. 교사의 호봉은 몇 단계?

A. 교사의 봉급표는 공무원보수규정(별표 11)에서 정하고 있다. 최고호봉은 40호봉이다. 임용 전 특별한 경력이 없다면 사범대학(교육대학) 졸업자는 9호봉으로 시작한다. 매년 1호봉 승급하므로 30년 정도 근무하면 40호봉에 도달할 수 있다. 40호봉에 도달한 후에는 공무원보수규정 제30조의2(근속가봉)에 따라 '근속가봉'을 가산한다. 가산 횟수는 10회이다. 2023년 현재 교원의 근속가봉은 74,100원이다.

Q. 특수학교(학급)에 대한 가산연수는?

A. 2년 이상 사범대학, 교육대학을 졸업하면 가산연수 1년을 추가한다. 특수학교 교원자격증을 가지고 특수학교 또는 일반 학교의 특수학급을 담당하면 다음과 같이 특수학교(학급) 가산연수를 부여한다.

1. 수학연한 2년 이상인 사범계 학교(대학에 설치된 교육계학과 포함) 졸업자 : 2년
2. 수학연한 1년 이상 2년 미만인 사범계로 인정된 교원양성기관 수료자 : 1년
3. 비사범계 학교 졸업자 : 1년

특수학교(학급) 가산연수를 받은 특수교사가 일반 학교 또는 일반 학급으로 옮기게 되면 특수학교(학급) 가산연수를 제외하고 호봉을 재획정한다.

Q. 2년제 유아교육과 졸업 후 임용된 교사의 초임호봉은?

A. 학령은 14(6+3+3+2)이다.

2년제 유아교육과는 사범계 가산연수가 없다.

학령 가감은 14-16=-2, 이므로 2년이 감해진다.

2급 정교사이므로 기산호봉은 8호봉이다.

임용 전 경력은 없다.

초임호봉을 계산해보자.

[임용 전 각종 경력]+[(학령-16)+가산연수]+[기산호봉]

=[0+[(14-16)+0]+8=-2+8=6

초임호봉은 6호봉이다.

Q. 가산연수를 부여하는 대학에 설치하는 교육계 학과란?

A. 대학에 설치하는 교육계 학과란 고등교육법 제2조 제1호의 4년제 대학에서 교원양성을 목적으로 개설한 교육과를 말한다. 교육계 학과를 졸업하면 2급 정교사 자격증을 받을 수 있다. 산업대학, 전문대학,

방송통신대학교는 학과의 명칭과 관계없이 '대학에 설치한 교육계학과'에 포함하지 않는다.

Q. 임용 전 경력 환산

A. 박○○ 교사는 임용 전 기간제 교사 경력(2016.3.2~2016.5.31, 2017.3.2.~2018.2.28)과 주식회사(2014.7.1 임용, 2015.6.30 퇴직) 경력이 있다.

교육공무원 경력환산율에 따른 임용 전 경력 환산 방법을 알아보자.

기간제 교사의 경력환산율은 100%이다.

1. 2016.3.2.~2016.5.31 : 2월 29일
- 3.2~5.1 : 2월
- 5.2~5.31 : 일수로는 30일이나 1달에서 1일이 빠지므로 역에 의해 계산하면 29일
☞ 일수로는 91일(30일+30일+31일)이나 역에 의한 방법으로 계산하면 2월 29일

2. 2017.3.2~2018.2.28 : 11월 29일
- 2017.3.2.~2018.2.1 : 11월
- 2.2.~2.28 : 일수로는 27일이나 1월에서 1일 부족하므로 29일

주식회사에서 상근 근무 경력의 환산율은 40%이다.
- 퇴직일은 근무기간에 산입하지 않으므로 근무기간은 2014.7.1 ~2015.6.29
- 2014.7.1~2015.6.29 : 11개월 29일

- 환산율 40% 적용하면

☞ (11월 29일)×40% = (11월×40%) + (29일×40%) = 4.4월+11.6일 = 4
월+0.4월+11.6일 = 4월+12일(0.4×30)+11.6일 = 4월 23.6일 = 4월 23
일(소수점 이하 버림)

임용 전 총 경력

2월 29일+11월 29일+4월 23일 = 17월 81일 = 19월 21일 = 1년 7월 21일

Q. 시간강사 경력

A. 유치원 종일반 강사, 영어회화강사, 스포츠강사, 수준별 이동수
업 강사, 특수교육지원센터 순회강사, 방과후 강사, 인턴교사, 산학겸임
교사 등으로 전일제(1일 8시간)로 근무한 경력의 환산율은 100%이다.
단, 자격증의 종류와 근무한 학교급이 일치하지 않을 때 50%를 적용
한다.

전일제 근무가 아닌 시간제로 근무한 경우, 다음의 계산식으로 환산
한다.

$$근무기간 \times \frac{주당 \ 실 \ 근무시간}{유치원 \ 및 \ 초중등교원 \ 평균 \ 주당 \ 근무시간}$$

유치원, 초·중등교원의 평균 주당 근무시간은 다음과 같다.

초중등교원 평균 주당 근무시간			
05.2.28. 이전	05.3.1~'06.2.28	06.3.1~'12.2.29.	12.3.1. 이후
44시간	43시간	42시간	40시간

주당 실 근무시간이 명확하지 않거나 주당 12시간 이하이면 30%를
적용한다.

Q. 연구경력이란?

A. 다음 경력은 연구경력으로 호봉경력에 산입한다.

1. 대학 및 대학원의 연구원 경력: 100%

2. 교육부장관이 인정하는 연구기관의 연구원 경력: 100%

3. 대학(대학원)의 연구전담 조교 경력: 100%

   ☞ 연구전담 조교로 근로계약을 체결하고 정기적인 보수를 받으며 상근으로 근무한 경력

4. 대학원에서 학위 취득 경력: 100%

   (석사) 각 대학원에서 학칙으로 정한 최저 수업 연한을 인정

   (박사) 3년의 범위에서 인정

   * 경력 기간은 학기 단위로 계산함. 학기제를 달리하는 대학원 및 계절학기제 대학원의 석사학위는 2년의 범위에서 인정

Q. 재직 중 야간 대학(4년) 학력은?

A. 근무기간 중 대학 졸업은 학력(학령)으로 인정하지 않는다. 단, 통학이 가능한 야간 대학은 인정된다. 야간 대학 졸업의 경우 근무경력과 학력이 중복이다. 경력과 학력이 중복하면 본인에게 유리한 하나만 선택할 수 있다. 복수 대학 경력은 80%만 인정하므로 근무경력을 선택하는 것이 유리하다. 결국 재직 중 야간 대학 경력은 호봉경력 반영에 실익이 없다. 재직 중 학력 변동은 호봉재획정 사유이지만 근무경력과 중복하여 실익이 없으므로 호봉을 재획정할 필요가 없다.

Q. 대학원과 호봉경력

A. 공무원보수규정과 예규에서는 학력(학령)은 대학까지만 인정하고

있다. 대학원 수학 기간은 학력(학령)으로 산입하지 않는다. 다만, 석사 또는 박사 학위를 취득하면 연구경력으로 인정한다. 석사 또는 박사 학위를 취득하기 위해 실제 등록하여 수학한 기간만 인정한다. 석사의 경우 각 대학원에서 학칙으로 정한 최저 수업 연한, 박사의 경우 3년의 범위에서 인정한다.

임용 전 대학원에서 석사(박사) 학위를 취득했다면 호봉경력으로 산입한다. 임용 전 대학원에서 학위 과정을 이수만하고, 재직 중 학위를 취득했다면 호봉재획정 사유이다. 학위 취득 후 경력 합산을 신청한 날이 속하는 달의 다음 달 1일 자로 재획정한다. 재획정 신청이 늦어지면 그만큼 불이익이 발생한다. 재직 중 학위를 취득했다면 근무경력과 대학원 연구경력이 중복한다. 경력이 중복될 경우 유리한 하나만 선택할 수 있으므로 학위 취득에 따른 실익이 없다. 다만 공무원승진규정에 따른 가산점은 받을 수 있다.

Q. 호봉의 정기승급은?

A. 교원의 정기승급일은 매월 1일이다. 승급에 필요한 기간은 1년이다. 징계 등으로 승급 제한기간에는 호봉승급을 중지한다. 승급 제한이 만료되는 날, 승급에 필요한 기간 1년을 충족했으면 통상의 정기승급일(매월 1일)에도 불구하고 승급 제한이 '만료된 날'의 '다음 날'에 승급한다.

Q. 휴직 중 새로운 경력(학력, 학위 등)이 발생하면 호봉재획정은?

A. 휴직기간에는 호봉승급이 이루어지지 않는다. 휴직기간 중 새로운 경력, 학력 등이 발생하면 복직일에 호봉을 재획정한다. 호봉경력으로 인정하는 병역·유학·고용·육아·노조전임휴직의 경우에도 복직일에 휴직기간을 호봉경력에 산입한다. 휴직기간에 대한 호봉경력 인정 비율

은 휴직에 따라 차이가 있다. 보수를 100% 지급하는 공무상 질병휴직은 재직자와 동일하게 매월 정기승급일에 승급한다.

휴직기간에 학위를 취득했다면 어떻게 될까?

휴직 종류에 따라 다르다. 질병휴직 중 학위를 취득했다면 휴직 본연의 사유에 부합하지 않으므로 연구경력으로 인정하지 않는다. 동반휴직 중 학위를 취득했다면 연구경력으로 인정한다. 동반휴직 중 대학에 진학하여 학사학위를 취득했다면 학력(학령)으로 80%의 환산율을 적용한다. 육아휴직 중 야간 대학원 학위 취득은 연구경력으로 인정하고 있다. 단, 첫째와 둘째 육아휴직 1년, 셋째 이후 육아휴직 3년 기간은 호봉에 산입하므로 중복 인정은 불가능하다.

학위 취득이 휴직 본연의 사유에 부합하지 않을 때 학위 취득으로 인한 혜택(호봉승급, 가산점 등)을 받지 못할 수 있다. 학위 취득 과목은 전공과목과 같은 계열이 아니어도 연구경력으로 인정받을 수 있다.

Q. 복직과 동시에 새로운 휴직을 시작했다면 호봉재획정은?

A. 첫째 아이를 대상으로 1년간 육아휴직을 마치고 2018년 3월 1일자로 복직한 교사가 같은 날 둘째 아이를 대상으로 새로운 육아휴직을 한다면 2018년 3월 1일 자로 호봉재획정을 할 수 있을까?

첫째 아이 1년 육아휴직기간은 호봉에 산입하므로 복직일에 호봉재획정이 이루어진다면 둘째 아이 육아수당을 더 많이 받을 수 있다. 같은 날 복직과 휴직이 동시에 이루어지면 호봉재획정이 가능할까?

공무원보수규정에 따르면 징계 처분, 직위해제, 휴직(공무상 질병으로 인한 휴직은 제외) 중인 사람은 승급할 수 없고 복직일에 호봉을 재획정한다. 3월 1일 자로 둘째 아이 휴직을 시작하므로 호봉재획정을 할 수 없다.

Q. 과목 변경으로 인한 호봉재획정은?

A. 홍○○ 교사는 A 교과 1급 정교사, B 교과 2급 정교사 자격을 소지하고 있다. A 교과로 임용되어 근무하다가 학교의 사정 또는 본인의 희망으로 B 교과를 담당하게 되었다.

호봉재획정 사유에 해당할까?

호봉을 재획정한다면 1호봉 작아진다. 호봉 획정은 임용 교과를 기준으로 산정한다. 홍○○ 교사가 B 교과로 정식 임용된 것이 아니므로 호봉재획정 사유에 해당하지 않는다.

Q. 실업(전문)계 교원의 상통직 경력, 과목 변경, 전과 등에 따른 호봉재획정은?

A. A 교사는 정보컴퓨터 1급 정교사로 근무 중이다. 임용 전 정보컴퓨터 분야의 회사에 7년 근무했다. 이후 부전공으로 취득한 수학 교사로 임용되면 호봉 획정에 불이익이 발생할까?

주식회사 근무경력의 호봉환산율은 40%이다. 하지만 실업(전문)계 교원의 동일 분야 산업체 근무경력의 환산율은 100%이다. 실업(전문)계 교원의 산업체 경력에 대한 상향 기준을 적용하기 때문이다.

경력환산율이 상향 조정된 실업(전문)계 교원이 과목 변경, 전직, 승진 등으로 해당 과목을 담당하지 않으면 원래의 환산율로 호봉을 재획정한다. 임용 당시 100% 인정받은 7년의 정보컴퓨터 분야 산업체 근무경력이 수학 교사로 임용되면 40%로 축소하여 호봉을 재획정한다.

산업체 근무경력을 상향 인정받았던 교원이 교감으로 승진하여 특성화고, 마이스터고에 근무하면 상향된 호봉경력이 유지되지만 이후 중학교 또는 일반고로 발령받으면 상향된 경력을 인정하지 않는다.

Q. 정직 처분으로 인한 호봉승급과 호봉재획정

A. 2016.3.1. 20호봉으로 정기승급한 교사가 2016.8.1. 정직 2월의 처분을 받았다. 21호봉 승급일은 언제일까? 정직 처분으로 승급이 제한되는 기간(18월)은 언제 호봉경력에 산입될까?

정직 처분 기간 2월은 퇴직까지 승급 기간에 산입하지 않는다. 정직 처분 2월이 종료된 날로부터 18개월간 호봉승급이 제한된다. 승급 제한 기간 18개월은 정직 처분이 종료된 날로부터 7년이 지난 후 승급 기간에 산입한다.

1. 정직 2월 처분 기간 : 2016.8.1.~2016.9.30.(호봉승급에서 제외)
2. 정직 처분이 종료된 2016년 10월 1일부터 2018년 3월 31일까지 18개월간 호봉승급이 제한된다.
3. 2018.4.1 현재 20호봉으로 잔여기간은 5월이다. 승급 기간 1년에 미치지 못한다.
4. 2018.11.1. 승급 기간 12월에 도달하므로 21호봉으로 승급
5. 징계 말소기간은 7년(2016.10.1~2023.9.30.)이므로 호봉재획정일은 2023.10.1.
6. 2023.10.1 승급 제한기간 18월을 합산하여 호봉을 재획정한다.

2016.3.1 : 정기승급 (20호봉)
- 2016.8.1.~2016.9.30 : 정직 2월(승급기간에서 제외)
- 2016.10.1~2018.3.31 : 승급 제한기간(18월)
- 2016.10.1~2023.9.30 : 징계기록 말소 제한 기간
- 2023.10.1 : 승급 제한기간에 대한 호봉재획정

2018.4.1 : 20호봉(잔여일수 5월)
2018.11.1 : 21호봉 정기승급

2019.11.1 : 22호봉 정기승급
2020.11.1 : 23호봉 정기승급
2021.11.1 : 24호봉 정기승급
2022.11.1 : 25호봉 정기승급
2023.10.1 : 27호봉 호봉재획정(잔여일수 5월)
   - 2016.10.1. 이후 7년 경과로 징계기록말소
   - 18월+11월=29월=24월+5월
   ☞ 2호봉 승급 후, 잔여일수 5월
2024.3.1 : 28호봉 정기승급
2025.3.1 : 29호봉 정기승급

2018년 11월 1일에 21호봉으로 승급하고, 승급 제한기간 18월에 대한 호봉재획정일은 2023년 10월 1일이다.

Q. 징계·면직·직위해제 처분이 무효 또는 취소된 경우

A. 교원소청심사위원회 또는 법원에서 징계, 면직, 직위해제 처분의 무효 또는 취소 결정을 받았다면 원래의 정기승급일을 기준으로 호봉을 획정하고 보수의 전액 또는 차액을 소급하여 지급한다.

재징계 절차에 따라 징계 처분했을 경우 재징계 처분에 따라 보수를 지급하되, 재징계 처분 전의 징계 처분 기간에 대해서는 보수의 전액 또는 차액을 소급하여 지급한다.

Q. 승급 제한기간 중 1급 정교사 자격을 취득하면 호봉재획정이 가능한가?

A. 2급 정교사 자격증을 소지한 교사가 견책 처분을 받았다. 견책 처분에 대한 승급 제한기간은 6월이다. 승급 제한기간 중 1급 정교사 자

격을 취득했다면 호봉재획정이 가능할까?

승급 제한은 '근무기간(6월)'에 대한 제한이다. 징계를 사유로 6개월 근무기간을 호봉에 산입하지 않는 불이익을 주는 처분이다. 견책에 대한 승급 제한기간 3년이 지나면 제한했던 6개월을 호봉에 산입한다.

승급 제한기간 중 자격 변동은 호봉재획정 사유가 된다. 자격 변동을 신고한 날이 속하는 달의 다음 달 1일에 호봉을 재획정한다. 상위 자격 취득으로 1호봉(기산호봉)이 가산된다.

Q. 민법 역에 의한 계산 방법이란?

A. 호봉에 산입하는 경력은 민법 제160조[16]에 따른 "역曆에 의한 방법"으로 계산한다.

기간을 주, 월 또는 연으로 정한 때에는 역에 의하여 계산한다. 주, 월 또는 연의 처음으로부터 기간을 기산하지 아니하는 때에는 최후의 주, 월 또는 연에서 그 기산일에 해당한 날의 전일로 기간이 만료한다. 월 또는 연으로 정한 경우에 최종의 월에 해당일이 없는 때에는 그 월의 말일로 기간이 만료한다.

1월은 작은 달(28일, 30일), 큰 달(31일) 구분 없이 30로 계산한다. 28일인 2월달, 31일인 3월 달 모두 역에 의한 계산 방법으로는 한달로 같다.

'월 또는 연의 처음으로부터 기간을 기산하지 아니하는 때에는 최후의 월 또는 연에서 그 기산일에 해당한 날의 전일로 기간'이 만료된다.

---

16. 민법 제160조(역에 의한 계산)
① 기간을 주, 월 또는 연으로 정한 때에는 역에 의하여 계산한다.
② 주, 월 또는 연의 처음으로부터 기간을 기산하지 아니하는 때에는 최후의 주, 월 또는 연에서 그 기산일에 해당한 날의 전일로 기간이 만료한다.
③ 월 또는 연으로 정한 경우에 최종의 월에 해당일이 없는 때에는 그 월의 말일로 기간이 만료한다.

쉽게 풀어 설명하면 2019년 2월 10일부터 1년은 2020년 2월 9일이고, 2019년 2월 10일부터 1월은 2019년 3월 9일이다. 10일부터 시작했으므로 9일에 만료된다. A 교사가 2019년 2월 10일부터 2019년 3월 9일까지 기간제 교사로 근무했다면 실제 근무기간은 28일에 불과하지만 역에 의한 계산 방법으로는 1월(30일)로 본다.

월 또는 연으로 정한 경우에 최종의 월에 해당일이 없는 때에는 그 월의 말일'로 기간이 만료한다.

예를 들면 1월 31일부터 1월은 2월 28일이다. 31일의 전날은 30일이나 2월에는 30일, 29일이 없으므로 1월 31일부터 1월은 2월 28일이다.

A○○ 교사가 2019년 5월 2일부터 2019년 7월 31일까지 기간제 교사로 근무했다면 호봉에 산입하는 경력은 어떻게 될까?

임용일이 5월 2일이므로 7월 1일이면 근무경력은 2월이다. 7월 2일부터 31일은 실제로 근무한 일수는 30일이나 7월 한 달에서 1일이 부족하므로 역에 의하여 계산하면 29일이다. 따라서 근무경력은 2월 29일이다.

참고
- 1.31~2.28 : 실제 일수는 29일이나 역에 의하여 계산하면 1월(30일)
- 1.30~2.28 : 실제 일수 30일, 역에 의하여 계산해도 1월(30일)
- 1.29~2.28 : 실제 일수 31일, 역에 의하여 계산하면 1월(30일)
- 2.1~2.28 : 실제 일수는 28일이나 역에 의하여 계산하면 1월(30일)
- 3.1~3.31 : 실제 일수는 31일이나 역에 의하여 계산하면 1월(30일)
- 3.1~3.30 : 실제 일수는 30일이나 3월 한 달에서 1일이 부족하므로 역에 의해 계산하면 29일

9

수당

A교사 : 1월부터 6월까지 정상 근무 후 7월 1일 육아휴직
B교사 : 1월부터 6월까지 정상 근무 후 7월 1일 질병휴직

7월 정근수당을 받는 교사는 누구일까? 육아휴직 교사는
정근수당을 받지 못한다. 질병휴직 교사는 정근수당 전액을
받는다.
두 교사는 모두 6개월 충실하게 근무했다. 같은 날 7월 1일
휴직했다. 7월 보수일에 육아휴직 교사는 정근수당은 받지
못한다.
불합리해 보인다. 왜 이런 결과가 발생하는가? 수당의 종류,
지급 규정을 알아보자.

수당의 종류

국가공무원법에서 공무원의 보수와 수당에 관한 사항을 대통령령으로 위임하고 있다. 공무원 수당 등에 관한 규정이다. 수당 지급에 관한 세부 사항은 인사혁신처 예규인 공무원 보수 등의 업무지침에서 정하고 있다.

수당은 상여수당, 가계보전수당, 특수지 근무수당, 특수근무수당, 초과근무수당, 실비변상으로 구분한다. 모두 14가지 종류의 수당과 4가지 실비변상이 있다.

상여수당은 정근수당, 정근수당 가산금, 성과상여금이 해당한다. 가계보전수당은 가족수당, 자녀학비보조수당, 육아휴직수당이 해당한다. 특수지근무수당에는 도서벽지수당이 있다. 특수근무수당에는 위험근무수당, 특수업무수당, 업무대행수당이 있다.

교원에게 지급하는 특수업무수당에는 연구업무수당, 보전수당, 교직수당이 있다. 교직수당 가산금에는 원로수당, 보직교사수당, 특수학급수당, 특수교육지원센터 근무수당, 담임수당, 실과담당수당, 보건교사수당, 영양교사수당, 사서교사수당, 전문상담교사 및 전문상담순회교사수당 등이 있다.

초과근무수당에는 시간외근무수당, 현업공무원의 야간근무 및 휴일업무수당, 관리업무수당이 있다.

공무원은 보수 외 직무수행에 필요한 실비를 지급할 수 있다. 실비변상에는 정액급식비, 명절휴가비, 연가보상비, 직급보조비가 있다.

정근수당

정근수당은 업무수행에 대한 보상, 격려의 취지에서 지급하는 수당이다. 공무원, 교원의 정근수당은 근무연수를 기준으로 한다. 지급일은 매년 1월, 7월 보수지급일이다.

1월에 지급되는 정근수당의 지급 요건은 다음과 같다.

1. 1월 1일 현재 교원의 신분을 보유하고 봉급이 지급되는 자 중에서
2. 지급대상 기간(전년도 7월 1일부터 12월 31일) 중 1개월 이상 봉급이 지급된 교원이다. 봉급의 일부가 지급된 교원을 포함한다.

7월에 지급되는 정근수당의 지급 요건은 다음과 같다.

1. 7월 1일 현재 교원의 신분을 보유하고 봉급이 지급되는 자 중에서
2. 지급대상 기간(1월 1일부터 6월 30일) 중 1개월 이상 봉급이 지급된 교원이다. 봉급의 일부가 지급된 교원을 포함한다.

'1개월'은 역曆에 의한 방법으로 계산한다. '봉급의 일부가 지급된 공무원'이란 휴직(질병·유학휴직), 직위해제, 결근 등으로 봉급 지급 일수는 30일 이상이나 봉급이 감액되어 지급된 교원을 말한다.

지급액은 근무연수에 따라 월봉급액의 0%에서 50%까지 차등 지급

한다. 월봉급액이란 해당 교원의 1월 1일, 7월 1일 현재 봉급표의 호봉액이다.

정근수당을 지급하는 근무연수는 공무원연금법에 따른 재직기간이 아니다. 공무원보수규정(별표 22) 교육공무원 등의 경력환산율표에 따라 계산하므로 호봉경력과 같다. 임용 전 기간제 교사, 공무원 및 다양한 유사 경력이 근무연수에 포함한다.

근무연수	1년 미만	2년 미만	3년 미만	4년 미만	5년 미만	6년 미만	7년 미만	8년 미만	9년 미만	10년 미만	10년 이상
지급률	미지급	5%	10%	15%	20%	25%	30%	35%	40%	45%	50%

근무연수에 따라 정근수당 가산금을 지급한다.

근무연수	20년 이상	15년 이상 20년 미만	10년 이상 15년 미만	5년 이상 10년 미만
가산금	100,000	80,000	60,000	50,000

근무연수에 따라 정근수당 추가 가산금이 지급된다.

근무 연수	20년 이상 25년 미만	25년 이상
추가 가산금	10,000	30,000

지급 방법은 지급대상 기간 중 실제 근무한 기간에 비례하여 지급한다.

$$지급액 = 정근수당액 \times \frac{실제\ 근무한\ 기간(개월)}{6(개월)}$$

신규 임용, 직위해제, 휴직처분을 받은 공무원은 실제 근무한 기간에 비례하여 지급한다. 3월 1일부터 2개월 질병휴직을 했다면 7월 정근수당은 4개월분을 받을 수 있다.

휴직기간은 실제 근무한 기간에 포함하지 않는다. 단, 병역휴직, 공무상 질병휴직, 고용휴직, 유학휴직, 노조전임휴직, 육아휴직, 입양휴직 기간은 실제 근무한 기간으로 인정한다. 육아휴직의 경우 첫째와 둘째 자녀는 최초 1년 기간만 인정한다.

휴직과 정근수당

A 교사 : 1월부터 6월까지 정상 근무 후 7월 1일 육아휴직

B 교사 : 1월부터 6월까지 정상 근무 후 7월 1일 질병휴직

A, B 교사 모두 지급대상 기간인 6개월 전 기간을 근무했고, 7월 1일 휴직했다. 차이가 있다면 A 교사는 육아휴직, B교사는 질병휴직이다. 7월 정근수당을 받을 수 있는 교사는 누구인가?

A 교사는 육아휴직이므로 7월 1일 현재 봉급을 받는 자에 해당하지 않는다. 육아휴직은 봉급이 아닌 수당이 지급되기 때문이다. 결국 A 교사는 정근수당 대상이 아니다.

B 교사는 질병휴직이므로 7월 1일 현재 봉급을 받는 자에 해당한다. 질병휴직 1년 차엔 봉급의 70%가 지급된다. 따라서 B 교사는 정근수당 6개월 전액을 받을 수 있다.

매우 불합리한 결과이다. 정근수당은 6개월 업무수행에 대한 보상, 격려의 수당이다. 두 교사 모두 6개월 전 기간을 근무했고, 같은 날 휴직을 했을 뿐이다. 두 교사 모두 정근 수당을 받는 것이 타당하다.

육아휴직 A 교사가 7월 1일이 아닌 2일부터 육아휴직을 시작했다

면 6개월 정근수당을 모두 받을 수 있다. 7월 1일 봉급을 받는 자에 해당하기 때문이다. 웃지 못할 일이다. 모성보호권은 헌법상의 권리이다. 국가공무원법, 교육공무원법에서는 특별히 육아휴직을 이유로 "인사상 불리한 처우를 하여서는 아니 된다"라고 규정하고 있다.

정근수당 지급 기준을 변경하면 해결할 수 있다. "7월 1일(1월 1일) 현재 봉급이 지급 되는 자"를 "7월 1일(1월 1일) 현재 재직 중인 자"로 변경하면 된다. 휴직자는 재직자에 포함한다. 7월(또는 1월) 봉급 지급일에 휴직 여부와 상관없이 지급대상 기간 중 실제 근무한 개월 수에 비례하여 지급하는 것이 타당하다.

육아휴직과 정근수당

D 교사는 1월 1일부터 5월 30일까지 5개월 육아휴직하고 6월 1일 복직했다. 7월 정근수당은 어떻게 받게 될까?

7월 1일 현재 봉급을 받는 자에 해당한다. 6월 봉급을 받으므로 지급대상 기간 중 1개월 이상 봉급을 받는 사람에 해당한다. 따라서 D 교사는 7월 정근수당을 받을 수 있다. 정근수당은 실제 근무한 기간에 비례하여 지급한다. 실제 근무한 기간은 6월 한 달에 불과하지만, 육아휴직기간은 근무한 기간으로 인정될 수 있다. 그런데 첫째와 둘째는 최초 1년의 육아휴직만 근무한 기간으로 인정한다. 셋째 이후는 3년 모두 근무기간으로 인정한다.

결국, 육아휴직 대상 자녀에 따라 정근수당이 달라진다. 첫째와 둘째를 대상으로 최초 1년 이내의 육아휴직이라면 6개월분 정근수당 전액을 받을 수 있다. 첫째와 둘째를 대상으로 2년 차 이상의 육아휴직이라면 실제 근무한 1개월분의 정근수당만을 받을 수 있다. 셋째 이후의 자녀라면 육아휴직기간과 관계없이 6개월분 정근수당 전액을 받을 수 있다.

　자녀에 따라 정근수당 지급 내역이 달라지는 것은 불합리하다. 헌법상 모성보호권, 출산장려 국가 시책에도 어긋난다. 자녀 구분없이 3년 전 기간을 근무기간으로 인정하고 정근수당을 지급하는 것이 필요하다. 나아가 수당이 아닌 보수를 지급하는 유급 휴직 전환이 필요하다.

가족수당

가족수당을 지급하는 부양가족의 요건은 다음 두 가지 조건을 충족해야 한다. 첫째, 부양의무를 가진 공무원과 주민등록표상 세대를 같이 해야 한다. 둘째, 해당 공무원의 주소 또는 거소에서 실제로 생계를 같이 해야 한다. 다만, 취학, 요양, 주거 형편, 근무 형편에 따라 해당 공무원과 별거하고 있는 배우자, 자녀, 배우자와 주소·생계를 같이 하는 직계존속은 부양가족에 포함한다.

부양가족의 범위는 다음과 같다.

1. 배우자

2. 직계존속
- 본인 및 배우자의 만 60세 이상 직계존속(여성인 경우는 만 55세 이상)
- 계부 및 계모 포함
- 60세 미만의 직계존속 중 장애가 있는 사람
☞ 직계존속:조부모(외조부모 포함) 및 부모(양부모 포함)를 말함

3. 직계비속
- 본인 및 배우자의 19세 미만의 직계비속
- 장애가 있는 19세 이상의 직계비속
☞ 직계비속:자子 및 손孫(외손 포함)

4. 형제자매

- 본인 및 배우자의 형제자매 중 장애가 있는 사람(나이 구분 없음)
- 본인 및 배우자의 부모가 사망하거나 장애가 있는 사람인 경우에는 본인 및 배우자의 19세 미만의 형제자매

지급액은 배우자 월 4만 원, 나머지 부양가족은 1인당 월 2만 원이다. 단, 둘째 자녀 월 6만 원, 셋째 이후 자녀는 1인당 월 10만 원이다. 가족수당을 지급하는 부양가족의 수는 4명 이내이다. 다만, 자녀는 4명을 초과하더라도 가족수당을 지급한다.

부부 공무원은 부부 중 1명에게 가족수당을 지급한다. 부부가 협의하여 수당을 받을 사람을 결정하고, 상대방의 동의서를 첨부하여 부양가족 신고서를 제출하면 된다. 합의가 되지 않을 경우, 연장자에게 지급한다. 1인은 공무원이고 다른 1인은 인건비를 국고 또는 지방비에서 보조하는 기관에서 가족수당을 받고 있다면 공무원인 배우자에게는 지급하지 않는다. 사립학교, 우체국, 공공기관, 국립대학 등이 해당한다.

정직·감봉·직위해제 및 휴직으로 봉급이 감액되는 경우, 가족수당도 감액하여 지급한다. 세부사항은 공무원수당 등에 관한 규정(제10조)과 인사혁신처 예규인 공무원보수 등의 업무지침를 참고하면 된다.

특수업무수당

특수한 업무에 종사하는 공무원에게는 특수업무수당을 지급한다. 업무의 곤란성, 난이도에 따라 가산금을 지급한다. 교원에게 지급하는 특수업무수당은 다음과 같다.

교직수당 : 월 25만 원

교직수당은 월 25만 원 정액으로 지급하고, 다음과 같은 교직수당 가산금을 지급한다.

교직수당 가산금

1. 원로수당 : 월 5만 원

매달 1일 현재 기준 30년 이상의 교육경력이 있고, 55세 이상인 교사에게 월 5만 원의 가산금을 지급한다. 일명 원로교사 수당이다. 이때 30년 교육경력은 유치원 및 초·중등학교에서 실제 교원으로 근무한 경력만을 반영한다. 휴직기간은 반영하지 않는다.

2. 보직 교사수당 : 월 7만 원

고등학교 이하의 각급 학교에서 근무하는 보직교사에게 월 7만 원의 수당을 지급한다.

3. 특수학급. 특수교육지원센터. 국악중고. 방송통신중고. 통학버스 동승 수당

가. 국·공립의 특수학교에서 근무하는 교원, 특수학급을 담당하는
　　교원, 특수교육지원센터에서 근무하는 교원:월 7만 원

나. 유치원 또는 초등학교의 미감아를 담당하는 교원:월 7만 원

다. 국립국악중고등학교에서 근무하는 교원:월 5만 원

라. 고등학교 부설 방송통신고등학교의 겸직 교원:월 5만 원

마. 중학교 및 고등학교 부설 방송통신중학교 겸직 교원:월 5만 원

바. 유치원·초등학교·특수학교의 등하교 통학버스에 월 10회 이상
　　동승하는 사람:월 3만 원

4. 학급담임수당:월 13만 원

5. 실과담당교원수당:호봉에 따라 2만5천 원~5만 원

6. 보건 교사수당:월 3만 원

7. 영양 교사수당:월 3만 원

8. 사서 교사수당:월 2만 원

9. 전문상담 교사 및 전문상담순회 교사수당:월 2만 원

　위 수당은 「공무원수당 등에 관한 규정」에 따라 지급하는 수당이다.
위 수당 외 유·초등 및 중등학교 교원에게는 교육부 훈령, 「교원연구비
지급에 관한 규정」에 따라 교원연구비를 지급한다. 재직 경력(호봉 경력)
5년 미만 교원은 월 7만5천 원, 5년 이상인 교원은 월 6만 원이 지급된
다. 도서벽지 근무 교원에게는 월 3천 원이 가산된다.

육아휴직수당

30일 이상 육아휴직 공무원(교원 포함)에게는 봉급이 아닌 육아휴직 수당이 지급된다. 지급 기간은 한 자녀에 대해 12개월이다. 육아휴직수당은 꾸준히 상승하여 2022년 현재 월 봉급액의 80%가 지급된다. 단, 상한액은 150만 원, 하한액은 70만 원이다.

휴직 기간에는 위 기준으로 정해진 금액의 85%만 매월 지급된다. 85%의 금액이 하한액 70만 원보다 적을 때는 70만 원이 지급된다. 나머지 15% 금액은 육아휴직 종료 후 복직하여 6개월 이상 계속 근무하면 7개월째 보수지급일에 일시불로 지급된다. 복직 후 6개월 이상 근무하지 못하고 퇴직한다면 받을 수 없다.

같은 자녀에 대해 부모가 모두 육아휴직을 한 경우로서 두 번째 육아휴직을 한 사람이 공무원(교원)이라면 최초 3개월의 수당은 월 봉급액의 100%가 지급된다. 단, 상한액은 250만 원이다. 부부 교원이 같은 자녀를 대상으로 같은 날 휴직한다면 호봉이 높은 사람을 두 번째 휴직자로 지정할 수 있다.

스웨덴의 육아휴직을 살펴보자. 한 자녀에 대해 부부가 합산하여 480일(16개월) 육아휴직을 사용할 수 있다. 휴직기간을 엄마, 아빠가 서로 조정할 수 있지만 한 사람이 최소 90일은 사용해야 한다. 휴직기간 중 90일은 반드시 부모 각자가 사용하도록 '부모 할당제'를 도입하고 있다. 480일 휴직기간 중 390일에 대해서는 국가가 급여를 지원한다.

부모의 소득 약 80% 금액을 국가가 보전해 준다.

2016년 통계를 보면 육아휴직 사용은 여성 55%, 남성 45%이다. 라테 파파. 스웨덴 거리에서 손으로 유모차를 끌고, 한 손으로 '라테(Latte)'를 들고 있는 육아에 참여하고 있는 남성을 일컫는다. 스웨덴은 휴직자를 위한 대체인력 제도가 마련되어 있다. 출산·육아는 개인과 가정이 아닌 국가적, 사회적 과제라는 인식이 자리잡고 있음을 보여준다.

우리나라 육아휴직 제도, 점진적 발전을 보이고 있다. 하지만 갈 길이 너무 멀다. 출산·육아는 여전히 여성과 개별 가정의 몫이다. 육아휴직 제도는 그 사회의 일·가정 양립, 양성평등 척도를 나타내는 하나의 기준이 될 수 있다. 육아휴직 전 기간 호봉경력 인정, 유급 휴직, 남성 휴직 할당제, 변화를 기대해 본다.

시간외근무수당

초과근무수당에는 시간외근무수당, 야간근무수당, 휴일근무수당, 관리업무수당이 있다. 야간근무수당, 휴일근무수당은 현업공무원에게 해당한다. 현업공무원이란 현업기관근무자, 교대근무자, 업무 성격상 초과근무가 제도화된 공무원이다. 직무 성질상 상시 근무 체제를 유지할 필요가 있거나 토요일, 공휴일에도 정상 근무가 필요한 공무원을 현업공무원으로 지정할 수 있다. 기관의 장인 학교장은 초과근무수당 대신 관리업무수당을 받는다.

교사가 받을 수 있는 초과근무수당은 시간외근무수당이다. 공무원수당규정 제15조(시간외근무수당)에 따라 "근무 명령에 따라 규정된 근무시간 외에 근무한 사람에게는 예산의 범위에서 시간외근무수당"을 지급한다. '지급할 수 있다.'라는 규정이 아닌 '지급한다.'라는 강행 규정이다. 시간외수당은 일한 시간에 대한 노동의 대가이다. 따라서 시간외근무를 명하고 수당을 지급하지 않는다면 위법이다.

교사의 주간 근무시간은 40시간이며 토요일은 휴무일이다. 급식지도, 생활지도 등 직무의 특수성을 고려하여 1985년 이후 점심시간도 근무시간에 포함하고 있다.

시간외근무 명령은 1일 4시간, 월 57시간을 초과할 수 없다.

1일 4시간, 월 57시간 상한을 정한 이유는 다음 날 정상 근무와 건강권을 고려한 것이다. 재난 발생 등 불가피한 상황이 아니면 1일 4시간을 초과하는 근무 명령을 할 수 없다.

수당을 지급하는 시간외근무시간 산정은 다음과 같다.

시간외근무 명령에 따라 1일 1시간 이상 시간외근무를 한 경우 수당을 지급한다. 평일은 1시간을 공제한 후 분 단위까지 합산하고, 휴일 및 토요일은 공제 없이 분 단위까지 합산하여 월간으로 계산한다. 월간 계산 때 분 단위 이하는 제외한다.

시간외근무수당 지급액은 호봉에 따라 차이가 있다.

시간외근무수당은 매 시간에 대해 「봉급기준액×1/209×150%」를 지급한다. 봉급기준액은 기준호봉 봉급액의 55%이다. 교원의 기준호봉은 23호봉(30호봉 이상 교사), 21호봉(20~29호봉 교사), 18호봉(19호봉 이하 교사)이다. 교감의 기준호봉은 25호봉이다. 교사의 시간외수당은 13,936원(30호봉 이상), 13,007원(20~29호봉), 11,710원(19호봉 이하)이다. (2023년 기준)

참고
30호봉 이상인 교사의 시간외근무수당을 계산하면 다음과 같다.
- 봉급기준액 : 3,537,400(23호봉)×55% =1,945,570(원)
- 시간당 시간외수당 : 1,945,570(원)×1/209×150% =13,963(원)

초과근무의 명령 및 확인 절차는 다음과 같다.

초과근무 명령권은 학교장에게 있다. 지급대상자가 50명 이상인 때 학교장은 교감에게 위임할 수 있다. 초과근무수당은 사전 초과근무명령에 따라 근무한 경우에 지급하는 것을 원칙으로 한다. 사전에 초과근무를 승인받지 못한 때는 초과근무를 마치고 퇴청 시 당직 근무자의 확인을 받아 다음 날까지 명령권자의 사후결재를 받아야 한다. 사전 승인받은 시간보다 더 많은 시간을 근무했을 때도 퇴청 시 당직 근무자의 확인을 받아 다음 날까지 명령권자의 사후결재를 받아야 한다.

초과근무의 명령은 근무시간과 구체적 업무 내용을 기록한 초과근무명령서(별지 제2호 서식)에 의한다. 담당 부서는 초과근무명령대장(별지 제3호 서식)을 비치하고 초과근무 현황을 관리해야 한다. 초과근무 명령을 받은 교원은 시작 전(사후결재의 경우는 초과근무 다음날까지) 초과근무명령대장(별지 제3호 서식)에 초과근무 내역을 기재해야 한다. 초과근무명령대장에 기재하지 않은 초과근무는 수당을 지급할 수 없다. 초과근무를 마친 후 비치된 초과근무확인대장(별지 제5호 서식)에 자필 기재한다. 당직 근무자는 매일 초과근무 확인 대장을 마감하고 담당 부서에 인계한다.

NEIS, 지문·정맥·홍채 인식기, 마그네틱 카드 등 전산시스템을 활용하여 초과근무를 관리하는 때도 구체적인 초과근무 내용에 대하여 전산시스템을 활용하여 초과근무 명령권자의 사전 명령을 받은 경우에만 초과근무시간을 인정받을 수 있다. 다만 부득이한 사유로 사전 명령을 받지 못한 경우에는 사후 승인을 받아 초과근무시간을 인정받을 수 있다.

부당 수령자는 불이익을 받을 수 있다.

거짓이나 부정한 방법으로 초과근무수당을 받으면 부정 수령액의 5배에 해당하는 징계부가금을 받을 수 있고, 1년의 범위에서 시간외근

무를 할 수 없다. 기관장은 2회 이상 적발했을 때 징계위원회에 징계의
결을 요구해야 한다.

정액분의 시간외근무수당

시간외근무 명령은 1일 4시간, 월 57시간을 초과할 수 없다. 이와 별도로 정규 근무일 기준으로 월간 출근 근무 일수가 15일 이상인 교원에게 월 10시간분의 시간외근무수당을 정액으로 지급한다. 정액분의 시간외수당이다. 별도의 시간외근무 신청, 승인 절차가 없다.

30호봉 교사의 월간 근무 일수가 15일 이상이라면 10시간분 수당을 정액으로 지급한다. 월간 출근 일수가 14일이라면 15분의 1을 감액한다.

정직·직위해제·휴직·연가·병가·공가·특별휴가·방학·결근 등의 사유로 근무하지 못했을 때는 출근 근무 일수에 포함하지 않는다. 출근 근무 일수는 1일 근무시간(8시간)을 모두 근무했을 때 인정한다. 조퇴·외출 등으로 1일 근무시간(8시간)을 충족하지 못한 경우 월간 출근 근무 일수에 포함하지 않는다.

정액분의 시간외수당을 근거로 매일 30분씩 조기 출근을 명령할 수 있는가?

지각하지 않았다면 몇 분 일찍 출근하게 된다. 조퇴하지 않았다면 몇 분 늦게 퇴근하게 된다. 이렇게 매일 법정 근무시간보다 조금씩 더 많은 근무를 하게 되는 것을 고려하여 매월 '정액분의 시간외수당(10시간분)'을 지급한다. 1시간 미만의 시간외근무는 수당을 지급하지 않는 점, 평일 1시간을 공제하고 시간외수당을 지급하는 점을 고려한 측면도 있다.

정액분 시간외근무수당 지급을 근거로 매일 몇십 분 조기 출근 또는 늦은 퇴근을 강제하는 사례가 있다. 교사의 법적 근무시간은 점심시간을 포함하여 1일 8시간이다. 학교장은 법령에서 정한 범위를 벗어난 근무를 명령할 권한이 없다. 법령의 범위를 벗어난 근무명령은 직권남용이다. 근로기준법에 위반하는 강제근로, 연장근로에 해당할 수 있다. 위법한 명령은 따를 의무가 없다. 학교장은 특정한 날 특별한 사유가 있다면 해당 시간에 한정해 시간외근무를 명령할 수 있지만, 매일 법정 근무시간을 초과하는 근무를 명령할 수 없다.

Q&A
묻고 답하기

Q. 수당 관련 법규는?

A. 교원의 수당에 관한 사항은 공무원수당 등에 관한 규정(대통령령)을 따른다. 세부사항은 인사혁신처 예규인 공무원보수 등의 업무지침을 참조하면 된다.

Q. 질병휴직과 정근수당

A. 2020년 3월 1일 질병휴직 후, 같은 해 12월 16일 복직했다면 7월분, 1월분 정근수당은?

• 7월 정근수당

질병휴직은 봉급의 일부를 지급하는 휴직이다. 7월 1일 현재 봉급이 지급되는 자, 지급대상 기간 중 1개월 이상 봉급의 일부가 지급된 자이므로 정근수당 대상이다. 지급대상 기간 중 실제 근무한 기간은 1월, 2월이므로 2개월분의 정근수당을 받게 된다. (정근수당 지급액×2/6)

• 1월 정근수당

1월 1일 현재 봉급이 지급되는 자이고, 지급대상 기간 중 1개월 이상 봉급의 일부가 지급된 자에 해당하므로 정근수당 대상이다. 지급대상 기간 중 실제 근무한 기간은 16일이다. 실제 근무한 기간을 계산할 때

15일 이상은 1개월로 계산하고 15일 미만은 계산하지 않는다. 정근수당은 1개월분을 수령한다. (정근수당 지급액×1/6)

Q. 징계 처분과 정근수당

A. A 교사: 2020.6.16. 견책

B 교사: 2020.6.16. 정직 3월

C 교사: 2020.6.16. 3개월 직위해제

세 교사의 정근수당은?

A 교사: 견책
- 지급대상 기간 중 징계 처분을 받은 때는 정근수당을 받을 수 없으므로 7월 정근수당 대상이 아니다.

B 교사: 감봉 3월
- 지급대상 기간 중 징계 처분을 받은 때는 정근수당을 받을 수 없으므로 7월 정근수당 대상이 아니다.
- 정직 3월 처분을 받은 날은 2020년 6월 16일, 처분기간은 2020.6.16.~2020.9.15.이다. 징계 처분기간이 7월 정근수당과 다음 해 1월 정근수당 지급 기간에 걸쳐 있다. 이런 경우 징계 처분을 받은 날이 속하는 지급대상 기간에는 정근수당을 지급하지 않고, 다음의 지급대상 기간에는 별도의 감액 없이 지급한다. 그러므로 2020년 7월 정근수당은 받을 수 없고, 2021년 1월의 정근수당은 전액 받을 수 있다.

C 교사 : 직위해제 3개월

- 직위해제 기간은 교사 신분이 유지되고 보수 일부가 지급되므로 정근수당 지급대상이 된다. 단, 직위해제 기간(2020.6.16.~9.15)은 근무한 기간으로 인정하지 않는다.
- 7월 정근수당 지급 기간 중 실제 근무한 기간은 5월 15일이므로 6월로 인정한다.
- 1월 정근수당 대상 기간 중 실제 근무한 기간은 3월 15일이므로 4월로 인정한다. 정근수당이 감액되는 기간은 2월에 불과하다. 직위해제 기간 3월보다 1개월 더 적다. 이런 경우 직위해제 처분을 받은 날이 속하는 7월 정근수당에서 1월을 감액한다. 7월 정근수당은 6분의 5, 1월 정근수당은 6분의 4를 지급한다.

Q. 근무연수와 정근수당

A. 정근수당은 근무연수에 비례하여 지급한다. 근무연수가 10년 이상이면 봉급의 50%를 지급하지만 1년 미만이면 정근수당은 지급하지 않는다. 다음 기간은 정근수당을 지급하기 위한 근무연수 산정에 제외한다.

- 직위해제 기간
- 휴직기간. 단, 공무상 질병휴직, 병역휴직, 고용휴직, 유학휴직, 육아휴직(첫째와 둘째는 1년, 셋째 이후는 3년) 기간은 근무연수에 포함한다.
- 징계 처분기간
- 징계 처분의 집행이 끝난 날부터 정직 18월, 감봉 12월, 견책 6월 기간은 정근수당을 지급하는 근무연수에 포함하지 않는다(성폭력,

성희롱, 성매매로 인한 징계일 경우 6월 가산). 근무연수에 포함하지 않는 18월, 12월, 6월은 징계 말소 기간이 지나면 근무연수에 포함한다. 징계 말소기간은 정직 7년, 감봉 5년, 견책 3년이다.

- 휴직 목적에 위반되는 행위로 인해 강제 복직 명령을 받은 휴직기간은 근무연수에 산입하지 않는다. [공무임용령 제57조의5 제1항]

Q. 거짓으로 가족수당을 받으면?

A. 공무원수당규정에 따라 거짓으로 받은 가족수당은 전액 변상해야 한다. 1년의 범위에서 가족수당 지급이 정지될 수 있다. 관련 규정 미숙지, 착오로 인한 경우는 수당을 반환하면 되지만 고의 또는 중과실이라면 반환에 그치지 않고 징계를 받을 수 있다.

Q. 부모님을 같은 주소에서 부양하고 있으나 주민등록표상 분리된 세대라면 가족수당은?

A. 가족수당을 받을 수 없다. 가족수당의 기본 요건은 부양의무가 있는 공무원과 주민등록표상 같은 세대를 구성하고 실제로 생계를 같이 해야 한다. '주소'는 같으나 주민등록상 '세대'가 같지 않은 직계존속에 대해서도 가족수당을 지급하지 않는다.

Q. 자녀 취학 문제로 아내와 별거 중인 경우, 가족수당은?

A. 자녀 취학 문제로 아내와 별거 중이다. 아내는 친정집에서 두 자녀와 친정 부모님을 모시고 있다. 아내, 두 자녀, 장인, 장모의 가족수당을 청구할 수 있을까?

5명의 가족수당을 모두 청구할 수 있다. 가족수당의 형식적 요건은 부양의무를 가진 공무원과 주민등록표상 같은 세대, 실질적 요건은 같은 거소에서 실제로 생계를 같이 해야 한다. 두 가지 기본 요건을 모두 충족해야 한다.

예외적으로 취학, 요양, 주거 형편, 근무 형편에 따라 해당 공무원과 별거하고 있는 배우자, 자녀, 배우자와 주소·생계를 같이 하는 직계존속은 부양가족으로 인정한다.

별거 사유가 자녀 취학 문제임을 입증한다면 배우자 및 배우자와 동거하는 자녀, 장인, 장모 모두 가족수당 지급 대상이 된다.

Q. 가족수당은 소급지급이 가능한가?

A. 2년 전 만 55세가 된 배우자의 어머님을 주민등록표상 같은 주소에서 실제로 부양하고 있다. 가족수당을 소급하여 받을 수 있을까?

가족수당은 '지급 사유가 발생한 날이 속하는 달부터 소멸한 날이 속하는 달'까지 지급한다. 부양가족 신고서를 제출하면 2년분을 소급하여 받을 수 있다. 보수 청구의 소멸 시효는 3년이므로 신고한 날로부터 3년까지만 소급하여 받을 수 있다. [대법원 1966.9.20. 65다2506]

Q. 요양병원에 장기 거주하는 부모님의 가족수당은?

A. 주민등록표상 같은 세대로 실제 부양하고 있던 부모님이 요양병원에 장기 거주하게 되었다. 가족수당을 받을 수 있을까?

지침에서는 부양 대상자인 부모가 요양병원에 장기 거주하면 실제 생계를 같이 하지 않는 경우로 간주하여 가족수당 지급대상에서 제외하고 있다.

Q. 가족수당을 받고 있던 부부 공무원의 남편이 육아휴직을 했다. 배우자에게 가족수당을 지급할 수 있을까?

A. 부부 공무원은 서로 합의하여 가족수당을 받을 사람을 결정한다. 상대방의 동의서를 첨부하여 부양가족 신고서를 제출하면 된다. 1인이 배우자 수당, 다른 1인이 자녀수당으로 나누어 받을 수는 없다.

가족수당을 받고 있는 남편이 육아휴직이라면 교원인 아내가 가족수당을 받을 수 있다. 부양가족 신고서와 남편의 동의서를 첨부하여 소속기관에 제출하면 된다. 소속기관장은 신청한 날이 속하는 달의 다음 달부터 가족수당을 지급하고, 가족수당 수령대상자 변경 사실을 상대방 소속기관장에게 문서로 통보한다.

Q. 육아휴직수당 소멸 시효

A. 첫째 3년, 둘째 2년, 연속 5년 육아휴직 후 복직했다. 청구 시효 소멸로 첫째 육아수당 15%를 지급할 수 없다고 한다. 옳은가?

A 교사는 첫째 자녀 3년, 둘째 2년, 총 5년 육아휴직 후 2020.3.1. 복직했다. 6개월 근무 후 9월 보수지급일에 둘째 아이 육아수당(15% 미지급분)을 받았다. 첫째 자녀 육아휴직수당은 2015년 3월 1일부터 2016년 2월 29일까지 85%를 지급했고, 나머지 15% 지급일은 2016년 9월 17일인데, 보수 청구 시효 3년이 지났다는 행정실 설명이다.

민법 163조에 따라 보수에 대한 채권은 3년간 행사하지 않으면 소멸 시효가 완성한다. 소멸 시효는 민법 166조에 따라 "권리를 행사할 수 있는 때로부터 진행"한다.

공무원수당 등에 관한 규정에서는 육아휴직수당의 15%에 해당하는 금액은 복직하여 6개월 이상 계속 근무한 경우 7개월째 보수지급일에 지급하도록 규정하고 있다. 복직 후 7개월째 보수일은 2016년 9월 17일 아니라 2020년 9월 17일이다. 소멸 시효는 2020년 9월 17일부터 시작한다. 2020년 9월 17일 후 3년 동안 행사하지 않으면 소멸한다. 행정실에서 주장하는 2016년 9월 17일은 휴직 중이므로 보수지급일이 아니다. 복직 후 6개월 이상 정상 근무한 날도 아니다.

임용권자에게 수당 지급을 요청하는 민원을 접수하면 된다. 만약 교육청에서도 수당을 지급할 수 없다는 답변이라면 '육아휴직수당 부지급 결정'을 취소해달라는 소청심사를 청구하면 된다.

Q. 육아대상 자녀가 둘이다. 두 자녀 모두 육아휴직수당을 받으려면?

A. 첫째 자녀를 대상으로 2년 육아휴직 후 복직한 교사가 2년째 휴직을 둘째로 변경하여 수당을 소급하여 받을 수 있는지 질문했다. 불가능하다. 휴직도 교육공무원법에서 정한 임용에 해당한다. 임용 처분은 특별한 사유가 없다면 소급하여 정정할 수 없다.

첫째 자녀를 대상으로 1년 휴직 후 휴직 연장 신청서가 아니라 복직 신청서(첫째)와 함께 둘째 자녀 휴직 신청서를 제출하면 된다. 육아휴직의 경우 인사기록부에 휴직 대상 자녀를 기록한다. 자녀에 따라 호봉경력 등이 달라지기 때문이다. 육아휴직 신청 때 대상 자녀 기록을 꼼꼼히 확인할 필요가 있다.

Q. 조기 출근, 지각, 외출, 반일연가 사용자의 시간외근무

A. 시간외근무 명령에 따라 1시간 이상 조기 출근하여 근무한 시간은 당일 퇴근 후 시간외근무와 합산한다. 지각, 외출, 반일 연가를 사용한 교원도 시간외근무 명령을 받고 초과근무를 할 수 있다.

오전 반일 연가(4시간), 오후 정상 근무(4시간) 후 4시간 초과근무했다면 1시간 공제하고 3시간분 시간외수당을 받을 수 있다. 그러나 정액분 시간외수당을 지급하는 출근 근무 일수에는 포함하지 않는다. 오후 근무 4시간과 시간외근무 4시간을 합산하면 8시간 근무했지만, 정액분의 시간외수당은 정규 근무시간 8시간을 근무했을 때 지급하기 때문이다.

Q. 육아시간, 모성보호시간, 방학 기간 시간외근무수당은?

A. 연가·병가·공가·특별휴가·방학·결근 등으로 1일 8시간 이상을 근무하지 못한 날은 정액분의 시간외수당을 지급하는 출근 근무일수에 포함하지 않는다. 그러나 육아시간 2시간, 모성보호시간 2시간을 사용한 날, 나머지 시간을 모두 근무했다면 월간 출근 근무 일수에 포함한다.

휴업일(방학 기간 포함) 교육공무원법 제41조 연수를 사용한 날은 월간 출근 근무 일수에서 제외한다. 방학 기간에도 학교장의 근무명령에 따라 출근 또는 출장으로 정규 근무시간 8시간 이상을 근무했다면 월간 출근 근무일수에 포함한다. 인사혁신처 예규에 따라 육아시간, 모성보호시간을 사용하는 교원에게 시간외근무를 명할 수 없다.

Q. 교재연구, 수업 준비, 시험문제 출제, 수행평가 채점 등은 시간외근무 사유가 될 수 없나?

A. 특별한 학교 행사의 경우에는 시간외근무가 가능하지만, 교재연구, 수업 준비, 시험문제 출제 등은 시간외근무 사유가 될 수 없다는 관리자가 있다.

초과근무는 '본연의 업무'에 한해 실시한다. 초·중등교육법 제20조 (교직원의 임무)에서 정하고 있는 교사의 법적 임무는 '학생 교육'이므로 교사의 본연의 업무는 수업, 생활지도 관련 업무이다.

행정직원의 본연의 업무인 행정사무를 위해 교사에게 시간외근무를 명령할 수 없다. 그러나 교재연구, 수업 준비, 시험문제 출제, 평가 등의 업무는 교사 본연의 업무이다. 초과근무 사유가 아니라는 주장은 교사의 존재를 부정하는 일이다.

관련 민원에 대한 교육부의 답변(2012.5.14. 교원정책과)에서도 "일과 시간 중 수업 및 행정업무 등으로 부득이 초과근무를 통해 교재연구나 학습자료 제작 등을 위하여 필요"한 경우 초과근무가 가능하다고 답변하고 있다. 당연한 해석이다.

특별한 행사의 경우에만 시간외근무가 가능하다는 주장은 교육보다 행정을 우선하는 본말이 전도된 인식이다. 하지만 수업 준비 등을 위해 시간외근무가 필요하지 않은 근무환경의 조성이 더욱 필요하다.

Q. 휴일근무수당을 받을 수 있나?

A. 휴일근무수당은 현업공무원에게만 지급한다. 현업공무원이란 직무 성질상 상시근무 체제를 유지할 필요가 있거나 공휴일에도 정상 근무가 필요한 기관이다. 교사는 휴일근무수당을 받을 수 있는 현업공무원이 아니다. 시간외근무수당을 받을 수 있다.

10

여비

A 시에 거주하는 김교사는 B 시로 전보 발령을 받았다. B 시로 이사 후 이전비를 청구했다. 학교장은 25만 원만 지급할 수 있다고 했다. 학교 내부규정으로 상한액을 25만 원으로 정했기 때문이라고 한다. 내부규정 또는 예산편성 부족을 사유로 여비를 감액할 수 있는가?

토요일 동아리 학생과 함께 체험학습을 계획했다. 학교장은 시간외근무수당과 여비(출장비) 중 하나만 선택하라고 한다. 수당의 병급 지급 금지 규정으로 시간외근무수당과 여비를 이중으로 지급할 수 없다고 설명한다. 시간외근무수당과 출장비는 이중 지급에 해당하는가?

여비의 종류, 지급 기준 등을 알아보자.

여비의 종류

공무수행을 위한 여행에 필요한 경비를 여비라 한다. 여비의 종류는 운임·숙박비·식비·일비·이전비·가족여비, 준비금으로 구분한다.

운임은 목적지로 이동하는 교통비, 숙박비는 숙박에 필요한 비용, 식비는 식사에 필요한 비용, 일비는 출장지에서 소요되는 교통비, 통신비 등 각종 비용을 충당하기 위한 비용이다.

이전비는 부임의 명을 받아 전임지에서 신임지로 거주지와 이사화물을 이전하는 비용이다. 이전하는 공무원이 가족을 동반하는 경우 가족여비를 지급한다. 준비금은 국외출장을 위한 사전 준비 비용으로 비자 발급비, 예방접종비, 여행자보험 가입비, 풍토병 예방약 구입비 등이다.

출장이란 상사의 명령에 따라 정규 근무지 이외의 장소에서 공무를 수행하는 것이다. 출장에 따른 여행 경비를 공무원 여비규정에 따라 지급한다. 공무수행을 위한 출장과 달리 근무지가 변경된 경우에도 여비를 지급한다. 부임여비, 이전비, 가족여비가 있다.

여비의 지급 구분

여비는 직급에 따라 2단계로 구분한다. 학교장은 1호, 교감과 교사는 2호이다.

여비의 계산

여비의 계산은 일반적 경로 및 방법에 따른 여행을 기준으로 계산한다. 공무의 형편, 천재지변 등 부득이한 사유로 일반적 경로와 방법으로 여행이 곤란한 때, 실제로 여행한 경로와 방법에 따른 여비를 지급한다. 육로 여행의 일반적인 경로는 기차 또는 고속버스이다. 해외여행의 일반적 경로는 항공기 또는 선박이다.

운임과 숙박비는 정부 구매카드 또는 신용카드 사용을 기본으로 한다. 출장지에서 신용카드를 사용할 수 없는 특별한 경우 현금을 사용하거나 사전에 정액으로 지급할 수 있다. 일비, 식비는 출장자의 계좌로 이체하거나 출장자에게 직접 지급한다.

여비의 정산

국내여비 정산은 여행 종료 후 2주일 내 운임과 숙박비를 확인할 수 있는 증거서류를 갖추어 정산한다. 정액으로 지급하는 일비, 식비는 정산 서류를 제출할 필요가 없다. 증거서류로 인정하는 범위는 세금계산서, 신용카드 매출전표, 현금영수증, 승차권, 고속도로 통행영수증이다.

2인 이상의 여행은 1인이 대표로 정산을 신청할 수 있다. 산간오지, 도서벽지 등 신용카드 가맹점이 없는 경우에는 현금을 사용한 후 간이영수증과 확인서(출장 기간, 출장지, 숙박일, 실제 소요 금액, 간이영수증 제출 사유 등)를 제출한다.

근무지 외 국내출장

　근무지 외 출장이란 특별시와 광역시를 포함한 같은 시와 군 및 섬 밖으로 출장이다. 같은 시·군에 속하지만 다른 섬으로 이동은 근무지 외 출장이다. 다만, 육로와 교량으로 연결된 같은 시·군의 섬은 근무지 내 출장이다. 같은 시·군이지만 다른 시·군을 경유하는 것이 일반적인 경로이고, 왕복 거리가 12km 이상이면 소속기관장 판단에 따라 근무지 외 국내출장으로 처리할 수 있다.

　근무지 외 국내 출장은 여비규정에 따라 운임, 숙박비, 식비, 일비를 지급해야 한다.

　운임은 철도·선박·항공·자동차로 구분한다. 운임은 실비를 지급한다. 단, 1호의 운임은 철도 특실, 선박 1등급, 2호의 운임은 철도 일반석, 선박 2등급이 기준이다. 버스 운임은 장관 또는 지방자치단체장이 정한 기준의 범위에서 실비로 지급한다. 공용 차량을 이용한 경우 운임을 지급하지 아니한다. 단, 주차비, 고속도로 통행료, 항만 이용료, 공항 이용료 등은 지급한다.

　숙박비는 실비를 지급하나 2호인 교사는 상한액이 있다. 서울특별시 10만 원, 광역시 8만 원, 그 밖의 지역은 7만 원이다. 부득이한 사유가 있는 경우 30% 추가 지급이 가능하다. 공동숙박 또는 친지의 집에서 숙박한 경우 1일당 2만 원을 지급한다.

　일비는 정액으로 1일당 2만5천 원을 지급한다. 공용 차량 또는 차량

을 임차한 경우에는 2분의 1을 감액한다

식비는 여행 일수에 따라 정액으로 지급한다. 1일당 2만5천 원이다.

근무지 내 국내출장

근무지 내 국내출장이란 동일 시·군 및 섬(제주특별자치도 제외) 내 출장 또는 왕복 12km 미만인 출장이다.

근무지 내 출장은 운임, 식비, 숙박비, 일비 구분 없이 시간을 기준으로 지급한다. 4시간 미만 출장 1만 원, 4시간 이상 출장 2만 원을 정액으로 지급한다. 이외 별도의 운임, 일비, 식비, 숙박비 등 별도의 여비는 지급하지 않는다.

하루에 4시간 이상 근무지 내 출장을 2회 이상 간 경우에도 출장비 합산액은 2만 원을 넘지 못한다. 공용 차량 또는 임차한 차량을 사용하면 1만 원을 감액한다.

왕복 2km 이하인 근거리 출장은 실제 지출한 실비를 지급한다. 4시간 미만 출장은 1만 원 한도에서 운임만 지급한다. 4시간 이상 출장은 운임 및 식비(3분의 1)로 한정한다. 왕복 2km 이하인 장소를 도보로 3시간 출장했다면 여비는 없다. 운임, 식비의 지출을 확인할 수 있는 영수증 등을 준비하여 정산해야 한다. 왕복 거리는 지도상의 직선거리가 아니라 도보로 이동할 수 있는 최단 거리 기준이다.

국외출장

국외출장에는 운임, 숙박비, 식비, 일비, 준비금을 지급한다.

국외철도, 국외선박 운임은 등급 구별이 있는 경우 최상등급, 구별이 없는 경우 실비를 지급한다. 국외항공 운임은 정액을 지급한다. 1호 대상자는 Business Class, 2호 대상자는 Economy Class 기준이다. 국외 자동차 운임은 도시간 또는 국가간 이동시 버스 등을 이용한 경우 실비를 지급한다.

국외 숙박비는 상한 범위 내에서 실비를 지급한다. 상한액은 국가와 도시에 따라 4등급으로 구분한다. 1호 대상자와 2호 대상자의 상한액은 차이가 있다.

국외 일비와 식비는 국가와 도시에 따라 4등급으로 구분하여 지급한다. 공부원수당 규정 개정으로 1호와 2호 구분없이 같은 금액을 지급한다.

국외 출장 준비금은 실비를 지급한다. 비자발급, 예방접종, 여행자 보험, 풍토병 예방약 구입비, 비자 발급 수수료 등 부대 경비를 포함한다.

이전비

근무지 변경에 따라 지급하는 여비는 이전비, 부임여비, 가족여비가 있다.

지급 대상

근무지 외의 지역으로 부임의 명을 받아 거주지를 이전한 공무원에게 이전비를 지급해야 한다. 지급할 수 있는 것이 아니다. 여비규정에서 '지급한다'라고 정하고 있다. 청사 소재지 이전에 따라 거주지를 이전한 공무원에게도 이전비를 지급해야 한다. 같은 시·군 및 섬 안에서 거주지를 이전하는 경우 이전비를 지급하지 않는다.

지급 요건

이전비는 전임지에서 신임지로 거주지와 이사화물을 이전해야 받을 수 있다. 반드시 신임지로 이전해야 하는 것은 아니다. 학교장의 허가를 받아 부임 후 6개월 내 신임지 외의 지역으로 거주지와 이사화물을 이전할 수 있다. 이 경우 전임지에서 신임지로 이전할 때 받을 수 있는 금액을 넘지 못한다. 다만 전 거주지에서 신임지의 통근 시간과 신 거주지에서 신임지의 통근 시간이 유사하면 부임의 명이 아닌 다른 사유로 이전한 것으로 보고 이전비를 지급하지 않는다.

거주지와 이사화물의 이전

'거주지 이전'은 주민등록표상의 거주지 변경을 말한다. 주민등록표상 거주지를 변경하지 못한 때는 거주지 변경을 객관적으로 증명할 수 있는 증거서류로 대체할 수 있다. 임대차계약서, 소속기관장의 관사 거주확인서 등이다.

부임의 명과 이전과의 시간 관계

거주지와 이사화물은 부임의 명을 받은 후 이전해야 한다. 다만 해당 지역으로 부임의 명을 받을 것이 확실한 경우 해당 지역 주택 사정 등을 고려하여 거주지와 이사화물을 사전 이전할 수 있다. 사전 이전이 사후 부임의 명에 따른 것인지는 학교장이 판단한다.

이전비 청구 시효는 1년이다. 부임의 명 후 1년 이내 정당한 사유 없이 거주지 및 이사화물을 이전하지 않으면 이전비를 받을 수 없다. 휴직은 정당한 사유에 포함할 수 있다.

신청 절차

이전비는 이전 후 6개월 이내 신청해야 한다. 6개월이 지나면 받을 수 없다. 단, 육아휴직, 질병휴직기간은 신청 기간에 산입하지 않는다. 거주지 변경을 확인할 수 있는 주민등록등록 등(초)본, 이사화물 운송 내역을 확인할 수 있는 계산서 등을 첨부한다.

지급 기준

이전비의 지급 기준은 다음과 같다.

지급 기준	지급액
5톤 이하의 이사화물	해당 이사화물 이전비의 실비 (사다리차 등 이용료 포함)
5톤을 초과하는 이사화물 (7.5톤을 넘는 경우에는 7.5톤을 상한으로 한다.)	5톤 이사화물 실비 (사다리차 이용료 포함) + 5톤 초과 7.5톤 이하의 이사화물 실비 (사다리차 이용료 포함)의 50%

이전비는 실비를 지급한다. 실비에는 화물 운송비, 인건비를 포함하지만 에어컨 설치 등 옵션 사항은 제외한다. 5톤 이하 이사화물은 실제 지출한 비용, 5톤 초과 7.5톤 화물은 50%를 지급한다. 7.5톤을 초과한 이사 비용은 지급하지 않는다.

전임지 A 시에서 신임지 B 시로 이사하는 비용으로 150만 원이 지출되었다. 7.5톤 트럭을 사용했다. 이전비는?

1. 5톤까지 지급액：100만 원
   ☞ (150만 원÷7.5톤)×5톤×100%
2. 초과화물지급액(추가 2.5톤)：25만 원
   ☞ (150만 원÷7.5톤)×2.5톤×50%
3. 총 지급액：125만 원

부임여비

근무지 외의 곳에 거주하는 사람을 임용한 경우, 부임여비를 지급할 수 있다. 임용에는 신규 임용, 전보 발령, 파견 등이 포함한다. 전보 발령으로 새로운 학교로 처음 출근하는 날 지급하는 여비이다. 청사 소재지 이전으로 처음 출근하는 날에도 부임여비를 지급할 수 있다.

전임지와 신임지가 동일 시·군이라면 근무지 내 출장에 따른 여비를 지급한다. 전임지와 신임지가 다른 시·군에 속한다면 여비규정에 따라 운임, 숙박비, 식비, 일비를 지급한다. 식비와 일비는 정액으로 운임은 대중교통에 따른 실비를 지급한다. 운임, 숙박비, 식비, 일비가 일부 또는 전부 필요하지 않은 경우, 일부 또는 전부를 지급하지 않을 수 있다.

부임여비는 새로운 근무기관에서 지급한다. 구 근무기관과 신 근무기관이 협의하여 구 근무기관에서 지급할 수 있다. 타 시도 전출 또는 파견의 경우 신임지에서 부임여비를 지급해야 한다.

근무지 외의 곳에 거주하는 사람을 신규 채용한 경우에는 부임여비를 지급할 수 있다. 가족이 함께 이전한다면 당사자 부임여비와 함께 이전비, 가족여비를 지급할 수 있다. 채용 당시 거주지를 전임지로 채용 후 근무지를 신임지로 본다.

교육훈련비

여비는 공무원여비규정(대통령령), 공무원 보수 등의 업무지침(인사혁신처 예규)에 따라 지급한다. 일반 여비와 달리 교육훈련 여비는 공무원인재개발법, 공무원인재개발 업무처리지침(인사혁신처 예규)에 따른 교육훈련 여비 기준에 따라 지급한다.

교육훈련 기관의 위치, 합숙 여부에 따라 구분하여 지급한다. 운임은 교육훈련 기관이 근무지 내면 지급하지 않고, 근무지 외일 때 지급한다. 일비는 등록일, 수료일은 전액 지급, 나머지는 50%를 지급한다. 숙박비는 합숙일 경우, 훈련기관에서 청구하는 금액을 지급한다. 근무지 내 비합숙은 숙박비를 지급하지 않는다. 근무지 외 비합숙에는 여비규정에 따라 숙박비를 지급한다. 식비는 합숙일 경우 훈련기관에서 청구하는 금액을 지급한다. 비합숙일 경우 여비규정에 따라 식비를 지급하지만, 근무지 내 기관일 경우 3분의 1만 지급한다.

		운임	일비	숙박비	식비
근무지 내	합숙	×	1) 등록/수료:전액 2) 기타일:미지급	청구금액	청구금액
	비합숙	×	1) 등록/수료:전액 2) 기타일:50%	×	1/3(여비규정) 또는 청구금액
근무지 외	합숙	○	1) 등록/수료:전액 2) 기타일:미지급	청구금액	청구금액
	비합숙	○	1) 등록/수료:전액 2) 기타일:50%	여비규정	여비규정

여비의 감액 지급

_예산이 부족하다며 출장비, 이전비를 감액하여 지급할 수 있나?

2020년 3월 1일, A 학교에 다른 시·군에서 2명의 교사가 전입했다. 이전비 지급대상이 2명이다. 학교장은 예산이 부족하다며 두 교사에게 각각 25만 원을 지급했다. 예산 부족이라는 근거는 2020년 본예산의 이전비 편성이 50만 원뿐이라는 것이다.

내부규정 또는 예산편성 부족을 사유로 여비를 감액 지급할 수 있을까?

공무원여비규정(제28조)에 따라 소속기관의 장은 예산의 부족 또는 그 밖의 사유로 "여비를 지급하지 아니할 충분한 이유가 있다고 인정될 때"에는 여비를 감액하거나 여비의 전부 또는 일부를 지급하지 아니할 수 있다.

인사혁신처 예규에서 "여비를 지급하지 아니할 충분한 이유"란 "해당 공무 여행 시 여비의 전부 또는 일부 항목의 지출이 불필요하거나, 해당 정액보다 적게 소요되는 것이 명백한 경우"이다.

본예산에서 이전비를 적게 편성한 것은 여비를 지급하지 아니할 예산 부족의 사유가 될 수 없다. 국가 중대사안으로 교육청에서 학교운영비를 정상 지원하지 못하거나 회계 종료 시점으로 해당연도 예산이 대부분 지출되어 추가 경정으로도 관련 예산을 확보할 수 없을 때, 예산 부족의 사유가 될 수 있다. 위 사례는 학교 예산 부족이 아닌 이전비 편성 부족이다. 추경을 통해 이전비를 확보해야 할 상황이다.

본인 또는 가족의 자유로운 의사가 아닌 시·군을 달리하는 전보 발령으로 인한 거주지 이전이다. 정상적인 근무를 위한 필수적 선택이므로 기관장의 재량에 따라 지급할 수 있는 것이 아니라 반드시 지급해야 하는 강행규정이다.

　이전비를 50만 원만 배정해 놓고 예산 부족이라며 25만 원만 지급하는 것은 여비규정에 어긋난다. 내부규정으로 상한액을 미리 정해 놓고 그 이상은 지급할 수 없다는 것은 학교장의 재량권을 남용한 위법이다. 교육청의 행정지도 또는 고충심사 청구 등으로 시정을 요구할 수 있다.

출장 중 시간외근무수당

_출장 중, 시간외근무수당을 받을 수 없나?

　　토요일 동아리 학생을 인솔하여 교육청이 주관하는 행사에 참여한 교사에게 출장비와 시간외근무수당을 이중 지급할 수 없다며 하나만 신청하라는 사례가 종종 발생한다. 수당의 병급 지급 금지에 대한 오해에서 발생한 일이다. 병급 지급 금지란 수당의 이중 지급을 금지하는 규정이다. 근무시간 후 보충학습을 지도하고 별도의 보충학습 지도비를 받는다면 시간외수당을 받을 수 없다. 같은 활동에 대한 수당의 이중 지급에 해당하기 때문이다.

　　출장이란 출장 명령에 따라 근무지 이외의 장소에서 공무를 수행하는 것이다. 공무원 여비규정에 따라 출장에 필요한 여행 경비인 일비, 숙박비, 식비, 교통비를 지급한다. 시간외근무란 법정 근무시간 외 근무이다. 공무원수당 등에 관한 규정에 따라 시간외근무수당을 지급한다. 지급 규정, 성격이 전혀 다르다. 하나는 여행 경비, 다른 하나는 근무시간 외 노동에 대한 대가이다. 공무원수당 등에 관한 규정에서 금지하는 병급 지급 금지대상이 아니다.

　　인사혁신처 예규에서는 국내 출장 중 시간외근무수당은 원칙적으로 지급할 수 없다고 규정하고 있다. 이중 지급에 해당하기 때문이 아니다. 출장 중 시간외근무 여부를 확인하기 어렵기 때문이다. 또한 출장 공무원의 과도한 근무 부담을 줄이려는 취지이다. 2박 3일이 필요한 출장에 1박 2일 출장 명령을 내린다면 초과근무를 피할 수 없게 된다. 이러한 상황이 발생하지 않도록 이동 시간, 휴식 시간 등을 충분히 고려하여 출장 기간을 부여하라는 취지이다.

인사혁신처 예규에서는 국내 출장 중 실제 초과근무시간을 명백히 인정할 수 있는 객관적인 증빙 자료가 있는 경우 초과근무수당을 지급할 수 있다고 규정하고 있다. 교사의 출장은 시간외근무 사실을 입증할 수 있는 경우가 대부분이다. 체험학습, 수학여행으로 학생을 인솔할 경우 시간외근무는 필연적으로 발생한다. 학생에 대한 보호·감독의 의무가 24시간 발생하기 때문이다.

시간외근무 대상자, 지도내용, 지도 시간 등이 포함된 사전 계획서에 따라 초과근무 명령이 가능하다. 교육청 또는 각종 기관에서 주관하는 행사를 근무시간 외 진행할 경우, 행사 일정 등이 안내된 공문으로 입증할 수 있다.

출장 중 시간외수당 지급은 수업 시수에 직접적인 영향을 주는 교육과정 운영상 불가피한 경우와 학생을 직접 인솔한 경우만 가능하다는 주장이 있다. 규정의 취지를 벗어난 불합리한 해석이다. 인사혁신처 예규에 따르면 초과근무는 본연의 업무에 한정해 실시한다. 교사 본연의 업무는 학생 인솔, 수업시수 이외에도 다양한 업무가 있다. 수업준비, 학생상담 등 본연의 업무로 출장과 시간외근무 관련 절차를 거쳤고, 다른 방법으로 금전적인 보상이 없다면 출장 여비와 함께 시간외수당을 지급해야 한다.

토요일은 휴무일이다. 휴무일 출장 명령은 시간외근무가 자동 발생한다. 평일의 시간외근무수당은 1시간을 공제하지만, 휴무일 시간외근무수당은 공제 없이 분 단위로 합산하여 1일 4시간까지 지급한다.

토요일 학생을 인솔하는 교사에게 출장과 시간외근무 중 하나만 신청하라는 지시는 명백한 오류이다. 여비에 해당하는 출장비와 휴무일

근무에 대한 시간외근무수당의 기본 개념을 이해하지 못했기 때문에 발생한 일이다.

출장비와 시간외수당은 기본적으로 이중 지급이 아니다.

Q&A
묻고 답하기

Q. 여비 관련 법규

A. 교원의 여비는 공무원여비규정(대통령령)을 따른다. 세부 지침은 인사혁신처 예규인 공무원보수 등의 업무지침을 참고하면 된다. 일반 여비와 달리 교육훈련여비는 공무원인재개발법과 시행령, 공무원 인재 개발 업무처리지침을 참고하면 된다.

Q. 자가용 승용차 이용, 여비는?

A. 통상적 교통수단은 버스, 기차, 선박, 항공이다. 다음과 같은 공무의 형편상 부득이한 경우 자가용을 이용할 수 있다.

- 산간오지, 도서벽지 등 대중교통수단이 없어 자가용을 이용할 수 밖에 없는 경우
- 출장경로가 매우 복잡·다양하여 대중교통을 사실상 이용할 수 없는 경우
- 공무 목적상 부득이한 심야시간대 이동 또는 긴급한 사유가 있는 경우
- 자가용을 이용함으로써 운임이 적게 소요되는 경우
- 하중이 무거운 수하물을 운송해야 하는 경우 등

기타 부득이한 사유는 소속기관장이 정하여 운영할 수 있다.

자가용을 이용한 경우 연료비, 통행료, 주차료 등을 지급할 수 있다. 출장자는 고속도로 통행영수증, 출장지 주유소에서 결제한 신용카드 매출전표, 주차 영수증 등 자가용을 이용한 사실을 확인할 수 있는 증거서류를 갖추어 제출해야 한다. 동승자에게는 연료비 및 통행료, 주차료 등의 운임을 지급하지 않는다. 연료비 지급 기준은 '여행거리(km)×유가÷연비'이다. 거리는 도로공사 제공 계산 방법, 유가는 한국석유공사 유가정보서비스, 연비는 한국에너지공단 통계를 적용한다.

Q. 현장체험학습, 식비 부지급 타당한가?

A. 근무지 외 현장체험학습은 여비규정에 따라 운임, 식비, 일비를 지급해야 한다. 운임은 대중교통을 이용한 경우 실비를 지급한다. 전세버스를 이용한 경우 운임은 제외한다. 교사의 교통비는 학교 예산에서 전세버스 회사에 지급한다. 식비와 일비는 규정에 따라 정액으로 지급한다. 1일 식비와 일비는 각 2만 원이다.

120km 미만 출장시 식비 3분의 1을 지급하는 식비 감액 제도는 폐지되었다. 여비 감액은 공무원여비규정 28조에 따라 "예산의 부족 또는 그 밖의 사유로 여비를 지급하지 아니할 충분한 이유가 있다고 인정될 때"만 가능하다. 학교장은 일부 항목의 지출이 불필요하거나, 해당 정액보다 적게 소요되는 것이 명백한 경우 감액하거나 지급하지 않을 수 있다.

식사가 필요하지 않은 짧은 시간 근무지 외 체험학습이라면 식비를 지급하지 않을 수 있다. 점심 한 끼만 필요한 경우 감액할 수 있다. 그러나 근무 시각 전 출발, 퇴근 시각 후 도착하는 체험학습이라면 식비 2만 원을 정액으로 지급해야 한다. 감액할 충분한 이유가 없다.

Q. 출장 중 사망, 여비는?

A. 여비규정 제26조에 따라 부임하는 공무원이 사망한 경우에는 전임지에서 신임지까지 여비의 2배액, 출장 중 공무원이 사망한 경우는 여비의 2배액을 유족에게 지급할 수 있다.

Q. 가족여비

A. 부임의 명에 따라 가족을 동반하거나 이전 후 가족을 불러오는 교원에게 가족여비를 지급한다. 가족이란 주민등록표상 세대를 같이 하고, 같은 주거지에서 생계를 같이 하는 사람이다. 배우자, 본인과 배우자의 직계 존·비속이 해당한다.

가족 1인마다 운임, 숙박비, 일비, 식비를 지급한다. 운임과 숙박비는 해당 교원과 같은 금액을 지급한다. 일비와 식비는 12세 이상 가족은 해당 교원의 3분의 2, 12세 미만 가족은 해당 교원의 3분의 1이다.

부임의 명을 받은 후 1년 이내에 가족을 신임지로 불러오는 경우에만 해당한다. 신임지와 다른 지역으로 가족을 불러오는 경우는 6월 이내에 신청해야 한다.

Q. 여비부지급 출장(연수), 타당한가?

A. 출장이란 정규 근무지 이외의 장소에서 공무를 수행하는 것이다. 출장은 공무를 전제로 한다. 결재권자가 출장을 승인했다면 여비규정에 따라 출장비를 지급하는 것이 타당하다.

교육청이 주관하는 직무연수는 출장으로 승인하고 여비를 지급한다. 자율연수의 경우 '출장(연수)'으로 구분하며 여비를 지급하지 않는 사례가 있다.

초·중등교육법에서 정한 교사의 법적 임무는 학생 교육이다. 교육기본법(제14조)에서는 교육자로서 전문성 향상을 위한 노력을 교사의 의무로 규정하고 있다. 교육공무원법 제41조에서는 수업이 지장이 없는 범위에서 근무지 외 장소에서 다양한 연수를 받을 수 있도록 정하고 있다.

전문성 향상을 위한 노력은 교사에게 가장 중요한 공무이다. 전문성 향상은 아무리 강조해도 지나침이 없다. 교육청과 학교장이 최우선으로 지원해야 할 과제이다. 1966년 ILO 교사지위에 관한 권고에서도 교사의 전문성 향상을 위한 집단적, 개별적 연수를 지원하도록 권고하고 있다.

교육청이 주관하는 직무연수만으로 교사의 전문성 향상을 기대하기 어렵다. 교육부와 교육청은 다양한 자율연수를 진행하는 연수기관을 인가하고 있다. 교육청에서 인가한 자율연수기관에서 진행하는 연수에 대해 '출장(연수)'으로 구분하고 여비를 지급하지 않는 것은 불합리하다. 교사의 전문성 향상을 위한 행정적, 재정적 지원의 확대가 필요하다.

Q. 신규 임용자, 부임여비와 이전비

A. 신규 임용자에게 부임여비를 지급할 수 있다. 부산에 거주하는 임용고시생을 서울에서 임용했다면 여비규정에 따라 운임, 식비, 숙박비, 일비를 지급할 수 있다. 이사화물을 이전한 이전비, 가족을 동반한 경우 가족여비를 지급할 수 있다.

Q. '여비부지급 체크' 타당한가?

A. 규정에 따라 여비를 마땅히 지급해야 함에도 '여비 지급하지 않음'을 체크하게 하는 사례가 있다. NEIS의 '여비 지급하지 않음' 메뉴를 악용하는 사례이다.

3인의 교사에게 수학여행 답사 출장을 명령하면서 2인만 출장비를 지급하고 나머지 교사는 여비부지급을 체크하도록 하는 사례 등이다. 심지어 나머지 교사에게 조퇴를 신청하도록 하는 사례도 있다. 여비규정에 어긋나는 일이다.

"여비를 지급하지 아니할 충분한 이유"가 있을 때만 여비의 일부 또는 전부를 지급하지 않을 수 있다. 행사 주최 측에서 숙박시설을 제공한다면 숙박비 부지급, 학생 야영 활동을 지도한다면 숙박비 부지급, 임대 버스를 이용한다면 운임을 부지급할 수 있다. 회계연도 종료 시기 예산이 고갈되었다면 여비를 지급할 수 없다. 이러한 특별한 사유가 아님에도 여비를 지급하지 않는 것은 개선이 필요하다.

Q. 학부모, 여비지급 가능한가?

A. 여비규정 제30조(공무원이 아닌 사람의 여비)에 따라 공무수행을 위해 공무원이 아닌 사람을 여행하도록 하는 경우 여비를 지급할 수 있다. 수학여행 답사에 학부모를 동반하는 것이 필요하다면 학부모에게 여비를 지급할 수 있다. 업무 성격, 학부모의 경력, 동반 공무원의 직위 등을 고려하여 기관장이 여비 지급 등급을 정할 수 있다.

Q. 시험감독수당과 여비

A. 시험감독수당으로 10만 원을 받았다. 여비 지급이 가능한가?

원칙적으로 수당은 병급 지급(이중 지급)을 금지한다. 시험감독수당은 감독업무에 대한 노동의 대가이다. 여비가 아니다. 따라서 감독수당과 여비는 이중 지급이 아니다. 시험감독업무가 복무상 인정되는 출장이라면 출장 여비를 시험감독수당과는 별도로 지급할 수 있다. 수능 감독 파견 교사에게는 여비를 지급해야 한다. 시험감독수당에 여비까지 포함되어 있다면 여비를 지급하지 않는다. 사설 기관이 운영하는 시험 감독이라면 공무수행이 아니므로 출장 여비를 지급하지 않는다.

직무수행 목적으로 출강하여 강사료를 받더라도 여비를 지급할 수 있다. 강사료는 강의에 대한 대가이고 여비가 아니기 때문이다. 단, 주최 측에서 여비를 지급하거나 여비가 포함된 강사료를 받는다면 출장 여비 지급 없이 출장으로 처리한다.

11

아동학대

아동이란 18세 미만인 사람이다. 아동학대란 아동의 건강, 복지, 발달을 저해하는 행위다. 아동에게 신체적 고통, 폭언 등 정신적 고통을 가할 수 없다. 아동복지법의 규정이다.

교육과정, 수업 시간, 교육환경, 경쟁 교육, 대한민국 학교는 존재 자체가 아동학대일 수 있다.

교사의 수업을 방해하는 학생의 행동은 교원지위법으로는 교육활동 침해이다. 교육활동을 방해하는 학생을 지도하는 과정에서 큰 목소리로 나무라는 것만으로 아동복지법상 정서학대에 해당할 수 있다.

교육활동 침해와 아동학대, 동전의 양면과 같다.

학생의 권리와 교사의 권한이 공존하는 학교. 어떻게 만들 것인가?

유엔아동권리협약

1989년 UN총회는 아동권리협약(Convention on the Right of the Child)을 만장일치로 채택했다. 아동권리협약은 전문과 54개 조항으로 구성되어 있고, 1조부터 40조까지 실제적인 아동권리 내용을 담고 있다. 모든 권리는 서로 연관되어 있으며 똑같이 중요하다. 이 세상 어린이라면 누구나 누려야 할 생존·보호·발달·참여의 권리가 담겨 있다. 2019년 현재 196개국이 협약을 지키기로 약속했다. 우리나라는 1991년 가입했다.

생존의 권리란 적절한 생활수준을 누릴 권리, 안전한 주거지에서 살아갈 권리, 충분한 영양을 섭취하고 기본적인 보건 서비스를 받을 권리 등 기본적인 삶을 누리는 데 필요한 권리다.

보호의 권리란 모든 형태의 학대, 방임, 차별, 폭력, 고문, 징집, 부당한 형사처벌, 과도한 노동, 약물, 성폭력 등 유해한 것으로부터 보호받을 권리다.

발달의 권리란 잠재 능력을 최대한 발휘하는 데 필요한 권리. 교육받을 권리, 여가를 즐길 권리, 문화생활을 하고 정보를 얻을 권리, 생각과 양심과 종교의 자유를 누릴 수 있는 권리 등이다.

참여의 권리란 자신의 생활에 영향을 주는 일에 대해 의견을 말하고 존중받을 권리. 표현의 자유, 양심과 종교의 자유, 평화로운 방법으로 모임을 자유롭게 열 수 있는 권리, 사생활을 보호받을 권리, 유익한 정보를 얻을 권리 등이다.

아동권리협약의 기본 원칙은 네 가지다.

첫째, 모든 어린이는 부모, 인종, 종교, 언어, 빈부, 장애 등과 관계없이 동등한 권리를 누려야 한다는 차별 금지 원칙이다.

둘째, 아동에게 영향을 미치는 모든 결정은 아동의 이익을 최우선으로 고려해야 한다는 아동 최선의 이익 원칙이다.

셋째, 아동은 특별히 생존과 발달을 위해 다양한 보호와 지원을 받아야 한다는 생존과 발달의 원칙이다.

넷째, 책임감 있는 어른이 될 수 있도록 자신의 능력에 맞는 사회활동 참여 기회와 자신의 생활에 영향을 주는 일에 대하여 의견을 말할 수 있어야 하고 그 의견은 존중되어야 한다는 어린이 의견 존중의 원칙이다.

협약이 정한 의무에 따라 가입국 정부는 가입 뒤 2년, 그 후 5년마다 어린이 인권 상황에 대한 국가보고서를 제출해야 한다. 유엔 아동권리위원회는 국가보고서를 심의하고 어린이 인권 보장의 장애 요인 분석과 대안을 해당국 정부와 함께 모색한다.

2003년 1월 스위스 제네바에서 열린 유엔 아동권리위원회는 한국의 아동권리협약 이행 상황을 심의했다. 그 결과 협약 내용을 유보하는 부분이 남아 있고, 협약의 이행과 조정 기능을 담당하는 기구가 없으며 관련 통계가 불완전한 부분을 지적하고 개선을 권고했다. 특히 시도별 교육위원회와 학교운영위원회에 학생 참여가 보장되지 않은 점을 지적하면서, 협약 이행을 저해하는 전통과 문화를 변화시키는 정부의 노력이 부족하다고 평가했다.

2020년 현재, 대한민국 정부는 교육부, 시도교육청의 교육정책 결정에 학생의 참여 권리를 전혀 보장하고 있지 않다. 자신이 다니고 있는 단위학교의 자치기구에 참여할 수 있는 권리조차 부여하고 있지 않다. 학교자치, 교육자치를 실행하지 않고 있는 현실에서 당연한 결과이기도 하다.

우리나라가 UN 아동권리협약에 가입한 지 30년이 지났다. 학교와 교육은 아동의 생존과 발달을 위한 핵심 요소이다. 학생 참여권을 보장하는 학교자치, 교육자치는 더 이상 미룰 수 없는 과제이다.

아동복지법의 연혁

아동복지법은 1961.12.30. 아동복리법으로 출발했다. 아동복리법은 보호자로부터 유실, 유기된 아동의 복지 제공에 중점을 둔 법률이다. 1981.4.13. 전체 아동의 복지 보장을 목적으로 하는 아동복지법으로 개정되었다. 아동복지법에서는 아동의 보호·육성 책임을 보호자뿐만 아니라 국가와 지방자치단체의 책무로 규정했다.

아동학대에 대한 법적 정의는 2007년 7월 아동복지법 개정으로 이뤄졌다. 1961년 아동복리법이 제정된 지 46년, 1991년 유엔아동권리협약에 가입한 지 16년 만이다. 아동복지법에서 아동학대에 대한 법적 정의를 규정했지만, 이로 인한 실질적인 변화는 없었다. 2014년 9월, 새로운 전환점을 맞이한다. 아동학대 범죄의 처벌 등에 관한 특례법이 제정되었다. 같은 날 아동복지법 개정으로 아동학대 범죄 전력자의 아동 관련기관 취업을 10년간 금지하는 조항이 시행되었다. 교육부장관은 아동학대 관련 범죄 전력자가 학교에 취업하고 있는지 점검·확인해야 하고, 취업자가 있다면 소속기관장에게 해임을 요구해야 한다.

아동복지법에 따라 현장조사, 아동학대사례 판정, 아동학대정보시스템 운영 등의 업무를 비영리법인인 아동보호전문기관이 담당하면서 많은 문제점이 발생했다. 이를 개선하기 위한 아동복지법이 2020년 4월 개정되었다. 아동학대 관련 업무를 아동보호전문기관에서 국가의 업무로 이관했다. 지방정부에 아동학대 전담 공무원을 두고 아동학대 신고

접수, 현장조사, 아동학대사례 판단, 응급보호, 피해아동 및 아동학대행위자에 대한 상담·조사 업무 등을 수행하도록 했다.

아동학대란?

_아동의 건강, 복지, 발달을 해치는 행위

아동복지법의 목적(제1조)은 아동의 건강과 복지 보장이다. 아동이란 18세 미만인 사람, 아동복지란 아동이 행복한 삶을 누릴 수 있는 기본적인 여건을 조성하고 조화롭게 성장·발달할 수 있도록 하기 위한 경제적·사회적·정서적 지원을 말한다.

아동학대란(제3조 정의) 보호자를 포함한 성인이 아동의 건강, 복지, 발달을 해치는 행위이다. 아동의 건강, 복지, 정상적 발달을 해치는 신체학대, 정서학대, 성학대, 유기, 방임 등의 행위가 아동학대에 포함한다. 아동의 보호자는 아동에게 신체적 고통, 폭언 등의 정신적 고통을 가해서는 안 된다. 아동복지법 제5조에서 정한 보호자의 책무이다. 친권자뿐만 아니라 아동을 보호, 양육, 교육하는 사람도 아동의 보호자에 포함한다. 정신적 고통을 주는 폭언이란 모멸감을 주는 거친 언어만을 의미하는 것이 아니다. 아동의 건강과 정서적 발달을 해치는 모든 표현은 폭언에 해당할 수 있다.

학대죄와 아동학대죄는 보호 법익, 보호 대상에서 근본적인 차이가 있다.

학대죄는 형법상의 범죄로 보호하고자 하는 법익은 생명과 신체이다. 보호 대상은 보호, 감독이 필요한 모든 사람이다. 따라서 '보호 또는 감독'이 필요한 사람의 생명 또는 신체를 해롭게 한 경우 범죄가 성립된다. 형법 제273조에 따라 2년 이하의 징역 또는 500만 원 이하의 벌금을 받을 수 있다.

아동학대죄는 '생명' 또는 '신체'를 해할 수준이 아니어도 아동의 건강, 복지, 발달을 해치는 행위라면 범죄가 성립한다. 보호하고자 하는 법익이 아동의 건강과 복지이기 때문이다. 학대죄와 비교하여 형량도 매우 무겁다. 신체학대, 정서학대, 방임의 경우 5년 이하 징역 또는 5천만 원 이하의 벌금이다. 성학대의 경우 10년 이하의 징역, 1억 이하의 벌금이다.

성희롱은 형법상의 범죄는 아니다. 하지만 18세 미만 아동이 대상이라면 상황이 다르다. 아동에게 성적 수치심을 주는 성희롱만으로도 아동복지법 제17조에서 금지하는 아동학대 즉 성학대 범죄가 성립한다. 대법원은 "성폭행의 정도에 이르지 아니한 성적 행위도 아동의 건전한 성적 가치관의 형성 등 완전하고 조화로운 인격 발달을 현저하게 저해할 우려가 있는 행위"이면 성적 학대라 판정했다. [대법원 2017.6.15. 선고 2017도3448 판결]

아동복지법(제17조)에서는 "신체에 손상을 주거나 신체의 건강 및 발달"을 해치는 행위를 신체적 학대행위로 규정하고 있다. 우발적 사고가 아닌 아동에게 신체적 손상을 입히거나 신체 손상을 입도록 허용한 행위는 신체 학대이다.

대법원은 '신체에 손상'을 준다는 의미를 "아동의 신체에 대한 유형력의 행사로 신체의 완전성을 훼손하거나 생리적 기능에 장애를 초래하는 상해 정도에 이르지 않더라도 그에 준하는 정도로 신체에 부정적인 변화를 가져오는 것"을 의미한다고 판시했다. [대법원 2016.5.12. 2015도6781]

법원은 종이 교구로 아동의 머리를 한 대 때린 행위, 초등학교 저학년 학생을 오랫동안 교실 뒤편에 세워 둔 행위, 앉았다 일어서기 100회를 시킨 행위를 신체적 학대로 판정했다.

정서학대란 언어적 학대, 정신적 학대, 심리적 학대행위이다. 특히 훈육 과정에서 교사의 말투가 문제된다. 원망적, 거부적, 적대적, 경멸적 표현은 모두 정서적 학대가 된다. 저학년 아동의 경우 무서운 표정, 큰 소리의 훈육만으로도 정서적 학대가 될 수 있다.

헌법재판소는 "아동이 사물을 느끼고 생각하여 판단하는 마음의 자세나 태도가 정상적으로 유지되고 성장하는 것을 저해하거나 이에 대하여 현저한 위험을 초래할 수 있는 행위"를 정서적 학대행위라 규정했다. [2015.10.21. 2014헌바266 결정] 피해 아동의 연령, 건강 상태, 가해자의 평소 성향, 행위 당시의 태도, 행위의 반복성 등에 비추어 법관이 정서적 학대 여부를 판단할 수 있다고 판시했다. 4세 유아의 머리를 스펀지 교구로 한 때 때린 행위에 대해 법원은 사적 감정이 앞선 행동으로 아동의 정신 건강과 발달을 해치는 정서적 학대행위로 판정했다.

방임이란 아동을 위험한 환경에 처하게 하거나 보호, 양육, 치료, 교육을 소홀히 하는 행위이다. 체험학습을 떠난 초등 6학년 여학생이 고속도로 버스 안에서 용변을 처리했다. 법원은 "수치심과 정신적 충격을 받아 성인의 도움이 필요한 아동을 휴게소 보호소나 믿을 수 있는 성인에게 보호를 의뢰하는 등 보호조치를 취하지 아니하고 버스에서 혼자 내리게 한 행위"라며 방임이라 판결했다.

아동학대범죄란?

아동학대범죄란 아동학대범죄의 처벌 등에 관한 특례법(아동학대처벌법)에서 정한 범죄로 18세 미만 아동을 대상으로 하는 형법상의 범죄와 아동복지법 제17조를 위반한 범죄를 말한다. 아동학대범죄에 해당하는 형법상의 범죄는 상해, 폭행, 유기, 학대, 감금, 협박, 약취, 유인, 매매, 강간, 추행, 명예훼손, 모욕, 사기, 공갈 등의 범죄이다. 아동복지법 제17조에서 금지하는 행위는 신체학대, 정서학대, 성학대, 유기, 방임 등이다.

18세 미만 아동의 손바닥을 회초리로 때린 체벌은 형법상 폭행죄에 해당한다. 아동학대처벌법이 시행된 2014년 9월 29일 이후에는 상황이 다르다. 아동 대상 폭행죄가 성립한다면 아동학대범죄가 성립된다.

누구든지 아동학대범죄를 알게 된 경우나 그 의심이 있는 경우 지방자치단체 또는 수사기관에 신고할 수 있다. 학교와 같은 아동 관련 기관 종사자는 즉시 신고할 의무가 있다. 신고를 이유로 불이익 조치가 금지되고, 신고자는 특정범죄신고자 등 보호법에 따라 보호받을 수 있다.

아동학대범죄 신고를 접수한 사법경찰관 또는 아동학대 전담 공무원은 지체없이 아동학대 범죄 현장에 출동해야 한다. 사법경찰관과 아동학대 전담 공무원이 동행하는 것을 원칙으로 하고 있다. 사법경찰관, 아동학대 전담 공무원은 피해 아동을 가해자로부터 격리, 보호시설 인도 등 응급조치, 필요한 경우 긴급 임시조치를 할 수 있다.

아동학대 전담 공무원은 피해 아동의 보호 및 관리를 위한 조사를 할 수 있으며, 필요한 경우 아동학대행위자 및 관계인에 대하여 출석·진술 및 자료 제출을 요구할 수 있다. 현장에 출동한 사법경찰관, 아동학대 전담 공무원 업무수행을 방해하는 행위는 금지된다.

정당한 사유 없이 아동학대범죄를 신고하지 않거나, 아동학대 전담 공무원 등의 현장 조사를 거부하면 500만 원 이하의 과태료가 부과될 수 있다.

무소불위 아동보호전문기관

2019년 4월, 초등학교 3학년 영어 교과 전담 수업에서 일어난 일이다. 소프트 캔디(마이쮸)를 먹으며 수업에 참여하지 않는 아동이 제지와 지도에 응하지 않자 교사가 우발적으로 아동이 탄 휠체어의 팔걸이와 바퀴 사이 합판 부분을 발로 툭 쳤다.

지역아동보호전문기관 직원 2명이 경찰관과 함께 학교를 방문하여 사안을 조사했다. 경찰은 아동학대 사건에 해당하지 않는다는 결론을 내리고 종결했다. 교육청도 사안을 조사한 후 아동학대 사건이 아닌 학폭 사안으로 학교가 자체 종결토록 해결했다. 교사는 학생과 보호자에게 사과했고, 보호자는 사과를 받아들였다. 학교는 교직원 대상으로 '장애학생 인권 침해 예방을 위한 장애 이해 및 장애인권 교육'을 실시했다. 사안은 이렇게 마무리되었다.

하지만 2019년 7월 해당 교사가 아동보호전문기관 직원과 전화 통화 과정에서 '학대자', '재발', '가중처벌' 등의 용어를 사용하는 것을 듣고, 자신이 '아동학대자'인지 묻게 되었다. 아동보호전문기관 직원은 해당 교사를 '국가아동학대정보시스템'에 '아동학대 행위자'로 등록했다고 밝혔다.

사안이 종결된 것으로 믿고 있었던 교사는 우연한 통화 과정에서 자신이 국가아동학대정보시스템에 아동학대행위자로 등록된 사실을 인지한 것이다. 아동보호전문기관은 아동학대로 판정한 사실, 아동학대

행위자로 국가아동학대정보시스템에 등록한 사실을 통지한 바 없다.

교사는 중앙아동보호전문기관에 국가아동정보시스템에 아동학대행위자로 등록된 것에 대한 이의제기(불복) 절차가 있는지 문의했다. 중앙아동전문기관은 대답해 줄 수 없다고 답변했다. 보건복지부 아동학대 담당 부서에 문의했다. 담당자는 국가아동학대정보시스템에 학대행위자로 한 번 등록되면 삭제할 수 없다고 답변했고, 아동보호전문기관의 운영, 불복절차 등은 지방자치단체의 사무라고 답변했다. 지방자치단체 여성가족정책과에 문의했다. 담당자는 불복절차는 없으며 다른 시도에서도 불복절차는 존재하지 않는다고 답변했다.

국가아동학대정보시스템은 아동복지법 제28조의2에 따라 보건복지부장관이 구축·운영하는 시스템이다. 보건복지부장관은 같은 조 제3항에 근거하여 구축한 자료를 지방자치단체장, 판사, 검사, 경찰서장, 학교장 등에게 제공할 수 있다. 같은 조 제6항에 근거하여 국가아동학대정보시스템 운영을 중앙아동보호전문기관에 위탁할 수 있다.

교사는 2019년 11월 국가인권위원회에 보건복지부장관과 중앙아동보호전문기관장을 상대로 국가아동학대정보시스템 아동학대행위자 등록 삭제, 유사 사례 재발 방지를 위한 관련 법규와 지침의 개정을 권고하는 진정서를 제출했다.

아동보호전문기관의 아동학대 판정만으로 1) 아동복지법에서 정한 아동학대행위자로 판단하는 점, 2) 국가아동학대정보시스템에 아동학대행위자로 개인 정보를 등록하게 하는 점, 3) 등록한 정보를 기한의 정함 없이 보관하고 관계 기관의 요청이 있는 경우 제공하는 점, 4) 아동학대 판정, 아동학대행위자 등록 과정에서 당사자에게 어떠한 통지도 없고 불복절차도 보장하지 않는 점은 개인정보자기결정권, 인격권, 행복추구권을 침해한다는 진정이다.

어떻게 이러한 일이 발생했을까? 아동보호전문기관에 대해서 살펴보자.

2000년 1월, 아동복지법 개정으로 아동보호전문기관이 설립됐다. 핵심 역할은 학대 아동의 발견, 보호, 치료에 대한 신속한 처리와 아동학대 예방 업무이다. 당시 아동보호전문기관은 국가와 지방자치단체에서 설치하도록 했다. 하지만 시행령에서 시·도지사가 비영리법인을 보건복지부장관의 승인을 얻어 아동보호전문기관으로 지정할 수 있도록 했다.

2008년 6월, 아동복지법 개정으로 중앙아동보호전문기관과 지역아동보호전문기관이 설치됐다. 중앙아동보호전문기관은 지역 간 연계 체계를 구축하며 지역아동보호전문기관을 지원하도록 했다. 지역아동보호전문기관에는 아동학대 신고접수, 현장조사, 응급보호, 아동학대사례판정위원회 설치·운영 권한을 부여했다. 아동보호전문기관이 신고를 접수하고 현장을 조사한 후 아동학대를 판정하는 권한은 이때부터 시작됐다.

2014년 9월, 아동복지법 개정으로 국가아동학대정보시스템이 등장했다. 국가아동학대정보시스템 구축·운영 책임자는 보건복지부장관이다. 보건복지부장관은 피해아동과 가족과 함께 학대행위자에 관한 정보를 아동학대정보시스템에 입력·관리해야 한다. 그런데 아동복지법에서는 국가아동학대정보시스템 운영을 중앙아동보호전문기관에게 위탁할 수 있도록 했다.

지역아동보호전문기관에서 아동학대라 판정하면 중앙아동보호전문기관에서 아동학대행위자로 국가아동학대정보시스템에 등록하는 일이 이때부터 시작됐다.

국가아동학대정보시스템에 등록하는 '아동학대행위자'란 어떤 개념인가?

아동학대행위자란 "아동학대범죄를 범한 사람 및 그 공범"을 말한다. 아동학대처벌법 제2조 제5호의 규정이다. 범죄 여부의 판단은 사법부의 권한이다. 아동보호전문기관과 같은 비영리 민간기관에서 판정할 수 있는 사안이 아니다. 아동보호전문기관으로부터 아동학대로 판정되고 국가아동학대정보시스템에 아동학대행위자로 등록된 사람이 수사기관 또는 법원에서 무죄로 확정된 경우에도 자신의 정보를 정정하거나 삭제를 요구할 수 없다. 영구히 보관되며 상시로 아동학대행위자로 제삼자에게 정보가 제공될 수 있다. 헌법과 법치 행정에 위반하는 심각한 인권침해이다. 중앙 및 지역아동보호전문기관에 의해 5년 넘게 이러한 일이 벌어지고 있었다.

중앙아동보호전문기관의 자료에 따르면 2018년 33,532건의 사건이 아동보호전문기관에 신고되었다. 이 중 아동보호전문기관은 24,604건을 아동학대 사례로 판정했다. 하지만 24,604건 중 고소·고발 등 사건 처리된 경우는 7,988건이고, 아동학대처벌법에 따라 조치된 경우는 2,290건으로 전체의 9.3%에 불과하다. 아동보호전문기관은 아동학대처벌법에 따라 조치된 2,290건이 아니라 24,604건 관련자 모두를 아동학대행위자로 등록했다.

2014년 244명, 2015년 437명, 2016년 816명, 2017년 1,629명, 2018년 2,249명.

아동보호전문기관이 아동학대로 판정한 전국 유·초·중·고 교직원 수이다. 합치면 5,375명이다. 중복이 없다면 5년 동안 전국 유·초·중·고 교직원 5,375명이 국가아동학대정보시스템에 아동학대행위자로 등록되었다. 당사자에게 어떠한 통보도 불복의 수단도 고지되지 않았다.

무소불위 아동보호전문기관에 대한 문제제기가 거세지자, 2019년 이후 몇 차례 아동복지법이 개정됐다. 국가아동학대정보시스템 운영을 중앙아동보호전문기관이 아닌 한국사회보장정보원에 위탁하도록 했다. 한국사회보장정보원은 사회보장급여법에 따라 설립된 특수법인이다. 사회보장정보시스템을 구축하고 유지·개선·관리·교육·상담에 관한 사항을 담당한다.

아동권리보장원을 설립하여 중앙아동보호전문기관이 담당했던 주요 업무를 맡도록 했다. 중앙아동보호전문기관은 사실상 해체됐다. 아동권리보장원은 법인이라는 형태는 기존 중앙아동보호전문기관과 유사하지만, 원장을 복지부장관이 임면하는 차이가 있다.

아동보호전문기관의 역할도 큰 변화를 이루었다. 아동학대 조사업무를 비영리법인인 아동보호전문기관이 담당함에 따라 발생한 문제점을 개선하기 위해 아동보호전문기관에 부여했던 아동학대 신고접수, 현장조사, 응급보호, 진술 녹화실 운영, 아동학대 판정 업무를 지방자치단체가 맡도록 했다. 아동보호전문기관은 상담·치료·교육·예방·홍보 업무와 피해아동 가정의 사후관리를 담당하도록 했다. 지역아동보호전문기관이 설치·운영했던 아동학대사례전문위원회는 보건복지부에 설치하도록 했다.

2020년 10월 8일부터 아동학대 조사업무는 시·도지사 또는 시장·군수·구청장이 임명한 아동학대 전담 공무원이 담당한다. 아동학대 전담 공무원은 신고접수, 현장조사, 응급보호, 피해 아동·가족·아동학대행위자에 대한 상담·조사업무 등을 수행한다. 법원의 아동학대사건 심리에 보조인으로 참가한다.

아동학대범죄 전력자
10년간 취업 제한은 위헌

2015년 ○○초등학교 3학년 여학생들이 합반으로 강당에 모여 학예
발표회를 위한 뮤지컬 연습을 했다. A 학생은 주요 배역을 맡아 줄의
맨 앞에 서게 되었다. A 학생이 몇 차례 줄을 벗어나자, 담임교사는 학
생의 어깨와 팔꿈치 사이의 옷을 잡아 "여기가 너의 자리야. 여기서 너
무 오른쪽으로 가면 무대에서 벗어나게 되어서 안 되지"라며 위치를 교
정해주었다.

A 학생의 부모는 교사가 "멱살을 잡고, 소리를 지르고, 화를 심하게
내고, 친구들이 보는 앞에서 수치심을 유발하는 언어적 표현을 하여 학
생을 학대"했다는 이유로 학교, 교육지원청, 시교육청에 민원을 제기했
고, 경찰서에 고소했다.

교육지원청은 조사 후 "폭언, 폭행, 왕따 유도 발언 등은 없었으며 피
해 학생이 현재 학교생활을 잘하고 있다는 사실을 확인하였으며 다만
피해 학생이 오해할 수 있는 행동 등이 있었으므로 교사 언어 순화를
위한 연수, 교육, 아동인권교육, 교사·학생 관계개선 프로그램 진행, 해
당 학급 집단상담 프로그램 운영 등을 권고"했다.

시교육청 학생인권교육센터는 "다소 강압적인 분위기에서 교육을 했
다는 것을 인정하고 시정 조치, 재발 방지 약속, 인권 연수 수강, 인권
연수 등을 시행하는 것"으로 사건을 종결 처리했다.

경찰서는 기소 의견으로 지방검찰청으로 송치했다. 지방검찰청은 형

사조정을 의뢰하고 기소 중지를 결정했다. 2016년 3월 지방검찰청 형사 조정위원회가 열렸으나 학생 측 조정 거부로 조정이 성립되지 않았다. 같은 해 4월 지방검찰청은 불기소 사건 재기를 결정하고, 약식명령(벌금 50만 원)으로 공소를 제기했다.

2016년 6월 지방법원은 벌금 50만 원의 약식명령을 발부했다. 법원의 약식명령 수령 후 1주일 내 정식재판을 청구하지 않으면 벌금형이 확정된다. 교사는 정식재판을 청구하지 않았다. 학부모의 지속적 민원 제기로 학교에 피해를 주는 것이 부담스러웠다. 무엇보다 사건에서 벗어나고 싶었다. 억울한 마음도 있었으나 벌금 50만 원을 내고, 정식재판을 청구하지 않았다.

검찰청으로부터 약식기소 통고를 받은 교육청은 징계위원회를 개최하여 '불문경고'를 처분했다. 불문경고 처분 후 사건을 잊고 근무에 충실했던 교사는 다음 해, 2017년 1월 교육지원청으로부터 '아동복지법 제29조의3에 해당하여 10년간 학교에 근무할 수 없어 교육지원청으로 발령'한다는 공문을 받게 된다.

국가아동학대정보시스템에 따른 아동학대행위자 통보를 받은 교육지원청은 아동이 있는 학교에 교사를 근무하게 할 수 없었다. 아동복지법에서는 해임을 요청하고 있지만 이미 징계 처분(불문경고)을 했으므로 해임 처분은 불가능했다. 동일 사안으로 중복 징계는 불가능하기 때문이다. 결국 아동이 없는 교육지원청에 발령을 낸 것이다.

교육지원청은 교육전문직(장학사, 장학관)과 일반직 공무원이 행정업무를 핵심으로 한다. 학생 교육을 전담하는 교사가 근무하는 곳은 아니다. 의원면직을 진지하게 고민했다. 본인과 같은 억울한 사람이 다시는 나오지 않도록 법을 개정하고, 학교로 다시 돌아가 학생들을 만나고 싶은 소망으로 2017년 4월 헌법재판소에 헌법소원을 청구했다.

2018년 6월 28일 헌법재판소는 아동학대 관련 범죄로 형이 확정된 경우 10년간 아동 관련 기관에 취업을 제한하는 아동복지법 제29조의 3 제1항은 위헌이라는 결정을 내렸다. 범죄의 경중, 재범의 위험성에 대한 개별적 판단 없이 일률적으로 10년 동안 취업을 제한하는 것은 침해의 최소성, 법익의 균익성을 위반하여 직업 선택의 자유를 침해한다는 결정이다. 헌법재판소의 위헌 결정으로 교사는 교육지원청에서 벗어나 학교로 복귀했다.

 위헌 결정에 따라 국회는 관련 조항을 개정했다. 아동학대 관련 범죄 사건의 판결과 동시에 법원에서 취업 제한기간을 선고하도록 했다. 약식명령의 경우 법원에서 고지한다. 법원에서 사건의 경중, 재범 가능성을 판단하여 취업 제한기간을 결정하도록 했다. 재범의 위험성이 현저히 낮은 경우, 취업을 제한할 필요가 없는 특별한 사정이 있다고 판단하는 경우 법원은 취업 제한기간을 선고하지 않을 수 있다. 2018년 12월 11일 개정된 조항은 2019년 6월 12일부터 시행되었다.

조건부 기소유예,
보호처분을 받은 경우에도 징계를 받게 되나?

검사는 아동학대 범죄로 형사 처벌이 필요한 경우 형사법원에 피의자를 기소한다. 그런데 무죄는 아니나 형사처벌이 필요한 정도가 아닐 때, 아동학대범죄의 처벌 등에 관한 특례법 제26조(조건부 기소유예)에 따라 사건의 성질·동기 및 결과, 아동학대 행위자의 성행 및 개선 가능성, 피해 아동 또는 그 법정대리인의 의사 등을 고려하여 아동학대 행위자에 대하여 상담, 치료, 교육을 받는 것을 조건으로 기소를 유예할 수 있다. 또는 아동학대처벌법 제27조(아동보호사건의 처리)에 따라 가정법원에 아동보호사건으로 처리할 수 있다.

가정법원 판사는 검사의 보호처분이 합리적인 결정이라 인정될 때 다음과 같은 보호처분을 결정한다.

1. 아동학대 행위자의 접근 제한
2. 아동학대 행위자의 전기통신을 이용한 접근 제한
3. 보호관찰 등에 관한 법률에 따른 사회봉사·수강 명령
5. 보호관찰 등에 관한 법률에 따른 보호관찰
6. 법무부 장관 소속으로 설치한 감호위탁시설 또는 법무부 장관이 정하는 보호시설에의 감호위탁
7. 의료기관의 치료위탁
8. 아동보호전문기관, 상담소 등에 상담 위탁

교사의 경우 주로 제8호 처분, 아동보호전문기관, 상담소 등에 상담 위탁 결정이 이루어진다.

검사는 피해자의 고소가 있어야 공소를 제기할 수 있는 아동학대범죄에서 고소가 없거나 취소된 경우, 피해자의 명시적인 의사에 반하여 공소를 제기할 수 없는 아동학대범죄에서 피해자가 처벌을 희망하지 아니한다는 명시적 의사표시를 하였거나 처벌을 희망하는 의사표시를 철회한 경우에도 보호처분을 결정할 수 있다. 보호처분이 확정된 경우, 아동학대행위자에 대하여 같은 범죄사실로 다시 공소를 제기할 수 없다.

조건부 기소유예와 보호처분은 형사처벌에는 해당하지 않는다. 그러나 공무원 비위사건 처리규정(제4조 제3호)에 따르면 징계 사유에 해당한다. 징계 양정은 비위의 정도, 과실의 경중 등을 참작하여 사안별로 판단한다. 경미한 사안의 경우 징계가 아닌 주의 또는 경고로 종결할 수 있지만, 사안에 따라서는 경징계 처분을 받을 수 있다.

Q&A
묻고 답하기

Q. 아동학대 관련 법규는?

A. 아동학대 관련 법규는 아동복지법, 아동학대범죄의 처벌 등에 관한 특례법이다.

Q. 아동학대란?

A. 보호자를 포함한 성인이 아동의 건강, 복지, 정상적 발달을 해치는 행위가 아동학대이다. 신체학대, 정서 학대, 성 학대, 유기, 방임 등으로 구분한다.

Q. 성 학대란?

A. 직접적인 추행뿐만 아니라 성적 수치심을 주는 성희롱은 성적 학대에 포함한다. 성적 만족을 위해 아동을 관찰하는 행위, 성적인 노출을 하는 행위, 음란물을 노출하는 행위도 성 학대에 포함한다.

Q. 신체 학대란?

A. 신체 학대란 신체에 손상을 주거나 신체의 건강 및 발달을 해치는 행위이다. 우발적 사고가 아닌 아동에게 신체적 손상을 입히거나 신체 손상을 입도록 허용한 행위는 신체 학대에 해당한다. "신체에 손상을 준다"는 의미는 아동의 신체에 대한 유형력의 행사로 신체의 완전성

을 훼손하거나 생리적 기능에 장애를 초래하는 '상해' 정도는 이르지 않더라도 그에 준하는 정도로 신체에 부정적인 변화를 가져오는 것을 의미한다.

Q. 정서 학대란?

A. 정서 학대란 아동의 정신 건강 및 발달에 해를 끼치는 행위이다. 언어적 학대, 정신적 학대, 심리적 학대로 표현하기도 한다. 언어적 모욕, 정서적 위협, 감금, 억제, 기타 가학적인 행위는 정서 학대에 해당한다. 교사의 말투가 문제되기도 한다. 원망적, 거부적, 적대적, 경멸적 표현은 정서 학대에 해당한다.

친구 등과 비교·차별·편애하는 행위, 교실 뒤편에 눈을 감고 서 있게 하는 행위, 복도에 장시간 세워 두는 행위, 유아에게 무서운 영상인 도깨비 앱을 보여 준 행위, 학생에게 "바보", "뚱뚱해 뱃살 좀 빼"라는 표현 등은 정서 학대에 해당한다.

Q. 유기와 방임

A. 유기란 보호자가 아동을 보호하지 않고 버리는 행위이다. 방임이란 아동을 위험한 환경에 처하게 하거나 의식주를 포함한 기본적 보호·양육·치료 및 교육을 소홀히 하는 행위이다.

12

교육활동 침해와
교권

교원지위법과 교육부 고시에서는 교육활동 중인 교원에 대한 1) 폭행 2) 상해 3) 협박 4) 명예훼손 5) 모욕 6) 손괴 7) 성폭력 범죄 8) 불법 정보유통 행위 9) 공무·업무방해 10) 성희롱 11) 반복적 부당한 간섭 12) 초상권 침해 13) 교육공무원법 제43조 제1항에 위반한다고 학교장이 판단하는 행위를 교육활동 침해라 규정하고 있다.

폭행에서 업무방해에 이르는 아홉 가지 행위는 모두 현행법에서 정한 범죄 행위이다. 그 외 성희롱, 반복적 간섭, 교육공무원법 제43조 제1항에 위반한다고 학교장이 판단하는 행위는 범죄 행위에는 해당하지 않지만 일상적으로 일어나는 교육활동침해 행위이다.

교육활동침해에 대한 정확한 이해가 필요하다. 범죄의 성립 요건은 일반인이 생각하는 것과 차이가 있다.

교원지위법과 고시에서 정한 교육활동침해에 대해서 살펴본다.

왜, '교권보호, 교권침해'가 아닌 '교육활동 보호, 교육활동침해'인가?

_교권보호의 핵심은 교권 존중, 전문직 지위·신분의 보장

2020년 1월, 교육부는 한국교육개발원을 통해 『교육활동 침해 예방 교육자료』를 발간했다. 『교육활동 침해 예방 교육자료』(9쪽)에서 '교권보호·교권침해'가 아닌 '교육활동 보호·교육활동 침해'라는 개념을 사용한 이유를 다음과 같이 설명하고 있다.

> **왜 교원지위법은 '교권보호·침해' 대신 '교육활동 보호·침해'라고 할까요?**
>
> 교권은 권익주체인 교원에게는 능동적인 개념이지만, 학생 및 학부모에게는 피동적인 개념입니다. 일부에서는 교권을 학생·학부모의 권익과 상충되는 개념으로 여기고, 교권남용을 이유로 교권에 반대하기도 했습니다.
>
> 그런데 교육활동을 하는 교원에 대한 침해행위는 교원뿐만 아니라 교육 현장에 큰 피해를 줍니다. 수업 등 교육활동을 하는 교원이 보호받지 못하면서 학생들의 교육활동 또한 보호받지 못하는 결과를 낳았습니다.
>
> 이에 교원지위법은 교육활동 중인 교원에 대한 특정 위법행위를 직접 규율하기 시작했습니다. 이와 같은 이유로 교원지위법은 '교권침해' 대신 '교육활동 침해'라고 명명하고 있는 것입니다.
>
> 이와 같은 배경 속에서 교원지위법은 교육활동 보호 측면에서 교원을 보호하고 있습니다. 교육활동은 모든 교육주체가 향유하는

공통의 이익이므로, 교육활동을 보호함에 있어서 교육주체 간 이견이 발생하기는 어렵습니다. 따라서 교원 보호의 궁극적인 목적이 교육활동 보호에 있다면, 학생과 학부모 또한 교육활동을 보호하는 주체가 될 수 있습니다.

요약하면 교권보호는 교사 중심으로 일부 주체는 선뜻 동의할 수 없거나 남용의 우려가 있는 개념이지만 교육활동 보호는 누구도 반대할 수 없는 모두의 이익을 위한 것이므로 교권보호 대신 교육활동 보호라 명명했다는 것이다.

멋진 해명이지만 핵심을 외면한 궁색한 설명이다. 교원지위법에서 '교권보호', '교권침해'를 규정하지 못한 까닭은 보호해야 할 교권이 무엇인지 교권의 법적 개념이 존재하지 않기 때문이다. 더 나아가 보호해야 할 교권의 법적 개념을 정의할 의지가 없기 때문이다.

교권의 법적 개념 정의는 더는 미룰 수 없는 과제이다. 1982년 교육공무원법 제43조 제1항에서 "교권은 존중되어야 한다"라고 규정했지만, 정작 존중되어야 할 교권이 무엇인지, 대한민국 입법부와 교육부는 교권의 법률적 정의를 내리지 않고 있다.

교원지위법 제15조에서는 '교육활동 침해'의 정의를 상해 등 형법상의 범죄 행위, 성폭력범죄의 처벌 등에 관한 특례법에 따른 성폭력 범죄 행위, 정보통신망 이용촉진 및 정보보호 등에 관한 법률에 따른 불법 정보 유통 행위, 그 밖에 교육부장관이 정하여 고시하는 행위라 규정했다. 교육부장관의 고시에서는 공무·업무방해, 성희롱 행위, 정당한 교육활동에 대한 부당한 간섭, 초상권 침해행위 외 교육공무원법 제43조 제1항에 위반한다고 학교장이 판단하는 행위를 교육활동 침해 행위라 정의했다.

형법 등에서 이미 범죄라 정한 행위를 교원지위법에서 새삼 '교육활동 침해'라 규정하지 않아도 관련 법률에 따라 법률적 조치가 가능하다. 결국, 교원지위법에서 정한 교육활동 침해의 핵심은 교육공무원법 제43조 제1항에 위반한다고 학교장이 판단하는 행위이다. 교육공무원법 제43조 제1항이란 "교권敎權은 존중되어야 하며, 교원은 그 전문적 지위나 신분에 영향을 미치는 부당한 간섭을 받지 아니한다"라는 내용이다. 교육활동 보호의 핵심은 '교권 존중'과 '전문적 지위와 신분'의 보장임을 알 수 있다. 존중되어야 할 교권의 법률적 정의를 미룬 채, 교권 존중 여부를 학교장에게 판단하라는 것은 사리에 맞지 않는다.

교권 존중과 전문직 지위·신분의 보장 여부가 교육활동 침해를 판단하는 핵심 사안이 되어야 한다. 교권이란 교사의 권리와 권한이다. 2012년 이후 대부분의 시도교육청이 교권보호 매뉴얼을 통해 내린 정의이다. 폭행 등 형법상의 범죄 행위, 성폭력범죄 행위, 불법 정보 유통 행위는 법률에서 보장한 교사의 권리를 침해하는 행위이다. 반복적인 부당한 간섭이란 주로 교사의 권한, 즉 교육권을 침해하는 행위이다. 모두 교권침해 행위이다. 교권침해를 굳이 교육활동 침해라 명명할 이유가 없다. 본질을 외면하면 문제는 해결되지 않는다.

교육부는 한국교육개발원이 발간한 『교육활동 침해 예방 교육자료』를 통해 "교원 보호의 궁극적인 목적이 교육활동 보호"라 설명했다. 교원 보호의 궁극적 목적이 교육활동 보호에 그쳐서는 안 된다. 교육활동 보호에 더 나아가 교권 존중, 교원의 전문적 지위와 신분을 보장하는 일이어야 한다.

교육공무원법에서는 교사를 전문직으로 인정하고 있지 않다. 교육전문직원은 장학사(관), 연구사(관), 교감, 교장이다. 교사에게 전문직으로

서의 자율권·교육권을 보장하는 일, 교권침해 예방과 교권보호를 위해
우선할 일이다.

교육활동의 정의
_학생 교육과 관련된 모든 활동

    교원지위법(제15조 제1항)에서는 교육활동 침해 주체를 '소속 학교의 학생 또는 그 보호자 등'으로 정하고 있고, 교육활동 침해 객체를 '교육활동 중인 교원'으로 한정하고 있다. 교육활동과 무관한 교원의 권리 침해 사안은 교육활동 침해행위가 아니다.

    그렇다면 교육활동이란 무엇일까?

    안타깝게도 교원지원법에서는 교육활동의 정의를 내리고 있지 않다. 매우 불친절한 법률이다. 아니 정의를 내릴 수 없는 태생적 한계를 지닌 법률이다. 일반적인 법률은 제1조(목적), 제2조(정의)로 구성된다. 교원지위법은 '정의' 조항이 없다.

    제정 당시 그리고 그 이후에도 교육부는 법적 '정의'를 내릴 의지가 없어 보인다. 교원지위법은 노동조합법에 따른 '단체교섭'이 아닌 교육회(현, 교원단체총연합회)에 장관과 교육감을 상대로 '교섭협의권'을 부여하기 위해 제정된 법률이다. 진정으로 교사의 지위 보장을 목적으로 하는 법률이라면 교섭협의권을 보장받을 수 있는 교원단체의 정의, 교원 지위의 핵심인 교권의 법률적 정의를 규정했어야 했다.

    학교안전사고보상법 제2조(정의)에서는 학교안전사고란 '교육활동 중'에 발생한 사고로서 학생·교직원 또는 교육활동 참여자의 생명 또는 신체에 피해를 주는 모든 사고라 정의했다. 학교안전사고를 '교육활동 중' 발생한 사고로 제한하고 있으므로 같은 조항에서 '교육활동'의 법적 정의를 규정했다. 교육활동이란 1) 학교의 교육과정 또는 학교장이 정하는 교육계획 및 교육방침에 따라 학교의 안팎에서 학교장의 관리·감독하에 행해지는 수업·특별활동·재량활동·과외활동·수련활동·수학여행 등 현장 체험활동 또는 체육대회 등의 활동 2) 등·하교 및 학교장이 인정하는 각종 행사 또는 대회 등에 참가하여 행하는 활동 3) 그 밖에 대통령령이 정하는 시간 중의 활동이다.

교육활동 침해 행위에 해당하는 '교육활동'을 어떻게 해석할 것인가?

초·중등교육법(제20조)에서 정한 교사의 법적 임무는 학생 교육이므로 학생 교육과 관련된 모든 활동을 교육활동으로 해석하는 것이 합리적이다. 수업과 생활지도 외 수업, 생활지도 관련 다양한 활동 또한 교육활동으로 판단하는 것이 합리적이다.

방과 후 교실에 혼자 남아 수업 준비 또는 수행평가 중인 교사를 불시에 방문한 학부모, 관리자 등이 폭언 등으로 방해한다면 교육활동 침해 행위이다. 저녁 시간 학부모가 여러 차례 전화하여 교육활동을 문제 삼으며 폭언을 했다면 당연히 교육활동 침해행위로 판단하는 것이 합리적이다.

기본적으로 법률 해석은 법원의 권한이다. 해석 관련 다툼의 여지가 많은 법률은 불완전한 법률이다. 해석에 관한 논란의 여지 없이 누구나 쉽게 이해할 수 있도록 '교육활동'의 개념을 명확히 규정할 필요가 있다.

폭행
_사람의 신체에 대한 유형력 행사

형법 제260조 제1항에 따라 폭행죄는 2년 이하의 징역 또는 500만 원 이하의 벌금·구류 또는 과료에 처한다. 폭행죄는 반의사불벌죄이다. 당사자의 고소, 삼자의 고발이 이루어진 경우에도 피해자가 처벌을 원하지 않으면 가해자를 처벌할 수 없으므로 검사는 공소를 제기할 수 없다. 공소 제기 후에도 1심 판결 전 피해자가 처벌을 원치 않는다면 법원은 공소기각(공소권 없음)을 결정한다.

형법상 폭행죄의 폭행이란 '사람의 신체에 유형력'을 행사하는 행위이다. 유형력 행사는 신체적 고통을 주는 물리력의 작용을 의미한다. 유형력에는 때리거나 밀치는 역학적 작용 외 심한 소음, 폭언의 반복, 빛, 열, 전기, 냄새 등의 화학적, 생리적 작용도 포함한다. 대법원 판례[17]에 따르면 신체에 대한 유형력의 행사 방법에는 제한이 없어 직접·간접적 수단, 작위·부작위 모두 가능하지만, 사람의 신체에 대한 불법한 공격이라고 볼 정도여야 한다.

직접적인 유형력이란 신체에 직접 타격을 가하는 행위로 주먹으로 때리거나 멱살을 잡고 흔드는 등의 행위이다. 간접적인 유형력이란 직접적인 타격은 아니지만, 결과적으로 신체의 안전성을 해치는 행위이다. 사람의 신체는 몸과 마음을 모두 포함하는 개념이다. 물건을 사람 근처에

---

17. 대법원 1986.10.14. 선고 86도1796 판결.

던지는 행위, 상대의 귀 가까이에 대고 고성을 지르는 행위, 주먹을 휘둘러 때리려고 한 행위는 간접적으로 불법적인 유형력을 행사한 행위이므로 폭행죄가 성립할 수 있다.

폭행죄는 폭행의 고의가 있어야 성립한다. 형법 제20조에 따른 '법령에 의한 행위, 업무로 인한 행위, 기타 사회 상규에 위배되지 아니하는 행위'는 정당행위로 벌하지 아니한다.

사회상규에 위배되지 아니하는 행위란 법질서 전체의 정신이나 그 배후에 놓여 있는 사회윤리나 사회통념에 비추어 용인될 수 있는 행위를 말한다. 정당행위로 인정하려면 행위 동기·목적의 정당성, 행위 수단·방법의 상당성, 보호이익과 침해이익과의 법익 균형성, 긴급성, 그 행위 외에 다른 수단이나 방법이 없다는 보충성 등의 요건을 갖추어야 한다. [대법원 2000.4.25. 선고 98도2389 판결, 대법원 2009.12.24. 선고 2007도6243 판결 등 참조]

● 판례로 본 사례

청각기관을 자극하는 음향의 폭행죄 성립 여부
- 피해자의 신체에 공간적으로 근접하여 고성으로 폭언이나 욕설을 하거나 동시에 손발이나 물건을 휘두르거나 던지는 행위는 직접 피해자의 신체에 접촉하지 아니하였다 하더라도 피해자에 대한 불법한 유형력의 행사로서 폭행에 해당
- 피해자에게 전화하여 "강도 같은 년, 표절 가수다"라는 등의 폭언을 하면서 욕설을 한 행위 또는 그 전화녹음을 듣게 한 행위. 폭행죄가 성립하기 위해서는 '사람의 청각기관이 통상적으로 고통을 느끼게 되는 정도의 고음이나 성량'에 의한 전화 대화라면 폭행죄

성립 가능.

[대법원 2003.1.10. 선고 2000도5716 판결]

거친 '욕설'만으로는 폭행죄 성립 어려움

• "이 개 같은 년아" 등의 욕설을 한 것만을 가지고 당연히 폭행한 것이라고 할 수 없다.

[대법원 1991.1.29. 선고 90도2153 판결]

• 근접하여 욕설하면서 때릴 듯이 손발이나 물건을 휘두르거나 던지는 행위는 직접 피해자의 신체에 접촉하지 않았다고 하여도 피해자에 대한 불법한 유형력의 행사로서 폭행에 해당한다. 욕설 외 별다른 행위를 한 적이 없다면 이는 유형력의 행사라고 보기 어렵다.

[대법원 1990.2.13. 선고 89도1406 판결]

• 단순히 눈을 부릅뜨고 "이 십팔놈아, 가면 될 것 아니냐"라고 욕설을 한 것만으로는 피해자에게 불쾌감을 주는 데 그칠 뿐 피해자의 신체에 대한 유형력의 행사라고 보기 어려워 폭행죄를 구성한다고 할 수 없다.

[대법원 2001.3.9. 선고 2001도277 판결]

장난에 불과한 행동

• 교실에서 피해자의 엉덩이를 손바닥으로 툭 치고 지나간 행위는 통상 중학교 학생들 사이에 일어날 수 있는 경미한 장난에 불과한 것이므로 타인에 대한 유형력의 행사로 보기 어려워 폭행죄가 성립할 수 없다. 장난에 불과한 행동은 신체에 대한 불법적 공격으로

단정하기 어렵다.

[헌법재판소 2013.10.24. 자 2013헌마513 결정]

시비를 만류하면서 팔을 2~3회 잡아끈 사실

• 상대방의 시비를 만류하면서 조용히 얘기나 하자며 그의 팔을 2, 3회 끈 사실만 가지고는 사람의 신체에 대한 불법한 공격이라고 볼 수 없어 형법 제260조 제1항 소정의 폭행죄에 해당한다고 볼 수 없다.

[대법원 1986.10.14. 선고 86도1796 판결]

방문, 대문을 발로 찬 행위

• 단순히 방문을 발로 몇 번 찼다고 하여 그것이 피해자들의 신체에 대한 유형력의 행사로는 볼 수 없어 폭행죄에 해당한다고 할 수 없다.

[대법원 1984.2.14. 선고 83도3186 판결]

• 피해자 집의 대문을 발로 찬 것이 당연히 피해자의 신체에 대하여 유형력을 행사한 상황에 해당한다고 단정할 수 없다.

[대법원 1991.1.29. 선고 90도2153 판결]

피해자에게 더 이상 맞지 않으려고 가슴을 밀어낸 정도의 폭행, 정당행위 여부

• 피고인이 아무 말 없이 뒤돌아가는데 다시 오른팔을 확 잡아당기고, 가슴 부분을 1회 때리고, 다시 때리려는 것을 보고, 피고인으로서는 더는 맞지 않으려고 피해자의 가슴을 밀어낸 정도의 행위

로서는 비록 외형상 폭행에 해당하더라도, 그 동기나 당시의 상황으로 봐서 불법한 공격적인 행위로 나아간 것이라고 할 수 없고, 오히려 먼저 당한 폭행과 같은 새로운 폭행을 당하지 않으려고 본능적으로 한 소극적 방어행위(저항)에 지나지 않아 사회상규에 어긋나는 행위라고 볼 수 없다. 정당행위에 해당한다.

[대법원 1986.7.22. 선고 86도751 판결]

• 술에 취해서 시비하려는 피해자를 피해서 문밖으로 나오려는 순간 피해자가 뒤따라 나오며 피고인의 오른팔을 잡자 피고인이 잡힌 팔을 빼기 위하여 뿌리친 행위는 불법적으로 붙잡힌 팔을 빼기 위한 본능적 방어행위로서 사회상규에 어긋나는 행위가 아니므로 이로 인하여 피해자가 사망하였다고 하더라도 피고인에게 폭행치사죄의 책임을 지울 수 없다.

[대법원 1980.9.24. 선고 80도1898 판결]

상해

_신체의 완전성을 훼손하거나 생리적 기능에 장애를 초래하는 행위

형법 제257조(상해, 존속상해)에 따라 '사람의 신체를 상해한 자는 7년 이하의 징역, 10년 이하의 자격정지 또는 1천만 원 이하의 벌금'에 처한다.

상해죄의 상해는 신체의 완전성을 훼손하거나 생리적 기능에 장애를 초래하는 것을 의미한다. 신체의 생리적 기능에 장애를 일으키는 상처, 질병, 병세를 악화시키는 행위는 상해이다. 상해의 방법은 유형적 방법(폭행 등), 무형적 방법(독물 사용 등), 작위, 부작위 모두 포함한다. 작위는 폭행, 상해 등 금지하는 규범을 위반한 적극적 행위이므로 작위범은 당연히 해서는 안 되는 일을 의식적으로 저지른 범죄이다. 부작위는 위험을 방치하여 상대방을 사망하게 하거나 상해를 입게 한 행위이므로 부작위범은 마땅히 할 일을 일부러 하지 않아 저지른 범죄이다.

대법원 판례에 따르면 상해죄는 상해의 고의를 가지고 신체의 완전성을 해치는 행위의 결과(상해)가 발생했을 때 성립한다.[18] 고의범, 침해범, 결과범의 범죄이다. 상해죄 성립은 상해의 원인인 폭행에 대한 인식이 있으면 충분하고 상해를 가할 의사의 존재까지는 필요하지 않다.[19] 상해의 원인이 되는 폭행이 있었다면 상해를 가할 목적, 의사와 관계없이 상해죄는 성립하지만, 폭행의 의사가 없는 자기방어를 위한 무의식

---

18. 대법원 1982.12.28. 선고 82도2588 상해.
19. 대법원 1983.3.22. 선고 83도231 판결.

적 행동 등으로 상대방이 상해를 입었다면 상해죄는 성립하지 않는다.

상해죄와 폭행죄는 신체의 완전성을 보호 법익으로 하는 공통점이 있다. 폭행죄는 신체의 안전성을 해치는 행위만으로 성립할 수 있는 형식범이지만 상해죄는 신체의 완전성, 즉 신체의 생리적 기능의 장애가 발생해야 성립하는 침해범이다. 생리적 기능에는 육체적 기능뿐만 아니라 정신적 기능도 포함한다.

폭행죄는 반의사불벌죄이지만 상해죄는 반의사불벌죄가 성립하지 않는다. 상해죄는 피해자가 원하지 않아도 형사처벌이 가능하다. 피해자의 승낙에 의한 폭행은 처벌할 수 없지만, 상해는 피해자의 승낙에 의한 경우에도 사회상규를 위배하지 않는 한도에서 위법성이 없어진다. 채무 면제의 대가로 상해하는 것은 위법성이 없어지지 않는다.

●판례로 본 사례

외관상 상처가 없는 경우
• 타인의 신체에 폭행을 가하여 보행 불능, 수면장애, 식욕감퇴 등 기능 장해를 일으킨 때, 외관적 상처가 없더라도 상해죄에 해당한다.
  [대법원 1969.3.11. 선고 69도161 판결]

동전 크기의 멍
• 피고인과 피해자가 시비 과정에서 피해자의 좌측 팔 부분 약 1주일간 치료를 필요로 하는 동전 크기의 멍이 든 경우, 그 상처는 일상생활에서 얼마든지 생길 수 있는 경미한 상처로 굳이 치료할 필요도 없는 것이어서 상해에 해당하지 않는다.
  [대법원 1996.12.23. 선고 96도2673 판결]

폭행의 인식 없는 상해, 상해죄 성립 여부

- 피고인이 식칼을 집어 들고 자신의 팔뚝을 1회 그어 자해하자, 이를 제지하려고 피해자가 양팔로 피고인을 뒤에서 붙잡았다. 피고인은 피해자의 제지를 벗어나려고 식칼을 잡은 채 뿌리친 잘못으로 피해자에게 상해를 입혔다는 상해죄로 기소됐다.

- 상해의 원인인 폭행에 관한 인식이 있으면 상해죄는 성립하지만, 폭행을 가한다는 인식 없는 행위의 결과로 상해를 입은 경우 상해죄는 성립하지 않는다. 상해죄 무죄 확정.

  [대법원 1983.3.22. 선고 83도231 판결]

협박

_공포심을 일으킬 수 있는 해악의 고지

형법 제283조(협박, 존속협박)에 따라 '사람을 협박한 자는 3년 이하의 징역, 500만 원 이하의 벌금, 구류 또는 과료'에 처한다. 피해자의 의사에 반하여 공소를 제기할 수 없는 반의사불벌죄이다.

협박죄 관련 대법원의 핵심 판례[20]이다.

> 협박죄에서 협박이란 일반적으로 보아 사람이 공포심을 일으킬 수 있는 정도의 해악을 고지하는 것을 의미하므로 그 주관적 구성요건으로서의 고의는 행위자가 그러한 정도의 해악을 고지한다는 것을 인식, 인용하는 것을 그 내용으로 하고 고지한 해악을 실제로 실현할 의도나 욕구는 필요로 하지 아니하고, 다만 행위자의 언동이 단순한 감정적인 욕설 내지 일시적 분노의 표시에 불과하여 주위 사정에 비추어 가해의 의사가 없음이 객관적으로 명백할 때에는 협박 행위 내지 협박의 의사를 인정할 수 없으나 위와 같은 의미의 협박 행위 내지 협박 의사가 있었는지의 여부는 행위의 외형뿐만 아니라 그러한 행위에 이르게 된 경위, 피해자와의 관계 등 주위 상황을 종합적으로 고려하여 판단해야 할 것이다.

판례를 요약하면 협박죄는 우선 '공포심을 일으킬 수 있는 정도 해

---

20. 대법원 1991.5.10. 선고 90도2102 판결.

악의 고지'가 있어야 한다. 해악의 고지는 "구체적이어서 해악의 발생이 일응 가능한 것으로 생각될 수 있을 정도"[21]여야 한다. 이때 해악을 실제로 실행할 의도, 의사, 욕구가 전제되는 것은 아니다. 상대방에게 '해악이라는 인식'이 있다면 성립할 수 있다. 다만, 단순한 감정적인 욕설, 일시적 분노 표시로 가해 의사가 없음이 객관적으로 명백한 경우와 사회의 관습이나 윤리 관념 등에 비추어 사회 통념상 용인할 수 있는 정도라면 협박죄가 성립하지 않는다.

협박죄는 사람의 의사결정의 자유를 보호 법익으로 하는 위험범이다. 형법에서 규정한 대부분의 범죄는 법적으로 보호받는 이익 또는 가치(법익)를 침해한 결과가 발생해야 성립하는 침해범, 결과범이다. 위험범은 이와 대립하는 개념으로 법익 침해의 결과가 발생하지 않고 단지 위험 상태를 야기하는 것만으로도 범죄 구성요건이 충족한다.

협박죄가 성립하려면 고지된 해악의 내용이 일반적으로 공포심을 일으킬 수 있는 충분한 것이어야 하지만, 상대방이 그로 인해 현실적으로 공포심을 일으킬 것까지 요구되는 것은 아니다. 상대방이 해악의 의미를 인식한 이상 현실적으로 공포심을 일으켰는지 여부와 관계없이 협박죄는 성립한다. 협박죄의 미수범 처벌은 해악의 고지가 현실적으로 상대방에게 도달하지 아니한 경우나, 도달은 하였으나 상대방이 이를 지각하지 못하였거나 고지된 해악의 의미를 인식하지 못한 경우에 적용될 뿐이다. [대법원 2007.9.28. 선고 2007도606 전원합의체 판결 참조]

---

21. 대법원 1995.9.29. 선고 94도2187 판결.

● 판례로 본 사례

해악을 고지한다는 인식 여부

- "방에 불을 지르겠다.", "가족 전부를 죽여 버리겠다."
- 피고인이 누나의 집을 찾아가 몸에 연소성 물질을 바르고 라이터 불을 켜는 동작을 하면서 1시간 가량 말리는 피해자에게 가위, 송곳을 휘두르며 "방에 불을 지르겠다.", "가족 전부를 죽여 버리겠다"고 소리침
- 해악을 고지한다는 인식이 분명하고 단순한 감정적 언동으로 볼 수 없으므로 협박죄 성립

  [대법원 1991.5.10. 선고 90도2102 판결]

제삼자를 통한 해악의 고지

- "요구를 들어주지 않으면 서류를 세무서로 보내 세무조사를 받게 하여 망하게 하겠다.", "며칠 있으면 국세청에서 조사가 나올 것이니 그렇게 아시오."
- 피해자의 장모에게 한 위의 발언은 제삼자를 통한 해악의 고지에 해당한다. 제삼자에게 영향을 미칠 수 있는 지위에 있는 것으로 믿게 하는 명시적·묵시적 언동을 하였다면 피해자에게 직접 해악을 가하겠다고 고지한 것과 마찬가지의 행위로 평가할 수 있다.

  [대법원 2011.5.26. 선고 2011도2412 판결]

사회상규에 위배하지 않으면 위법성 조각

- "앞으로 수박이 없어지면 네 책임으로 한다."
- 여러 차례 수박을 절취당한 피고인은 범인을 잡기 위해 수박밭을

지키고 있었다. 은행나무 잎을 따기 위해 수박밭 부근을 서성대는 피해자를 발견하고, 수박을 훔치려는 것으로 믿은 나머지 훈계하려고 위와 같이 말했다. 피해자는 자신의 결백을 밝히려고 음독자살했다.

- 대법원은 "앞으로 수박이 없어지면 네 책임으로 한다"는 발언은 해악의 고지라고 보기 어렵고, 다소간 해악의 고지에 해당하여 피해자가 어떤 공포심을 느꼈다고 하더라도 피고인이 위와 같은 말을 하게 된 경위, 피고인과 피해자의 나이 및 신분 관계 등에 비추어 볼 때 이는 정당한 훈계의 범위를 벗어나는 것이 아니어서 사회상규를 위배하지 아니하므로 위법성이 없다고 판단했다.

[대법원 1995.9.29. 선고 94도2187 판결]

감정적 욕설, 일시적 분노의 표시는 협박죄 불성립

- "사람을 사서 쥐도 새도 모르게 파묻어버리겠다. 너까지 것 쉽게 죽일 수 있다."
- 피고는 자신의 동거남과 성관계를 가진 피해자에게 위와 같은 발언을 했다. 대법원은 언성을 높이면서 말다툼으로 흥분한 나머지 단순히 감정적인 욕설 내지 일시적 분노의 표시를 한 것에 불과하고 해악을 고지한다는 인식을 하고 한 것이라고 보기 어렵다며 협박죄가 성립하지 않음을 결정했다.

[대법원 2006.8.25. 선고 2006도546 판결]

- "입을 찢어 버릴라."
- 피고인이 피해자에게 "입을 찢어 버릴라"라고 한 말은 원심이 인정한 피해자와의 관계 피고인이 그와 같은 폭언을 하게 된 동기와 그

당시의 주의 사정 등에 비추어 단순한 감정적인 욕설이었다고 보기에 충분하고, 피해자에게 해악을 가할 것을 고지한 행위라고 볼 수 없다.

[대법원 1986.7.22. 선고 86도1140 판결]

회칼을 들고 자해하려는 행동

- 회칼 2자루를 들고나와 죽어버리겠다며 자해하려는 행동
- 피고인은 피해자와 횟집에서 술을 마시던 중 피해자가 모래 채취에 관하여 항의하는 데에 화가 나서, 횟집 주방에 있던 회칼 2자루를 들고 나와 죽어버리겠다며 자해하려고 했다. 피고인의 행위는 단순한 자해 행위 시늉에 불과한 것이 아니라 피고인의 요구에 응하지 않으면 피해자에게 어떠한 해악을 가할 듯한 위세를 보인 행위로서 협박에 해당한다고도 볼 수 있다.

[대법원 2011.1.27. 선고 2010도14316 판결]

문자 메시지를 통한 협박

- 피고는 피해자가 숨기고 싶어 하는 과거의 행적과 사채를 쓴 사실 등을 남편과 시댁에 알리겠다는 등의 문자 메시지 발송
- 사채업자가 채권 추심을 위해 위와 같은 내용을 남편과 시댁에 알리겠다고 문자 메시지를 발송했다. 대법원은 채권자는 채권추심을 위하여 독촉 등 권리행사에 필요한 행위를 할 수 있지만, 법률상 허용하는 정당한 절차에 따라야 한다며 위와 같은 메시지는 피해자에게 공포심을 일으킬 만하고 협박의 고의가 있음을 충분히 인정할 수 있다고 판결함.

[대법원 2011.5.26. 선고 2011도2412 판결]

명예훼손

_인격에 대한 사회적 평가를 훼손하는 범죄

  형법 제307조(명예훼손) 제1항에 따라 '공연히 사실'을 적시하여 사람의 명예를 훼손한 자는 2년 이하의 징역이나 금고 또는 500만 원 이하의 벌금에 처한다. 제2항에 따라 '공연히 허위의 사실'을 적시하여 사람의 명예를 훼손한 자는 5년 이하의 징역, 10년 이하의 자격정지 또는 1천만 원 이하의 벌금에 처한다. 출판물에 의한 명예훼손(형법 제309조), 정보통신망을 이용한 명예훼손(정보통신망법 제70조)은 처벌의 수위가 더 높다. 제307조 제1항의 행위가 진실한 사실로서 오로지 공공의 이익에 관한 때에는 처벌하지 아니한다. 반의사불벌죄이므로 피해자의 의사에 반하여 처벌할 수 없다.

  명예훼손죄의 성립 요건은 공연성, 사실의 적시, 특정성이다.

  공연성이란 전파 가능성으로 불특정 다수가 인식할 수 있는 상태를 말한다. 전파 가능성은 행위자의 의도, 발언을 들은 상대방의 태도 등을 종합하여 판단한다. 개별적으로 한 사람에 대하여 사실을 적시하더라도 그로부터 불특정 또는 다수인에게 전파될 가능성이 있다면 공연성의 요건을 충족한다. 반대로 전파될 가능성이 없다면 특정한 한 사람에게 한 사실의 유포는 공연성이 없다. [대법원 1996.7.12. 선고 96도1007 판결, 대법원 2000.5.16. 선고 99도5622 판결]

  전파 가능성을 이유로 명예훼손죄의 공연성을 인정하는 경우 범죄 구성요건의 주관적 요소로서 공연성에 대한 미필적 고의가 필요하므로 전파 가능성에 대한 인식이 있음은 물론 나아가 그 위험을 용인하는 내심의 의사가 있어야 한다. [대법원 2020.1.30. 선고 2016도21547 판결]

사실의 적시란 사람의 사회적 지위나 인격에 대한 평가를 저하할 수 있는 구체적 사실의 적시를 말한다. 사람의 평가를 저하하는 구체적 내용이라면 사실 또는 허위와 관계없이 명예훼손이 성립할 수 있다. 하지만 단순한 의견 또는 주장, 구체적 사실의 적시가 없는 경멸적 표현, 욕설은 명예훼손죄가 성립하지 않는다.

허위사실 적시 명예훼손죄(형법 제307조 제2항)의 범의는 적시한 사실이 허위인 점과 그 사실이 사람의 사회적 평가를 저하할 만한 것이라는 점을 인식하는 것을 말하고 특히 비방의 목적이 있음을 필요로 하지 않는다. [대법원 1991.3.27. 선고 91도156 판결]

허위사실적시 명예훼손이든, 사실적시 명예훼손이든 명예훼손죄가 성립하기 위해서는 주관적 요소로서 타인의 명예를 훼손하는 고의를 가지고 사람의 사회적 평가를 저하하는 데 충분한 구체적 사실을 적시하는 행위가 요구된다. [대법원 1983.8.23. 선고 83도1017 판결 등]

명예훼손 사실을 발설한 것이 정말이냐는 질문에 대답하는 과정에서 타인의 명예를 훼손하는 사실을 발설하게 된 것이라면, 그 발설 내용과 동기에 비추어 명예훼손의 범의를 인정할 수 없다. [대법원 2008.10.23. 선고 2008도6515 판결 등 참조]

형법 제307조에 의한 명예훼손죄가 성립하려면 제1항의 명예훼손이든 제2항의 명예훼손이든 사실의 적시가 있어야 한다. 사실의 적시란 가치판단이나 평가를 내용으로 하는 의견표현에 대치되는 개념으로서 시간과 공간적으로 구체적인 과거 또는 현재의 사실관계에 관한 보고 내지 진술을 의미하며, 표현내용이 증거에 의하여 증명이 가능한 것을 말한다. [대법원 2017.4.26. 선고 2016도18024 판결]

명예훼손죄는 특정 사람 또는 인격을 보유하는 단체에 대한 사실을 불특정 다수가 인식할 수 있게 하여 명예를 훼손하는 범죄이다. 여기서 말하는 사실은 '허위의 사실'과 반대되는 '진실한 사실'을 말하는 것이 아니라 가치판단이나 평가를 내용으로 하는 '의견'에 대치되는 개념이다. 따라서 제307조 제1항의 명예훼손죄는 적시된 사실이 진실한 사실인 경우이든 허위의 사실인 경우이든 모두 성립될 수 있다. 적시된 사실이 허위의 사실이라고 하더라도 행위자에게 허위성에 대한 인식이 없는 경우에는 제307조 제2항의 명예훼손죄가 아니라 제307조 제1항의 명예훼손죄가 성립될 수 있다. [대법원 2017.4.26. 선고 2016도18024 판결]

특정성이란 피해자가 누구인지 명확하게 드러나는 것을 의미한다. 피해자를 특정할 수 없으면 범죄가 성립할 수 없다.

● 판례로 본 사례

불미스러운 소문에 관하여 물은 경우 명예훼손죄의 성립 여부
• 목사가 진위확인을 위하여 교회 집사들에게 전임 목사의 불미스러운 소문에 관하여 물은 사건에 대해 대법원은 명예훼손의 고의가 없는 단순한 확인에 지나지 아니하여 사실의 적시라고 할 수 없고, 명예훼손의 고의 또는 미필적 고의가 없으므로 명예훼손 성립하지 않는다고 판결.
[대법원 1985.5.28. 선고 85도588 판결]

• 마트의 운영자인 피고인이 마트에 아이스크림을 납품하는 업체 직원인 갑을 불러 "다른 업체에서는 마트에 입점하기 위하여 입점비

를 준다고 하던데, 입점비를 얼마나 줬냐? 점장 을이 여러 군데 업체에서 입점비를 돈으로 받아먹었고, 지금 뒷조사 중이다"라고 말하여 공연히 허위 사실을 적시하여 명예를 훼손하였다는 사건. 대법원은 불미스러운 소문의 진위를 확인하고자 질문을 하는 과정에서 타인의 명예를 훼손하는 발언을 하였다면 그 동기에 비추어 명예훼손의 고의를 인정하기 어렵다고 판단.

[대법원 2018.6.15. 선고 2018도4200 판결]

(현수막) 부당해고 자행하는 ○○○ 규탄한다!

- '부당해고'는 단순히 "적절하지 아니한 해고라는 의견이나 논평으로서의 의미를 넘어, 노동자의 정당한 권리를 빼앗는 해고이다"라는 의미로 사용된 것으로 보이는 바, 이는 허위 여부를 판단할 수 있는 구체적 사실의 적시라 할 것이다.

- 중앙노동위원회에서 부당해고 및 부당노동행위 구제신청이 기각된 사실, 서울북부지방법원에서 해고 무효확인 소송에서 기각 판결을 받은 사실이 있으므로 형법 제310조에 따른 위법성이 없어질 여지가 없다.

[대법원 2019.4.25. 선고 2019도1162 판결]

학교 폭력범은 접촉 금지!!!

- ○○초등학교 학교폭력대책자치위원회는 학교폭력 가해 학생 ○○○에 대해 '피해 학생에 대한 접촉, 보복행위의 금지, 학교에서의 봉사 3시간, 학생 특별교육 2시간, 보호자 특별교육 2시간'을 결정했다.

- 학교폭력 피해 학생 △△△은 자신의 카카오톡 계정 프로필 상태

메시지에 "학교 폭력범은 접촉금지!!!"라는 글과 주먹 모양의 그림말 세 개를 게시하여 정보통신망 이용촉진 및 정보보호 등에 관한 법률 위반(명예훼손)으로 피소되었다. 2심 법원은 유죄를 판결했다.

- 대법원은 접촉 금지라는 어휘는 통상적으로 '접촉하지 말 것'이라는 의미로 이해되고, 이로 인해 접촉 금지조치가 내려졌다는 사실이 반 학생들이나 부모들에게 알려졌음을 인정할 증거도 없으며 피해자의 사회적 가치나 평가를 저하하기에 충분한 구체적인 사실을 드러내 피해자의 명예를 훼손하였다고 볼 수 없다고 판단했다.
[대법원 2020.5.28. 선고 2019도12750 판결]

'종북', '주사파'

- 종합편성채널인 B 방송사업자가 자막과 발언을 통해 사단법인 A에 대해 종북, 주사파라는 발언을 함. 2심 법원은 허위사실에 의한 명예훼손이라 판단함.
- 대법원은 '극우', '극좌', '보수우익', '종북', '주사파' 등 표현만을 들어 명예훼손이라고 판단할 수 없고, 그 표현을 한 맥락을 고려하여 명예훼손에 해당하는지를 판단해야 한다며 사실의 적시가 아닌 의견의 표명으로 판단함이 타당하다고 판결.
[대법원 2019.12.12. 선고 2016다206949 판결]

(심한 욕설) 늙은 화냥년의 간나, 너가 화냥질을 했잖아

- 1심, 2심: 명예훼손 성립
- 대법원: 피해자의 사회적 평가를 저하할 만한 구체적 사실의 적시가 아닌 피해자의 도덕성에 관하여 경멸적인 감정 표현을 과장되

게 강조한 욕설로 판단.

[대법원 1987.5.12. 선고 87도739 판결]

• "애꾸눈, 병신"이라는 발언 내용은 피고인이 피해자를 모욕하기 위하여 경멸적인 언사를 사용하면서 욕설을 한 것에 지나지 아니하고, 피해자의 사회적 가치나 평가를 저하하기에 충분한 구체적 사실을 적시한 것으로 보기 어렵다.

[대법원 1994.10.25. 선고 94도1770 판결]

모욕
_사회적 평가를 떨어뜨릴 수 있는 경멸적 감정 표현

    형법 제311조(모욕)에 따라 공연히 사람을 모욕한 자는 1년 이하의 징역이나 금고 또는 200만 원 이하의 벌금에 처한다. 모욕죄는 특정한 사람 또는 인격을 보유하는 단체에 대하여 인격적 가치에 대한 사회적 평가를 떨어뜨릴 만한 경멸적 감정을 표현함으로써 성립한다. 모욕행위는 언어로 한정하지 않으며 행동이나 다른 수단으로도 성립한다.

    모욕죄 성립 요건은 첫째 모욕적 언행이 있어야 한다. 모욕이란 사람의 사회적 평가를 떨어뜨리는 경멸적 감정을 표현하는 행위이다. 상대방의 인격적 가치에 대한 사회적 평가를 떨어뜨릴 만한 것이 아닌 무례하고 저속한 욕설, 단순한 분노의 감정 표출, 무례한 언동만으로는 모욕죄가 성립하지 않는다.

    두 번째 조건은 특정성이다. 피해자 누구인지 특정되어야 한다. 대상이 누구인지 특정할 수 없을 때 모욕죄는 성립할 수 없다.

    세 번째 조건은 공연성이다. 공연성이란 불특정 다수가 알 수 있는 상태를 말한다. 두 사람만의 대화에서 모욕적 언행은 모욕죄가 성립하지 않는다. 공연성이 성립하지 않기 때문이다. 전화 통화를 통한 모욕적 표현도 공연성이 성립하지 않는다.

    명예훼손죄와 모욕죄의 보호 법익은 사람의 가치에 대한 사회적 평가 즉 외부적 명예인 점은 차이가 없다. 명예훼손은 사람의 사회적 평가를 떨어뜨리는 구체적 사실의 적시가 있어야 성립하지만, 모욕죄는 사실을 적시하지 아니하고 사람의 사회적 평가를 저하할 만한 추상적 판단이나 경멸적 감정 표현으로 성립한다. 상대방이 현실적으로 구체적인 명예의 해를 입지 않았더라도 모욕죄는 성립할 수 있다. 피해자의 외부적 명예가 구체적·현실적으로 침해될 위험이 발생해야 하는 것도 아니다. 수단과 방법에 제한이 없어 욕설, 모욕적 언어를 하지 않았어도 공연성과 모욕적 언행이 있다면 성립할 수 있다.

● 판례로 본 사례

"부모가 그런 식이니, 자식도 그런 것이다."
- 교사가 동료 교사들이 있는 교무실에서 학생에게 위와 같은 발언을 하여 기소됐다.
- 대법원은 위와 같은 말만으로는 "상대방의 기분이 다소 상할 수 있다고 하더라도 그 내용이 너무나 막연하여 그것만으로 곧 상대방의 명예를 해하여 형법상 모욕죄를 구성한다고 보기는 어렵다"라고 판단했다.
[대법원 2007.2.22. 선고 2006도8915 판결]

'공황장애 ㅋ'
- 인터넷 포털 사이트 카페에서 다른 회원을 강제 탈퇴시킨 것에 대한 불만으로 "선무당이 사람 잡는다, 자승자박, 아전인수, 사필귀정, 자업자득, 자중지란, 공황장애 ㅋ"라는 내용의 댓글.
- 1, 2심은 모욕죄를 인정.
- 대법원은 "피고인의 댓글 게시 경위, 댓글의 전체 내용과 표현 방식, 공황장애의 의미(뚜렷한 근거나 이유 없이 갑자기 심한 불안과 공

포를 느끼는 공황 발작이 되풀이해서 일어나는 병) 등을 종합하면, 피고인이 댓글로 게시한 '공황장애 ㅋ'라는 표현이 상대방을 불쾌하게 할 수 있는 무례한 표현이기는 하나, 상대방의 인격적 가치에 대한 사회적 평가를 저하할 만한 표현에 해당한다고 보기는 어렵다"라고 판단.

[대법원 2018.5.30. 선고 2016도20890 판결]

"아이 씨발!"

- 택시기사와 요금 문제로 시비가 벌어져 112 신고를 한 후, 신고를 받고 출동한 경찰관에게 늦게 도착한 데 대하여 항의하는 과정에서 "아이 씨발!"이라고 말한 사건
- 2심은 모욕죄를 인정
- 대법원은 "아이 씨발!"이라는 발언은 구체적으로 상대방을 지칭하지 않은 채 단순히 발언자 자신의 불만이나 분노한 감정을 표출하기 위하여 흔히 쓰는 말로서 상대방을 불쾌하게 할 수 있는 무례하고 저속한 표현이기는 하지만 직접적으로 피해자를 특정하여 그의 인격적 가치에 대한 사회적 평가를 저하할 만한 경멸적 감정을 표현한 모욕적 언사에 해당한다고 단정하기는 어렵다고 결정.

[대법원 2015.12.24. 선고 2015도6622 판결]

"젊은 놈의 새끼야, 순경 새끼, 개새끼야.", "씨발 개새끼야, 좆도 아닌 젊은 새끼는 꺼져 새끼야."

- 피고인이 순댓국집 영업을 방해하며 주먹을 휘두르자 경찰관이 출동했다. 성명불상의 손님들이 있는 식당에서 큰소리로 위와 같은 욕설을 경찰관에게 했다.

- 지방법원은 "피고인이 경찰관으로부터 소란 행위를 제지당하자 화가 나 분노를 표출하는 과정에서 단순 욕설을 반복한 것에 불과하여 이러한 표현이 국가기관인 경찰이 아닌 사인으로서의 경찰관 개인의 외부적 명예를 저하했다거나 피고인에게 모욕의 고의가 있었다고 평가하기 어렵고, 당시 식당 앞에 있던 사람들은 경찰관들이 그곳에 출동한 경위, 피고인이 경찰관들의 정당한 직무집행에 반항하며 욕설을 한 전후 사정을 알고 있었으므로 이들이 피고인의 욕설로 인하여 피해자인 경찰관 개인의 인격적 가치에 대해 부정적인 평가를 할 위험은 없다"라는 등의 이유로 유죄로 인정한 제1심 판결을 파기하고 무죄를 선고했다.

- 대법원은 "피고인의 발언 내용과 그 당시의 주변 상황, 경찰관이 현장에 가게 된 경위 등을 종합해 보면, 당시 피고인은 업무방해와 폭행의 범법행위를 한 자로서 이를 제지하는 등 법 집행을 하려는 경찰관 개인을 향하여 경멸적 표현을 담은 욕설을 함으로써 경찰관 개인의 인격적 가치에 대한 평가를 저하할 위험이 있는 모욕을 하였다고 볼 것이고, 이를 단순히 당면 상황에 대한 분노의 감정을 표출하거나 무례한 언동을 한 정도에 그친 것으로 평가하기는 어렵다. 그리고 설사 그 장소에 있던 사람들이 전후 경과를 지켜보았기 때문에 피고인이 근거 없이 터무니없는 욕설을 한다는 사정을 인식할 수 있었다고 하더라도, 그 현장에 식당 손님이나 인근 상인 등 여러 사람이 있어 공연성 및 전파 가능성도 있었다고 보이는 이상, 피해자인 경찰관 개인의 외부적 명예를 저하할 만한 추상적 위험을 부정할 수는 없다"고 판단했다.

[대법원 2016.10.13. 선고 2016도9674 판결]

"야, 이따위로 일할래.", "나이 처먹은 게 무슨 자랑이냐."

- 아파트 입주자대표회의 감사인 피고인이 관리소장의 업무처리에 항의하는 과정에서 "야, 이따위로 일할래.", "나이 처먹은 게 무슨 자랑이냐"라고 말함.
- 대법원: 상대방을 불쾌하게 할 수 있는 무례하고 저속한 표현이기는 하지만 객관적으로 갑의 인격적 가치에 대한 사회적 평가를 저하할 만한 모욕적 언사에 해당하지 않는다고 판단.

[대법원 2015.9.10. 선고 2015도2229 판결]

'건물주 갑질에 화난 C 원장'

- 'C 미용실'을 운영하던 피고가 화장실 사용 문제 등으로 건물주와 다투게 되었다. '건물주 갑질에 화난 C 원장'이라는 내용이 포함된 미용실 홍보 전단 500장을 제작하여 지역 주민들에게 100장을 배포하고 15장을 미용실 정문에 부착했다.
- 1, 2심은 모욕 유죄.
- 대법원은 "피고인과 건물주의 관계, 피고인이 위와 같은 표현이 기재된 전단을 작성하게 된 경위, '갑질'이라는 표현의 의미와 전체적인 맥락, 표현의 방식과 전후 정황 등을 위 법리에 비추어 살펴보면, 피고인이 사용한 표현이 상대방을 불쾌하게 할 수 있는 다소 무례한 방법으로 표시되기는 하였지만, 객관적으로 건물주의 인격적 가치에 대한 사회적 평가를 저하할 만한 모욕적 언사에 해당한다고 보기는 어렵다"라고 판단했다.

[대법원 2019.5.30. 선고 2019도1547 판결]

집단표시에 의한 모욕

- 국회의원이었던 피고인이 국회의장배 전국 대학생 토론대회 후 회식 자리에서 장래의 희망이 아나운서라고 한 여학생들에게 (아나운서 지위를 유지하거나 승진하기 위하여) "다 줄 생각을 해야 하는데, 그래도 아나운서 할 수 있겠느냐. ○○여대 이상은 자존심 때문에 그렇게 못 하더라"라는 등의 발언. 8개 공중파 방송 아나운서 단체에서 모욕죄로 고소.
- 2심은 모욕죄 유죄 판결.
- 대법원은 매우 부적절하고 저속한 발언이지만 "피고인의 이 사건 발언은 여성 아나운서 일반을 대상으로 한 것으로서 그 개별구성원인 피해자들에 이르러서는 비난의 정도가 희석되어 피해자 개개인의 사회적 평가에 영향을 미칠 정도에까지는 이르지 아니하므로 형법상 모욕죄에 해당한다고 보기는 어렵다"라고 판단했다.

[대법원 2014.3.27. 선고 2011도15631 판결]

손괴

_유형력을 행사하여 다른 사람의 재물에 대한 효용을 해하는 행위

    형법 제366조(재물손괴 등)에 따라 "타인의 재물, 문서 또는 전자기록 등 특수매체기록을 손괴 또는 은닉 기타 방법으로 기 효용을 해한 자는 3년 이하의 징역 또는 700만 원 이하의 벌금"에 처한다. 제141조 (공용서류 등의 무효, 공용물의 파괴) 제1항에 따라 "공무소에서 사용하는 서류 기타 물건 또는 전자기록 등 특수매체기록을 손상 또는 은닉하거나 기타 방법으로 그 효용을 해한 자는 7년 이하의 징역 또는 1천만 원 이하의 벌금"에 처한다. 재물손괴의 고의성이 없다면 형사처벌을 면하고 민사상 손해변상의 책임을 진다.

    손괴죄의 객체는 타인의 재물, 문서, 전자기록 등 특수매체기록이다. 문서는 공문서, 사문서 구분 없이 타인의 소유라면 모두 포함한다. 자신이 점유하고 있는 타인 소유의 재물, 문서, 특수매체기록도 손괴죄의 대상이 된다. 손괴는 물건의 상태를 변경시키거나 효용을 감소시키는 행위이다. 문서 전체가 아닌 내용의 일부 또는 서명 등을 말소하는 행위도 손괴에 해당한다. 은닉이란 물건의 소재를 숨겨 발견할 수 없게 하거나 사용할 수 없게 하는 행위이다. 문서를 일시적으로 숨겨 이용할 수 없게 하는 행위도 문서의 효용을 해하는 행위에 포함한다. 기타의 방법이란 손괴, 은닉이 아닌 다른 방법으로 재물, 문서, 전자기록 등의 효용을 해하는 행위이다.

    재물손괴는 반드시 계획적 의도 또는 적극적 의사가 필요한 것은 아

니고, 소유자의 의사에 반하여 재물의 효용을 상실하게 하는 인식이 있으면 된다. 물건을 본래의 사용 목적에 쓰일 수 없게 하거나 일시적으로 이용할 수 없는 상태로 만드는 것도 효용을 해하는 것에 해당한다. [대법원 1992.7.28. 선고 92도1345 판결]

건조물의 외부에 그림을 그리는 행위 등이 건조물의 효용을 해하는 것인지는 "건조물의 용도와 기능, 그 행위가 건조물에 미치는 영향과 미관을 해치는 정도, 건조물 이용자들이 느끼는 불쾌감이나 저항감, 원상회복의 난이도와 비용, 그 행위의 목적과 시간적 계속성, 행위 당시의 상황 등 제반 사정을 종합하여 사회통념"에 따라 판단해야 한다. [대법원 2007.6.28. 선고 2007도2590 판결, 대법원 2017.12.13. 선고 2017도10474 판결 등]

● 판례로 본 사례

자동문을 수동으로만 작동할 수 있게 만든 행위

- 자동문 설치 공사 잔금을 받지 못한 피고인이 자동작동 중지 예약 기능을 이용하여 자동문이 자동으로 여닫히지 않도록 설정했다. 설치자가 아니면 자동작동 중지 예약 기능을 해지할 수 없도록 했다.

- 대법원은 "손괴 또는 은닉 기타 방법으로 그 효용을 해하는 경우에는 물질적인 파괴행위로 물건 등을 본래의 목적에 사용할 수 없는 상태로 만드는 경우뿐만 아니라 일시적으로 물건 등의 구체적 역할을 할 수 없는 상태로 만들어 효용을 떨어뜨리는 경우도 포함된다. 따라서 자동문을 자동으로 작동하지 않고 수동으로만 개폐가 가능하게 하여 자동잠금장치로서 역할을 할 수 없도록 한 경

우에도 재물손괴죄가 성립"한다고 결정했다.

[대법원 2016.11.25. 선고 2016도9219 판결]

페인트로 광고 문안을 지워버린 행위

• 타인 소유의 광고용 간판을 백색 페인트로 도색하여 광고 문안을 지워 버린 행위는 재물손괴에 해당한다.

[대법원 1991.10.22. 선고 91도2090 판결]

컴퓨터에 저장된 파일을 삭제한 행위

• 회사를 퇴사하면서 회사 컴퓨터 내에 저장되어 있던 경영성과 분석표, 만남 확정표 등 업무 관련 파일을 임의로 삭제했다.

• 대법원은 타인의 전자기록 등 특수매체 기록을 손괴하여 그 효용을 해하는 행위는 손괴죄가 성립한다. 타인의 전자기록이란 행위자 이외의 자가 기록으로서의 효용을 지배 관리하는 전자기록을 뜻한다. 위 파일들은 피고인이 작성한 것이라 하더라도 회사가 기록으로서의 효용을 지배 관리하는 것이므로 피고인이 이를 임의로 삭제한 것은 전자기록 등 손괴죄에 해당한다고 판단했다.

[대법원 2007.11.15. 선고 2007도5816 판결]

엘리베이터에 부착된 공고문 훼손

• 엘리베이터에 부착된 '동별대표자 해임 동의서 무효 처리의 건'이라는 선거관리위원회 위원장의 공고문을 떼어냈다. 피고인은 입주민들이 공고문을 보는 경우 해임요청이 절차를 거쳐 적법하게 무효화된 것으로 오인할 가능성이 있으므로 이를 신속하게 방지하고, 이 사건 공고문을 구청에 위반사항 신고의 첨부 자료로 사용하기

위하여 떼어냈다. 피고인은 정당행위라 주장했다.

• 하급심은 재물손괴죄라 판단함.

• 대법원은 재물손괴죄에 해당하나 동기나 목적의 정당성, 수단이나 방법의 상당성, 보호이익과 침해이익의 법익 균형성, 긴급성, 그 행위 이외의 다른 수단이나 방법이 없다는 보충성 등의 요건을 충족하므로 정당행위에 해당한다고 판단했다.

[대법원 2014.1.16. 선고 2013도6761 판결]

1층 로비에 세워 준 홍보용 배너와 거치대를 창고로 옮긴 행위

• 피해자는 자신이 운영하는 '○○○골프 아카데미'를 홍보를 위해 1층 로비에 광고판(홍보용 배너와 거치대)을 세워 두었다.

• 피고인은 직원에게 지시하여 광고판을 컨테이너로 된 창고로 옮겨 놓고, 창고 문을 잠가 버렸다. 돌려 달라고 해도 돌려주지 않았다.

• 1, 2심은 광고판의 물질적인 형태의 변경, 멸실, 감손을 초래하지 않은 채 그대로 컨테이너로 옮기게 하였으므로, 광고판의 효용을 침해하여 본래의 사용 목적에 제공할 수 없는 상태로 만들었다고 할 수 없으므로 무죄로 판단했다.

• 대법원은 "재물의 효용을 해한다고 함은 사실상으로나 감정상으로 그 재물을 본래의 사용 목적에 제공할 수 없는 상태로 만드는 것을 말하고, 일시적으로 그 재물을 이용할 수 없는 상태로 만드는 것도 포함"한다며 "비록 물질적인 형태의 변경이나 멸실, 감손을 초래하지 않은 채 그대로 옮겼다고 하더라도, 광고판은 그 본래 역할을 할 수 없는 상태로 되었다고 보아야 한다"며 재물손괴죄에 해당하는 행위로 판단했다.

건조물 외부 낙서, 오물 투척, 낙서, 계란 투척 등

- 운수회사로부터 해고당한 피고인이 복직 요구 집회 중 래커 스프레이를 이용하여 회사 건물 외벽과 1층 벽면, 식당 계단 천장 및 벽면에 '자본 똥개, 원직복직, 결사 투쟁' 등의 내용으로 낙서를 했다. 회사는 제거 비용 약 341만 원을 지출했다. 두 차례에 걸쳐 계란 30개, 10개를 건물에 투척하여 청소 비용 50만을 지출하게 했다.

- 대법원은 "건조물의 벽면에 낙서하거나 게시물을 부착하는 행위 또는 오물을 투척하는 행위 등이 그 건조물의 효용을 해하는 것에 해당하는지 여부는 건조물의 용도와 기능, 그 행위가 건조물의 채광·통풍·조망 등에 미치는 영향과 건조물의 미관을 해치는 정도, 건조물 이용자들이 느끼는 불쾌감이나 저항감, 원상회복의 난이도와 거기에 드는 비용, 그 행위의 목적과 시간적 계속성, 행위 당시의 상황 등 제반 사정을 종합하여 사회통념에 따라 판단"해야 한다고 했다.

- 대법원은 스프레이 낙서에 대해 "건물의 미관을 해치는 정도, 건물 이용자들의 불쾌감, 원상회복의 어려움" 등에 비추어 위 건물의 효용을 해한 것에 해당한다고 판단했다. 계란 투척에 대해서는 "50만 원 정도의 비용이 드는 청소가 필요한 상태가 되었고, 유리문이나 유리창 등 건물 내부에서 외부를 관망하는 역할을 수행하는 부분 중 일부가 불쾌감을 줄 정도로 더럽혀졌다는 점을 고려해 보더라도, 그 건물의 효용을 해하는 정도의 것에 해당하지 않는다고 봄이 상당하다"고 판정했다.

[대법원 2007.6.28. 선고 2007도2590 판결]

성폭력범죄

_성에 관한 결정권을 침해하는 행위

성폭력은 성에 관한 결정권을 침해하여 신체, 정서, 사회적 고통을 주는 모든 행위를 포함한다. 성폭력범죄의 처벌 등에 관한 특례법에 따른 성폭력범죄란 공연음란, 음화제조, 음화반포, 추행, 강간, 통신매체를 이용한 음란행위, 카메라 등을 이용한 촬영 등의 행위로 개인의 의사에 반하여 성적 자유권을 침해하거나 성적 수치심, 혐오감을 유발하는 행위다.

'성적 수치심이나 혐오감을 일으키는 행위'는 규범적으로 음란한 행위의 의미와 별다른 차이가 없다. [헌법재판소 2016.3.31. 선고 2014헌바397 결정]

음란이란 일반인의 성욕을 자극하여 성적 흥분을 유발하고 정상적인 성적 수치심을 해하여 성적 도의관념에 반하는 것이다. 공연음란죄는 주관적으로 성욕의 흥분, 만족 등의 성적인 목적이 있어야 성립하는 것은 아니고, 그 행위의 음란성에 대한 의미의 인식이 있으면 족하다. [대법원 1995.6.16. 선고 94도2413 판결 참조]

성폭력범죄의 처벌 등에 관한 특례법 제13조에서 정한 통신매체 이용 음란죄는 성적 자기 결정권에 반하여 성적 수치심을 일으키는 그림 등을 개인의 의사에 반하여 접하지 않을 권리를 보장하기 위한 것으로 성적 자기 결정권과 일반적 인격권의 보호, 사회의 건전한 성 풍속 확립을 보호법익으로 한다. [대법원 2017.6.8. 선고 2016도21389 판결 참조]

'성적 욕망'에는 성행위나 성관계를 직접적인 목적이나 전제로 하는 욕망뿐만 아니라, 상대방을 성적으로 비하하거나 조롱하는 등 상대방에게 성적 수치심을 줌으로써 자신의 심리적 만족을 얻고자 하는 욕망도 포함된다. [대법원 2018.9.13. 선고 2018도9775 판결 참조]

추행이란 일반인을 기준으로 객관적으로 성적 수치심이나 혐오감을 일으키게 하고 선량한 성적 도덕관념에 반하는 행위로서 피해자의 성적 자기 결정권을 침해하는 것을 말한다. 이에 해당하는지는 피해자의 성별, 연령, 행위자와 피해자의 관계, 그 행위에 이르게 된 경위, 구체적 행위 양태, 주위의 객관적 상황과 그 시대의 성적 도덕관념 등을 종합적으로 고려하여 신중히 결정해야 한다. [대법원 2012.2.23. 선고 2011도17441 판결 참조]

강제추행죄는 상대방에 대하여 폭행 또는 협박을 가하여 항거를 곤란하게 한 뒤에 추행을 하는 경우뿐만 아니라 폭행 행위 자체가 추행 행위라고 인정되는 경우도 포함된다. 이 경우 폭행은 반드시 상대방의 의사를 억압할 정도의 것임을 필요로 하지 않고, 상대방의 의사에 반하는 유형력의 행사가 있는 이상 그 힘의 대소 강약을 불문한다. [대법원 1992.2.28. 선고 91도3182 판결, 1994.8.23. 선고 94도630 판결 등 참조]

어떠한 물건을 음란하다고 평가하려면 그 물건을 전체적으로 관찰하여 볼 때 단순히 저속하다고 느끼게 하는 정도를 넘어 사람의 존엄성과 가치를 심각하게 훼손·왜곡하였다고 평가할 수 있을 정도로 노골적으로 사람의 특정 성적 부위 등을 적나라하게 표현 또는 묘사하는 것이어야 할 것이다. [대법원 2014.5.29. 선고 2013도15643 판결]

● 판례로 본 사례

성기를 노출하는 행위(음란 행위 여부)

- 관련 법률: 형법 제245조(공연음란) 공연히 음란한 행위를 한 자는 1년 이하의 징역, 500만 원 이하의 벌금, 구류 또는 과료에 처한다.
- 고속도로에서 행패를 부리던 사람이 제지하려는 경찰관에 대항하여 공중 앞에서 알몸으로 성기를 노출했다.
- 2심은 "시위 조로 공중 앞에서 단순히 알몸을 노출한 행위가 음란한 행위에 해당한다고 보기 어렵다"라고 판단하고 공연음란에 대해 무죄를 선고했다.
- 대법원은 형법 제245조(공연음란)의 음란한 행위란 일반인의 성욕을 자극하여 성적 흥분을 유발하고 정상적인 성적 수치심을 해하여 성적 도의관념에 반하는 것이다. 공연음란죄는 주관적으로 성욕의 흥분 또는 만족 등의 성적인 목적이 있어야 성립하는 것은 아니지만, 그 행위의 음란성에 대한 의미의 인식이 있으면 성립한다. 알몸이 되어 성기를 드러내어 보이는 것이 타인의 정상적인 성적 수치심을 해하는 음란한 행위라는 인식이 있었다고 보아야 한다며 유죄를 판결했다.

  [대법원 2000.12.22. 선고 2000도4372 판결]

상반신 촬영(카메라 등을 이용한 촬영 범죄 여부)

- 관련 법률: 성폭력범죄의 처벌 등에 관한 특례법 제14조(카메라 등을 이용한 촬영) 제1항 카메라나 그 밖에 이와 유사한 기능을 갖춘 기계장치를 이용하여 '성적 욕망 또는 수치심을 유발할 수 있는 사람의 신체'를 촬영대상자의 의사에 반하여 촬영한 자는 7년 이하

의 징역 또는 5천만 원 이하의 벌금에 처한다.

- 피고인은 귀가 중 피해자 G를 보고 호감을 느껴 아파트 엘리베이터까지 따라가 몰래 피해자를 촬영했다. 촬영한 사진에는 피해자의 얼굴은 나오지 않고 가슴을 중심으로 한 상반신만이 촬영되었다.

- 1, 2심은 "피해자의 신체 부위가 노출되지는 아니하였더라도 피고인이 성적 욕망 또는 수치심을 유발할 수 있는 피해자의 신체를 촬영하였다고 봄이 타당하다"라며 유죄를 인정했다.

- 대법원은 "피고인의 행동이 부적절하고 피해자에게 불안감과 불쾌감을 유발하는 것임은 분명하나, 이를 넘어 피고인이 촬영한 피해자의 신체 부위가 피해자와 같은 성별, 연령대의 일반적이고도 평균적인 사람들의 관점에서 '성적 욕망 또는 수치심을 유발할 수 있는 신체'에 해당한다고 단정하기는 어렵다"고 판단했다. 성폭력처벌법 제14조 제1항의 '성적 욕망 또는 수치심을 유발할 수 있는 신체'에 관한 법리를 오해했다는 판결이다.

[대법원 2016.1.14. 선고 2015도16851]

* '성적 욕망 또는 수치심을 유발할 수 있는 신체'에 대한 대법원의 판단은 이해하기 힘들다. 피해자의 복장이 목 윗부분과 손을 제외하고는 외부로 노출된 신체 부위가 없었고, 얼굴 없는 상반신만을 촬영했으므로 '성적 욕망 또는 수치심을 유발할 수 있는 신체'에 해당하지 않는다는 논리이다. 피해자의 동의 없이 성적 대상으로 촬영한 것이 분명해 보이므로 성범죄로 판단하는 것이 합리적이라 본다.

통신매체를 이용한 음란행위

- 관련 법률: 성폭력범죄의 처벌 등에 관한 특례법 제13조(통신매체를 이용한 음란행위) 자기 또는 다른 사람의 성적 욕망을 유발하거나 만족시킬 목적으로 전화, 우편, 컴퓨터, 그 밖의 통신매체를 통하여 성적 수치심이나 혐오감을 일으키는 말, 음향, 글, 그림, 영상 또는 물건을 상대방에게 도달하게 한 사람은 2년 이하의 징역 또는 2천만 원 이하의 벌금에 처한다.

- 피고는 피해자와 성관계를 하면서 촬영한 피해자의 나체 사진이 저장된 드롭박스 링크 주소를 카카오톡 메신저로 전송했다.

- 대법원은 사진이 피해자의 동의를 받아 촬영한 것인지, 피해자에게 성적 수치심을 느끼게 하려는 목적이 있는지는 이 사건 공소사실의 구성요건이 아니다. 설령 피해자의 동의를 받아 촬영했더라도 사진을 피해자에게 도달하게 할 당시 피해자의 의사에 반하여 이루어진 것이라면 통신매체이용음란죄가 성립할 수 있다고 판단했다.

[대법원 2017.6.8. 선고 2016도21389 판결]

갑자기 껴안고 얼굴에 키스하는 행위(강제추행)

- 관련 법률 : 형법 제298조(강제추행) 폭행 또는 협박으로 사람에 대하여 추행을 한 자는 10년 이하의 징역 또는 1천500만 원 이하의 벌금에 처한다.

- 피해자의 주거지 1층 엘리베이터 앞에서 갑자기 피해자를 끌어당겨 껴안고 얼굴에 키스했다.

- 1, 2심은 "피고인의 폭행 또는 협박이나 그 행위의 기습으로 인해 피해자가 항거하기 곤란한 상태에 있었다고 보기 어렵다"며 강제추

행에 대해 무죄를 선고했다.

- 대법원은 "강제추행죄는 상대방에 대하여 폭행 또는 협박을 가하여 항거를 곤란하게 한 뒤에 추행을 하는 경우뿐만 아니라 폭행 행위 자체가 추행 행위라고 인정되는 경우도 포함된다. 폭행은 반드시 상대방의 의사를 억압할 정도의 것임을 필요로 하지 않고, 상대방의 의사에 반하는 유형력의 행사가 있는 이상 그 힘의 대소 강약을 불문한다. 엘리베이터 앞에서 피해자를 끌어안고 얼굴에 키스한 행위는 객관적으로 일반인에게 성적 수치심이나 혐오감을 일으키게 하고 선량한 성적 도덕관념에 반하는 행위로서, 폭행 행위 자체가 추행 행위라고 인정되는 상황에 해당할 뿐만 아니라, 그로 인하여 피해자의 성적 자유를 침해하였다고 봄이 타당하다"라며 유죄를 인정했다.

[대법원 2018.5.15. 선고 2017도21939 판결]

불법 정보 유통행위

1) 정보통신망을 통한 명예훼손

정보통신망 이용촉진 및 정보보호 등에 관한 법률(약칭; 정보통신망법) 제44조의7(불법정보의 유통금지 등) 제2항에서는 정보통신망을 통하여 "사람을 비방할 목적으로 공공연하게 사실이나 거짓의 사실을 드러내어 타인의 명예를 훼손하는 내용의 정보" 유통을 금지하고 있다. 사실을 드러내어 다른 사람의 명예를 훼손한 자는 3년 이하의 징역 또는 3천만 원 이하의 벌금, 거짓의 사실을 드러내어 다른 사람의 명예를 훼손한 자는 7년 이하의 징역 또는 5천만 원 이하의 벌금에 처한다. 단, 공공의 이익을 위한 때는 명예훼손이 성립하지 않을 수 있다. 정보통신망을 통한 불법 정보 유통 범죄는 피해자가 구체적으로 밝힌 의사에 반하여 공소를 제기할 수 없다.

정보통신망을 이용한 명예훼손은 사람을 비방할 목적이 전제된다. '사람을 비방할 목적'이란 가해의 의사 또는 목적이 있어야 한다. 사람을 비방할 목적의 여부는 적시한 사실의 내용과 성질, 공표가 이루어진 범위, 표현의 방법과 표현에 따라 훼손되거나 훼손될 수 있는 명예의 침해 정도를 비교, 고려하여 결정해야 한다. 적시한 사실이 공공의 이익에 관한 것이라면 특별한 사정이 없으면 비방할 목적은 부인된다. 공공의 이익에 관한 것에는 국가·사회 기타 일반 다수인의 이익에 관한 것뿐만 아니라 특정한 사회집단이나 그 구성원 전체의 관심과 이익에 관한 것도 포함한다. 행위자의 주요 동기, 목적이 공공의 이익을 위한 것이라면 부수적으로 다른 사익적 목적이나 동기가 내포되어 있더라도 비방할 목적이 있다고 보기는 어렵다. [대법원 2003.12.26. 선고 2003도6036 판결, 대법원 2006.8.25. 선고 2006도648 판결 등 참조]

인터넷 포털사이트의 지식검색 질문·답변 게시판에 성형시술 결과가 만족스럽지 못하다는 주관적인 평가를 주된 내용으로 하는 댓글을 게시한 사안에서 대법원은 '사실을 적시'한 것은 맞지만 '비방할 목적'이 있었다고 보기 어렵다고 판단했다. [대법원 2009.5.28. 선고 2008도8812 판결]

2) 정보통신망을 통한 공포심, 불안감 유발

정보통신망 이용촉진 및 정보보호 등에 관한 법률 제44조의7(불법정보의 유통금지 등) 제1항에서는 정보통신망을 통하여 "음란한 부호·문언·음향·화상 또는 영상을 반복적으로 상대방에게 도달하도록 하는 내용의 정보" 유통을 금지하고 있다. 위반한 사람은 1년 이하의 징역 또는 1천만 원 이하의 벌금에 처한다.

정보통신망을 이용한 일련의 불안감 조성행위는 일정 행위의 반복성을 필수 요건으로 한다. 일회성 또는 비연속적인 단발성 행위가 수차 이루어진 것에 불과한 경우에는 협박죄나 경범죄 처벌법상 불안감 조성행위로 처벌할 수 있으나 정보통신망법 제44조의7(불법정보의 유통금지 등) 제1항으로는 처벌할 수 없다. [대법원 2008.8.21. 선고 2008도4351 판결, 대법원 2009.1.15. 선고 2008도10506 판결 등 참조]

공포심이나 불안감을 유발하는 문언을 반복적으로 상대방에게 도달하게 하는 행위에 해당하는지는 상대방에게 보낸 문언의 내용, 표현 방법, 의미, 피고인과 상대방의 관계, 문언을 보낸 경위와 횟수, 상대방이 처한 상황 등을 종합적으로 고려해서 판단해야 한다. [대법원 2013.12.12. 선고 2013도7761 판결 참조]

'도달하게 한다'는 것은 상대방이 공포심이나 불안감을 유발하는 문언 등을 직접 접하는 경우뿐만 아니라 상대방이 객관적으로 이를 인식할 수 있는 상태에 두는 것을 의미한다. 따라서 피고인이 상대방의 휴대전화로 공포심이나 불안감을 유발하는 문자 메시지를 전송함으로써 상대방이 별다른 제한 없이 문자 메시지를 바로 접할 수 있는 상태에 이르렀다면, 그러한 행위는 공포심이나 불안감을 유발하는 문언을 상대방에게 도달하게 한다는 구성요건을 충족한다고 보아야 하고, 상대방이 실제로 문자 메시지를 확인하였는지 여부와는 상관없다. [대법원 2018.11.15. 선고 2018도14610 판결 참조]

정보통신망을 통한 명예훼손의 정보, 정보통신망을 통한 공포심·불안감 유발의 정보에 대해 방송통신위원회는 심의를 거쳐 정보통신 서비스 제공자 또는 게시판 관리·운영자에게 그 처리를 거부·정지 또는 제한하도록 명할 수 있다. 다만, 해당 정보로 인하여 피해를 받은 자가 구체적으로 밝힌 의사에 반하여 그 처리의 거부·정지 또는 제한을 명할 수 없다. 방송통신위원회의 명령을 이행하지 아니한 자는 2년 이하의 징역 또는 2천만 원 이하의 벌금에 처한다.

● 판례로 본 사례

독단과 권위 그리고 부도덕한 교장

- 피고인 1, 3 "우리 학교는 학교장 1인의 독단과 권위주의, 부도덕으로 인하여 교사들은 빨리 떠나고 싶은 곳, 아이들에게는 무서운 교장 선생님, 학부모는 학교에 돈이나 보태 주는 들러리로 전락하

여 희망과 미래를 이야기할 수 없는 삭막한 공간이 된 지 오래입니다. 저녁 식사 자리에서 여교사를 사이 사이에 앉게 한 후 교장은 어깨를 만지고, 손도 잡고, 엉덩이를 톡톡 쳤다"라는 내용의 보도자료를 교육청 기자실에 팩스로 전송.

- 피고인 2 '독단과 권위 그리고 부도덕한 교장'이라는 제목으로 "2000. 4. 어느 날 노래방에서 교장은 신규 교사인 ○○○을 와락 끌어안고 발버둥을 쳐도 놓아 주지 않았다"는 등의 내용이 담긴 글을 교육청 인터넷 홈페이지의 〈교육감에게 바란다〉라는 사이트에 게시.

- 피고인 4 '아이들도 싫어하는 교장이었습니다'라는 제목의 글을 학교 홈페이지에 게시함.

- 피고인 5 '자랑스러운 ○○○학교 선생님들께'라는 제목으로 "학교장 개인적인 삶을 생각하면 학교장 소리 들으며 살다가 쫓겨나 퇴직금도 못 탄다는 데 불쌍해 보일 것입니다. 하지만 파면이 안 되고 경고나 징계 조치로 어디 시골 학교 교장으로 가서 또 같은 짓을 하는 사례들을 생각해 보십시오. 그때는 빠져나갈 방법까지 생각하며 더 교묘하게 교사와 아이들을 괴롭힐 것입니다"라는 내용의 글을 메일을 학교 홈페이지에 게시.

- 피고인 6 '도 교육청은 무슨 증거가 더 필요한가?'라는 제목으로 "조회대 위로 불러내어 고함치고, 뒤통수를 후려갈기는 교장, 어려운 담임을 미끼로 학교발전기금을 강요하는 비열한 교장, 못 내면 거지라며 학부모를 돈이나 내는 들러리로 만든 교장, 노래방을 엄청나게 좋아하는 데 노래보다 만지는 걸 좋아하는 교장, 여교사에게 차 태워 달래서 마음도 예쁜데 손도 예쁘다고 하며 슬쩍 만지는 교장, 퇴근 후 여교사들 불러내어 억지로 춤추자고 껴안는 교

장, 막 발령받은 어린 교사 술자리 요구한 뒤 노래방에서 몸을 만지는 교장, 어린 여교사를 성적 노리개로 생각하는 교장과 같이 근무할 수 있겠습니까"라는 내용의 글을 〈교육감에게 바란다〉라는 사이트에 게시함.

: **1심 법원** 출판물에의한명예훼손, 정보통신망 이용촉진 및 정보보호 등에 관한 법률 위반 모두 무죄 선고.

: **2심 법원** "적시한 내용이 진실한 사실이더라도 문제점을 해결하기 위하여 교육계 내부의 절차를 밟으려고 시도조차 하지 않고 피해자 개인에게도 정식으로 문제제기나 항의 또는 시정 조치를 요구하지도 않은 채 곧바로 언론을 통해 공개하고, 인터넷 등 홈페이지 게시판에 게재함으로써 많은 사람이 이러한 내용을 읽고 피해자를 부도덕한 사람으로 인식할 수 있도록 하였는바, 적시 사실의 내용, 공개 경위와 그 과정, 위 사실을 알게 되는 사람의 범위, 이로 인해 오랫동안 교육자로서 근무하여 왔던 피해자가 입게 되는 명예 침해의 정도 등 여러 사정을 비교, 고려하여 보면, 위 피고인들의 위와 같은 행동은 피해자가 교육자로서 부적격이기 때문에 교육계의 더욱 나은 미래를 위해 교장의 직위에서 물러나게 하여야 한다는 목적을 달성하기 위해 취할 수 있는 부득이한 행동으로 볼 수는 없고, 따라서 위 피고인들의 주요한 동기 내지 목적이 오로지 공공의 이익에 관한 것이라고는 볼 수 없으므로 비방할 목적이 인정된다"라며 유죄 선고.

: **대법원** "문제가 되는 명예를 훼손하는 표현은 초등학교 교장의 학교발전기금 모금 강제, 여교사들에 대한 성희롱 및 학생들에 대해 부당한 체벌을 하였다는 것으로 모두 공인의 공적 활동과 밀접한

관련이 있고, 그와 같은 사례는 국민이 알아야 할 공공성, 사회성을 갖춘 공적 관심 사안으로서 사회의 여론형성에 기여하는 측면이 강하여 순수한 사적 영역에 속하는 것이라고 할 수 없으며, 일부 과장된 표현이 있기는 하나 전체적으로는 일정한 사실을 적시할 뿐 피해자를 희화화하거나 경멸하는 표현은 없고, 피고인들이 보도되게 하거나 글을 올린 행위는 학생 체벌의 근절 및 피해자에 대한 강력한 징계 등을 촉구하기 위한 것으로 공공의 이익을 위하여 한 것으로 보는 것이 타당하고, 그렇다면 특별한 사정이 없으면 비방의 목적은 부인된다고 보아야 할 것이다"라며 파기 환송.

[대법원 2007.6.14. 선고 2004도4826 판결]

우리 담임은 동성애자야

- 피해자가 동성애자가 아님에도 불구하고 피고인은 인터넷 사이트 싸이월드에 7회에 걸쳐 피해자가 동성애자라는 내용의 글을 게재했음.
- 대법원은 "우리 사회에서 자신이 스스로 동성애자라고 공개적으로 밝히는 경우 사회적으로 상당한 주목을 받는 점, 피고인이 피해자를 괴롭히기 위하여 이 사건 글을 게재한 점 등 그 판시의 사정에 비추어 볼 때, 피고인이 위와 같은 글을 게시한 행위는 피해자의 명예를 훼손한 행위에 해당"한다고 판단함.

[대법원 2007.10.25. 선고 2007도5077 판결]

댓글에 의한 명예훼손

- "지고지순이 뜻이 뭔지나 아니? 모 재벌님하고의 관계는 끝났나?"
- 인터넷 포털 사이트의 피해자에 대한 기사란에 그녀가 재벌과 아

이를 낳거나 아이를 낳아준 대가로 수십억 원을 받은 사실이 없음에도 불구하고, 그러한 사실이 있는 것처럼 댓글이 붙어 있던 상황에서, 추가로 "지고지순이 뜻이 뭔지나 아니? 모 재벌님하고의 관계는 끝났나?"라는 내용의 댓글을 게시.

- 피고인은 자신이 게시한 내용은 연예 정보를 다루는 모든 방송, 신문, 잡지 등에서 다루어진 내용이기에 공연성이 없다고 주장.
- 대법원은 댓글이 이루어진 장소, 시기, 상황, 취지 등을 법리에 비추어 보면 간접적이고 우회적인 표현을 통하여 허위사실의 존재를 구체적으로 암시하는 방법으로 사실을 적시한 것이라며 유죄를 인정.

[2008.7.10. 선고 2008도2422 판결]

자신이 직접 겪은 불편 사항 등을 후기 형태로 게시한 사례

- 피고인은 온수 보일러 고장, 산후조리실 소음 등 피고인이 13박 14일간 경험한 산후조리원 불편 사항을 블로그 등에 게시. "막장으로 소리 지르고 난리도 아니다"라는 표현 등 사용.
- 원심은 피해자를 비방할 목적이 있었다고 공소사실을 유죄로 판단.
- 대법원은 "피고인이 적시한 사실은 산후조리원에 대한 정보를 구하고자 하는 임산부의 의사결정에 도움이 되는 정보 및 의견 제공이라는 공공의 이익에 관한 것이라고 봄이 타당하고, 이처럼 피고인의 주요한 동기나 목적이 공공의 이익을 위한 것이라면 부수적으로 산후조리원 이용 대금 환불과 같은 다른 사익적 목적이나 동기가 내포되어 있더라도 그러한 사정만으로 피고인에게 비방할 목적이 있다고 보기는 어렵다"며 원심을 파기 환송.

[대법원 2012.11.29. 선고 2012도10392 판결]

인터넷 게시판에 게시한 '비리'라는 표현(비방의 목적 여부)

- 고등학교 교사인 피고인이 다음(daum) 사이트 '○○○학생 살리기 모임' 카페 게시판에 ○○○학생 퇴학 처분의 부당함을 알리는 내용을 게시함. 글의 대부분은 전교조 참교육실천 보고대회에 참석하여 퇴학 처분의 부당함을 알리는 서명을 받았다는 취지임.
- ○○고등학교 교감은 자신에 대한 '비리' 표현 등이 명예훼손이라고 고소함.
- 원심은 '비리'라는 표현은 피해자가 범죄 행위를 저지른 것과 같은 인상을 유포하기 위하여 사용한 것이라 볼 수 있고, 글의 내용, 성질, 명예의 침해 정도 등을 종합하여 보면 피고인에게 비방의 목적이 있었다고 볼 수 있다며 정보통신망 이용촉진 및 정보보호 등에 관한 법률 위반(명예훼손)의 유죄를 인정함.
- 대법원은 피해자인 교감이 근무하고 있는 학교의 학생 퇴학 처분의 부당함을 알리고자 하는 것이 주된 목적이므로 공공의 이익을 위한 것으로 볼 수 있다며 처벌할 수 없다고 결정.

[대법원 2006.10.26. 선고 2004도5288 판결]

7개월 동안 3회의 문자 메시지

- 채무 관계로 분쟁 중 채무자가 채권자에게 7개월 동안 3, 4월 간격으로 다음과 같은 문자를 3회 보냄.
- "전화 받아 새끼야. 내가 널 조사할 거야."(첫 번째), "조금만 더 기다려 주세요. 당신에게 행운이 갈 거니까요.", "니놈의 종말이 올 걸세. 조금만 기다려봐."(두 번째), "개새끼야."(세 번째)
- 1, 2심은 유죄를 선고.
- 대법원은 반복성에 관한 구성요건을 충족하지 못한다고 판단했다.

정보통신망을 이용한 일련의 불안감 조성행위에 해당하기 위해서는 각 행위 간 일시·장소의 근접, 방법의 유사성, 기회의 동일, 범의의 계속 등 밀접한 관계가 있어 그 전체를 일련의 반복적인 행위로 평가할 수 있어야 한다. 그와 같이 평가될 수 없는 일회성 내지 비연속적인 단발성 행위가 수차 이루어진 것에 불과한 경우에는 그 문언의 구체적 내용 및 정도에 따라 협박죄나 경범죄 처벌법상 불안감 조성행위 등 별개의 범죄로 처벌함은 별론으로 하더라도 위 법 위반죄로 처벌할 수는 없다며 무죄를 선고했다.

[대법원 2008.8.21. 선고 2008도4351 판결]

하루에 3회의 문자 메시지

- 2006년 3월 초, 내연 관계의 여성에게 "젊은 놈을 가지고 놀았으면 그 대가를 치러야지, 너의 남편에게 알리겠다"라며 1천500만 원을 빌려달라는 협박을 함.
- 같은 달 15일, 내연녀의 남편에게 "춤바람이 나서 젊은 남자와 지내고 있는 것을 모르고 있는 것이 불쌍하군요' 등의 문자를 3회 전송함.
- 1심 법원은 어떤 해악을 고지·암시하는 것으로 볼 수 없고, '안타깝다', '불쌍하다'라는 단어를 쓰고 있으므로, 문자 메시지로 인하여 직접적으로 공포심이나 불안감이 야기될 것으로는 여겨지지 않고, 다만 모욕감과 불쾌감을 느끼게 할 것으로 보인다며 메시지 전송에 대해서 무죄로 판결.
- 2심(대구지방법원)은 "신원을 알 수 없는 사람으로부터 반복적으로 부인의 외도 사실과 관련된 문자 메시지를 받은 남편으로서는 부인의 외도에 대해 의심을 하거나 분노를 느끼기 이전에 누군가 자

신의 가정을 위협하고 있고, 자신의 가정을 깨려고 한다고 느끼게
되어 불안감 내지 공포심을 느끼게 된다며 유죄를 인정, 징역 2년
을 선고함.

[대구지법 2006.12.28. 선고 2006고단5604 판결]

공무방해, 업무방해
_공립의 공무방해죄, 사립의 업무방해죄

교육부의 「교육활동 침해 행위 및 조치 기준에 관한 고시」 제2조(교원의 교육활동 침해행위) 제1항에서는 형법 제8장(공무 방해에 관한 죄) 또는 제34장 제314조(업무방해)에 해당하는 범죄 행위로 교원의 정당한 교육활동을 방해하는 행위를 교육활동 침해행위로 규정하고 있다. 공무방해죄는 국·공립 교원, 업무방해죄는 사립교원이 대상이다.

공무집행방해

형법 제136조(공무집행방해) 제1항에 따라 "직무를 집행하는 공무원에 대하여 폭행 또는 협박한 자는 5년 이하의 징역 또는 1천만 원 이하의 벌금"에 처한다. 제2항에 따라 "공무원에 대하여 그 직무상의 행위를 강요 또는 저지하거나 그 직을 사퇴하게 할 목적으로 폭행 또는 협박"한 자도 전항의 형과 같다. 형법 제137조(위계에 의한 공무집행방해)에 따라 "위계로써 공무원의 직무집행을 방해한 자는 5년 이하의 징역 또는 1천만 원 이하의 벌금"에 처한다.

공무집행방해의 전제 조건은 적법한 직무집행이다. 구성요건은 폭행, 협박, 위계이다. 상대방이 직무를 집행하는 공무원이라는 사실, 그리고 이에 대하여 폭행 또는 협박을 한다는 사실을 인식하는 것으로 충분하다. 공무집행을 방해할 목적은 전제하지 않고, 폭행, 협박이 공무를 방해할 추상적 위험을 발생시켰다면 처벌한다.

공무집행방해죄에 있어서 '직무를 집행하는'이라 함은 공무원이 직무수행에 직접 필요한 행위를 현실적으로 행하고 있는 때만을 가리키는 것이 아니라 공무원이 직무수행을 위하여 근무 중인 상태에 있는 때를 포괄한다고 할 것이다. [대법원 1999.9.21. 선고 99도383 판결 참조]

공무집행방해죄에서 폭행이란 공무원에 대한 직접적인 유형력의 행사뿐 아니라 간접적인 유형력의 행사도 포함하는 것이다. [대법원 1998. 5.12. 선고 98도662 판결 참조]

공무집행방해죄에 있어서 협박이란 상대방에게 공포심을 일으킬 목적으로 해악을 고지하는 행위를 의미하는 것으로서 고지하는 해악의 내용이 그 경위, 행위 당시의 주위 상황, 행위자의 성향, 행위자와 상대방과의 친숙의 정도, 지위 등의 상호관계 등 행위 당시의 여러 사정을 종합하여 객관적으로 상대방이 공포심을 느끼게 하기에 족하면 되고, 상대방이 현실로 공포심을 품게 될 것까지 요구되는 것은 아니며, 다만 그 협박이 경미하여 상대방이 전혀 개의치 않을 정도인 경우에는 협박에 해당하지 않는다고 할 것이다. [대법원 1976.5.11. 선고 76도988 판결 참조]

위계에 의한 공무집행방해죄에서 '위계'라 함은 행위자의 행위 목적을 이루기 위하여 상대방에게 오인, 착각, 부지를 일으키게 하여 그 오인, 착각, 부지를 이용하는 것으로서, 상대방이 이에 따라 그릇된 행위나 처분을 하여야만 위 죄가 성립한다. 만약 그러한 행위가 구체적인 직무집행을 저지하거나 현실적으로 곤란하게 하는 데까지는 이르지 않은 경우에는 위계에 의한 공무집행방해죄로 처벌할 수 없다. [대법원 2009.4.23. 선고 2007도1554 판결 등 참조]

공립학교에서 공무원인 교사의 수업을 학생이 방해한다고 해서 공무집행방해죄가 성립하지 않는다. 공무집행방해죄는 폭행 또는 협박을 요건으로 하기 때문이다. 학생이 수업 중인 교사를 폭행 또는 협박하며 수업을 방해했다면 공무집행방해죄가 성립한다. 국공립학교에서 시험 시간 부정행위를 하면 위계에 의한 공무집행방해죄가 성립한다. 다만 교육적 차원에서 형사적 처벌이 아닌 선도 조치를 선택하고 있다.

공무집행방해죄의 구성요건인 폭행, 협박은 반의사 불벌죄이지만, 공무집행방해죄는 공무원의 신변 보호만이 아닌 국가기관의 작용을 보호하는 범죄의 특성상 반의사 불벌죄가 아니다.

업무방해

형법 제314조(업무방해) 제1항에 따라 허위사실을 유포하거나 위계 또는 위력으로써 사람의 업무를 방해한 자는 5년 이하의 징역 또는 1천500만 원 이하의 벌금에 처한다. 컴퓨터 등 전자기록을 손괴하거나 정보처리장치에 허위의 정보 또는 부정한 명령을 입력하거나 기타 방법으로 정보처리에 장애를 발생하게 하여 사람의 업무를 방해한 자도 동일하게 처벌한다.

업무방해죄의 전제 조건은 정당한 업무수행이다. 구성요건은 허위사실 유포, 위계, 위력이다. 위력이란 사람의 의사를 제압하는 세력을 말한다. 타인의 영업소에 몇 사람이 들어가 큰 소리로 떠들며 영업을 방해하는 행위, 몇 명의 학부모가 교무실로 몰려와 큰 소리로 소리치는 행위는 위력에 의한 업무방해에 해당할 수 있다. 폭행, 협박이 아닌 위력에 의한 공무집행방해는 형사처벌 대상이 아니지만, 위력에 의한 업무방해는 형사처벌 대상이 된다.

업무방해죄의 보호 대상이 되는 업무는 직업 또는 계속하여 종사하는 사무나 사업을 말하고 이러한 주된 업무와 밀접불가분의 관계에 있는 부수적인 업무도 이에 포함된다. [대법원 1993.2.9. 선고 92도2929]

업무방해죄에 있어 업무를 '방해한다'고 함은 업무의 집행 자체를 방해하는 것은 물론이고 널리 업무의 경영을 저해하는 것도 포함하는 것으로, 업무방해죄가 성립하려면 업무방해의 결과가 실제로 발생할 것을 필요로 하지 아니하고 업무방해의 결과를 초래할 위험이 발생하면 족하고, 여기서 '위력'이라 함은 사람의 자유의사를 제압·혼란하게 할 만한 모든 세력으로, 유형적이든 무형적이든 묻지 아니하므로 폭행·협박은 물론, 사회적·경제적·정치적 지위와 권세에 의한 압박 등도 이에 포함된다. [대법원 2006.11.23. 선고 2004도7529 판결 등 참조]

업무방해죄는 업무가 방해될 염려, 위험이 있으면 성립하는 위험범이다. 업무의 방해는 널리 업무 경영을 방해하는 모든 행위이며, 현실로 방해의 결과가 발생할 필요는 없다. [대법원 1960.8.3. 선고 4293형상397 판결 참조]

위계에 의한 업무방해죄에서 '위계'란 행위자가 행위 목적을 달성하기 위하여 상대방에게 오인, 착각 또는 부지를 일으키게 하여 이를 이용하는 것을 말하고, 업무방해죄의 성립에는 업무방해의 결과가 실제로 발생함을 필요로 하지 않고 업무방해의 결과를 초래할 위험이 발생하면 족하며, 업무수행 자체가 아니라 업무의 적정성 내지 공정성이 방해된 경우에도 업무방해죄가 성립한다고 할 것이다. 나아가 컴퓨터 등 정보처리장치에 정보를 입력하는 등의 행위가 그 입력된 정보 등을 바탕으로 업무를 담당하는 사람의 오인, 착각 또는 부지를 일으킬 목적으로 행해진 경우에는 그 행위가 업무를 담당하는 사람을 직접적인 대상으로 이루어진 것이 아니라고 하여 위계가 아니라고 할 수는 없다. [대법원 2010.3.25. 선고 2009도8506 판결. 대법원 2013.11.28. 선고 2013도4178 판결 참조]

허위사실 유포에 의한 명예훼손으로 업무를 방해한 경우, 명예훼손죄와 업무방해죄가 모두 성립한다. 허위사실 유포라는 하나의 행위가 여러 개의 범죄 구성요건에 해당하면 '상상적 경합'에 해당한다. 상상적 경합이란 1개의 행위가 수 개의 죄에 해당하는 경우를 말한다. 상상적 경합범인 경우, 여러 개의 죄 중에서 가장 중한 죄에 정한 형으로 처벌한다. 명예훼손죄는 2년 이하의 징역, 업무방해죄는 5년 이하의 징역이므로 업무방해죄로 처벌하게 된다.

형법이 업무방해죄와는 별도로 공무집행방해죄를 규정하고 있는 것은 사적 업무와 공무를 구별하여 공무에 관해서는 공무원에 대한 폭행, 협박 또는 위계의 방법으로 그 집행을 방해하는 때에만 처벌하겠다는 취지라고 보아야 할 것이고, 따라서 공무원이 직무상 수행하는 공무를 방해하는 행위에 대해서는 업무방해죄로 의율할 수는 없다. [대법원 2009.11.19. 선고 2009도4166 전원합의체 판결 참조]

● 판례로 본 사례

사무실 바닥에 물통, 재떨이를 던지는 행위
- 경찰관이 공무를 집행하고 있는 파출소 사무실의 바닥에 인분이 들어있는 물통을 집어 던지고 책상 위에 있던 재떨이에 인분을 퍼 담아 사무실 바닥에 던지는 행위는 경찰관에 대한 폭행이므로 공무집행방해죄가 성립한다.
- 공무집행방해죄의 구성요건인 폭행은 공무를 집행하는 공무원에 대하여 유형력을 행사하는 행위를 말하는 것으로 그 폭행은 공무원에 직접적으로나 간접적으로 하는 것을 포함한다.
  [대법원 1981.3.24. 선고 81도326 판결]

파출소 경찰관에 대한 폭언이 공무집행방해죄가 성립하는 협박으로 인정한 사례

- 주민의 신고를 받고 출동한 파출소 의경이 술집에서 음악을 크게 틀어놓고 춤을 추며 놀던 피고인에게 조용히 해 달라고 요청함.
- 이후 피고인은 파출소를 찾아가 "우리 집에 무슨 감정이 있느냐, 이 순사 새끼들 죽고 싶으냐"라는 폭언을 함.
- 대법원은 "피고인의 행위를 단순히 경찰관에 대한 불만의 표시나 감정적인 욕설을 한 것에 그친다고 볼 수는 없고, 계속하여 단속하는 경우에 생명, 신체에 어떤 위해가 가해지리라는 것을 통보함으로써 공포심을 품게 하려는데 그 목적이 있었다 할 것이고, 또 이는 객관적으로 보아 상대방이 공포심을 느끼게 하기에 족하다 할 것이며, 피고인이 당시 술에 취하여 있었고 장소가 파출소이며, 상대가 경찰이라 하여 전혀 개의치 않을 정도의 협박이라고 단정할 수도 없다"며 단순히 욕설에 불과하다는 원심을 파기 환송함.

[대법원 1989.12.26. 선고 89도1204 판결]

성적 굴욕감, 혐오감을 느끼게 하는 행위

교육부의 「교육활동 침해 행위 및 조치 기준에 관한 고시」 제2조(교원의 교육활동 침해행위) 2항에서는 교육활동 중인 교원에게 '성적 언동 등'으로 '성적 굴욕감' 또는 '혐오감'을 느끼게 하는 행위를 교육활동 침해 행위로 규정하고 있다.

'성적 언동 등'이란 남녀 간의 육체적 관계나 남성 또는 여성의 신체적 특징과 관련된 육체적, 언어적, 시각적 행위로서 사회공동체의 건전한 상식과 관행에 비추어 볼 때 객관적으로 상대방과 같은 처지에 있는 일반적이고도 평균적인 사람에게 성적 굴욕감이나 혐오감을 느끼게 할 수 있는 행위를 의미한다. [대법원 2007.6.14. 선고 2005두6461 판결 참조]

수업 중인 교사에게 성적 혐오감, 굴욕감을 느끼게 하는 학생의 성적 언동은 교육활동 침해이다. 교육활동 중인 교사에 대한 관리자, 동료 교원, 학부모 등의 성희롱 행위도 교육활동 침해에 해당한다.

국가인권위원회법에서 정한 성희롱이란 공공기관 종사자, 사용자 또는 근로자가 그 직위를 이용하여 또는 업무 등과 관련하여 성적 언동 등으로 성적 굴욕감 또는 혐오감을 느끼게 하거나 성적 언동 또는 그 밖의 요구 등에 따르지 아니한다는 이유로 고용상의 불이익을 주는 것을 말한다.

남녀고용평등법에 따른 직장 내 성희롱이란 사업주·상급자 또는 근로자가 직장 내의 지위를 이용하거나 업무와 관련하여 다른 근로자에게 성적 언동 등으로 성적 굴욕감 또는 혐오감을 느끼게 하거나 성적 언동 또는 그 밖의 요구 등에 따르지 아니하였다는 이유로 근로조건 및 고용에서 불이익을 주는 것을 말한다.

'지위를 이용하거나 업무 등과 관련하여'라는 요건은 포괄적인 업무 관련성을 나타낸 것으로서 업무수행의 기회나 업무수행에 편승하여 성적 언동이 이루어진 경우뿐 아니라 권한을 남용하거나 업무수행을 빙자하여 성적 언동을 한 경우도 이에 포함되고, 어떠한 성적 언동이 업무 관련성으로 인정되는지는 쌍방 당사자의 관계, 행위가 행해진 장소 및 상황, 행위의 내용 및 정도 등의 구체적 사정을 참작하여 판단하여야 한다. [대법원 2006.12.21. 선고 2005두13414 판결 참조]

성희롱이 성립하기 위해서는 행위자에게 반드시 성적 동기나 의도가 있어야 하는 것은 아니지만, 당사자의 관계, 행위가 행해진 장소 및 상황, 행위에 대한 상대방의 명시적 또는 추정적인 반응의 내용, 행위의 내용 및 정도, 행위가 일회적 또는 단기간의 것인지 아니면 계속적인지 여부 등의 구체적 사정을 참작하여 볼 때, 객관적으로 상대방과 같은 처지에 있는 일반적이고도 평균적인 사람에게 성적 굴욕감이나 혐오감을 느낄 수 있게 하는 행위가 있고, 그로 인하여 행위의 상대방이 성적 굴욕감이나 혐오감을 느꼈음이 인정되어야 한다. [대법원 2008.7.10. 선고 2007두22498 판결]

정당한 교육활동에 대한
반복적으로 부당하게 간섭하는 행위

    교육부의 교육활동 침해행위 고시 제2조(교원의 교육활동 침해 행위) 제3항에서는 '교원의 정당한 교육활동에 대해 반복적으로 부당하게 간섭하는 행위'를 교육활동 침해 행위로 규정하고 있다.

    보호 법익은 '교원의 정당한 교육활동', 구성요건은 '반복성'과 '부당한 간섭'이다. 학부모가 수시로 전화, 문자 등으로 교사의 교육활동을 지나치게 간섭하는 행위, 관리자의 합리적 지도·감독 범위를 넘은 수업, 평가, 생활기록부 작성 등에 대한 간섭은 교육활동에 대한 부당한 반복적 간섭에 해당할 수 있다. 단 일회적 간섭, 정당한 의견 제시는 교육활동 침해로 보기 힘들다.

정당한 생활지도 불응 행위
_의도적인 수업 방해 행위

학교의 장은 교육을 위하여 필요한 경우에는 법령과 학칙으로 정하는 바에 따라 학생을 징계하거나 그 밖의 방법으로 지도할 수 있다. 초·중등교육법 제18조(학생의 징계) ①항의 내용이다. 문장의 주어가 학교장이다. 학생을 지도할 권한을 교사가 아닌 학교장에게 부여하고 있다. 1948년 이후 대한민국 교사에게는 학생을 지도할 온전한 권한이 없었다. 학교장의 '명'에 따라 위임된 지도 권한에 불과했다.

학교의 장과 교원은 학생의 인권을 보호하고 교원의 교육활동을 위하여 필요한 경우에는 법령과 학칙으로 정하는 바에 따라 학생을 지도할 수 있다. 2022년 12월 27일 개정된 초·중등교육법 제20조의2(학교의 장 및 교원의 학생생활지도)의 내용이다. 문장의 주어가 학교의 장과 교원이므로 교사에게도 학생 지도 권한이 부여된 것이다. 해방 후 75년 만이다.

교육부는 같은 날 「교육활동 침해 예방 및 대응 강화 방안」을 발표하면서 "학생 인권과 교권이 상호 존중되는 교육공동체 구현"을 비전으로 제시했다. 2012년 교권보호종합대책 후 10년 만에 교육부 공식 문건에서 등장한 '교권'이라는 용어이다. 교육부는 학생생활지도 권한 법제화 후속 방안으로 심각한 수업 방해 행위를 교육활동 침해 유형으로 신설하겠다고 발표했다.

2023년 3월 23일 교육부는 "교원의 정당한 생활지도에 불응하여 의

도적으로 교육활동을 방해하는 행위"를 교육활동 침해 행위 유형으로
고시했다. 보호법익은 교사의 정당한 생활지도 권한, 구성 요건은 의도
성이다. 교사의 정당한 생활지도에 불응하며 다른 학생의 학습권을 침
해하거나 교사의 수업 활동을 의도적으로 방해하는 행위는 교육활동
침해 행위에 해당하게 되었다.

초상권, 음성권 침해
_교육활동 중인 교원의 영상·화상·음성 등을
촬영·녹화·녹음·합성하여 무단으로 배포하는 행위

초상권이란 자신의 얼굴이나 모습이 동의 없이 촬영되거나 공표되지 않을 권리이다. 우리나라 법률에서 초상권을 직접적으로 규정하고 있는 내용은 없지만, 헌법 제10조에서 정한 인간의 존엄과 가치권에 근거한다.

협의의 초상은 특정인의 모습이나 형태를 그림, 사진, 영상 등으로 표현한 것을 말하지만 광의의 초상은 성명, 음성, 서명 등 특정인의 동일성을 인지할 수 있는 모든 요소를 포함한다.

초상권은 개인의 초상이 본인의 허락 없이 공표됨으로써 받게 되는 정신적 고통을 방지하는 측면에서 인격권의 성질을 가지고 있다. 다른 사람이 개인의 초상을 임의로 제작, 공표하거나 영리적으로 이용당하지 않을 권리라는 측면에서 재산권의 성질도 가지고 있다.

2021년 10월 1일, 교육부는 "교육활동 중인 교원의 영상·화상·음성 등을 촬영·녹화·녹음·합성하여 무단으로 배포하는 행위"를 교육활동 침해 행위로 추가 고시했다. 코로나 바이러스의 세계적 유행으로 온라인 수업에서 교사의 수업 장면을 무단으로 촬영, 녹화, 합성, 배포하는 행위가 빈번하게 발생했다. 교육활동 중인 교사의 초상권 보호를 위한 대책이다.

그 밖에 학교장이
교육공무원법 제43조 제1항에
위반한다고 판단하는 행위

_교권침해

　교육부의 「교육활동 침해 행위 및 조치 기준에 관한 고시」 제2조(교원의 교육활동 침해 행위) 제4항에서는 '그 밖에 학교장이 교육공무원법 제43조 제1항에 위반한다고 판단하는 행위'를 교육활동 침해 행위로 규정하고 있다. 교육공무원법 제43조(교권의 존중과 신분 보장) 제1항의 내용은 "교권敎權은 존중되어야 하며, 교원은 그 전문적 지위나 신분에 영향을 미치는 부당한 간섭을 받지 아니한다"라는 내용이다. 교육활동보호 아니 교권보호의 핵심 사안이다.

　형법, 성폭력처벌법, 정보통신망법 등에서 이미 범죄 행위라 규정하고 있는 폭행, 상해, 명예훼손, 공무방해 등은 새삼 교육활동 침해 행위라 규정하지 않아도 현행 법률에 따른 조치가 가능하다. 범죄 행위이므로 예방 대책, 발생했을 경우 대응 방안 등이 마련되어야 한다. 관리자, 교육감, 교육부의 기본 책무이다.

　교권은 교사의 법적 권리와 권한이다. 권리란 사회구성원으로서 인간답게 살아갈 수 있도록 개인에게 법률로 보장하는 힘이다. 교사도 보편적 권리인 시민권, 노동자로서 당연히 누려야 할 노동권이 보장되어야 한다. 그 외 휴가, 휴직, 복직, 전보, 승급, 승진, 수당, 보수 등도 법적 권리에 관한 사항이다. 권한이란 교사 직무상의 권한인 수업권, 평가권, 생활지도권을 의미한다.

　"교권은 존중되어야 하며, 교원은 그 전문적 지위나 신분에 영향을 미치는 부당한 간섭"을 받지 아니해야 한다.

어떻게 가능한가? 교사를 전문직으로 인정하고 대우해야 한다. 전문직의 핵심은 자율적 권한이다. 교육활동 관련 자율적 권한, 교육권을 보장해야 한다.

초·중등교육법 제25조(학교생활기록)에 따르면 "학교의 장은 학생의 학업성취도와 인성 등을 종합적으로 관찰·평가하여 학생 지도 및 상급 학교의 학생 선발에 활용할 수 있는 자료를 교육부령으로 정하는 기준에 따라 작성·관리"하여야 한다. 학교장에게 학교생활기록부의 작성과 관리의 책무를 부여하고 있다. 관리자로서의 책무이다. 학생의 학업성취도와 인성 등을 종합적으로 관찰·평가하고 학생을 지도하는 업무는 교사의 핵심 임무이므로 이와 관련한 권한을 교사에게 온전하게 보장해야 한다. 수업, 평가, 생활교육 관련 교사의 전문적 자율권, 교육권을 보장하는 일은 교육활동 보호 나아가 교권보호의 핵심이다. 교육청, 교육부의 핵심 역할이어야 한다. 교육공무원법 제43조 제1항에 위반한다고 '학교장이 판단하는 행위', 어떻게 하라는 것인가?

'학교장이 판단하는 행위'란 학교장 개인이 아닌 학교의 규칙으로 판단하는 것으로 해석하는 것이 합리적이다. 학생, 학부모, 교사, 모든 구성원이 함께 참여하여 학생의 인권과 학습권, 학부모의 권리, 교사의 교권이 상호 존중되는 학교 공동체 생활 협약, 학교 규칙의 제·개정이 필요하다. 핵심 교육당사자인 학생, 학부모, 교사의 참여를 통한 학교자치, 교육자치 더는 미룰 수 없는 과제이다.

학교 교권보호위원회
_핵심 역할은 교육활동 침해 기준 및 예방 대책 수립

    교육부는 2013년 교원예우에 관한 규정을 개정하여 학교 교육 분쟁 조정위원회를 학교 교권보호위원회로 전환했다. 당시 법률이 아닌 시행령에 근거해 설치한 학교 교권보호위원회는 실효성 없는 기구였다. 2019년 교원지위법 개정으로 학교 교권보호위원회는 법정 기구로서 위상을 확보했다.

    고등학교 이하 학교는 교원의 교육활동 보호에 관한 사항을 심의하기 위해 학교 교권보호위원회를 설치해야 한다. 유치원에는 유치원의 장이 필요하다고 인정하는 경우 교권보호위원회를 설치할 수 있다.

    학교 교권보호위원회의 심의 사항은 다음과 같다.

1. 교육활동 침해 기준 마련 및 예방 대책 수립
2. 교육활동 침해 학생에 대한 조치
3. 교원의 교육활동과 관련된 분쟁의 조정
4. 그 밖에 학교 규칙으로 정하는 사항

    교원지위법 개정으로 2019년 10월 17일 이후에는 교육활동 침해 학생에 대한 조치를 선도위원회(생활교육위원회)가 아닌 학교 교권보호위원회가 결정한다. 폭행, 상해, 성폭력 등 심각한 교육활동 침해 학생을 교사로부터 분리할 수 있는 학급교체, 전학 조치도 가능해졌다.

하지만, 침해 주체가 학생이 아닌 학부모, 교직원, 관리자 등이라면 상황이 다르다. 교육적 조치가 가능한 학생과 달리 학교 교권보호위원회가 강제력 있는 결정을 내릴 수 있는 권한은 없다. 학교 교권보호위원회가 사과, 재발 방지 약속, 피해 교사에 대한 접근 금지 등을 결정하고 통고할 수 있지만, 강제력을 담보할 권한은 없다.

그러나 침해 행위가 범죄 행위에 해당하고 피해 교사가 형사 처벌을 원하면 교권보호위원회의 결정으로 교육청에 고발을 요청할 수 있다. 침해 당사자가 교직원이라면 학교장에게 지도·감독의 책무가 발생하므로 학교장에게 지도·감독을 요청할 수 있다. 침해 행위가 국가공무원법에 따른 징계 사유에 해당한다면 학교장은 임용권자에게 해당 교직원의 징계를 신청해야 한다.

침해 당사자가 학교장이라면 피해 교원 또는 학교 교권보호위원회는 학교장을 지도·감독할 권한과 책임이 있는 교육감에게 지도·감독을 요청할 수 있다. 침해 당사자가 학교장이라면 학교 교권보호위원회가 아닌 시도 교권보호위원회가 직접 심의하는 것이 합리적이다. 교직원에 대한 지도·감독권을 지닌 학교장에 의한 교육활동 침해는 가장 심각한 사안이므로 교육청은 신속한 행정조치를 통해 피해 교원의 보호조치를 실행해야 한다.

학교 교권보호위원회는 해당 사안이 교원지위법에서 정한 교육활동 침해행위에 해당하는지 여부를 심의한다. 교육활동 침해행위에 해당하면 피해 교원에 대한 보호조치를 심의하고, 침해 학생에 대한 조치를 심의·의결한다. 당사자가 분쟁 조정을 원하는 경우 분쟁을 조정한다. 조정 합의서를 당사자에게 통보하고, 조정되지 않는 분쟁은 시도 교권보호위원회에 조정을 신청할 수 있도록 안내한다.

학교 교권보호위원회의 가장 핵심적인 역할은 교육활동 침해 기준을 마련하고 예방 대책을 수립하는 일이다. 안타깝게도 침해 학생에 대한 징계 조치를 결정하는 역할에만 집중하고 있는 현실이다. 교육활동을 침해한 학생에 대한 교육적 지도 프로그램을 만드는 일도 교권보호위원회의 중요한 역할이 되어야 한다.

핵심 교육당사자인 학생, 보호자, 교원의 권리와 권한이 상호 존중되는 교육공동체 실현, 교권보호위원회의 핵심 역할이다.

Q&A
묻고 답하기

Q. 교육활동 침해 관련 법규는?

A. 교원의 지위 향상 및 교육활동 보호를 위한 특별법, 시행령, 「교육 활동 침해 행위 및 조치 기준에 관한 고시」를 참고하면 된다.

Q. 범죄 유형에 따른 공소시효는?

A. 형사소송법 제249조(공소시효의 기간)에 따르면 사형에 해당하는 범죄는 25년, 무기징역 15년, 10년 이상의 징역 또는 금고에 해당하는 범죄는 10년, 10년 미만의 징역이나 금고 또는 벌금에 해당하는 범죄는 7년, 5년 미만의 징역, 금고 또는 벌금에 해당하는 범죄는 5년의 공소 시효를 적용한다.

따라서 상해의 공소시효는 7년이고, 폭행, 협박, 명예훼손, 모욕, 재물 손괴, 불법 정보 유통 범죄의 공소시효는 5년이다. 시효는 범죄 행위가 종료한 때로부터 진행한다. 시효는 공소의 제기로 진행이 정지되고 공소기각 또는 관할위반의 재판이 확정된 때로부터 진행한다.

Q. 민사소송 청구 기한은?

A. 불법행위로 인한 손해배상 청구권은 그 손해 및 가해자를 안 날 로부터 3년간 행사하지 않으면 손해배상을 청구할 수 있는 시효가 소 멸한다. 교육활동 침해행위로 인한 신체적, 정신적, 재산적 피해에 대한

손해배상청구는 불법행위가 있음을 안 날로부터 3년 안에 청구해야 한다.

Q. 친고죄인 모욕죄의 고소 기간?

A. 모욕죄의 공소시효는 5년이다. 하지만 친고죄인 모욕죄는 범죄 사실을 안 날로부터 6개월이 지나면 고소할 수 없다. 공소할 의사가 없는 것으로 보아 시효와 관계없이 처벌할 수 없다. 범죄 사실을 알지만, 굳이 죄를 묻지 않겠다는 합의가 이루어진 것으로 본다. 단, 고소할 수 없는 불가항력의 사유가 있는 때에는 그 사유가 없어진 날로부터 기산한다. (형사소송법 제230조)

Q. 학부모가 교육활동 관련하여 전화로 교사의 인격을 비하하는 표현, 욕설 등을 했다면 교육활동 침해에 해당하는가?

A. 인격 비하 발언, 모욕적 표현, 욕설은 구체적 해악의 고지에는 해당하지 않으므로 협박죄가 성립하지 않는다. 명예훼손, 모욕적 발언을 했더라도 공연성이 성립하지 않는 전화 통화이므로 명예훼손죄, 모욕죄가 성립하지 않는다. 청각기관에 심한 고통을 주는 고성의 폭언이라면 폭행죄가 성립할 수 있지만 입증이 쉽지 않다.

협박죄, 명예훼손죄, 모욕죄, 폭행죄가 성립하지 않으므로 교육활동 침해가 아닌가?

비록 형법상 범죄는 성립하지 않지만 교육활동 침해 고시 제2조(교원의 교육활동 침해 행위) 제3항에서는 "교원의 정당한 교육활동에 대해 반복적으로 부당하게 간섭하는 행위"를 교육활동 침해 행위로 규정하고 있다. 제4항에서는 "그 밖에 학교장이 교육공무원법 제43조 제1항에 위반한다고 판단하는 행위"를 교육활동 침해행위로 규정하고 있다.

교육공무원법 제43조 제1항은 "교권教權은 존중되어야 하며, 교원은 그 전문적 지위나 신분에 영향을 미치는 부당한 간섭을 받지 아니한다" 라는 내용이다. 교육활동 관련 학부모가 전화 또는 문자로 교사의 인격을 비하하는 표현, 모욕적 욕설 등을 했다면 교사의 교권을 존중하지 않은 행동이므로 교육활동 침해행위이다. 전화, 문자를 통한 반복적 부당한 간섭 또한 교육활동 침해이다. 학교 교권보호위원회를 통해 사과와 재발 방지 약속 등을 요구할 수 있다.

Q. 학교 교권보호위원회의 구성과 회의 소집

A. 학교 교권보호위원회의 구성과 운영에 관한 사항은 교원의 지위 향상 및 교육활동 보호를 위한 특별법 시행령 제15조에서 정하고 있다.

학교 교권보호위원회는 위원장 1명을 포함하여 5명 이상 10명 이하의 위원으로 구성한다. 학교의 교원, 학부모, 지역 사회 인사 중 학교장이 임명하거나 위촉하며, 위원장은 위원 중에서 호선한다. 해당 학교의 교원위원이 위원 정수의 2분의 1을 초과할 수 없다. 임기는 2년이며 한 차례 연임할 수 있다.

학교 교권보호위원회의 위원장은 학교장의 요청, 재적위원 4분의 1 이상의 요청, 그 밖에 위원장이 필요하다고 인정하는 경우에 회의를 소집한다. 재적위원 3분의 2 이상의 출석으로 개의하고, 출석위원 과반수의 찬성으로 의결한다.

기타 학교 교권보호위원회의 구성 및 운영 등에 필요한 사항은 교육청이 정하는 기준에 따라 학교 규칙으로 정한다.

Q. 교육활동 침해 학생에 대한 조치의 종류는?

A. 교육활동 침해 학생에 대한 조치는 교원지위법 제18조(교육활동

침해 학생에 대한 조치 등), 시행령 제11조(교육활동 침해 학생에 대한 조치 등)에 근거한다. 학교장은 학교 교권보호위원회의 심의를 거쳐 다음과 같은 조치를 할 수 있다. 다만, 퇴학 처분은 의무교육과정에 있는 초등학교와 중학교 학생에 대해서는 적용하지 않는다.

1. 학교에서의 봉사
2. 사회봉사
3. 학내외 전문가에 의한 특별교육 이수 또는 심리치료
4. 출석 정지
5. 학급 교체
6. 전학
7. 퇴학 처분

학교장은 전학 처분을 결정한 학생에 대해서는 교육감이 정한 기관에서 특별교육을 이수하거나 심리치료를 받도록 해야 한다. 교내 봉사, 사회봉사, 출석정지, 학급교체를 결정한 학생에 대해서는 특별교육 또는 심리치료를 받게 할 수 있다. 학교장은 특별교육 및 심리치료를 위한 결석은 출석 일수에 산입할 수 있다.

학교장은 전학 조치, 퇴학 조치는 학교 교권보호위원회의 심의가 끝난 날로부터 14일, 나머지 조치는 학교 교권보호위원회의 심의 후 7일 이내에 조치해야 한다.

교육청은 학생이 특별교육 또는 심리치료를 받게 될 때 학생의 보호자도 반드시 참여하도록 해야 한다. 조치별 적용 기준은 교육부 고시, 교육활동 침해 행위 고시에서 정하고 있다.

Q. 교육활동 침해 학생에 대한 조치의 기준은?

A. 교원지위법 시행령 제11조(교육활동 침해 학생에 대한 조치 등)에서는 교육활동 침해행위의 심각성·지속성·고의성, 학생의 반성 정도 및 선도 가능성, 피해 교원과의 관계 회복 정도에 따라 조치의 종류를 결정하도록 정하고 있다. 세부 적용 기준은 교육부의 「교육활동 침해 행위 및 조치 기준에 관한 고시」에서 정하고 있다.

고시에서는 침해 행위의 심각성, 지속성, 고의성에 따라 각각 0점에서 5점을 부과한다. 침해 학생의 반성 정도와 교원과의 관계 회복 정도에 따라 각각 0점에서 3점을 부과한다. 총점 4점 이하이면 조치 없음, 5점~7점이면 교내 봉사, 8점~10점이면 사회봉사, 11점~13점이면 출석 정지, 14점~16점이면 학급 교체, 17점에서 21점이면 전학 또는 퇴학 조치가 가능하다. 침해 학생이 장애가 있는 경우 1단계 감경, 피해 교원이 임신하거나 장애가 있는 경우 1단계 가중한다. 교내 봉사(1호)에서 감경하는 경우 '조치 없음'을 결정할 수 있다.

특별교육 또는 심리치료가 학생 선도·교육에 필요하다고 인정하는 경우, 단독 또는 교내봉사, 사회봉사, 출석 정지, 학급 교체, 전학과 함께 부여할 수 있다.

Q. 교육활동 침해 학생, 전학조치 가능한가?

A. 여교사의 치마 속 사진을 촬영하여 SNS에 유포하는 등 심각한 교권침해 사안에 대해서 학교 교권보호위회가 내릴 수 있는 조치는 선도위원회에 선도 조치를 권고하는 것이 전부였다. 2016년 2월, 서울행정법원은 교권 침해 학생에 대한 강제전학 결정은 위법이라 판결했다. 학생 징계는 초·중등교육법과 시행령에 근거한다. 초·중등교육법 시행령에서 정하고 있는 징계 종류에는 전학 규정이 없다. 법원은 당사자의

의사에 반하는 전학 결정은 징계와 같은 불이익을 주는 행정 처분이므로 반드시 법령의 근거가 필요한데, 징계 성격으로 전학을 결정할 수 있는 법적 근거가 없으므로 위법이라 판단했다. 학생에 대한 강제 전학은 학교폭력법에 근거한 학교폭력 가해 학생에 대해서만 가능했다.

2019년 교원지위법 개정으로 교권 침해 학생에 대한 징계 조치는 학교 교권보호위원회에서 교내 봉사, 사회봉사, 특별교육 또는 심리치료, 출석정지, 학급교체, 전학, 퇴학 처분을 결정할 수 있다.

Q. 학생은 학교 교권보호위원회의 결정에 이의를 제기할 수 있나?

A. 교육활동 침해로 전학, 퇴학 처분을 받은 학생 또는 보호자는 조치를 받은 날부터 15일 이내 또는 조치가 있음을 안 날부터 10일 이내에 초·중등교육법 제18조의3에 따른 시·도 학생 징계조정위원회에 재심을 청구할 수 있다. 재심청구, 심사 절차, 결정 통보 등은 같은 법 제18조의2 제2항부터 제4항까지의 규정을 준용한다.

전학, 퇴학 처분 외 다른 조치에 대해 이의가 있다면 시·도교육청 행정심판위원회에 행정심판을 청구할 수 있다. 사립학교의 경우 민사소송을 제기할 수 있다.

Q. 최초 교육활동 침해 행위로 전학, 퇴학 조치가 가능한가?

A. 교원지위법 시행령 제11조(교육활동 침해 학생에 대한 조치 등)와 교육부의 교육활동 침해 행위 고시에 따르면 최초 발생한 교육활동 침해행위에 대하여 전학 또는 퇴학 조치를 결정할 수 없다. 전학 또는 퇴학 조치는 같은 학교 재학 중 교육활동 침해행위로 출석정지 또는 학급교체 처분을 받았던 학생이 다시 교원의 교육활동을 침해한 때에만 결정할 수 있다. 단, 교원에 대한 상해, 폭행, 성범죄의 경우 최초 발생

한 사안이라도 전학 또는 퇴학 조치가 가능하다.

Q. 피해 교원에 대한 보호조치 내용은?

A. 교원지위법(제15조)에 따라 피해 교원에 대한 보호조치는 유치원 원장, 학교장, 교육청의 의무이다. 보호조치의 유형은 1) 심리상담 및 조언, 2) 치료 및 치료를 위한 요양, 3) 그 밖에 치유와 교권 회복에 필요한 조치이다.

Q. 피해 교원에 특별휴가일수는?

A. 교원지위법에서 피해 교원에 대한 특별휴가는 교육부장관이 정하도록 위임하고 있다. 교육부의 교원 휴가에 관한 예규에 따라 학교장은 피해 교원의 회복을 지원하기 위해 5일의 범위에서 특별휴가를 부여할 수 있다. 한 번에 부여할 수 있는 특별휴가는 5일 이내이다. 연간 일수 제한은 없다.

학교장은 특별휴가 5일 이내 특별휴가와 별개로 단순 요양으로 회복이 가능한 상황이라면 학교장 재량으로 6일 이내의 공무상 병가를 승인할 수 있다.

Q. 범죄 행위에 대한 형사·민사 대응은?

A. 교육활동 중 폭행, 상해, 협박, 성추행 등의 범죄 행위를 당한 경우에도 피해 교사가 가해자를 직접 고소하는 것은 많은 어려움이 있다. 학생, 학부모, 동료 교직원 등을 직접 고소하는 심리적 부담이 크다. 가해자로부터 보복·위협 등의 우려도 있다.

교원지위법에서는 교육활동 침해행위가 범죄 행위에 해당하고 피해 교사가 원하면 가해자에 대한 고발을 교육청(교육감)의 의무로 규정했다. 당사자의 고소는 개인적 피해에 대한 법적 처분을 요구하는 형식이라면 고발은 공무를 수행하는 교원에 대한 불법행위에 대해 국가기관인 교육감이 법적 처벌을 요청하는 형식이다. 당사자의 고소와 교육감의 고발은 사법 당국에서 받아들이는 의미가 매우 다를 수 있다. 피해자가 직접 고소해야 하는 친고죄인 모욕죄의 경우 교육청의 고발 대상이 될 수 있는지 다툼의 여지가 있다.

피해 교원의 보호조치에 필요한 비용은 교육활동 침해행위를 한 학생의 보호자가 부담해야 한다. 신속한 치료를 위해 피해 교사 또는 학교장이 원하는 경우, 교육청이 먼저 부담하고 보호자에게 구상권을 행사할 수 있다.

교육청이 부담하고 보호자에게 구상권을 청구할 수 있는 비용은 전문심리 상담 기관에서 심리상담 및 조언을 받는 데 드는 비용, 치료 및 요양비이다. 학생의 보호자가 국민기초생활보장 수급자 또는 장애인인 경우 구상권을 청구하지 않을 수 있다. 보호조치 비용부담 및 구상권 행사에 필요한 사항은 교육청이 정하여 고시해야 한다.

심리치료, 치료비, 요양비 외 정신적 위자료 등은 피해 교사가 가해자를 상대로 손해배상을 요구하는 민사소송을 제기해야 한다. 교육청은 소송 비용을 지원할 수 있다.

참고

교원지위법 제15조(교육활동 침해행위에 대한 조치)

④ 교육청은 교육활동 침해행위로 피해를 입은 교원이 요청하는 경우 교육활동 침해행위가 관계 법률의 형사처벌 규정에 해당한다고 판단하면 관할 수사기관에 고발하여야 한다.

⑤ 교육활동 침해행위로 피해를 입은 교원의 보호조치에 필요한 비

용은 교육활동 침해행위를 한 학생의 보호자(친권자, 후견인 및 그 밖에 법률에 따라 학생을 부양할 의무가 있는 자를 말한다) 등이 부담하여야 한다. 다만, 피해 교원의 신속한 치료를 위하여 교육활동 침해행위로 피해를 입은 교원 또는 고등학교 이하 각급학교의 장이 원하는 경우에는 관할청이 부담하고 이에 대한 구상권을 행사할 수 있다. [신설 2019.4.1.]

Q. 교육활동 침해에 대한 교육감의 의무는?

A. 교육청은 교육활동 침해행위가 관계 법률의 형사처벌 규정에 해당하고 피해 교사가 희망하면 교육활동 침해자를 수사기관에 고발해야 한다. 피해 교원의 신속한 치료를 위해 피해 교원 또는 학교장이 원하는 경우, 교육청이 비용을 먼저 부담하고 침해자에게 구상권을 행사할 수 있다.

교원지위법과 시행령에서 정한 교육감의 의무는 다음과 같다.

- 교육활동 보호를 전담하는 기관 및 조직의 구성·운영
- 교육활동 보호를 위한 교원 연수 및 홍보
- 교육활동 침해를 당한 교원의 치료, 전보轉補 등 보호 조치
- 피해 교원의 법률 상담을 위한 법률지원단 구성·운영
- 교육활동 침해 등에 대한 조사 및 관리
- 교육활동 침해행위 중 형사처분의 대상이 되는 범죄 행위에 대해서 피해 교원이 요청하면 수사기관에 형사 고발
- 피해 교원의 신속한 치료를 위하여 피해 교원 또는 학교장이 원하는 경우, 보호조치 비용 등을 교육청이 부담하고 침해자에게 구상권 행사

- 침해 학생의 특별교육, 심리치료에 보호자가 참여하도록 하고, 보호자가 정당한 사유 없이 참여하지 않으면 과태료 부과
- 피해를 본 교원의 정신적 피해에 대한 치유를 지원하는 교원치유지원센터를 지정 운영
- 도서·벽지 근무 교원의 근무환경 실태(관사의 출입문 보안장치, 방범창, 비상벨 등)를 3년마다 조사하고 교육부에 보고
- 교육활동 침해행위의 유형별 현황, 피해를 본 교원의 보호조치 현황, 교육활동 침해행위를 한 학생에 대한 조치 현황 등에 대한 실태 조사를 연 1회 이상 시행

Q. 교육활동 침해에 대한 학교장의 의무는?

A. 교원지위법 15조, 16조에 따라 학교장은 교권침해 사안을 축소, 은폐할 수 없으며 피해 교사에 대한 보호조치를 시행하고 지체 없이 침해행위 내용과 보호조치 내용을 교육청에 보고해야 한다.

교권침해를 당한 교사는 학교장에게 통지하고 보호조치를 요구할 수 있다. 학교장은 신속하게 침해 내용을 파악하고 보호조치를 시행해야 한다. 사안 조사 후 학교 교권보호위원회를 개최하여 침해자에 대한 조치를 진행해야 한다.

교원지위법과 시행령에서 정한 학교장의 임무는 다음과 같다.

- 피해 교원에 대한 보호조치 시행 후 지체 없이 교육청에 보고. 학교장의 축소 은폐 금지. 교육청의 학교장의 업무 평가 등 부정적인 자료 활용 금지
- 교직원·학생·학생의 보호자를 대상으로 교육활동 침해행위 예방교육을 매년 1회 이상 실시. 교육활동 침해 예방 프로그램을 마련

하고 홈페이지 게시 등 홍보
- 침해 학생에 대한 조치. 전학 조치 전 특별교육 또는 심리치료를 받도록 조치
- 교직원·학생·보호자를 대상으로 교육활동 침해행위 예방 교육 연 1회 이상 실시

Q. 특별교육, 심리치료에 동행하지 않는 보호자에 대한 과태료는?

A. 교육청은 보호자가 정당한 사유 없이 특별교육 또는 심리치료에 참여하지 않은 경우, 1회 위반 100만 원, 1회 위반 150만 원, 3회 위반 300만 원의 과태료를 부과한다. 위반 횟수에 따른 과태료의 부과기준은 최근 1년이다. 기간의 계산은 위반행위에 대하여 과태료 부과처분을 받은 날과 그 처분 후 다시 같은 위반행위를 하여 적발된 날을 기준으로 한다. 위반행위가 사소한 부주의나 오류, 시정하거나 해소하기 위한 노력, 위반행위의 동기, 결과 등을 고려하여 감경할 필요가 있으면 2분의 1 범위에서 감경할 수 있다.

Q. 학교장 통고제란?

A. 학교장 통고제란 학교폭력 또는 교육활동 침해가 심각한 학생에 대하여 학교장이 경찰, 검찰 등 수사기관을 거치지 않고 직접 사건을 가정법원 소년부에 접수하여 보호사건으로 처리할 수 있게 하는 제도이다. 가정법원 소년부의 결정 내용은 검찰에 통보되지 않으므로 범죄기록으로 남지 않는다. 재방 방지, 심리상담, 심리치료 중심의 교화제도이다.

통고 대상 소년은 범죄 소년, 촉법 소년, 우범 소년이다. 범죄 소년이란 14세 이상 19세 미만의 소년으로 형벌법령에 저촉되는 행위를 한 소

년이다. 범죄 소년은 형사책임을 질 수 있다. 촉법 소년은 만 10세 이상 ~14세 미만으로 형벌법령에 저촉되는 행위를 한 소년이다. 만 14세 미만의 소년은 형사 미성년자이므로 형사처벌을 받지 않는다. 촉법 소년은 형사처벌 대신 가정법원 등에서 감호위탁, 사회봉사, 소년원 송치 등 보호처분을 받게 된다. 우범 소년이란 법령에 저촉되는 행위를 할 우려가 있는 10세 이상, 19세 미만의 소년이다. 집단으로 몰려다니며 주위 사람들에게 불안감을 조성하거나 정당한 이유 없이 가출하거나 술을 마시고 소란을 피우거나 유해환경에 접하는 성벽이 있는 소년이다.

만 10세 미만의 소년은 형사처벌뿐만 아니라 소년부 보호처분의 대상도 아니다. 10세 미만 소년의 범죄에 대해서는 보호자가 민사적 책임을 진다.

학교는 범죄 소년, 촉법 소년, 우범 소년을 발견하면 관할 소년부에 통고할 수 있다. 소년부 판사는 심리 결과 보호처분을 할 필요가 있다고 인정하면 보호처분을 결정할 수 있다. 보호처분에는 보호자 또는 보호자를 대신하여 소년을 보호할 수 있는 자에게 감호위탁(6개월), 수강명령(100시간 이내), 사회봉사명령(200시간 이내), 보호관찰관의 단기 보호관찰(1년 이내), 보호관찰관의 장기 보호관찰(2년), 소년 보호시설의 감호위탁, 소년 의료 보호시설에 위탁, 1개월 이내의 소년원 송치, 단기 소년원 송치, 장기 소년원 송치가 있다.

단기로 소년원에 송치된 소년의 보호기간은 6개월을 초과하지 못한다. 장기로 소년원에 송치된 소년의 보호기간은 2년을 초과하지 못한다.

학교장은 통고서 양식에 따라 작성 후 관할 가정법원으로 우편 발송하면 된다. 통고서 양식은 대법원 홈페이지 전자민원센터에서 내려받을 수 있다.

Q. 수업 시간 학생의 폭언, 폭행 어떻게 대응할까?

A. 수업 방해, 폭언, 폭행 등의 행동은 교사의 권리와 권한을 침해하는 교권침해이다. 교원지위법으로 설명하면 교육활동 침해이다. 다른 학생의 학습권을 침해하므로 용인될 수 없다.

수업 방해, 폭언, 폭행, 성희롱 등의 행동이 발생할 때 물리력으로 학생을 제압하는 방식은 심각한 문제를 일으킨다. 거친 표현으로 야단을 친다면 정서적 학대, 물리력을 행사한다면 신체적 학대, 복도 등으로 장시간 추방하면 방임에 해당할 수 있다. 아동복지법 및 아동학대처벌법에 따라 아동학대 범죄가 성립될 수 있다. 교육적으로도 올바르지 않다.

타인의 권리를 침해하는 행동의 중단을 정중하게 요청한다. 그런데도 지속할 경우 구성원이 사전 약속한 교육적 시스템이 작동되어야 한다. 약속된 시스템이 없다면 교사와 학생의 대치 상황이 길어질 수 있다. 교권침해 또는 아동학대 상황에 빠져들 수 있다. 정상적인 수업 진행 또한 어렵다.

학교 교권보호 책임관 제도를 활용하는 방안을 고려해 볼 수 있다. 2017년 발간된 교육부의 『교육활동 보호 매뉴얼』에는 교감 등을 교권보호 책임관으로 지정하도록 안내했다.

학생에게 약속된 규칙에 따라 교권보호 책임관 호출을 알리고, 교권보호 책임관을 호출한다. 교권보호 책임관이 해당 학생을 인솔한다. 해당 학생에게는 사전 약속된 교육적 프로그램이 제공된다. 즉각적 징계보다는 자신의 행동을 뉘우치고 타인의 권리를 존중하는 태도 함양에 초점을 둔다.

교육적 프로그램, 교육적 조치, 징계는 모든 구성원이 사전 약속한 규칙에 따라 진행한다.

묻고 답하기 찾아보기